走向辉煌

（插图本）

金一南 ☆ 著

中华书局

图书在版编目（CIP）数据

走向辉煌（插图本）/金一南著. —北京：中华书局，2011. 6
（2024. 5重印）
ISBN 978-7-101-07899-2

Ⅰ. 走⋯　Ⅱ. 金⋯　Ⅲ. 中国共产党-党史-基本知识
Ⅳ. D23

中国版本图书馆 CIP 数据核字（2011）第 055451 号

书　　　名	走向辉煌（插图本）
著　　　者	金一南
责任编辑	徐卫东　李洪超
责任印制	管　斌
出版发行	中华书局
	（北京市丰台区太平桥西里 38 号　100073）
	http://www.zhbc.com.cn
	E-mail:zhbc@zhbc.com.cn
印　　　刷	三河市鑫金马印装有限公司
版　　　次	2011 年 6 月第 1 版
	2024 年 5 月第 22 次印刷
规　　　格	开本/700×1000 毫米　1/16
	印张 21　插页 10　字数 300 千字
印　　　数	244001-254000
国际书号	ISBN 978-7-101-07899-2
定　　　价	49. 00 元

目　录

第一讲　东方之梦

今年是新中国成立 61 周年。[①]

审视历史需要时间的距离。61 年后的今天，有了足够的时间距离。

不仅回顾革命，更要回顾选择：为什么要革命？为什么不等待？不隐忍？

回答很难，足够思索一生。

回答也容易，可以就用一句话。

《国际歌》的歌词说："从来就没有什么救世主，也不靠神仙皇帝。要创造人类的幸福，全靠我们自己。"

面对世界性金融危机，人们在讨论中国是不是救世主。

我们不是。就如我们曾经那样热切地期待别人来救我们一样，他们也不是。

《凡尔赛和约》签订，中国作为一战的战胜国，山东权益不但不能收回，还被转让给日本。

今天回顾中国革命，我们已经可以看到一个更为巨大的历史背景：20 世纪在世界东方，救国救民是共同的梦想。这个背景之于当时，就如同今天谈论全球化一样。

全球化的开路先锋，是帝国主义的坚船利炮。

马克思、恩格斯在《共产党宣言》中说：资本主义商品的低廉价格，是它用以摧毁一切万里长城、征服异族最顽强仇外心理的重炮。它迫使一切不想灭亡的民族采取资产阶级生产方式，迫使它们在自己那里推行资本主义制度，变成资产者。一句话，它按照自己的面貌为自己创造出一个世界。

---

① 本书是在作者 2010 年在北京电视台所作节目文字稿的基础上修订而成的。

那时，亚洲国家中几乎无一不面临危机。

中国自 1840 年以后沦为半殖民地国家。

1840 年鸦片战争爆发，大英帝国凭借 16 艘军舰、4000 名陆军就能迫使大清政府签订丧权辱国的《南京条约》。1860 年第二次鸦片战争期间，18000 名英军、7200 名法军就可以长驱直入中国首都，杀人放火，将圆明园付之一炬。

前段时间圆明园十二生肖兽首拍卖风波说明历史并未远去。如果以为我们都把它们买回来就算终结那段历史，显然是把问题看得简单了。

1894 年甲午战争中清军失败，一纸《马关条约》首开空前的割地赔款。甲午战争结束，国土已经实际被划分为多个帝国主义国家的势力范围，中国彻底沦落为一个半殖民地半封建的国家。

其间难道就没有抗争？有道光皇帝对英国宣战，有咸丰皇帝对英法宣战，有光绪皇帝对日本宣战，有慈禧太后对 13 国宣战，结果一次比一次败得惨。内部还有太平天国运动，有捻军起义，有义和团运动，这些起义虽然被镇压下去，但清朝国运日渐风雨飘摇。

这就是 19 世纪末 20 世纪初中国的命运。

在世界东方，不仅中国如此，印度更早：1600 年遭英国侵入，1757 年开始沦为英殖民地，1849 年全境被英占领，1858 年英国政府直接统治印度。英国曾经有过豪言：宁愿失去印度，也不愿失去莎士比亚。说得很绅士，但对待印度民族解放领袖、圣雄甘地最温和的 Nonviolent and Noncooperation（非暴力不合作）也不能忍受。

甘地崇尚的非暴力策略，发生异化，到二战前甘地居然劝告捷克人、波兰人和犹太人不要反抗法西斯纳粹，只要不合作就行。墨索里尼入侵埃塞俄比亚，他又敦促埃塞俄比亚人"任人宰割"比反抗效果更大；当法国的维西政府向纳粹投降当了法奸，他赞扬其"接受不可避免结果"的勇气。1936 年 8 月，甘地曾接见中国国民党元老戴季陶，认为中国正在进行的抗日战争违背了非暴力主张。

不久，他会见世界基督教领袖，再次讲："从非暴力主义者的立场来看，我必须说，以一个拥有四亿人口的中国，来对付一个开化了的日本，还不得不以日本人的同样手段来抵抗日本侵略，我以为这是不适当的。假如中国人有我这样的非暴力信念，就不需要和日本人一样用毁灭手段。"我们非常尊重圣雄甘地伟大的人格，非常尊重他那种自我约束、自我牺牲的美德，但是真理往前多迈出一步就是谬误。当他把自己的"非暴力不合作"绝对化，认为是解决世间一切矛盾、纷争、战争、屠杀的灵丹圣药的时候，另一种谬误也就相应产生了。

就是这样一个人物，大英帝国的殖民者也难以容忍，30多年时间里让他12次入狱，几乎在监狱度过整个后半生，哪里有一点"宁愿失去印度"的样子？哪有一种"宁要莎士比亚"的风度？

东方国家中，日本是对危机最早敏感的，是最早认识到要大事不好的，对被侵略、被掠夺一直有着比其他国家更多的担心。1837年幕府统治者德川齐昭发出预言：日本将是西方攻击的第一个目标。中国太大，朝鲜和琉球又太小，对大不列颠的炮舰来说，日本恰好不大不小。

德川齐昭比中国的道光皇帝更先预感到危机。

三年以后危机来了，却首先来到很多臣民躺在床上抽鸦片的中国。

即使如此，鸦片战争及中国战败也对日本冲击极大。许多日本人以鸦片战争为题著书立说，论述西方对东方的野心，慨叹清政府的失败，警告德川幕府如果不速筹对策，必将重蹈中国覆辙。

日本诗人山田芳谷作诗：

> 勿恃内洋多礁砂，支那倾覆是前车。
>
> 浙江一带唯流水，巨舰溯来欧罗巴。

山田的预见是对的，只是错了方向。危险最先来临的方向不是欧罗巴，而是美利坚。中英鸦片战争13年后，1853年7月，美国海军东印度舰队司令官佩里准将率4艘军舰，闯入日本浦贺港，要求谈判"通商"，否则动武。

1854年，美国强迫日本签订第一个不平等条约《神奈川条约》，规定日本开放下田、函馆为对美通商口岸。这是日本历史上第一个不平等条约，日本门户从此被打开。此后与中国一样，也是一发而不可收拾：

1855年，俄国强迫日本签订《下田条约》，划定两国在千岛群岛的疆界，并强迫日本开放下田、函馆、长崎三港为对俄通商口岸。

1856年，荷兰强迫日本签署《和亲条约》，片面规定荷兰权益和领事裁判权。

1857年和1858年，美国又与日本签订两个所谓的《通商友好条约》，不仅夺得了租界和领事裁判权，而且剥夺了日本的关税自主权。

1860年以后，英国也强迫日本签订不平等条约。

1863年至1864年，美、英、法、荷四国组成联合舰队，炮击日本下关，勒索战争赔款，控制日本关税，取得在日本的驻兵权。

日本面临与中国同样的命运。

这就是当时世界的东方，很难找出哪一个国家没有被入侵、没有签订过不平等条约——除非它早已完全殖民地化、成为人家的领地了。

20 世纪又是人民革命、民族独立、国家解放的世纪。

当资本主义的坚船利炮将包括鸦片贸易在内的商品交易全球化的时候，世界上各个地方的反抗也就逐渐全球化了。

一句名言："十月革命一声炮响，给我们送来了马克思列宁主义。"

这绝不仅仅发生在东方。20 世纪是人民革命、民族独立、国家解放风起云涌的世纪。从一战后"国联"的 44 个成员国，到今天联合国 192 个成员国，绝大多数在 20 世纪获得独立。

这些国家选择的道路完全不同。

中国选择了"枪杆子里面出政权"。

印度选择了"非暴力不合作"。

日本选择了"脱亚入欧"。

评论哪一方的选择，都是一本大书。

当时的情况是：必须做出选择。不但倒退没有出路，停止都没有可能。

中国人民历尽千辛万苦，中国共产党率领工农红军爬雪山、过草地、万里长征，终于在 1949 年用枪杆子打出了一个新中国。《走向辉煌》就是要重点揭示这一过程。

今天我们的追求是"和平与发展"、"科学发展"，目标是建设和谐社会、和谐世界。我们通过和平谈判解决了香港回归和澳门回归问题，我们仍然追求用和平的方法实现海峡两岸的统一。数十年风雨奋斗，我们在改变世界，但世界也在改变我们。

印度 1947 年独立。很难说就是依赖"非暴力不合作"，因为两次世界大战造成大英帝国的衰落，日不落帝国遍布世界的殖民地都在反抗、追求独立，所以很大程度上说让印度独立是大英帝国的无奈之举。独立后的印度成为英联邦成员国，宪法规定采取英国式议会民主，"是主权的、社会主义的、世俗的民主共和国"。

1948 年圣雄甘地遇刺身亡后，印度似乎也没有了"非暴力"的说法。两次对巴基斯坦作战最终肢解了巴基斯坦，一次对中国作战，当时中国也是一退再退，一忍再忍。连收复果阿都不像中国收回香港那样是通过和平谈判，而是突然将军队开进去强行实现果阿回归。

但是，毕竟圣雄甘地、尼赫鲁、英迪拉·甘地这些人物的影响还是巨大的。印度作为一个大国，是不结盟运动的发起者，本身的独立性是很强的。2003 年伊拉克战争爆发，印度表示"极度的愤怒"，不上美国的战车。

日本走了一个巨大的马鞍形。日本的明治维新与中国的洋务运动几乎同时开始。中国的洋务运动有"曾、左、李"三个代表，日本的明治维新也有"维新三杰"：西乡隆盛、木户孝允、大久保利通。中国洋务运动的宗旨是"师夷之长技以制夷"，日本明治维新则滑向了"脱亚入欧"——1885 年福泽谕吉著《脱亚论》给出了日本式的答案："为今日计，我国不能再盲目等待邻国达成文明开化，共同振兴亚细亚，莫如与其脱离关系而与西洋文明共进退。""支那和朝鲜是日本的邻邦，同他们打交道用不着特别客气，完全可以模仿西洋人的方式处理。"

福泽谕吉对日本国家政治影响之大，从一万日元上的头像就可看出。

当中国开展抵抗运动，印度开展不合作运动之时，日本取了另外一条道路：先顺从，再效法——"脱亚入欧"。

这一选择使日本走上侵略扩张的道路。

日本这一选择首先给中国带来巨大伤害。日本学者信夫清三郎在其《日本政治史》（第四卷）中说："日清战争的赔款成为确立金本位制的资金，提高了日本资本主义在国际经济中的地位。日清战争与日俄战争推动日本由一个潜在着殖民地化危机的国家，转变为领有殖民地的帝国主义国家。"日本这种战争资本主义后来给亚洲、给世界带来了巨大伤害，也给其自身带来巨大损害。

日本是如何走上法西斯道路的，我们在后面还要讲到。二战后美日结盟，日本不是"脱亚入欧"，而是"脱亚入美"了。一直到这次由美国引发的世界性金融危机，给日本造成的灾难也是有目共睹，日本政界、经济界才悄悄开始有一点反思："脱亚入美"是不是好的选择？日本的根到底在哪里？

中国完成了自己的选择，印度完成了自己的选择，一会儿"脱亚入欧"、一会儿"脱亚入美"的日本，却似乎依然在踌躇着自己的选择。

中国为什么最终选择了走社会主义道路？为什么没有走君主立宪道路？为

什么没有走资产阶级的民主共和道路？就如一些网站上常见的网友提问：为什么中国没有选择"德先生"、"赛先生"，而是选择了"马先生"？

这里讲一段我在英国皇家军事科学院学习的经历。

2000年在英国皇家军事科学院学习，学员来自26个国家。第一周要选几名学员介绍各自国家的政治制度、意识形态和边界状况，选谁不选谁，由抽签决定。

抽签的结果，我被排在第一。

面对那些投过来的兴奋目光，我知道大家感兴趣的，绝不仅仅因为我是第一个发言者，更因为我要讲述的，是一个与他们完全不同的国家。虽然班里的30名军官来自东欧、西欧、中东、南美、东亚及南亚等多个地区，但其中的社会主义国家，只有中国。他们很想听听中国人如何阐释自己国家的制度。

有好心人劝我回避难点。捷克军官米洛斯·罗德维尔悄声对我说：何必真照要求的那样，讲社会制度、意识形态及其存在理由；反正规定时间有限，讲一下国家的人口、自然面貌、物产和风土人情时间就到了，政治问题你可以绕开。

我知道罗德维尔中校的好心，他怕我为难。我也知道如果想回避的话，确有空子可钻：按照统一规定，发言时间被限制在15分钟内。中国这样一个大国，这样悠久的历史文化和现实成就，只要把一些图片摆上去，把一些数据列出来，也就足以引起惊叹、把时间填满了。

但我更知道其他人的期待。很多学员最大的期待，恰恰是要我在有限的时间内，讲清楚中国与他们大不一样的"政治性问题"：为什么实行共产党的领导？为什么坚持社会主义制度？为什么信仰马克思主义？

站在讲台上，我只用那些最简明直观、哪怕对中国一无所知的人也能够理解的事实，问答这些"为什么"。20世纪初，中国是一个跌倒的巨人，半殖民地、半封建，任西方列强入侵、掠夺、凌辱；20世纪末，中国是一个屹立于世界东方的巨人，独立自主，繁荣昌盛，国家从来没有像今天这样强大。连接世纪初与世纪末这百年沧桑的，是马克思主义改变了中国，共产党改变了中国，社会主义改变了中国。中国人民历经千难万险，终于找到了救国之路和发展之路。

台下听得非常安静。多数军官来自发展中国家，都有类似中国的命运，很多国家现在仍然在受别人的控制。说中国经历的屈辱，他们有同感；说中国现在的成绩，他们由衷赞叹。最初被认为是"敏感的政治问题"，在国家命运与民族命运的交织之中，变为如何根据本国国情寻找摆脱贫穷、落后、战乱、被掠夺与被肢解命运的道路，如何真正完成国家独立和民族复兴。

我现在依然清楚记得那一张张全神贯注聆听的面孔。这些面孔有黑色的，有黄色的，也有白色的。虽然他们生活在与我们不一样的社会制度中，但当你不绕弯、不躲闪、单刀直入只用事实说话的时候，他们理解了你表达的意思。

对我这 15 分钟发言，全场报以热烈掌声。

这次经历给我印象十分深刻。说到中国的选择，还有什么比事实更有说服力的呢？从 19 世纪中叶开始，中华民族就面临着两大紧迫课题：救国与发展。当这两个命题大清王朝一个也完成不了的时候，它本身就变成了中华民族实现自身利益的第一道障碍。一个一而再、再而三丧权辱国的政权，只能一而再、再而三加速自己的覆灭命运。正因如此，一个文弱的孙中山，也能以"驱逐鞑虏，恢复中华，创立民国，平均地权"为口号，令延续两千余年的封建制度在中国轰然倒塌。

清朝覆灭、民国建立，但旧中国那种随意被踢开国门、东西方列强随时可进来烧杀抢掠的现象，并未因清王朝的崩溃而结束。北洋军阀主政下的中国，曾经作为第一次世界大战的战胜国出席巴黎和会。但就在人们欢呼"公理战胜强权"的兴奋时刻，英、美、法、意、日"五强"操纵下的巴黎和会，将战败国德国在中国山东的权益全盘转让给了日本。五四运动为此而发生。后来北洋政府在轰轰烈烈的北伐战争中倒台了，国民党政权又先在 1931 年的九一八事变中丢掉了东北，后在 1937 年的七七事变中丢掉了华北。至于为何日本关东军以 19000 兵力就敢面对 19 万东北军发动九一八事变、日本华北驻屯军以 8400 兵力就敢对 10 余万中国驻军发动七七事变，除了"攘外必先安内"，国民党政权再做不出其他解释。

辛亥革命前孙中山说：中国纵有四万万人，一盘散沙而已。

1928 年策划"皇姑屯事件"的日本关东军参谋河本大作说："中国人是头目与喽啰的关系，只要干掉头目，喽啰便会四散。"把一个旧中国描绘得淋漓尽致。

百年中国的政治舞台，各种力量熙熙攘攘，来来往往，都不乏机会走到前台表演一番，但有谁能够救中国于水火？在守护民族利益和捍卫国家安全面前，这些政治力量是多么的衰落和多么的软弱，而这种衰落与软弱又在招致多么巨大的灾难。100 多年来的这些教训，一个比一个惨痛、一个比一个沉重。

无穷无尽的灾难中走出来了中国共产党人，以其震惊中外、艰苦卓绝的奋斗向世界证明：只有共产党能够救中国。毛泽东在新中国成立前夕说："中国必须独立，中国必须解放，中国的事情必须由中国人民自己作主张，自己来处理，不容许任何帝国主义国家再有一丝一毫的干涉。"这既是共产党人的坚强决心，又是共产党人的坚决行动。新中国诞生，标志着东西方列强凭借坚船利炮就可轰破中国国门肆意掠夺的时代，一去不返。

有人并不相信。1950年朝鲜战争爆发之后，新中国发出一次次警告，哪一次被傲气十足的美军远东总司令麦克阿瑟放在眼里？仁川登陆之后，他之所以敢于指挥部队向三八线以北全力挺进，就是根据一条坚信不移的结论：中国不会出兵。为什么得出这个结论？旧中国虚弱之至衰落之至一推即垮一碰即倒的形象，是其头脑中反复出现的参照。这个深刻的印象，对于推动美国战争决策者实行占领朝鲜全境的决定，起了至关重要的作用。

请看当时的形势发展：

9月25日，聂荣臻：美军过线中国决不会置之不理。

10月3日，周恩来：韩军过线不管，美军过线要管。

10月3日下午，美国务院：周讲话缺乏法律和道义根据。

10月4日，美国务院：不要低估美国的决心。

10月7日，杜鲁门下令美军越过三八线，直扑平壤。

10月8日，毛泽东：着中国人民志愿军迅即向朝鲜境内出动。

正是从这个角度，我们更加深刻地感受到中国共产党人不但敢于向国内一切腐朽的旧势力宣战，而且敢于挥师入朝作战的壮举。100多年来在国家安全面临重大威胁面前，中华民族首次不再妥协，选择了坚决抗争。

世界认识到，在涉及国家安全的问题上，新中国不会退让。

就是通过这个事实，全世界才真正清楚认识到毛泽东那句话："中国人民从此站立起来了。"

是毛泽东，是中国共产党人，把一盘散沙的中国人重新凝结为一个整体。

新中国建立50余年来，包括历次边境自卫还击作战，也包括用"一国两制"方式完成香港、澳门的和平回归并继续保持两地的繁荣，证明的都是一个道理：100多年来在中国出现的所有政治力量当中，只有中国共产党能够最坚决、最有效地捍卫国家利益和民族利益。正是在这个意义上，我们说中华民族对今天中国政治制度的选择，是对自己根本利益的选择。

执政是要有资格的。什么是执政的资格？

如果说第一代领导人的历史使命是救中国，并在此过程中实践了只有共产党能够救中国这个道理，那么第二、三代领导人的历史使命则是发展中国，并在这一过程用事实证明：只有社会主义能够发展中国。这就是小平同志所说的：贫穷不是社会主义，发展太慢也不是社会主义。

改革开放 30 年，国家经济快速增长，财政收入连年增加，国家实力大为增强。日本二战后经济高速增长期是 19 年，新加坡的经济高速增长期是 20 年，韩国的经济高速增长期是 30 年，中国与韩国持平，增长幅度则超过韩国，创造了世界经济发展的奇迹：2008 年，钢产量 58488 万吨，汽车产量近 935 万辆，固定电话 34081 万户，移动电话 64123 万户，全国电话普及率达到平均每百人 74.3 部。国内生产总值突破 30 万亿元，财政收入突破 6 万亿人民币，进出口总额达到 25616 亿美元，外汇储备近 2 万亿美元。

巨大历史的进步在证明：社会主义使中国获得如此巨大的发展。

10 年前在英国皇家军事科学院的讲台上，与其说我在解释中国的社会制度和意识形态，不如说在讲述中国的命运和中华民族的命运。中国的救亡和发展这两个命题，给其他国家的军官留下深刻印象。

下课后，菲律宾的加维尔上校把我拉到一边，一定要合影留念。印度海军中校卡夫打听到我的住地和房间号码，晚上专门赶来，送给我一条印度海军的领带。他们的社会制度与我们不同，他们觉得我们比他们幸运。匈牙利的斯潘克斯上校在我房间坐了很长时间，告诉我他的叔叔曾是匈牙利**裴多菲俱乐部**[①]成员，1956年后移居国外，现在看见匈牙利这个样子，也不想回来。他最后说：我们已经不是社会主义了，希望你们坚持下去，相信一定成功。

与他们相比，我们值得庆幸。

英国皇家军事科学院火炮中心有一门大清火炮，可以说这门在异地他乡的火炮承载着昔日中国的屈辱历史。我们的确需要加强对自己文物的爱惜与保护，但也不仅仅如此，还必须能有效维护自己国家的安全。

---

① 这是匈牙利一个著名的知识分子学习小组，1954 年底成立，由匈牙利劳动青年联盟领导。裴多菲俱乐部先后举办了一系列大型研讨会，讨论经济、哲学、历史、新闻等专题，要求在匈牙利进行政治和经济体制的改革，反对苏联大国沙文主义。这个组织对 1956 年 10 月 23 日发生的匈牙利事件起到了推波助澜的作用。

1895 年德皇威廉二世说：每当发生争论，德国总是在开口前把一支左轮手枪摆在会议桌上，使别的国家望而生畏。

1993 年美国总统克林顿表示：一旦发生危机的消息传到华盛顿，美国的第一个反应毫无疑问：我们的航空母舰在哪里？不问公理在哪里，正义在哪里，而是问：力量在哪里？

白发苍苍、温文尔雅的上海交通大学俞正梁老教授说："美国钦佩有实力的对手，对软弱者不屑一顾。布什政府总是先使弱者变得更弱，然后再拿他们祭刀。"

历史对中国是严峻的，也是宽厚的。在付出了巨大代价之后，中国终于找到了自己的救亡与发展之路。

历史的选择，就是人民的选择。

第二讲　中国的红色政权为什么能够存在（上）

全球化进程，离不开信息传播。

过去靠烽火台传播，靠马蹄传播，后来靠电波传播。

农民起义建立在马蹄传播信息的基础之上。

资产阶级革命最初也未能建立在电波基础之上。

1865年美国总统林肯遇刺身亡，消息传到欧洲用了两个多星期。这是邮船横渡大西洋的时间，加上登陆后马车奔跑的时间。

1845年电报发明者莫尔斯在美国国会架设第一条电报线路。

此后的政治革命，便与通讯工具密切关联。

大清王朝对这些"奇技淫巧"一开始是坚决反对的。

1876年，上海英商怡和洋行偷偷修建一条从上海到吴淞十几公里的铁路。1876年7月3日正式通车。不久，清朝政府醒悟过来，在10月24日同英方签订了中方买断协议，清政府出巨资把这条铁路买回来，并同意火车再运营一年，即从1876年10月31日起到1877年10月21日止。届时，清朝政府就把这条铁路拆毁了。

但是，科技的发展是无法抵挡的。

到1879年，北洋大臣李鸿章在天津与大沽海口炮台之间架线，试通电报，中国有了第一条电报线路。

到1898年戊戌变法时，为提高政务效率，清政府已正式令："嗣后明降谕旨，均著由电报局。"

1898年戊戌变法失败，也与电报有关。老佛爷发现了电报的好处。1898年9月25日，慈禧太后电召荣禄"即刻来京"，这比利用驿站快多了。如果是走驿站系统，那么荣禄就不会很快进京镇压，而维新党人也许有机会取得成功或者在失败后大量逃脱。

20世纪初开始的革命，建立在电波传播信息的基础之上。

1911年10月10日，孙中山乘火车从美国西海岸往中部东部募捐途中。行前收到黄兴从香港拍发的一封电报。那时，革命党人发电报互通消息，为了防止清政府截获，就使用密码，所以电报要用密码本破译。可是孙中山的密码本已经放在行李中，无法取出来破译电报，所以直到丹佛下车取出行李后，才知道电报内容。

黄兴告诉他，武昌革命党人吕志伊向香港报告：新军必动，请速汇款应急，并前往主持。

疲惫的孙中山把电报轻轻撂到一旁。他一生不知领导了多少次革命党人的武装暴动和起义，但无一成功。半年前，也就是1911年4月，以最大心血组织的广州起义刚刚失败，黄花岗掩埋了72位烈士遗体。他一遍又一遍做的，是失败后设法掩埋烈士的遗体，安抚烈士遗孤，然后满腔悲愤地写下一篇又一篇祭文。眼下他正四处筹款，无任何感官使他意识到数十年来牺牲奋斗所追求的目标已近在眼前。

既无款可汇，更无法前往主持，这是他看完电报后第一个念头。本想立即回电黄兴，要武昌新军暂时勿动，因夜已深，旅途劳顿，他感觉非常疲劳，决定次日晨再回电。

第二天却一觉睡到上午11点。起床去餐厅吃早饭，在走廊上购报一份准备入餐室阅看。国外都有看晨报的习惯，然后再就餐。孙中山随走随手展开，立见一则令他浑身血液停止流动的醒目黑体大字专电：

"革命党人占领武昌。"

辛亥革命爆发。这个消息传遍了世界，传播速度极其快速。孙中山是在纽约看到的，就在武昌首义的第二天。

后来有人说，孙中山看到这条消息时，手中的玻璃杯失手跌落摔碎，杯中的牛奶泼撒一地。不管是否属实，有一点却是无疑：他当时所受震动之大，绝非我们今天所能想象。

延续两千余年的中国封建王朝从此坍塌。

虽然正是孙中山用坚持不懈的努力，为推翻清王朝奠定了基础，但最具决定性且唯一成功的武昌暴动，他不但事前未能参与，还几乎去电阻止。他这封电报幸亏没发出去。

量变堆积历史，质变分割历史。真正质变到来之时，没有几人能够认识。1911 年辛亥革命，连伟大的革命先行者孙中山都没有感觉到，可见不是所有的人都能感觉到这种质变的。

毛泽东说，十月革命一声炮响，给我们送来了马克思列宁主义。

但是，当时有多少人知道这声炮响的意义？

我们查了史料，最先听见这声炮响的中国人，既不是孙中山，也不是毛泽东，而是北洋政府的驻俄公使刘镜人。

1917 年 11 月 7 日，刘镜人给国内发回一封电报："近俄内争益烈，广义派势力益张，要求操政权，主和议，并以暴动相挟制。政府力弱，镇压为难，恐变在旦夕。"

这是最早向国内传递的十月革命即将发生的信息。刘镜人例行公事对北洋政府外交部进行情况报告，并不知道震撼整个 20 世纪的重大历史事件正在他眼皮底下发生。

次日，刘镜人再发一报："广义派联合兵、工反抗政府，经新组之革命军事会下令，凡政府命令非经该会核准，不得施行。昨已起事，夺国库，占车站……现城内各机关尽归革党掌握，民间尚无骚扰情事。"

这是最早向国内传递的十月革命已经发生的消息。刘镜人这封电报讲到布尔什维克夺权了，控制了车站，控制了邮局，控制了国库，控制了政府，但俄国社会好像还比较安定，没有发生动荡。刘镜人的俄译汉有些问题，布尔什维克本应译为"多数派"，却被他翻译为"广义派"，让人看了有些摸不着头脑。

实际上，刘镜人是把这次革命作为一次小小的骚乱来看待的。他并不知道震撼 20 世纪的一场大革命正在他的眼皮底下发生。

这些电报在北洋政府外交部整整耽搁了 20 天。外交大员草草阅过，便被撂在一边。无人想到刘镜人发回来的这些电报，预示着世界东方将要发生天翻地覆的变化。当时，没有一个人能够认识到这场大变化。

如果说马克思主义主要还是一种理论而没有形成大规模运动，那么列宁主义已经包含了实践——特别是十月革命成功的实践。

"马先生"比"德先生"和"赛先生"更加强有力地登上中国舞台。

这是思想的力量。"那统辖思想的，比那统辖城池的更有力量。"

先进的中国人正在寻找新的思想武器。旧思想体系遍体鳞伤，已经无人以为还能救国救民。

中国的问题到底发生在哪里？出路在哪里？怎么解决？手段是什么？

洪秀全以"天父"、"天兄"为精神旗帜，"天父"、"天兄"是中国化的上帝和基督。太平天国的思想意识形态，是以"天父"、"天兄"为精神旗帜，号召农民起义。但是，这种对基督教教义的本土化包装，注定会失败。

清朝统治者的巨大压迫和帝国主义的欺辱，已经为农民起义聚集了太多的干柴。就是说，量变的能量足够了。但是，太平天国的思想旗帜，它的缺陷是什么？说到底，"天父"、"天兄"，这一套可是国外来的那一套，水土不服。这就很糟糕。

所以，我们就能理解，为什么以捍卫传统礼教为旗帜的曾国藩能组织起湘军，为什么最后能够成为胜利者。曾国藩宣称保护中国传统的名教，所以越来越多的人，包括各地的地方势力，都拥护他。

戊戌变法的问题也是在这里。变法追求的是"君主立宪"，如英国的君主立宪制，在中国也不具备条件，同样失败了。

那么，中国共产党人为什么胜利了？为什么马克思主义能够登上中国的舞台呢？我觉得在这里面，有非常值得分析的问题。

毛泽东说：从洪秀全到孙中山，先进的中国人向西方寻找救国救民的真理。

非常明显，那时有很多人认识到，传统的思想意识形态已经无法解释当时的中国遇见什么问题了，症结在哪里，未来的发展出路在哪里。

从孔孟之道里找不着出路，"四书五经"里没有答案。旧的思想遍体鳞伤，无法应对现实。人们寻找新的思想，这个动机是很强的。那么，新的思想在哪里？从洪秀全到康有为，都在寻找，但都失败了。

孙中山也在寻找思想武器，有着一种对思想的渴望。

孙中山早年向往社会主义。1896年旅居伦敦时就知道了马克思。1905年初专程前往设在比利时布鲁塞尔的**第二国际**①书记处，要求接纳他为"党的成员"。

① 第二国际即"社会主义国际"、"社会党国际"，其名称是相对于第一国际（国际工人协会）而言。在巴黎人民攻克巴士底狱100周年纪念日，即1889年7月14日，德、法等国社会主义政党的代表在巴黎召开"国际社会主义者代表大会"，通过《劳工法案》及《五一节案》，决定以同盟罢工为工人斗争的武器。这次大会标志着第二国际的建立。第二国际有力促进了国际社会主义运动的发展。一战爆发后，第二国际大多数政党纷纷表态支持本国帝国主义政府。在这种情况下，第二国际瓦解。

但是，第二国际没有接纳他。

12 年后，十月革命爆发。我们注意到，就在十月革命这声炮响之前 37 年，马克思主义就传到了日本。

1870 年，启蒙思想家加藤弘治就把马克思主义学说介绍到日本。他介绍的目的不是为了学习，而是为了批判。

当时"共产主义的幽灵"已在欧洲徘徊。由于害怕这个幽灵也徘徊到日本，明治政府容许这一学说作为反面材料出现。加藤弘治本人是马克思主义的坚决反对者。他在《真政的大意》一书中说："共产主义和社会主义两种经济学说……大同小异，都主张消灭私有财产"，对社会治安是"最为有害的制度"。

日本另一个哲学家西周在《百学连环》中首次介绍社会主义运动，也是为了向天皇献策，称"主宰世界者不能不考虑此等事"，"唯防之于未然"。

马克思主义学说在声色俱厉的批判声中传到日本。要知道，明治维新后的日本，是东方先进思想学说的集散地。

毛泽东说，先进的中国人向西方寻找真理。西方毕竟离中国太远，一衣带水的日本却很近。向西方寻找真理的中国人，便如周恩来所说，"大江歌罢掉头东，遂觅群科济世穷"，东渡日本学习新思想。

第一批是保皇党人：康有为、梁启超等人；

第二批是革命党人：孙中山、黄兴、宋教仁等人；

第三批是未来的共产党人：李大钊、陈独秀、彭湃、周恩来、王若飞等。

1960 年 6 月 21 日，毛泽东和周恩来在上海接见以野间宏为团长的日本文学代表团。毛泽东说："马克思主义的传播日本比中国早，马克思主义的著作是从日本得到手的，是从日本的书上学习马克思主义政治经济学的。"

毛泽东说出了一个实情。马克思主义最初确实是从日本传入中国的，时间在十月革命之前。

这一点从《共产党宣言》传入中国的过程，可以看得很清楚。

1906 年 1 月，同盟会党人朱执信在东京出版的同盟会机关报《民报》上，摘要翻译了《共产党宣言》。马克思、恩格斯的著名论断"到目前为止的一切社会历史都是阶级斗争的历史"，被朱执信译为："自草昧混沌而降，至于吾今有生，所谓史者，何非阶级争夺之陈迹乎。"

这就是最早介绍到中国的马克思主义。

朱执信翻译的《共产党宣言》是从日文版转译的，取自 1904 年幸德秋水和界利彦合译的英文版《共产党宣言》。

这一转译意义重大，"共产党"一词在中国第一次出现。

"共产党"源于英文 Communist Party。英文 Commune 直译为公社，在法国、意大利、比利时等国家，最小行政区划的市区、村镇自治体也作此称呼；而 Community 则除了"村社，公社"外，还有"共有，共用，共同体"之意。幸德秋水和界利彦把它译作了日文的"共产党"。朱执信则直接将日文中的汉字照搬过来。于是一个无数人为之抛头颅、洒热血的名词，通过朱执信那支笔在中国大地上产生了。

当然，这都是后来发生的一切。翻译它的朱执信在中国共产党成立之前于 1919 年去世，无从知晓后面中国的巨变了。

了解马克思主义从日本传入中国的背景，就有一个疑问：红色政权为什么不能在日本存在？

近代以来，西方大量哲学术语、马克思主义政治术语由日本传到中国。社科院的同志曾经搞过一个统计，现在的政治经济和文化领域中的术语，大约有将近 800 个基础词汇来自日本。

比如，"民主"、"科学"、"美学"、"社会主义"、"社会党"、"共产主义"、"共产党"、"无政府主义"、"辩证法"、"形而上学"、"唯物主义"、"唯心主义"等等词汇，都是从日本传过来的。大革命时期响彻中国的"劳工神圣"和"团结就是力量"等口号，也是日本革命者片山潜、高野房太郎等人 1897 年从美国带回来的。

正因为这些思想最早在日本产生影响，所以在东亚，被看好的是日本革命，而不是中国革命。这就如在欧洲最被看好的是德国革命而不是俄国革命一样。

马克思、恩格斯对德国革命的期待和希望，某种程度上说与列宁、斯大林对日本革命的期待和希望一样。他们都觉得，在德国和日本，工业发达，工人阶级成熟，革命理论容易接受，革命也就容易发生。

我们知道，欧洲最早的革命是在俄国发生。俄国是很落后的，俄国沙皇的农奴体制也是很落后的制度，那么为什么革命在那里发生了呢？因为沙皇体制漏洞百出，沙皇俄国参加了一战，结果弄得焦头烂额，国民经济到了崩溃的边缘。前线战争打不胜，经济几乎崩溃，后方就发生了革命。先是资产阶级的二月革命，然后是无产阶级的十月革命。这印证了一条规律：革命其实最容易在帝国主义最薄弱的链条获得突破。所以，不是在德国，而是在俄国，爆发了革命。

当时共产国际和联共中央对日本革命抱有的期望，要远远大于对中国革命的期望。1922 年 1 月，中国共产党已经成立半年有余，共产国际负责人季诺维也夫在远东革命组织代表大会上发表演说，还在说"日本是远东革命的钥匙"，"没有日本革命，远东的革命都是小杯子里的小风暴"。包括斯大林在内，都认为在日本发生的革命，将会左右在中国乃至在整个远东发生的革命。

然而，日本却没有发生革命。向先进中国人提供先进思想武器的日本，并没有走与中国一样的革命道路。

当初，马克思、恩格斯判断德国革命和后来列宁、斯大林判断日本革命一样，都存在一个问题。我们作为后人，需要来检讨他们的问题。问题在哪里呢？他们只看到了革命的基础力量强大的这一面，但是都没有看到反对革命的力量更强大的这一面。

德国当时有最完备的国家体系，所以说革命不可能在德国发生。日本也是一样。日本当时也有最完备的国家体系，革命也不可能在日本发生。

1901 年，片山潜、幸德秋水、河上清等人发起组织了日本第一个社会主义政党——"社会民主党"；宣言中提出"彻底废除阶级制度"，"只有社会主义才能解决劳动问题"。在日本政府镇压之下，该党只存在了一天。

1908 年，日本政府捏造了个企图谋杀天皇的"大逆事件"，数百名社会主义者被捕，幸德秋水等 24 人被判处死刑。

1922 年 7 月中国共产党成立一年之后，在**第三国际**①帮助下，日本终于成立了共产党，但发展艰难。

此时的日本，已经为另外一种主义聚集了足够的能量：法西斯主义。

第一次世界大战结束后，不仅世界社会主义运动风起云涌，世界法西斯运动也风起云涌。

---

① 即共产国际，为世界各国共产党和共产主义团体的国际联合组织，1919 年 3 月在列宁领导下创建，其总部位于莫斯科。该组织在捍卫马克思主义、推动亚非拉民族解放运动、促进国际共运发展等方面做出了重要贡献。但是，它在工作中也有许多失误，给国际共产主义运动带来过消极影响。1943 年 6 月，经各国共产党同意，共产国际宣告解散。

1919 年 5 月，墨索里尼在意大利组织"战斗的法西斯"；1919 年 9 月，希特勒在德国加入"国家社会主义工人党"；同是 1919 年 9 月，日本法西斯理论鼻祖北一辉完成《国家改造案原理大纲》。

北一辉，原名辉次郎，他是在上海一间亭子间内、靠清水加饭团填肚子完成了八卷本法西斯理论巨著。也是在中国，辉次郎把他的名字改为了北一辉。

当俄国革命刚刚成功、中国革命行将开始之时，法西斯主义也在日本呱呱坠地了。皇室权贵的支持，是法西斯主义在日本获得的得天独厚条件。

早在日本共产党成立之前，北一辉的《国家改造案原理大纲》已被油印出版。这与另一位法西斯理论鼻祖大川周明有关。他是东京帝国大学的法学博士，精通多国语言，专门来中国见北一辉，并将北一辉的著作带回日本。北一辉的这本著作受到日本皇室的欣赏。

1922 年 1 月，大川周明开始在皇宫气象台内开设"大学寮"，对"为理想献身的年轻人"——一伙年轻的驻外武官——讲法西斯理论课程，担任主讲。皇宫内的"大学寮"实际成为日本培养法西斯军官的教导中心，这种思想像病毒一样流进日军青年校尉的头脑中。

日本后来企图征服世界的那些庞大计划的草图，几乎都是在这所"大学寮"里提出构想的。这些人后来成为日本昭和军阀集团的核心成员。

救国与革命，是 20 世纪最激动人心、最具号召力的口号。在这个口号影响下，20 世纪 20 年代初期，一伙优秀的中国青年聚集在上海成立中国共产党；聚集在广州的，就加入了国民党主办的黄埔军校。

另一伙原本同样优秀的日本青年，聚集在东京的皇宫，完成了法西斯思想改造。就这样，在东方最早翻译马克思列宁主义的日本，后来走上了法西斯道路。

毛泽东 1928 年写了《中国的红色政权为什么能够存在？》，却没有任何日本人或共产国际的革命者写一篇《日本的红色政权为什么不能够存在？》，进而再写一篇：《为什么法西斯主义能够在日本存在并疯狂发展？》。

对比这些情况，将会是很有意思、也很有价值的研究。

第三讲 中国的红色政权为什么能够存在（下）

在中国，无产阶级革命开始的时候，包括斯大林在内的许多人并不看好中国共产党，他们看好的可能还是中国国民党。中国革命充满了很多问号。

中国革命中最令人费解的问题，就是中国的红色政权为什么能够存在？这也被称为中国革命的"斯芬克斯之谜"。

斯大林不看好中国共产党，那么他看好谁呢？斯大林起先看好的是军阀吴佩孚。北洋政府时期，吴佩孚曾掌握着权力，他也做出革命的姿态，提出了要铲除帝国主义等许多主张。

后来，斯大林看好的是中国国民党。要知道，当时中国国民党是第三国际的友党。第三国际召开大会，中国国民党也派代表参加，蒋介石就作为代表去过苏联。

第三国际的大会上，代表们慷慨激昂地号召进行世界革命。在那种情况下，斯大林有一个判断，他认为蒋介石是中国革命的雅各宾党人。他拿法国大革命来类比，具体来说，蒋介石是中国大革命的罗伯斯比尔。最后他发现对蒋介石做了错误的判断。

这些是当时中国革命所面临的外部环境。从中国内部来看，国民党领袖人物孙中山也不大看好中国共产党，认为后者成不了大事。从今天的角度来看，这是一个非常有意思的现象。

很多人都去过北京的天安门广场。新中国的中心是北京；北京的中心是天安门。

我问过别人一个问题：天安门的中心是什么？有些人不太答得上来。我说，天安门的中心，是那幅巨大的毛泽东主席画像。

我们可以设想，如果天安门的中心没有那幅毛泽东的像，它就是皇宫的大门，而不是新中国的象征。原来在天安门还有马、恩、列、斯的像，后来由于种种变故，他们的像都没有了。

有意思的是，跨越世界上最大的市内广场，对面也有一幅像，是谁？孙中山。

一个生于 1866 年，一个生于 1893 年，相差 27 年；这两位革命巨人、现代中国的奠基者，他们之间有什么关系？我以前去天安门，就有一个感慨：中国革命的这两位巨人，隔着广场遥遥相望，他们两个人能互相了解吗？

18 岁时，毛泽东知道了孙中山。

1936 年，长征到达陕北的毛泽东对美国记者埃得加·斯诺说，1911 年他考入长沙的湘乡驻省中学，有生以来看到的第一份报纸，是于右任主编的《民立报》，上面刊载广州起义和七十二烈士殉难的消息。毛泽东说："我是如此地激动，写了一篇文章贴在学校的墙上。这是我第一次发表政见。""把孙中山从日本召回，担任新政府的总统，由康有为任国务总理，梁启超任外交部长！"

康、梁是早年毛泽东心中的偶像。梁启超写的很多东西他一直要读到能够背诵。一个孙中山横空出世，便夺去了他心中的第一把交椅，他的"第一篇政见"就抛弃了君主立宪而改为共和，提出来的不再是君主，而是总统、总理和外交部长了。虽然毛泽东还搞不清楚保皇和共和的关系，对康、梁与孙中山的区别不甚清楚，将三人看成一体，但孙中山对毛泽东影响之大，震动之深，可见一斑。可以说，当时的毛泽东非常崇拜孙中山。

孙中山年长毛泽东 27 岁，但他也知道毛泽东。那时，他要把国民党改头换面，将其整个组织体制全部改变，按照苏俄的建党模式重新建立国民党。在实行"联俄、联共、扶助农工"三大政策的国民党"一大"上，有两个刚刚加入国民党的青年共产党员，以能言善辩、词锋激烈给国民党元老们留下了深刻印象。

一个是李立三。另一个就是毛泽东。

李立三单刀直入，大段大段阐发自己的观点，其中不乏率直批评国民党的言论；毛泽东则主要以孙中山的说法为依据，论证自己的观点。

许多国民党人惊异地注视着这俩人。孙中山以赞赏的眼光，注视着这两个新锐。他亲自批准毛泽东为章程审查委员。

但是，孙中山对共产党青年新锐的欣赏，并不等于他就同意共产党的主张和共产党的革命道路。孙中山不相信红色政权能够在中国存在。

中国的红色政权能够存在，斯大林不相信，孙中山也不相信。孙中山的不相信，非常明显地体现在 1923 年一篇著名的文献上。

1923 年 1 月发表的《孙文越飞联合宣言》，第一条就是：孙逸山博士认为，共产主义秩序，乃至苏菲（维）埃制度不能实际上引进中国，因为在这里不存在成功地建立共产主义或苏菲（维）埃制度的条件。越飞君完全同意这一看法，并且进一步认为，中国当前最重要最迫切的问题是实现国家统一和充分的民族独立。

孙中山、越飞，一个是中国民主革命的伟大先行者，一个是苏联政府副外交人民委员兼驻华全权大使，同时也是共产国际在中国的代表，两人皆认为中国不存在马列主义生存发展的土壤，皆认为中国不存在建立苏维埃政权的条件。

孙中山的不信，一半出于对三民主义的信念，一半出于对当时刚刚成立的中国共产党的担心。他可能认为，共产党里的一伙年轻人，非常有活力，非常有冲劲，这些人如果再得到苏俄的支持，就不得了，如虎添翼。所以他一定要用宣言的形式肯定"苏菲（维）埃制度不能实际上引进中国"；"在这里不存在成功地建立共产主义或苏菲（维）埃制度的条件"。他要通过这个宣言跟苏俄驻华大使讲清楚：你们不能支持他。

越飞的不信，则全部出自苏联国家利益的考虑。

早在 1923 年越飞与孙中山签署《孙文越飞联合宣言》之前，1920 年 4 月，一个叫维经斯基的俄国人来华。他也是我们党史上一个重要的共产国际的人物。他来华干什么呢？他来华帮助中国共产党建立。要知道，他来华之前，得到俄共中央给他的指示。这个指示的第一条就说："我们在远东的总政策是立足于日、美、中三国利益发生冲突，要采取一切手段来加剧这种冲突。"

从这个指示就可以看得非常清楚，俄国人来帮助中国共产党建立，并不是说苏联要真正地在远东在中国搞一场轰轰烈烈的无产阶级运动，而是在组织一股牵制力量，这股牵制力量是要阻止帝国主义对苏联侵略，保障苏联远东边界的安全，所以在中国要寻找一个与苏联结盟的政府。苏联这样做的目的主要是防备日本。

在国家利益上，苏联还有一些其他的复杂考虑，比如说中东铁路的问题。在甲午战争中，大清国战败，日本占了中国这么大的便宜，于是清王朝一致认定，日本是未来中国最大的威胁。那么，怎么对付这个威胁？就是以夷制夷，引入俄国人来制约日本人。李鸿章访俄的时候,就跟俄国签署了《中俄密约》。在密约里,俄国人提出要建立所谓的中国东方铁路(简称中东铁路),从俄罗斯境内绥芬河通到大连。后来这条铁路建成使用,俄国方面收益非常大。

但是,俄国十月革命之后,新兴的苏维埃政府宣布放弃在华一切权利,包括中东铁路。实际上,后来没有履行这个政治宣言。为什么呢?斯大林为首的俄共中央还是以国家利益为核心,还是不想放弃在中国的利益。

正因如此,越飞来华有一个很重要的使命,就是到北方与吴佩孚达成协议,要北洋军阀政府承认和照顾苏俄在中东铁路的权益。但是,吴佩孚态度很冷淡。

在与孙中山签署联合宣言之前,越飞在北京还给吴佩孚写了一封信,说吴将军"给莫斯科留下了特别好的印象";提议双方密切合作。只是吴佩孚在中东路问题和外蒙古问题上毫不松口,越飞驻北京半年工作毫无进展,才决定南下与孙中山取得联系,以南压北。为了换取孙中山的信任与对中东路和外蒙古问题的承诺,才与孙中山签署此宣言,以实现以孙压吴、以南压北。

这么看来,越飞是利用孙中山来压制吴佩孚,迫使当时执政的中国政府承认苏俄在中东铁路的权益。就是说,他当时是按照苏俄的国家利益,把中国革命作为一副牌来摆弄的。

所以又有了宣言第三条、第四条:双方认为要以谅解的态度解决中东路纠纷,以双方实际之利益与权利解决现行铁路管理法;苏俄声明无意使外蒙古与中国分立,孙中山表示苏俄红军不必立时由外蒙古撤退。

孙中山的主要兴趣在第一条。这是越飞的让步。

越飞的主要兴趣在第三、四条。这是孙中山的让步。

《孙文越飞联合宣言》是中国现代史上一份非常重要的文件。没有这份宣言,就没有后来的国民党改造,就没有国共合作,也就不会有黄埔军校和北伐战争。它既是孙中山对中国革命走向的判断和规定,也是新生的苏联将其斗争中心由世界革命中心转向苏联利益中心的启端。通过这份宣言,苏联在中国第一次完成了用意识形态与国家利益的交换。孙中山也是在做一个交换:你承认共产主义在中国发展不了,那么我承认你在中东路的权益。

孙中山不相信红色政权能够在中国存在,斯大林则不相信中国共产党人能够在中国夺取政权。

斯大林有一段铿锵有力的著名论断，被中国共产党人反复引用："武装的革命反对武装的反革命，这是中国革命的特点之一，也是中国革命的优点之一。"

遗憾的是，只要你查查斯大林讲这段话的历史背景，就知道这样引用并不准确。

斯大林讲这番话的时间是在 1926 年底。"武装的革命"之所指并非当时还未诞生的中国工农红军，而是正在摧枯拉朽的蒋总司令麾下的北伐大军。有意思的是，斯大林这番话还是受一个老资格的国民党人的启发。

1926 年 11 月 30 日，莫斯科召开共产国际执行委员会第七次全会。共产国际的同情党——中国国民党代表**邵力子**①在大会上发言。邵力子非常激动，对着麦克风高声宣称国民党"在共产国际领导下，一定会完成自己的历史任务"，接着他说出了一句重要的话："我们坚决相信，没有武装便没有革命的胜利，中国的形势特别证明了这条经验。"

邵力子这句话给斯大林留下了深刻的印象。

当天，斯大林出席国际执委会中国委员会会议，发表《论中国革命的前途》演说，他把邵力子的话扩展为："在中国，是武装的革命反对武装的反革命。中国革命的特点之一和优点之一就在于此。中国革命军队的特殊意义也正在于此。"

斯大林的这个改造，比邵力子那句话，更有穿透力、感召力。于是，一个著名的论断由此产生。

共产国际是语言大师。斯大林是语言大师。指出阶级斗争的实质是"剥夺剥夺者"，描述革命形势是"两个高潮中间的低潮"，皆是以极其精炼和巧妙的词汇搭配，完成了今天动辄需要数千字才能完成的概念。而"武装的革命反对武装的反革命"，与邵力子"没有武装便没有革命的胜利"相较，基本意思相同，但以概念的清晰程度、明确程度、有力程度而论，斯大林的语言不知强大了多少倍。

邵力子是说者无意，他之所以这样讲，依据的是国民党 30 年搞军事斗争和武装暴动的经验。斯大林则是听者有心。孙中山去世后的国民党，在共产国际和

① 邵力子（1882—1967），浙江绍兴人，近代教育家、政治家。清末举人，早年为同盟会成员，并与柳亚子发起组织南社，提倡革新文学。1919 年加入中国国民党；1920 年跨党参加上海共产主义小组，后加入中国共产党；1926 年退出中国共产党，但他一直主张国共合作。1945 年，作为国民党代表参加国共和平谈判，对促进签订《双十协定》起了积极作用。解放后任多届全国人大常委、政协常委等职。

中国共产党人的帮助下，通过北伐，正在进入最辉煌的历史时期。斯大林是用这句话来高度评价北伐革命军本身。我们要明白，他说的不是中国共产党。

斯大林和邵力子两人都没有想到，这条论断后来成为中国共产党人发动一次又一次武装起义、用枪杆子推翻国民党政权的基本依据。

如同孙中山直到临终也未料到红色政权会在中国产生，斯大林也未料到中国共产党人能够夺取政权。

他一直把中国革命成功的希望，放在国民党和蒋介石身上。他认定蒋介石是中国革命的雅各宾党人。在这位中国的罗伯斯庇尔领导下，未来政权有可能过渡到社会主义。

他认为中国共产党人只能留在国民党内，否则无法独立存在。

斯大林还把一张亲笔签名的相片寄给蒋介石。这是他后来很后悔的一件事。

孙中山不相信，斯大林不相信，倒是托洛茨基相信中国的红色政权是可以存在的。

托洛茨基的革命资格非常老。当时苏俄的革命领导人，是要以"参加十月革命的领导成员之一"这样来肯定他的历史地位的，而讲到托洛茨基，是从来不用"之一"来肯定他的地位。俄国十月革命的时候，托洛茨基是彼得堡革命委员会军事委员会主席，地位非常高。十月革命后他担任陆海军人民委员、革命军事委员会主席，被人们称作"红军之父"。托洛斯基最后跟斯大林发生了很大的分歧，从第三国际中分裂出来，搞第四国际。

应该承认，在对待蒋介石的问题上，是托洛茨基最先发出警告。当苏联与共产国际领导人普遍将蒋介石当作代表中小资产阶级的"雅各宾党人"之时，托洛茨基已经提出要警惕蒋介石是"波拿巴式的人物"了。法国大革命，后来是拿破仑·波拿巴把革命成果据为己有，实现了他个人的独裁，做了法国皇帝。托洛茨基关于蒋介石的这个警告，应该说是特别有预见性，特别清晰。

实际上，蒋介石却是特别崇拜这位俄国革命之父和红军之父。蒋介石在访问苏联的时候，要求见托洛茨基。托洛茨基开始找借口不见，后来没办法，只得跟蒋介石见面。蒋介石一见托洛茨基，很激动，说了很多远东革命如何如何之类的话，充满了很左很革命的词藻。

没想到，托洛茨基很冷静，跟蒋介石不讲革命，而是告诉蒋介石说：你们现在如果不抓经济，不抓政治，不搞民众宣传，只抓军队，只是搞武力征服，将来你们会有很大问题，你们就要走军阀的老路。这样，托洛茨基是给蒋介石泼了一瓢冷水。

蒋介石当然很不高兴，很失望，他满腔热情而来，结果弄得很沮丧。

托洛茨基最先提出要警惕蒋介石，在蒋介石叛变革命后又立即提出要警惕武汉的汪精卫，这些无疑皆是难能可贵的。但他也有认识错误的地方，比如他又认为中国革命没有民主革命阶段，也搞不成什么统一战线，应该直接进入社会主义阶段，否则不会成功。

托洛茨基尤其低估农民群众在中国革命中的作用。他的结论是：只有工人运动的高涨才有农民运动的高涨；在城市无产阶级的革命运动陷入低潮情况下，红色政权在落后的农村无法存在。

托洛茨基认为，只有当大革命没有彻底失败以前，提出苏维埃口号才是正确的，中国有建立红色政权的可能，但是要从国民党中独立出来，不能跟国民党搞在一起。而在大革命失败后，革命形势处于低潮却提出组织苏维埃口号，一切都太迟了。因为无产阶级现在只能进行秘密活动，而秘密活动是无法组织苏维埃的。尤其在失去了城市工人阶级的力量、只有转入农村的时候，苏维埃更不可能在农村得到实现。

托洛茨基反对在中国先进行民主革命，否认统一战线，否认农民的革命性和农村根据地的作用。他根本不相信中国共产党人依靠农村根据地，能够夺取政权。

当斯大林开始不断修正对中国革命的判断、使之越来越接近实际之时，托洛茨基却开始偏离原先的正确判断，越滑越远。

智慧与谬误，可能永远就像这样，在历史中难解难分地交织在一起。

孙中山、斯大林、托洛茨基，都认为中国的红色政权无法独立存在，更无法获得胜利。

只有毛泽东石破天惊地回答了这个问题。

1928年10月，秋收起义上井冈山一年有余，毛泽东写了《中国的红色政权为什么能够存在？》。这篇文章的分量非常重，最根本地揭示了这些问题的答案：在中国发生的革命，为什么有这可能？为什么能够做下去？为什么能够成功？这篇文章解答了中国革命的"斯芬克斯之谜"。

这篇文章是《毛泽东选集》中我印象最深的文章。"文化大革命"时期，大混乱大动荡，我父母被关起来了，我变成了一个黑帮子女。记得那时我看《毛泽东选集》，头脑中充满了疑问，其中一个很大的问题就是共产党人为什么能搞成这个革命？1921年建党，50多名党员；1927年建军，南昌起义，最后剩下的残兵只有800人，就那么点部队。力量多小啊！22年之后，1949年中国共产党夺取了全国政权。为什么共产党能成功夺权？

我记得当初看《中国的红色政权为什么能够存在？》，印象至深。我觉得共产党当时真是一只生机勃勃的、非常有力的真老虎。真老虎真在哪里？实事求是。

我当时做了个设想：如果我们来写一篇《中国的红色政权为什么能够存在？》的话，肯定是：第一，马克思主义的指引；第二，人民群众的拥护；第三，工农红军的奋战。我们只会这些教条式的回答。

毛泽东回答问题是：实事求是。这篇文章的第二部分专门谈"中国红色政权发生和存在的原因"。五条原因中的第一条就是"白色政权之间的战争"，即军阀混战。

毛泽东说："一国之内，在四围白色政权的包围中，有一小块或若干小块红色政权的区域长期地存在，这是世界各国从来没有的事。这种奇事的发生，有其独特的原因。而其存在和发展，亦必有相当的条件。"什么条件呢？第一条就是："它的发生不能在任何帝国主义的国家，也不能在任何帝国主义直接统治的殖民地，必然是在帝国主义间接统治的经济落后的半殖民地的中国。因为这种奇怪现象必定伴着另外一件奇怪现象，那就是白色政权之间的战争。"

这是非常关键的一条。所以才有了鄂豫皖、湘鄂赣、湘赣、闽浙赣、川滇黔等边区。

也正由于这样，才有了突破四道封锁线时，红军与陈济棠的协议。这还表现在湘江之战白崇禧的半心半意，以及蒋与贵州军阀王家烈和四川军阀刘湘之间的矛盾。这样的因素贯穿长征道路的大部分。

文章继续写道，第二条是受革命运动影响的地区，第三条是全国革命形势的向前发展，第四条是相当力量的正规红军的存在，第五条是党组织的有力量和政策不错误。

毛泽东所谓"枪杆子里面出政权"，其实指的是这五条（红色武装放在了第四条）。说到枪杆子，蒋介石的枪杆子不比毛泽东多？玩得不比毛泽东熟？为什么蒋介石却是"枪杆子里面丢政权"？不得不说毛泽东对中国社会和中国革命的认识非常深刻，解开了中国的红色政权之所以能存在的谜团。

毛泽东有众多名篇著称于世：《中国社会各阶级的分析》、《湖南农民运动考察报告》、《关于纠正党内的错误思想》、《中国革命战争的战略问题》、《论持久战》、《实践论》、《矛盾论》，等等，而《中国的红色政权为什么能够存在？》这篇文章人们提到的不是很多。而恰恰是这一篇文章表露的思想，回答了中国革命中一个最为根本性的、其他伟人都无法解答的问题：中国的红色政权能否存在？能否发展？能否胜利？

解决了这个问题，才可能进一步提出那个像电闪划破暗夜一样的论断：星星之火，可以燎原。马列主义普遍真理才开始获得与中国革命具体实践结合的时间和空间。

什么叫历史自觉？首先就是对规律的清晰把握，其次就是对前景的主动营造。

正是在这一基础上，才真正可以说：中国出了个毛泽东。毛泽东不仅仅认识到中国红色政权能够存在的规律，而且还展开了对这种前景的主动营造：创造农村包围城市的发展道路。

当年认定"这里不存在成功地建立共产主义或苏菲（维）埃制度的条件"的孙中山，如果知道最终由他的后进——中国共产党人通过"唤起民众，及联合世界上以平等待我之民族，共同奋斗"，建成了"强盛独立之中国"，难道不也会同样感到欣慰吗？

惊天动地的革命年代过去了，这个问题并没有简单地过去。

世纪之交，这个问题再次以十分尖锐的形势出现。

1988 年价格闯关未成，1989 年政治风波动荡，西方普遍认为中国的红色政权垮台只是个时间问题；后来柏林墙倒塌、苏联解体，世界上社会主义国家没有剩下几个，很多人更对这一点坚信不移。没有人想到，还有一个邓小平的南巡讲话，没有想到邓小平南巡讲话后中国改革事业的快速发展。

邓小平在这里也表现出了历史的自觉。

后来又有税制改革问题，有"三角债"问题、国营企业面临的亏损问题，有世纪之交驻南使馆被炸事件，又有李登辉的"两国论"出笼、台海形势紧绷局面，等等，中国面临许多问题。2000 年美籍华人章家敦写了风靡一时的《中国即将崩溃》，预言中国将在 5 年内崩溃（后来他自己又改成 10 年）。这些情况，提出的仍然是这个问题：中国的红色政权为什么能够存在？

2008 年 5 月 12 日汶川大地震发生后，法国《世界报》5 月 29 日刊登一篇文章，标题是《中国新的社会契约》，可以说是间接地回答了这一问题。文章说："每一次中国出现危机，都会有共产党垮台的预言。垮台论的预言家没有看到的是，中国共产党人的反思让其表现出全球共产党历史上前所未有的可塑性。他们所具有的快速调整、自我批评以及不断考察国外有效模式等灵活方式，不但巩固了其政治基础，而且还具有与民众达成一种新的社会契约的能力。这种契约基于经济效率和爱国主义（或曰民族主义）两根支柱。"

所谓"可塑性"，从另一个角度来说，就是历史自觉。

也许这是一个带有根本意义的评价。从毛泽东到邓小平，再到新一代中国共产党领导集体表现出的可塑性，是这个政权生命力和发展力的来源。

2008 年底到现在，美国引发的国际金融危机正在造成第二次世界大战结束以来全球经济最为剧烈的动荡。美式战略思维的核心就是实力（power），从硬实力（hard power）、软实力（soft power）到巧实力（smart power）。美国最大的软实力就是美式发展模式、美国生活方式，但现在这个模式正在遭遇前所未有的挑战。

从"华盛顿共识"面临的空前麻烦，到"北京共识"（其实我们并不承认）现在遇到的夸赞，将这种情况仔细品味，则"中国的红色政权为什么能够存在"这一问题再次隐隐浮现出来。

这个问题今后还会不断地出现，需要一代一代人回答：

中国的红色政权为什么能够存在？

因为还会有困难，甚至可能是很大的困难。

需要一代一代中国共产党人不断用我们的行动、我们的成绩、我们的信心获得回答的资格和回答的能力。

努力回答这一问题，我们就不断获得发展，不断获得进步。

第四讲　对手：蒋介石与毛泽东（上）

时势造英雄，这是中国人的古话。20 世纪初叶的中国，风起云涌，轰轰烈烈，一定会涌现出很多重要的历史人物来。

大时代出大人物。但是，如果大时代来临，大人物还未准备好，或者说这个人具有成为大人物的条件，而他自己并不知觉，这时候该怎么办？

历史的回答很简单：把小人物变成大人物。这就是历史上一个非常怪异的地方。

只要符合条件，哪怕你躲到床底下，也会把你拖出来，成为大人物。

辛亥革命时期的黎元洪就是如此，被人称为"床下都督"。他本来就不是一个革命者，更谈不上一个革命的领袖人物，他完全就是一个保皇主义者。

黎元洪出身很苦，发达之前跟姐姐一起要过饭。饿了的时候，偷过别人家地里的萝卜。他怎么偷呢？他把萝卜拔出来后，摘掉萝卜，再把萝卜秧插回去，让你表面上看不出来。这很有象征意义。他即便对清王朝不满，表面上也是不敢造反的。

辛亥革命爆发，群龙无首。孙中山在美国。黄兴在香港。武昌新军的领导者在起义前被捕的被捕，被杀的被杀，脱逃的脱逃，真正举事的领导者，只是新军熊秉坤等基层军官。

新军暴动之后，一个最大的问题就是需要拉出一个够资格的人作为他们的首领。但是，这些基层军官资格肯定不够。这时候，新军想到了一个人：黎元洪。

黎元洪是协统，相当于今天的旅长。听到新军起义后，他吓得从营房逃跑，东躲西藏，一说躲在姨太太的床底下，一说躲到参谋刘文吉家中。他藏蚊帐后面，觉得不妥又钻入床下。总之，他是被人从床底下硬给拖出来，用枪逼着当了湖北军政府都督。

之所以这样做，不能说是革命者意志不坚，革命不彻底，非抬出这么个人不可。归根到底，这是个国情问题。中国凡事要"正名"，名不正则言不顺。基层军官签署安民告示，容易被看成传统意义上的"犯上作乱"。

因此，安民告示必须让黎元洪这样的人签。

黎元洪不签，认为签了就是"犯上作乱"。革命党人张振武夺笔签上"黎"字发出。当时黎元洪被他们抓到那儿，也没有办法，布告就贴出去了。布告张贴，"首义都督黎元洪"大名不胫而走，不但鼓舞士气，稳定民心，而且壮大革命声威：众多人看后感慨"想不到黎协统也是个革命党"，逃散藏匿军官纷纷出来，归附军政府。可见，一些清军高级将领附和革命，黎元洪的"榜样"有一定效果。

此后军政府就以"鄂军都督黎"的名义发出布告。实际上，革命党人利用了黎元洪的名声，起到了宣传革命、传播革命的作用，让更多的人参与进来。

古今中外，被从床底下拖出来变成大人物的，黎元洪一定不是唯一的一个。

因为没有做好准备，所以躲在床底下。但历史需要你，硬把你从床下拖出来。

《圣经》说：愿意的，命运领着走。不愿意的，命运拖着走。

被强行拖上历史舞台的黎元洪，后来三任副总统，两任大总统，成为民国初年一颗耀眼的政治明星，真的变成大人物了。

当他真的到了前台之后，他还是有些表现的。比如说他最后找了个机会，把当初逼他在告示上签字并代签的武昌首义的元勋之一张振武杀掉了。这是他反动的一面。

当然，他也不是一件好事没做。反袁世凯称帝，反张勋复辟，反段祺瑞独裁，在维护共和方面，黎元洪还是做了一些事情。

20世纪初期以来，历史潮流是走向共和。黎元洪被逼着参加新军暴动之后，逐渐看清了历史潮流。黎元洪被逼出头后，有一段名言："元洪不德，受各位抬举，众意难辞，自应受命。我前天未下决心，昨天也未下决心，今天上午也未下决心，现在是已下决心了。成败利钝，生死以之。"这是他下决心参加革命、剪了辫子后对士兵训话时说的。后来袁世凯称帝，要封黎元洪为大元帅等等，黎元洪一概推辞。这实际上起到了反对袁世凯称帝的作用。

时代造就人物；大时代造就大人物。

大时代会把小人物变成大人物。小人物也能影响大时代。我们说，人在历

1901年《辛丑条约》签约时各国代表

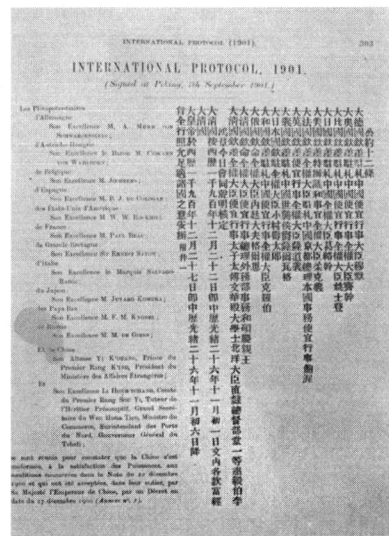

《辛丑条约》部分内容

官肥民瘦（清末漫画）

甲午战争后日本军国主义侵华宣传

1908年《真相画报》刊载的漫画，讽刺清廷罔顾民意，出卖路权

武昌起义第一枪

武昌起义时的革命军军旗及军政府告示

汉口租界外国水兵布置的工事

史面前还是有主观能动性的。

黎元洪被从床下拖出来不到三年，1914 年 6 月，一个小人物——塞尔维亚青年普林西比刺杀奥匈帝国皇储斐迪南大公，引发第一次世界大战。

就像黎元洪肯定不知道他被从床下拖出来会成为开国元勋一样，普林西比也肯定不知道，他那两枪最后导致天下生灵涂炭的第一次世界大战——6500 万人参战，1000 多万人死亡，2000 多万人受伤，欧洲大地一片废墟。

当时欧洲各国的矛盾已经积累到一定程度，剩下的就是导火索。普林西比的枪声充当了这个导火索。

奥匈帝国对塞尔维亚有野心，激起了塞尔维亚人的仇恨。有人劝皇储斐迪南大公不要去与塞尔维亚毗邻的波斯尼亚访问，说塞尔维亚人要刺杀你，有危险，但皇储说不怕，还是去了。斐迪南大公的此次访问，出现了一系列的可笑错误，终于酿成大祸。

1914 年 6 月 28 日上午 10 时后，斐迪南大公的车队进入波斯尼亚首都萨拉热窝。此前他下火车居然把随行卫队丢在月台上了，卫队没有跟上来。

大公和夫人坐在车上，并且把帆布棚子打开了，让大家一睹奥匈帝国皇储的风采。这不就成为刺客的目标了吗？七个塞尔维亚暗杀小组就埋伏在预告要经过的道路旁。

第一组未行动，说旁边有警察。第二组扔出了炸弹。司机一看有东西扔过来，加速开车，想躲过去。炸弹就没有落进车子里面，掉到车后面收起来的帆布棚子上了。马路不平，车子很颠，结果，炸弹居然掉下去了，在两辆车中间炸了。后面那辆车上一名军官和一名随员受伤。

大公一行继续前行，到了市政厅，市政厅组织了欢迎仪式。市政厅的典礼结束后，原定程序访问国家博物馆，大公心血来潮，忽然坚持要去陆军医院探望刚才的受伤者。然而，第一辆车上市长的司机未被告知计划改变，到路口右转去博物馆。大公的司机也不知道计划改变，顺从地跟着前车右转。

大公车内发现错误的波斯尼亚军政府长官波蒂奥雷克将军命令司机停下掉头折回。车子恰恰停在刺客普林西比的面前。这个 19 岁的青年拔出比利时小手枪，冲上去开了两枪。

历史的诡异正在于它的偶然性。普林西比报名参加刺杀活动，大家都没怎么正眼瞧他。他骨瘦如柴，没打过枪，也没刺杀的经验，所以其他人都不愿意跟他搭伙。其他刺杀小组都是两三个人一起，相互配合，只有普林西比是一个人独自行动。

其他所有刺客都呆在斐迪南大公将要经过的车道，在人群中寻找机会。普林西比呢？他一个人揣着手枪，无所事事地在旁边溜达。溜达来溜达去，他也不知道他要干什么。突然之间，这辆车子就在他面前停下来了。时间停止了，斐迪南大公必须得死。历史的偶然性，就是这么怪。

一辈子没有开过枪的普林西比，当时毫不犹豫地抓住了这个难得的机会。他没有见过斐迪南大公，也不认识大公。他就看见那辆车停下来了，看见上面坐着的人衣冠华贵，普林西比从来没有开过枪，也没有杀过人，这次他毫不犹豫地冲上去开了两枪。结果，这个小青年毕生就开过两枪，但这两枪全都致命：第一枪打中了斐迪南大公的颈动脉，第二枪打中了斐迪南大公夫人的肝脏。

汽车赶紧掉头，到医院去抢救他们。斐迪南大公在临终之前，还跟他夫人讲了句话，说我们一定要挺住，为了我们的孩子。最后两个人都没有挺住，石板路如此颠簸，两个人到医院之前，全部大出血死亡。

普林西比当场被警察抓捕，经审判后，被判处 20 年劳役。他被带到了波希米亚的特莱森塔，1918 年 4 月 28 日死于肺结核。

萨拉热窝事件发生后，奥匈帝国决定借此吞并塞尔维亚。1914 年 7 月 28 日，奥匈帝国对塞宣战。7 月 30 日，俄国支持塞尔维亚，宣布总动员。8 月 1 日，德国对俄宣战；8 月 3 日，又对法国宣战。8 月 4 日，英国对德宣战（借口德军破坏比利时中立）。8 月 6 日，奥匈帝国向俄国宣战。欧洲主要帝国主义国家都卷入了战争。第一次世界大战爆发了。

战争极大削弱了沙俄，引发 1917 年二月革命，沙皇被推翻。然后是十月革命，资产阶级临时政府被推翻。在思索历史的时候，如果我们忽略了普林西比这两枪与十月革命一声炮响的联系，那么对历史的认识就是片断的。

那是一个轰轰烈烈的战争与革命的年代。

实际上，摆在当时各国面前的道路，有各种各样的选择。

欧洲已经是火药桶，但战争是否必然要爆发？也不一定。也还有拖延的选择，有和平的选择，有妥协的选择。

但是普林西比那两枪，彻底断绝了拖延、和平和妥协的选择。这就是导火索。

战争扑面而来，然后是革命扑面而来。真正的领袖，在风浪中现身。

1917年6月16日（俄历6月3日），全俄工兵代表苏维埃第一次代表大会在彼得格勒召开。在1000多名代表中，布尔什维克连百分之十都不到，人数最少。孟什维克党人、临时政府邮电部长策烈铁里在会上高声宣称，在俄国，没有哪一个政党敢于单独掌握全部政权，并对国家今后的命运负责。

代表席上一个身材不高、目光锐利的人站起来，大声回答："有这样的党！"

回答者是布尔什维克党人的领袖，弗拉基米尔·伊里奇·列宁。

列宁不是一时冲动。

1917年4月列宁回国，在火车站欢迎会上就喊出"社会主义革命万岁"口号。当时二月革命刚刚成功，临时政府刚刚建立，很多人怀疑列宁犯了超越革命发展阶段的"左"倾错误。《真理报》声明说："对于列宁同志的总公式，那是我们所无法接受的，因为它的出发点是认为资产阶级民主革命业已结束，指望这一革命立即转化为社会主义革命。"

但列宁言中了。六个月后，震动世界的十月革命爆发。

黑格尔说："一个时代的伟大人物是这样一种人，他能用言辞把他的时代的意志表达出来，他告诉他的时代什么是那时代的意志，而且能去完成它。他所做的是他的时代的精髓与核心，他使他的时代现实化了。"

这就是领袖。对历史进程那种敏锐的感觉，对推动这一进程那种坚定的意志。

并非所有领袖都有这样的敏感，都有这样的意志。

比如孙中山对武昌起义的认识。虽然正是他用坚持不懈的努力，为推翻清王朝奠定了基础，但最具决定性且唯一成功的武昌暴动，他不但事前未能参与，还几乎去电阻止。

再如孙中山对袁世凯的认识。

1912年孙中山辞职，袁世凯就任中华民国临时大总统，当时孙中山还以为民族主义革命已经成功，民权主义交给袁世凯去尝试，而自己则致力于民生主义事业。袁世凯邀请他到北京会谈，他不但去了，与袁世凯探讨国家大事，而且一谈就谈到半夜。不管孙中山说什么，袁世凯总是连连点头，连连说好。"双方相谈甚欢"，几乎有相见恨晚之感。在盛大的欢迎宴会上，袁世凯向孙中山举酒致敬，高呼："中山先生万岁！"孙中山也站起来高呼："袁大总统万岁！"今天来看是场闹剧，但孙中山还是十分认真的。

孙中山感慨地说："袁公任大总统十年，练兵百万；我则经营铁路，延伸二十万里。到那时，我们民国难道还能不富强吗？"

袁世凯可没有那么认真。会谈结束，袁世凯私下评价说："孙中山志气高尚，见解亦超卓，但非实行家，徒居发起人之列耳。"他没有太把孙中山放在眼里。

对世界的认识，对政治的认识，对人的认识，这些都很难。面对纷繁复杂的世界，国民党创始人认知不足，共产党创始人也认知不足。

1921 年 7 月，中国共产党第一次代表大会在上海召开。一个如今发展为7000 多万党员的世界第一大党就此诞生。但颇让党史遗憾、颇让后人遗憾、也颇让革命博物馆内那些大幅"一大"代表照片遗憾的是，"南陈北李"这两个中共建党的中坚人物，一个也未去出席。

陈独秀当时在**陈炯明**①手下任广东政府教育委员会委员长、大学预科校长，未出席的理由是正在争取一笔款子修建校舍，人一走，款子就不好办了。

李大钊时任北京大学图书馆主任，未出席的理由是北大正值学年终结期间，校务纷繁，难以抽身前往。

两人当时都忙。但他们的理由与中共"一大"的历史地位相较，无疑是芝麻与西瓜相较。

什么是历史？这就是历史。这就是并非理想、却真实的历史。

不是苛求前人。武昌起义并非一经发动就必定成功。其所以成功，毕竟还有其他许多因素。袁世凯也有变化过程，并非一出生就是"窃国大盗"。孙中山对他也有一个认识过程。

对"南陈北李"来说，在旧中国剧烈的大变动时期，每天成立的组织与散伙的组织一样多，结社很平常，也不能强令"南陈北李"预见到 28 年后的新中国。

常人可能觉出眼前的量变不一定能觉察到质变，但很多时候，伟人也无法立即察觉将要出现或已经出现的质变。

所以孙中山有面对辛亥革命的遗憾。

———————

① 陈炯明（1878—1933），字竞存，广东海丰人，广东军政领袖。他参加过辛亥革命及黄花岗起义。1917年孙中山赴广州打响护法战争，他对此十分支持。后来他主张联省自治，与孙中山谋求以北伐统一中国的政治纲领不合，最终反目成仇。

陈独秀、李大钊也有面对中共"一大"的遗憾。

真正的代表两党承担大任的人物，只有在这些创始人之后产生。他们是国民党的蒋介石和共产党的毛泽东。

蒋介石本身就是个谜。

首先，他不是孙中山选定的接班人。

很多人原以为蒋介石是孙中山选定的接班人。于是就说，接班人选错了。

蒋介石也常以"总理唯一的接班人"自居，原因是据说孙中山临终时口中直呼"介石"；情之深切，意之难舍，溢于言表。

可惜，此说只是来自蒋介石自己修订的《蒋公介石年谱初稿》。

孙中山临终时是什么场景？当年寸步不离孙中山病榻的床前侍卫李荣的回忆是：

> （3月11日）至晚八时三十分钟止，（孙）绝终语不及私。十二日晨一时，即噤口不能言。四时三十分，仅呼"达龄"的一声，六时三十分又呼"精卫"一声，延至上午九时三十分，一代伟人，竟撒手尘寰，魂归天国。

临终的孙中山呼唤了宋庆龄，呼唤了汪精卫，却唯独没有呼唤蒋介石。

孙中山1925年3月去世。该年7月1日，中华民国国民政府在广州成立。蒋介石既不是常务委员会委员，不是国民政府委员，也不是国民党中央执行委员会委员，甚至连候补委员也不是；他还只是一个没有多大影响的人物。

孙中山至其临终，也没有指定自己的接班人。

蒋介石1905年在东京由陈其美介绍就认识孙中山，但孙中山倚为股肱的军事人才，先是黄兴、陈其美，后是朱执信、邓铿、居正、许崇智、陈炯明。陈其美殉难，孙中山说"失我长城"；朱执信病逝，孙中山说"使我失去左右手"；对陈炯明寄以厚望："我望竞存（陈炯明）兄为民国元年之克强（黄兴），为民国二年后之英士，我即以当时信托克强、英士（陈其美）者信托之。"

他依靠的不是蒋介石。所以很长一段时间，他未委派蒋重要的军事职务。

蒋首次在孙中山面前显露军事才能，是上书陈述欧战情势及反袁斗争方略，这才使孙中山对他有所注意。在陈炯明部任职期间，蒋介石又连向孙中山呈《今后南北两军行动之判断》、《粤军第二期作战计划》等意见，也仅使孙中山觉得他是个不错的参谋人才，仅此而已。

于是孙中山委任给蒋介石的，多为参谋长、参军一类不掌握实际权力的职务。蒋先后担任过居正的参谋长、孙中山总统府参军、陈炯明的作战科主任、许崇智的参谋长、孙中山大元帅行营参谋长。

最先欣赏蒋介石的倒是陈炯明。他发现此人的才能绝非限于参谋方面。蒋介石在陈部干了一段作战科主任，要辞职，陈炯明竭力挽留，向蒋表示"粤军可百败而不可无兄一人"。

陈炯明说对了。最后他果真败于蒋介石之手，他的部队连家底都被蒋介石消灭了。

蒋介石与陈炯明关系不错。1922年4月，陈炯明准备叛变，向孙中山辞粤军总司令和广东省长之职。孙中山照准。蒋介石不知陈意，还想找孙中山为陈说情。不成，便也辞职。在回沪船上还给陈炯明写信："中正与吾公共同患难，已非一日，千里咫尺，声气相通。"

但陈炯明一叛变，蒋介石立即抛弃与陈的友谊，站到孙中山一边。

蒋介石一大特质：危机时候往往有出乎意料的表现——陈炯明没有料到，孙中山也没有料到。

这是一个不怕危机的人。往后我们还要看到，此人不但不怕危机，而且善于利用危机，甚至为达自己目的而制造危机。

孙中山正是由于陈炯明的叛变，第一次对蒋介石留下了深刻印象。他后来在《孙大总统广州蒙难记》序言中写道："介石赴难来粤入舰，日侍余侧，而筹策多中，乐与余及海军将士共生死。"

孙中山在危难中第一次建立了对蒋介石的信任。但对蒋介石的性格及处世方式，却甚感头痛。

蒋介石脾气暴躁，经常与周围人关系紧张；动辄辞职不干，未获批准也拂袖而去，谁去电报也召他不回。

1922年10月，孙中山任蒋为许崇智的参谋长。仅月余，蒋便以"军事无进展"为由离职归家，孙中山派廖仲恺持其手谕都无法挽留。

1923年6月，孙中山命蒋为大元帅行营参谋长。蒋到任不满一月，又以不受"倾轧之祸"为由，辞职返回溪口。

1924年初，孙中山委派蒋为黄埔军校筹备委员长。刚一个月，蒋就以"经费无着落"为由辞筹备委员长之职。九月，再辞军校校长之职。

从 1918 年 7 月辞陈炯明部作战科主任，至 1924 年 9 月辞黄埔军校校长，六年时间中，蒋介石先后辞而复职竟达十四次之多。

孙中山容忍了蒋介石历次辞职，独对辞黄埔军校之职不能忍受。孙中山革命奋斗几十年，吃尽了没有自己武装的亏，梦寐以求想建立这一武装。直至晚年刚有实现的可能，蒋介石又动辄撂挑子不干，确实大伤了孙中山的心。他对蒋介石深感失望。

历来极重兵权的蒋介石何尝不知黄埔军校的重要。他真正不满的，并非仅仅"经费无着落"，而是在 1924 年 1 月国民党召开"一大"上，孙中山没有指派他为代表，各省党部亦没有推选他，国民党党史上极其重要的这次大会，他连一张入场券都未弄到。

1924 年 11 月 13 日，孙中山启程北上。国民党党史记载，北上前两天，"总理令（黄埔）新军改称党军，任蒋中正为军事秘书"。这是孙中山给蒋介石的最后一个职务。孙中山北上至去世四个月时间内，再未给蒋介石任何信函和指令。

蒋介石 1963 年 11 月在台湾回忆说："我是二十一岁入党的；直到二十七岁总理才对我单独召见。虽然以后总理即不断的对我以训诲，亦叫我担任若干重要的工作，但我并不曾向总理要求过任何职位，而总理却亦不曾特派我任何公开而高超的职位。一直到我四十岁的时候，我才被推选为中央委员。我开始入党，到担任党的中央委员，这中间差不多相距了二十年之久……"

言语之间，饱含当年的不遇与委屈。

再委屈，这个人也不像黎元洪那样，需要别人把他从床底下拖出来，再扶到位置上去。此人具有极大的历史主动性。

当然，并非有了这种主动性前面一切就迎刃而解，仍然需要一些外力。

怎样获得这些外力？历史将要在这个人物面前展开。

当时蒋介石要想成为强有力人物，面前至少有三个障碍：军事部长许崇智、外交部长胡汉民、财政部长廖仲恺。从一般规律上看，他无论如何也不可能越过这些障碍。他不跨越这三座大山，就根本不可能问鼎国民党和国民革命军的权力宝座。

然而，不可能的事情却在此后几个月内连续发生了。

第五讲　对手：蒋介石与毛泽东（中）

孙中山不曾派蒋介石担任任何"公开而高超"的职位。那么，是何人派蒋担任"公开而高超"的职位呢？

就其必然性来说，蒋介石上台，是中国近代史上的一部大书。就其偶然性来说，一方面是归结于蒋介石对任何一场危机、重大突发事件都能善加利用，另外一个方面则归功于一个人物，这个人物就是苏联顾问鲍罗廷。

凡是对中国近现代史感兴趣的人，应该记住这个人的名字。这个人不仅对共产党有很大影响，而且对国民党有更大的影响。

是鲍罗廷第一个把把蒋介石推上权力高峰。

蒋介石是一个谜。鲍罗廷也是一个谜。被派到中国来的共产国际或苏俄革命者，没有一人能如他那样，富有创造性地执行共产国际和斯大林的指示；也没有一人能如他那样，对中国革命的进程发挥如此巨大的影响。

2006年，《环球时报》的媒体工作者与中国社会科学院专家共同筛选，最终确定了对中国近现代发展影响最大的50名外国人，鲍罗廷名列其中：

> 鲍罗廷（1884—1951）：苏联人，1923年秋来中国，任共产国际驻中国代表、苏联驻广州革命政府代表，并被孙中山聘为国民党的组织教练员，其后任国民党中央政治委员会高等顾问等职。

鲍罗廷是老资格的革命党人，出生于拉脱维亚，先后投身俄国、西班牙、墨西哥、美国、英国和中国革命运动。他的一生就是一部传奇。

这个人跟斯大林还有非常好的关系。1905年在芬兰参加一次会议，斯大林是布尔什维克的年轻代表，他也是，两个人聚在一起。

鲍罗廷是苏联驻华代表加拉罕介绍给孙中山的。孙中山说他见过的共产国际人员中，印象最深、最为钦佩的人物，就是鲍罗廷。他称鲍罗廷为"无与伦比的人"。

鲍罗廷想不到，他到中国干的第一件、也是后来影响最为深远的一件事，是主持了对国民党的改造。

鲍罗廷之前，国民党在政治上、组织上和理论上都无法算作一个政党。它没有纲领，没有组织，没有章程，没有选举，也没有定期会议，连有多少党员也是一笔糊涂账。据说有三万，注册的却只有三千，交纳党费又是六千。入党要打手模向孙中山个人宣誓效忠，与封建帮会无异，连孙中山也弄不清到底有多少"党员"，这些党员又都是谁。

鲍罗廷告诉孙中山，作为有组织的力量，国民党并不存在。

孙中山大为震动。此前没有人对他说过这种话。

以前孙中山多次依靠本党力量改组党，皆收效甚微。这一回他看好了鲍罗廷。他对鲍罗廷说，老党员不行了，新党员还可以。孙中山下决心"以俄为师"，依靠鲍罗廷，运用苏俄无产阶级政党的建党经验，改造国民党。

鲍罗廷像一部精细严密不知疲倦的机器那样高速运转起来。他严格按照俄国共产党的组织模式，依靠中国共产党人和国民党左派，对国民党开始了彻底改造。国民党第一次全国代表大会那份至关重要的"一大宣言"，就是布尔什维克党人鲍罗廷亲自起草、中国共产党人瞿秋白翻译、国民党人汪精卫润色的。

鲍罗廷死去近40年后，台湾的李登辉成为国民党主席。西方评论家称：李登辉使国民党彻底摒弃了列宁的建党模式。很多人听到后颇为吃惊。他们从来就不知道，几十年来天天喊"打倒共产党"的国民党，竟也用了列宁的模式建党。

见过鲍罗廷的人都对他印象深刻。他目光敏锐，思想深刻，而且极富个人吸引力。他讲话时手不离烟斗，对任何事物都极其敏感，不管面对什么样的记者，都能以自己的远见卓识将他们征服。只要他一出现，就能控制住在场的人，成为他们的中心。

他又非常注重中国的传统、习惯和礼节。孙中山聘他为顾问，孙中山去世之后，他继续是国民党的高级顾问。他的房间不挂列宁像和斯大林像，只挂孙中山像。凡与他接触的人，都对他的非凡气质和征服听众的能力长久不忘。他协调不同派系的能力极强。只要他在，广州的各种势力基本都能相安无事。各派的人有事情都愿意找他商量解决，他也总能提出恰如其分的办法，让人满意而去。时间一长，他的住地便自然形成一个人来人往的中心。李宗仁回忆说，当时人们都以在鲍公馆一坐为荣。

鲍罗廷给广州带来了一股清新空气。他的风格深深感染了周围听众。他的名声传遍了远东地区。革命者称他为广州的"列宁"。上海租界说他是"红色首都"的"红色猛兽"。西方评论家则说他正在广东重复俄国革命的历史。

苏联顾问切列潘诺夫回忆说，鲍罗廷能够看到局部现象的历史意义，能够从一系列广泛的、相互交错关联的事件中综合出局势的发展趋向，而别人在这些事件面前却只能感到眼花缭乱。

就连宋美龄也为鲍罗廷的个人魅力倾倒，她回忆说：鲍罗廷站在听众中间仿佛鹤立鸡群，他一进屋，你就能听到他那清晰的不慌不忙的男中音；他站在哪里，哪里就是高光点（油画的视距聚焦点）。他讲英语不带俄语口音，很接近美国中部方言。后来蒋介石跟鲍罗廷翻脸，在全国通缉捉拿鲍罗廷的时候，宋美龄仍然说，鲍罗廷是一位非同凡响的人物。

新中国时代，无人不知周恩来的风范，但很少人知道的是，周恩来也深受鲍罗廷风格的影响。可以这么说，鲍罗廷就是周恩来当时心目中的偶像。

周恩来当时在广东区委工作。鲍罗廷不轻易听任机会摆布，在国民党、共产党、苏联与共产国际四方之间纵横捭阖，不屈不挠地去实现设定目标的才智和魄力，给周恩来留下深刻印象，产生了极大影响。当时鲍罗廷给广东区委的指示常常与上海中共中央的指示不一致，广东区委也毫无保留地执行。

周恩来从鲍罗廷身上学到了很多东西。周恩来后来表现出的遇事冷静、对棘手问题不动声色的沉着、待人接物的细致周全、迅速行动能力与长期忍耐能力，有效地和背景不同、政见各异的人共同工作的能力，以及事无巨细亲自办理的工作风格，都现出当年鲍罗廷的身影。

新中国成立以后，周恩来总理访问苏联。鲍罗廷当时已经去世，周总理专门去看望鲍罗廷夫人，并送给她一条中国纱巾。

如此精明的鲍罗廷，却被蒋介石弄花了眼。

孙中山死后几个月里，鲍罗廷成了广州主要的掌权人物，权势和影响如日中天。他的住宅楼上经常坐满广州政府的部长们、国民党中央执行委员们和中国共产党人；楼下则是翻译们忙碌的天地：将中文文件译成英文或俄文，再将英文或俄文指令译成中文。印刷机昼夜不停，各种材料、报告、指示从这里源源而出。

鲍罗廷实际已成为国民党中央的大脑。表面上所有决议都由几个国民党领导人共同决定，实际上是鲍罗廷说了算。

前面讲过，当时蒋介石要想成为强有力人物，面前至少有三个障碍：军事部长许崇智、外交部长胡汉民、财政部长廖仲恺。从一般规律上看，他是不可能越过这些障碍的。但不可能发生的事情在几个月内却发生了。

1925年8月20日，廖仲恺在国民党中央党部门前被刺。当天，国民党中央执行委员会、国民政府委员会和军事委员会召开紧急会议。

一言九鼎的鲍罗廷在这个至关重要的会议上，提出了一条至关重要的建议：以汪精卫、许崇智、蒋介石三人组成特别委员会，授以政治、军事和警察全权。

鲍罗廷设想，这是一个类似苏俄"契卡"①的组织，目的是用特别手段肃清反革命分子。他自己则担任特别委员会的顾问。

他的建议实际上就是决议。建议被迅速通过。

"授以政治、军事和警察全权"的特别委员会三人中，汪精卫本身是国民政府主席，许崇智是政府军事部长，唯有蒋介石未任过高于黄埔军校校长的职务，是第一次获得如此大的权力。

魔瓶最先被鲍罗廷开启。

此前鲍罗廷就看好了蒋介石，为此和总军事顾问加伦将军发生了很大分歧。

加伦认为应该用许崇智，培植与黄埔并行的军事力量，不能以某个人或某一派系为中心，以防患于未然。鲍罗廷却认为许崇智的粤军为旧军队，不堪大任；蒋介石的黄埔新军有主义为基础，颇具革命性质，可当大任。1925年7月国民政府成立，加伦再提出要防止军事独裁，主张建立军事委员会制度，以许崇智为军事首脑；鲍罗廷不同意，支持蒋介石。两人分歧日趋严重，只有待莫斯科裁决。

加伦将军不知道，1905年在芬兰召开的布尔什维克党代表会议上，鲍罗廷就认识了斯大林。裁决的结果是不言而喻的：加伦将军被调离广东。

斯大林对蒋介石的信任，很大一部分就是受鲍罗廷的影响。

军事顾问加伦将军提出了颇含政治意义的考虑，而政治顾问鲍罗廷却在关

---

① 契卡是十月革命后苏维埃俄国的国家安全保卫机构，全称"（全俄）肃清反革命及怠工特设委员会"，简称"全俄肃反委员会"。"契卡"是该委员会俄文缩写的音译。该组织负责侦查和消灭一切政治上、经济上的敌对分子，权力极大。契卡还是苏联后来的著名情报机构克格勃之前身。

键时刻被蒋介石的军事才能蒙蔽，陷入了个人政治视野的盲区。他亲自把极大的权力交到蒋介石手里。

应了中国那句老话：智者千虑，必有一失。但这一失失得太大、太关键了，以致他以前导致其成功的"千虑"最终被毁于这"一失"。

巴斯德说，机遇偏爱有准备的头脑。蒋介石为这一天的到来做了充分准备（不是黎元洪那样被人从床下拖出）。他运用这个突然降临到手中的"政治、军事和警察全权"是毫不犹豫的——"快刀斩乱麻"：

首先针对几番压制他的许崇智。

利用廖仲恺被刺案，蒋介石指挥党军包围了许崇智住宅，指其涉嫌廖案，许崇智仓皇逃往上海。实际上就把许崇智这个军事部长给废了，手段是非常狠的。

然后就对付胡汉民。胡汉民之弟胡毅生与廖案有瓜葛，胡汉民先被拘留审查，后被迫出使苏联。

廖仲恺则被隆重地下葬。

通过处理刺廖案，蒋介石利用特别委员会的大权，迅速行动，一石三鸟。军事部长许崇智、外交部长胡汉民、财政部长廖仲恺，三个夺取权力的障碍一扫而光。

鲍罗廷帮助蒋介石迈出了夺取政权的决定性一步。

半年以后鲍罗廷才明白自己打开了魔瓶。许崇智、胡汉民、廖仲恺三人消失之后，他已经不能照原来设想的那样去遏制蒋介石了。

他严重低估了蒋介石的能量。

埋葬了廖仲恺，赶走了胡汉民、许崇智后，蒋介石还剩下最后三个障碍：前台的国民政府主席汪精卫，后台的国民政府政治顾问鲍罗廷，心中的死敌中国共产党。

下一个就是中山舰事件，又是一个一石三鸟。蒋介石，善于制造危机，然后利用危机，利用非常势态，达到自己想要的目的。这是个大师级的人物，非常娴熟这一套权术。

蒋介石将后一个一石三鸟推迟了七个月。国民党被鲍罗廷由一个松散的组织造就为一个虎虎有生气的组织，在这个组织的全部力量转到自己门下之前，他还需要利用鲍罗廷的力量和影响。国民党"西山会议派"攻击他将鲍罗廷"禀为师保，凡政府一切重大计议，悉听命于鲍"，"甚至关于党政一切重要会议，概由鲍召集于其私寓，俨然形成一太上政府"；他不但不在意，反而说作为总司令，只有法国福煦元帅的地位可同鲍罗廷相比。他反复引用孙中山曾说过的话：鲍罗廷的意见就是他的意见。因此，追随鲍罗廷就是追随孙中山。

他在等待时机。

时机很快来临了。

第二次东征大捷使蒋介石军功威名如日中天。返归广州途中，沿途男女老幼观者如堵，道为之塞；至汕头盛况达到空前：社会各团体整齐列队欢迎，民众簇拥，万头攒动；一路军乐悠扬，鞭炮哗剥，工会前导，次枪队，次步兵，次汽车，卫队为殿，连孙中山当年也没有如此之风光。

广州的汪精卫、谭延闿、伍朝枢、古应芬、宋子文联名电蒋："我兄建此伟功，承总理未竟之志，成广东统一之局，树国民革命之声威，凡属同志，莫不钦感。东征功成，省中大计诸待商榷，凯旋有日，尚祈示知，是所祷企。"

国民政府要员站成一列，以前所未有的谦恭，向军权在握的新秀蒋介石致敬。

这个场景有点像古罗马：将军打仗凯旋进罗马城的时候，都有这样的欢迎仪式。但是罗马的欢迎仪式上，有个特殊的地方，就是执政官为了让这些将军们回城能够清醒，在将军凯旋的马车后面安排了一个耳语者。这个人要不停地对将军说一句话：一切荣华富贵都是过眼烟云。这就是要不停地提醒你，不要被眼前的欢迎冲昏头脑。

蒋介石第二次东征回到广东，他的身边没有耳语者，没有人提醒他。他的权力如日中天。

事情并未到此为止。

1926 年 1 月广州举行国民党"二大"，到会代表 256 人，选举中执委时，有效票总数 249 张，蒋介石得票 248 张，以最高票数当选中央执行委员。

这就是蒋介石后来说的，21 岁入党到 40 岁当上中央委员，相距 20 年之久。

这一年蒋介石 40 岁。

会议代表中共产党员占 100 人左右，都投了蒋的票。

差的一票也许是他未投自己？起码给人以这样的印象。反而显得更加谦虚。248 强于 249。

得票 245 张的宋庆龄在"二大"讲话赞扬东征胜利之后的广东形势："此间一切的政治军事都很有进步，而且比先生在的时候弄得更好。"

一句"比先生在的时候弄得更好"从宋庆龄口中说出来，便是最高的夸赞。

"一大"连张入场券都未弄到的蒋介石，个人声名在"二大"达到顶点。

广州第一公园大门口出现一副对联，上联"精卫填海"；下联"介石补天"。

人们再也不记得还对什么人有过这种夸赞。

声名达到顶点后，他便动手了。

1926 年 3 月 20 日发生中山舰事件，蒋介石又是一石三鸟。

这回打击的重点变成了中国共产党、苏联顾问团和汪精卫：蒋介石指汪精卫与中共串通，想用中山舰劫他去海参崴，所以发生"三二〇"中山舰事件。

苏联顾问皆被软禁，苏联总顾问季山嘉被驱逐。再用"整理党务案"把鲍罗廷架空。

共产党人也在"整理党务案"后被迫退出国民党中央和国民革命军第一军。

长期以来人们一直说这是陈独秀制定的对蒋让步的"妥协政策"的恶果，但真相是，事件发生后，妥协让步政策是鲍罗廷强加给陈独秀和中共中央的。

蒋介石打击的三方之中，只有汪精卫对中山舰事件保持着清醒，他后来回忆："三月二十日之事，事前中央执行委员会政治委员会毫没有知道。我那时是政治委员会主席，我的责任应该怎样？三月二十日，广州戒严，军事委员会并没有知道。我是军事委员会主席，我的责任应该怎样？"

他斥责蒋介石的行动是"造反"。但他斥责完之后，他也只有闭门谢客，悄然隐藏起来，怎样也不怎样。

4 月初，汪精卫以就医为名，由广州而香港，由香港而马赛，老老实实上了远走他乡的外轮。

自此，没有人能够阻挡蒋介石攫取国民党的军政大权了。

鲍罗廷本身就是个充分利用矛盾、施展纵横捭阖之术的权谋大师。这回他碰见了一个更厉害的对手。尽管蒋介石称鲍罗廷是"自总理去世以来我们还没有这样一个伟大的政治活动家"，但这位伟大的政治活动家已经开始预感到情况不妙了。

1926 年 8 月 9 日在广州与共产国际远东局委员会代表会晤时，鲍罗廷提出一条"让蒋自然灭亡"的策略。当时除第一军军官主要是黄埔军校毕业生之外，其他各军的军官主要是保定军校毕业生，而蒋与"保定派"之间的矛盾是不可调和的；在北伐胜利推进的过程中，"保定派"必定压倒蒋介石，那么就要利用这个派系的力量，"加速他在政治上的灭亡"。

但是，历史给鲍罗廷的时间已经进入倒计时了。

1927 年 4 月 12 日，蒋介石在上海发动反革命政变。

5 月 21 日，许克祥在长沙发动"马日事变"。

蒋介石呢，则对鲍罗廷发出了通缉令。

发现和提携蒋介石的鲍罗廷，在 1926—1927 年一年的跌荡演变之中，就由蒋介石所谓"自总理去世以来我们还没有这样一个伟大的政治活动家"，变成了一个要立即捉来枪毙的"煽动赤色革命企图颠覆政权的阴谋家"。

近代中国是个大舞台。这个舞台演绎了多少兴衰、美丑、胜败。原先默默无闻者，可以在这个舞台上大放异彩；大放异彩者，最终又在这个舞台上黯淡失色。政治人物往往以瞬息之间沧海桑田的演变，完成让人瞠目结舌的思维转换。

鲍罗廷不像蒋介石想象的那样复杂，蒋介石也不像鲍罗廷想象的那样简单。蒋介石此人，内心深处还是钦佩那些直面反对他的人，却深恶痛绝他以为要利用他的人。

当年因反蒋而被调回国的加伦将军，1938 年 10 月在苏联肃反运动中被捕。蒋介石接到驻苏大使杨杰的报告，还想保加伦一命，要孙科以特使身份赴苏转告斯大林，请派加伦至中国做蒋的私人顾问。但苏联的肃反行动太快了，加伦从被捕到被枪决仅有一个月时间。斯大林告诉孙科的，已是他的死讯。

想保反对过自己的加伦将军性命的蒋介石，却一直想要提携了自己的鲍罗廷的性命。他认为鲍罗廷提携自己，不过是利用他，让他肃反也好，让他北伐也好，最后都是利用他达到鲍罗廷自己的目的。蒋介石最恨的是被人利用。

1927 年是蒋介石春风得意的一年。从 1926 年"三二〇"中山舰事件到 1927 年"四一二"反革命事变，他屡屡得手，没有费很大的心思。

紧接着海陆丰起义、南昌起义、秋收起义、黄麻起义、广州起义又相继被镇压，他更认为共产党作为一支有组织的力量基本被消灭，剩下钻山为"匪"的小股队伍不足为患。当年在黄埔军校规劝学生信仰三民主义他也算苦口婆心，不厌其烦；现在面对潮水一样的"投诚者"，他连见都不要见。

中共中央特委负责人之一、政治局候补委员顾顺章叛变，给党带来重大损失。顾顺章自认为于国民党有功，见蒋介石时把双手伸出来想与蒋握手，蒋视而不见。据捕获顾顺章的蔡孟坚回忆："蒋公视之为阶下囚，不予理会，仅说：'你投向我方，甚为欣欢。以后将由蔡同志领导。'"

蒋介石这时做了一个基本判断，苏联顾问赶走了，鲍罗廷逃跑了，中国共产党作为一个有组织的力量，不复存在了。他说剩下的共产党人不过是钻山为"匪"罢了，不足为虑。他已经不相信共产党还能成为他的对手。所以他腾出手来，1927年下半年到1930年下半年，收拾张作霖、张宗昌，收拾唐生智、李宗仁，收拾冯玉祥、阎锡山，三年时间用于军阀混战。

正是在这样的时刻，他真正的对手登场了。

中国共产党领导集体产生出一个杰出人物：毛泽东。

蒋之大不幸，在于他与毛泽东同时代。

蒋之大不解，在于毛泽东领导下的中国共产党人，为何具有如此巨大之号召力、如此坚韧之战斗力和如此顽强之生命力。

蒋介石最终败给了毛泽东。毛泽东去世前说他一生办了两件事，头一件便是把蒋老先生赶到一个海岛上去了。

第六讲　对手：蒋介石与毛泽东（下）

蒋介石不是孙中山指定的接班人。

毛泽东不是共产国际指定的领袖。

但是，他们这两个人都真正地走到了历史舞台中心。

之所以发生这样的情况，是有一些特殊背景。

我们知道，今天的党纪是：个人服从组织，少数服从多数，下级服从上级，全党服从中央。

那么，过去的党纪呢？是：个人服从组织，地方服从中央，军队服从军委，中央服从国际。共产党作为一个严密的组织，必须具有这样的纪律。

由于特定的历史条件，中国共产党作为共产国际的一个支部，相当一个时期内党的领袖选定必须得到莫斯科批准。共产国际也有这样非常严格的组织纪律。

"一大"选陈独秀为书记，事先得到共产国际代表马林的同意。

陈独秀以后的负责人瞿秋白，是鲍罗廷一手包办。鲍罗廷在中国革命中起过重大作用。

"六大"之后，总书记由向忠发出任，因为斯大林看中了他的工人身份。中国大革命失败后，斯大林觉得，中国共产党的构成，多是小知识分子和农民，工人阶级太少。所以，他一定要找工人阶级出身的人出来，而向忠发是武汉的码头工人。

六届四中全会后王明掌权，则完全出于共产国际特派代表米夫①。

---

① 米夫，1901 年生，斯维尔德洛夫共产主义大学毕业。1927 年，担任莫斯科中山大学校长，并任共产国际东方部副部长等。他十分赏识当时在莫斯科中山大学留学的王明。1931 年 1 月，米夫来到上海，支持王明等人成为中共中央领导人，操纵中共中央事务。1936 年，返回苏联。1938 年，在肃反运动中被秘密枪决。

以上这些党的领袖，都有国际背景，唯毛泽东无任何国际背景。这是一个非常怪异的事情。

"中国通"鲍罗廷不仅了解国民党的上层人物，也了解共产党的上层人物。他了解陈独秀、瞿秋白，知道张国焘、李立三、周恩来、恽代英以及中共领导集团中的几乎每一个人。但是，他似乎不知道还有个毛泽东，更不知晓此人有什么本事。

共产国际远在莫斯科，离中国很远，不了解情况，情有可原；而鲍罗廷就在广州，在广州呆了两三年，被誉为"广州的列宁"，不了解情况就很奇怪了。

实际上，不能说他不知道，因为毛泽东当时已经在国民党内任职代理宣传部长，职务已经很高；应该是他知道这个人，但不了解，更不知道这个人有多大本事。

"广州的列宁"鲍罗廷，对中国革命产生过非常大的影响，对我们党早期建设、发展和斗争有非常大的影响。但是，鲍罗廷内心是看轻中国共产党的，尤其藐视在上海的中共中央。

他曾经十分轻蔑地说，中国共产党"总共只有40人"。这话当然不对，他的意思是指中共中央。他说，这40个人，只能呆在上海租界，出不来，一出来有危险，只能呆在租界里面。呆在租界干什么呢？他们只能翻译翻译文章，发表发表宣言，仅此而已："研究翻译成中文的共产国际提纲是他们的全部活动"；罢工之类的事件只是"临时把它抛到面上，否则它就会呆在自己的小天地——租界里，事后从那里发指示"，就是说，罢工一停歇，被军阀镇压，中共中央的这些人又退回到租界。

他认为中国共产党人力量太小，成不了太大的事情。这颇像清朝李宝嘉在《文明小史》中说的那句话：秀才造反，三年不成。不是说第四年就成了，而是说你可以不必去理会他。

鲍罗廷当时热衷于与国民党上层合作。他非常看重蒋介石，与他看轻中国共产党不但同时发生，而且互为因果。他在中国工作三年，不仅把"国共合作"变成了"国苏合作"，更热衷于把这种合作推向与孙中山、汪精卫、蒋介石个人之间的合作，中国共产党反而成为他与国民党要人讨价还价的筹码。

自认为把中国了解透了的鲍罗廷，根本不相信中共除了跟随共产国际的指挥棒转以外，还能自己开辟出一条道路来。

鲍罗廷看不起共产党，因为他觉得，当时共产党那批领袖都是我们指定的，一个一个我让你干就干，不让你干你就干不成。他就是这种心理。鲍罗廷又是共产国际驻中国的代表，是一个特殊的人物，那么他对共产党的这种认识，必然要传到莫斯科去，传到共产国际。

共产国际很长一段时间也不知道、不了解毛泽东其人。

很多人一直以为，共产国际最早系统介绍毛泽东的文章，是1935年《共产国际》第33、34期合刊上发表的《勤劳的中国人民领袖毛泽东》，这距离鲍罗廷在广州的时间就有10年了。结果最近发现不是这篇，而是1930年3月20日《国际新闻通讯》一篇共产国际公布的讣告。这就非常怪异了。讣告说：

> 据中国的消息：中国共产党的奠基者、中国游击队的创立者和中国红军的缔造者之一的毛泽东同志，因长期患肺结核而在福建前线逝世。毛泽东同志是大地主和大资产阶级最害怕的仇敌。自1927年起，代表大地主、大资产阶级利益的国民党就以重金悬赏他的头颅。毛泽东同志因病情不断恶化而去世。这是中国共产党、中国红军和中国革命事业的重大损失。
>
> ……
>
> 作为国际社会的一名布尔什维克，作为中国共产党的坚强战士，毛泽东同志完成了历史使命。中国工农群众将永远铭记他的业绩，并将完成他未竟的事业。

这篇讣告，就是共产国际最早介绍毛泽东的文章。

有人说，讣告表明远在莫斯科的共产国际总部对中国革命实情隔膜之甚，否则不会闹出这样的笑话。

还不能这样简单认为。中国共产党也曾经为李立三开过三次追悼会，其中两次都由他的战友周恩来主持。李立三是周恩来非常好的朋友，共同留学法国。并非中共中央和周恩来不了解李立三，而是在"武装的革命反对武装的反革命"时期，残酷的斗争环境中随时包含着这种不可预测性。大家都以为李立三牺牲了，结果没死，还在继续战斗。

共产国际发表的这份官方公报也是如此。但以一篇讣告作为最早介绍一位著名领导人的文章，不能不说是国际共运史上一个极大的遗憾。

其实，共产国际 1927 年就注意到了毛泽东，是在"四一二"反革命事变之后的一个月。

1927 年 5 月国际执委会第八次全会上，为反驳托洛茨基所说北伐加强了资产阶级力量、削弱了工人阶级力量，布哈林专门引用毛泽东的《湖南农民运动考察报告》作为批驳依据。

国际机关刊物《共产国际》在同月出版的第 22 期转载了毛泽东这篇报告。布哈林说，"这是一篇非常好的、很有意义的报告"，从中可以看出，"北伐对于革命的最重要成果是唤醒了广大的工农群众，自己组织起来，逐渐成为一支新的巨大的社会力量。北伐中群众的力量成长壮大了，从革命发展的观点看，这对于我们是最重要的。托洛茨基同志忽略了这一点"。

布哈林这么说，并不是为了宣传毛泽东，而是为了与托洛茨基展开论战。

这位共产国际总书记十分实用地引用毛泽东的话批驳托洛茨基，颇像中国"文化大革命"中对毛泽东语录的用法：只想去驳倒对手，却并不在意毛泽东的立场、观点和方法。

但从此共产国际也便知道了中共有个毛泽东。

知道了，距离承认还有很远。毛泽东当时提出了与共产国际传统理论不同的理论，但还没有证实这一理论的实践，也还没有支持这一实践必不可少的实力。

后来有了实践了，也有了实力了，国际开始重视，也只是几次致电中共中央，要与毛泽东搞好团结，发挥他的作用和影响。

其中还隐含这样一层意思：这个手中握有武装的人，多次与地方党委（湖南省委）发生冲突，也不太听共产国际传到上海中央的指示。所以共产国际的指示也很明白：团结他，用他，同时节制他。这里面的潜台词是什么呢？就是说，这个人是个实力派，很重要，但是这个人好像不太听话。

共产国际一度还想让他脱离红军，调到上海。

与陈独秀、瞿秋白、向忠发、王明这些可以随时掌控的人相比，共产国际和斯大林更多把毛泽东看作中共党内一个不太听招呼的、山沟里的实力派人物。

就如列宁在中国革命中首先看好的人物是孙中山而不是李大钊和陈独秀一样，斯大林在中国革命中首先看好的人物也是蒋介石而非毛泽东。

斯大林曾对蒋介石给以长久的信任，认为蒋介石是国民党左派。蒋介石参加共产国际的大会，也一起高呼过"全世界无产阶级革命胜利万岁"的口号。他参观冬宫，看里面的翡翠宫，那个屋子里都是黄金、翡翠。一般外国参观者看完之后，都是非常震惊、惊叹，蒋介石看完很平淡。他觉得，这有什么了不起的，翡翠不就是个石头嘛。蒋介石对于共产国际开的会却很上心。他听过一个水兵的发言，觉得非常好，印象非常深。你可以想见，蒋介石当时心中，也是澎湃着革命的激情。后来，蒋介石的真面目才一步一步暴露。

1926年"三二〇"中山舰事件后，斯大林仅把对蒋介石的认识由"左派"调整为"中派"；到蒋介石反苏反共面目已经十分明显了，斯大林也只承认其是"中间偏右"。最后，大家都公认蒋介石是右派了，斯大林还说："目前我们需要右派，右派中有能干的人，他们领导军队反对帝国主义。蒋介石也许并不同情革命，但是他在领导着军队，他除了反帝而外，不可能有其他作为。"直至四一二事变之前，他还把亲笔签名的相片寄给了蒋介石。

四一二事变让斯大林看到了蒋介石的真面目，让斯大林伤透了心。

被蒋介石伤透心的斯大林，却对毛泽东抱有长久的怀疑。直到抗日战争开始，毛泽东在中共党内的地位已经十分稳固，他仍以为以毛泽东为首的中国共产党人仅是一些"土地革命者"。1944年6月，斯大林对美国特使哈里曼说："共产党人，中国共产党人吗？他们对共产主义来说就像人造黄油对黄油一样。"

即使在中华人民共和国成立之后，还怀疑毛泽东是否会走南斯拉夫道路，成为中国的铁托。直到朝鲜战争爆发，中国人民志愿军出兵朝鲜与美军直接作战，这种看法才开始改变。

当时朝鲜局面非常困难，苏联局面也非常困难，这个担子谁来挑？中国共产党人挺身而出，斯大林在那个时候才感觉到真正的毛泽东。此时离斯大林去世，只剩下不到三年。

斯大林去世后，不知道他的忠诚部下赫鲁晓夫作了一份"揭露斯大林罪行"的秘密报告。这个报告控诉斯大林对苏联人民犯下的罪行，影响非常大。很多国家的共产党都受到这个报告的冲击。斯大林也不知道最反对赫鲁晓夫秘密报告的，是中国共产党和毛泽东本人。

对中国共产党的认识，对中国共产党领袖毛泽东的认识，这是一张艰难的、连共产国际和斯大林也没有答好的问卷。

毛泽东与列宁、斯大林的不同，就是中国革命与俄国革命的不同。

布尔什维克党人在最后占领冬宫之前，没有建立自己的政权。

列宁在十月革命前夜，还不得不躲藏在俄国与芬兰交界的拉兹里夫湖边一个草棚里。离武装起义只剩下不到 20 天了，才从芬兰秘密回到彼得格勒。

后来雨后春笋般出现的十几个东欧社会主义政权，基本都是扫荡法西斯德军的苏联红军帮助建立的。当苏联的支持——特别是以武装干涉为代表的军事支持——突然消失，厚厚的柏林墙便像一支廉价的雪糕那样融化掉了。

越南和朝鲜，基本上大同小异。在夺取全国政权之前，共产党组织并没有能力独立建立一个政权。

古巴的卡斯特罗游击队也是在发动起义之前未能建立起自己的政权。

切·格瓦拉在南美丛林中和玻利维亚政府军捉迷藏时，也没有首先建立政权。

不是列宁不想。不是胡志明不想。不是卡斯特罗不想。不是格瓦拉不想。是没有那种可能。

但是，毛泽东在中国创造了这种可能。

1931 年 11 月，中华人民共和国建立以前 18 年，毛泽东就在中华工农兵苏维埃第一次全国代表大会上宣布"中华苏维埃共和国"的诞生。共和国主席是谁呢？就是毛泽东同志。"毛主席"这个称呼，最早是从 1931 年开始，由来已久。

在中国共产党真正夺取全国政权之前，先有中华苏维埃共和国，后来到了陕北，有陕甘宁边区政府。这些都是独立的政权，有自己的货币，有自己的税收，也有自己的军队。这些都是其他国家的共产党组织所完全不能相比的。

为什么在中国能够如此？

全世界没有哪一本百科全书能够诠释这个问题。

如前所述，斯大林和共产国际对毛泽东能量的认识，并不充分。实际上，真正认识毛泽东力量的，是他的对手蒋介石。对手最能判断哪个对手对自己危害最大。所以，蒋介石一定要把红色政权扼杀在摇篮里。

1931 年第一次"围剿"，蒋介石以五万大洋悬赏毛泽东的人头。

同年，对共产国际批准的中共中央负责人王明，蒋介石的通缉令只开价五百大洋。跟毛泽东的赏格比，悬殊一百倍。

谁对他的威胁最大，蒋介石比共产国际和斯大林清楚得多。他认识到这个人是真正厉害的人。在共产国际给毛泽东发讨伐的时候，蒋介石在用五万大洋悬赏捉拿他。

蒋介石知道毛泽东。"三二〇"中山舰事件后，通过"整理党务案"被赶出国民党中央的，就有宣传部代理部长毛泽东。

毛泽东不是蒋介石面对的第一位共产党领袖。毛泽东之前，蒋介石用法庭审判了陈独秀，用死亡压垮了向忠发，后来又用子弹射穿了瞿秋白。

对付这三个共产党的第一把手，他甚至不用亲自出马，部下们就把审讯陈独秀的记录、枪毙向忠发和瞿秋白的照片，规规矩矩放到了他的案头。

使蒋介石真正认识毛泽东的，是他亲自发动的对中央苏区的五次"围剿"，和举世震惊的中国工农红军二万五千里长征。

蒋介石怎么也消灭不了这个对手，他最终明白：遇上了毛泽东，便遇上了一个前所未有的共产党人。

1931年第一次"围剿"，蒋介石以五万大洋悬赏毛泽东的人头。

1934年7月第五次反"围剿"，毛泽东在江西苏区写《目前时局与红军抗日先遣队》一文，嬉笑怒骂："试问蒋介石这个蠢货懂什么？"

悬赏了毛泽东人头的蒋介石，1945年抗战胜利后连发三封电报请毛泽东到重庆谈判，商讨"举凡国际国内各种重要问题"，并恭敬地请毛泽东吃饭，举杯互祝健康，留毛泽东下榻于自己的林园官邸。

抵达重庆的毛泽东则在得知蒋不抽烟后，虽然自己烟瘾很大，一天能吸几十支，但只要有他当年骂为"蠢货"的蒋介石在场，便一根烟不吸。哪怕会谈连续达四个小时之久，也是如此。以后他对任何政要再也没有给予这种特殊的礼遇。

双方用各自的方式，表达出对对方的尊敬。

这种尊敬，与其说是对个人的尊敬，不如说是对各自实力的尊敬，对各自历史地位的尊敬。抛开各自信仰的主义、各自行进的道路，有一点是两人共同的：都有极为强烈的历史使命感，都认为自己必定要完成不言而喻的历史使命。

剿灭共产党，是蒋介石一生追求的目标。在西安事变的时候，他认为自己就差了两个礼拜，不然就可以把红军全部消灭了。当然，这是一种错误的判断。到了解放战争的时候，蒋介石说三个月就可以消灭关内关外的所有共产党部队。最后他被赶到台湾去了。就是在台湾，他还搞"一年准备，两年反攻，三年扫荡，五年完成"的反攻大陆计划。蒋介石一辈子就想战胜共产党，一辈子没搞成，最后败了，就败在毛泽东手下。

为何而败？是败于主义，还是败于枪杆？是败于对历史的把握，还是败于对未来的规划? 蒋介石终生不解。

1975 年蒋介石去世, 美国作家布赖恩·克罗泽出版一本书 *The man who lost China*。书名就不大客气, 翻译为 "丢失了中国的人"。书中说:

"对蒋介石的一生进行总结, 蒋介石有自己的勇气、精力和领袖品质, 他不仅是一个有很大缺陷的人物, 而且从希腊悲剧的意义上讲, 他也是一个悲剧性的人物。他的悲剧是他个人造成的"; "蒋介石缺少那些将军和政治家流芳百世的先决条件——运气。他的运气糟糕透顶"。

蒋介石数十年惨淡经营, 竭力奋斗, 其失败被仅仅归结为 "运气" 二字, 显然过于轻率。

蒋介石想消灭共产党人的愿望终生不改。他一辈子生活在扑灭燎原烈火的梦境之中。要说 "运气", 那么蒋之大不幸, 在于他与中国共产党人的杰出代表毛泽东生活在同时代。

蒋之大不解, 在于中国共产党为何具有如此巨大之号召力、如此坚韧之战斗力和如此顽强之生命力。

从古至今, 除了中国共产党, 在中国没有哪一个政治集团能够如此。

不管敌人还是友人, 最终都通过 "枪杆子里面出政权" 认识了毛泽东。

枪杆子理论并非出自毛泽东的天才创造。

2001 年我在美军院校讲学。有美国军官对 "枪杆子里面出政权" 提出疑问。一个美军的上校说: 你们的毛泽东讲, 枪杆子里面出政权。但是, 政权应该是选票选出来的, 它怎么是从枪杆子出来的? 你这个枪杆子出来的政权, 它的合法性合理性在哪里?

我反问: 美国 1776 年独立时 13 个州, 到 1959 年 50 个州。你能不能告诉我, 美国哪个州是选票选出来的? 哪个州不是枪杆子打下来的? 先打败印第安人, 夺一块土地; 再打败墨西哥人, 再夺一块土地; 然后打败西班牙人, 又夺过来一块土地。哪一块土地是用投票投过来的?

美军上校便不做声了。

毛泽东说: 先进的中国人向西方寻找真理。马克思主义是真理, 西方人的实力政治不同样是他们的真理?

印度文豪泰戈尔著作《民族主义》说: 冲突和征服的精神是西方民族主义

的根源和核心，它的基础不是社会合作。

中国人同样向西方学到了用枪炮说话的艺术。

袁世凯最先给中国政治带进来了枪杆子。通过对枪杆子的纯熟掌握运用，大清王朝不得不接纳他，辛亥革命也不得不接纳他。民国革命根本不是袁世凯搞的，袁世凯是保皇的，结果最后，辛亥革命成功，临时大总统是袁世凯拿过来了。

孙中山则最先给中国革命带进来了军事。同盟会的革命活动，基本就是对武装起义苦心竭虑的策划与发动。他知道与大清王朝说话，没有武力是不行的，所以他回归组织。孙中山不是组织罢工、罢市、示威、游行，而是组织武装起义，发动军事斗争。

中国的革命或反革命，一开始便具有与别国革命或反革命截然不同的特色。

把枪杆子用到炉火纯青地步的，还是蒋介石。

他赶走许崇智，软禁胡汉民，孤立唐生智，枪杀邓演达，刺杀汪精卫，用大炮机关枪压垮冯玉祥、阎锡山、李宗仁、白崇禧、陈济棠，用官爵和袁大头买通石友三、韩复榘、余汉谋，在相当一段历史时期内所向无敌，使众多对手像多米诺骨牌一样纷纷倒地。同时，蒋介石还把无武装的共产党人杀到血流成河。

1930 年 9 月蒋、冯、阎大战，阎锡山说蒋介石有四必败：一曰与党为敌；二曰与国为敌；三曰与民为敌；四曰与公理为敌。

很长时间之内，没有人比阎锡山对蒋介石的总结更为准确、更为精辟、更为深刻的了。但蒋纵横捭阖，就是不败。蒋介石就是凭着他的枪杆子，一次下去再上来，二次下去也再上来，像不倒翁一样，力量非常强。

毛泽东就是通过蒋介石对枪杆子的运用，看清了蒋介石的真面，也看清了共产党的出路。共产党出路在哪里？不掌握枪杆子，在中国政治舞台上，就一点发言权都没有。

毛泽东最初并不赞成暴力革命。

1919 年在长沙创办《湘江评论》，第一期《创刊宣言》上，毛泽东说："（一）我们承认强权者都是人，都是我们的同类。滥用强权，是他们不自觉的误谬与不幸，是旧社会旧思想传染他们遗害他们。（二）用强权打倒强权，结果仍然得到强权。不但自相矛盾，而且毫无效力。欧洲的'同盟''协约'战争，我国的'南''北'战争，都是这一类。"所以主张"向强权者为持续的'忠告运动'，实行'呼声革命'——面包的呼声，自由的呼声，平等的呼声，——'无血革命'。不主张起大扰乱，行那没效果的'炸弹革命'，'有血革命'"。

毛泽东当时对一切暴力——包括孙中山的南方政府反对北方北洋军阀政府的暴力——皆表现出极大的忿恨。他觉得孙中山的北伐，还是武力对付武力，武力打倒武力，最后还是武力。

7年以后，毛泽东在《湖南农民运动考察报告》中说："革命不是请客吃饭，不是做文章，不是绘画绣花，不能那样雅致，那样从容不迫，文质彬彬，那样温良恭俭让。革命是暴动，是一个阶级推翻一个阶级的暴烈的行动。"

7年的时间，1919年到1926年，毛泽东的思想发生了非常大的变化。真正教会他认识枪杆子作用的，还是蒋介石。

一个是1926年的"三二〇"中山舰事件，一个是1927年的"四一二"反革命事变，蒋介石在共产党人面前把枪杆子的威力表现得淋漓尽致。毛泽东后来描述说，大革命失败前夕他"心情苍凉，一时不知如何是好"；八七会议"决定武装反抗，从此找到了出路"。

共产党人曾经一忍再忍。对蒋介石的忍让，实际是对实力的忍让，对枪杆子的忍让。四一二政变不久，陈独秀悲痛地说："我们一年余的忍耐迁就让步，不但只是一场幻想，并且变成了他屠杀共产党的代价！"共产国际总书记布哈林在中共"六大"作《中国革命与中国共产党的任务》报告中，也不得不承认"共产国际武装中国军阀而没有帮助中国共产党武装工农；结果，我国无产阶级创造的子弹射进了中国工农的头颅"。

缺乏实力的共产党人，不掌握武装力量，没有枪杆子，即使有再深奥的理论修养，再犀利的政治判断，再庞大的民众组织，在一个只凭实力说话、谁力量大谁就嘴巴大声音大的社会里，也难于成事。批判的武器永远代替不了武器的批判。

所以有了1927年8月7日党的紧急会议，有了会上毛泽东激动的发言：

从前我们骂（孙）中山专做军事运动，我们则恰恰相反，不做军事运动专做民众运动。蒋唐都是拿枪杆子起（家）的，我们独不管。现在虽已注意，但仍无坚决的概念。比如秋收暴动非军事不可，此次会议应重视此问题，新政治局的常委要更加坚强起来注意此问题。湖南这次失败，可说完全由于书生主观的错误。以后要非常注意军事，须知政权是由枪杆子中取得的。蒋就是蒋介石，唐是当时另一个军阀唐生智。

这段话后来被总结为一个石破天惊的理论："枪杆子里面出政权"。毛泽东说的"枪杆子里面出政权"，是指工农武装割据、农村包围城市，最后夺取政权这样一条中国革命的道路，是对中国的红色政权为什么能够存在的一种高度概括，并不是简单地把枪杆子看得高于一切。

在《中国的红色政权为什么能够存在？》这一名篇中，"相当力量的正规红军的存在"——即枪杆子——放在了五条原因的第四条里面，并不是占在第一位。

一是"白色政权之间的战争"，即军阀混战。

二是受革命运动影响的地区。

三是全国革命形势的向前发展。

四是相当力量的正规红军的存在。

五是党组织的有力量和政策不错误。

枪杆子里面出政权，实际上代表了什么呢？代表了一条中国革命的道路。它是个完整的体系。否则，就很难解释：为什么枪杆子比毛泽东多、玩枪杆也比毛泽东好的蒋介石，反而成了"枪杆子里面丢政权"？

毛泽东上井冈山，搞工农武装割据、农村包围城市，并非不想攻占城市。

开辟工农武装割据道路的秋收起义，原定目标就是会攻长沙。

打响武装反抗第一枪的八一南昌起义，最初目标是南下广东二次北伐。

最先打出苏维埃旗帜的广州起义，走的是十月革命城市武装暴动之路。

南昌起义队伍转战到广东还未立足就被打散了。秋收起义队伍则连个浏阳县城也蹲不住就被迫后退。广州起义只搞了三天，范围没有超出广州城。

八一南昌起义失败之后，周恩来曾经对博古讲过一段话，非常深刻。周恩来当时是南昌起义的主要领导人之一，他说：南昌起义这种模式的失败证明了什么呢？就是证明靠我们南昌起义这些领导人来领导一场军事运动已经不行，我们必须找到另外一个领导人，另外一种路数，才能引导中国革命走向胜利。至于另外的领导人是谁，另外的路数是什么，周恩来当时也不知道。

共产党人并非不喜欢城市，而是没有占领城市的实力。这时，该怎么办？毛泽东提出，要转向农村，走农村包围城市的道路。这是一条被逼出来的道路。

最早是毛泽东将失败的起义队伍转向罗霄山脉。这是在黑暗中面对失败思索和摸索的结果。它不是神的选择，而是踏踏实实的中国革命者面对中国革命的特殊性，立足于现实的选择。毛泽东思想就是在这一大背景下开始孕育和诞生的。

毛泽东这样做的代价，是被开除出政治局。

八七会议上毛泽东被选为政治局候补委员。留他在中央工作他不肯，说是要去搞"土匪工作"。结果秋收起义队伍没有按计划攻打长沙而上了井冈山，国际代表罗明那兹提议开除毛泽东政治局候补委员，中共中央负责人瞿秋白照办。消息传到根据地就变成了开除党籍，毛泽东很长时间连组织生活都不能参加。

这些是毛泽东思想产生之初的第一个代价。但这些都没能阻止毛泽东在罗霄山脉扎根立足，建立农村根据地。

毛泽东的根基在井冈山，不在白区，更不在共产国际。不能设想他在大城市租界内外压低帽檐东躲西藏，更不能设想他像小学生一样端坐在共产国际会议厅里认真记录会议决议。他属于那片实实在在的土地。只有在武装割据的中国农村中，他才如鱼得水，游刃有余。

第一个上山搞工农武装割据的毛泽东，用武器的批判，给中国共产党人提供了最有力的批判武器，也为世界革命开创了一条"毛泽东道路"。

此前还有"陈独秀道路"和"李立三道路"。

第七讲　陈独秀、李立三的愿望与失误

中共党史上，陈独秀、李立三、毛泽东这三个人，是三个竭尽全力想让中国共产党独立于共产国际、走自己道路的领袖人物。为什么前两个人都没有成功，而只有毛泽东是成功者？

陈独秀在中共党内以脾气急躁著称，其领导作风也被称为"家长制"。

初创期的中国各地共产党早期组织成员，都是一些知识分子。不管是"南陈"还是"北李"，经济来源皆只有教书、编辑的薪水及写文章的稿费。学学理论、搞搞翻译还是可以的，其他的，比如开展学运、工运、兵运等，既无经验，也无经费。

最初的组织活动经费，来源于党员各人收入的捐助。陈独秀是大学教授，每月有400块大洋的收入，他几乎都拿出来交给党。但是，这些个人的捐助，对一个党的活动来说，是杯水车薪。

1920年4月共产国际代表维经斯基等来华后，中国共产党进入筹建阶段，社会工作急剧增加，不仅党员多数渐渐不能兼职教书、编辑、写文章以获取薪金，而且仅创办各种定期刊物、工人夜校，出版各种革命理论书籍，所需费用也远远超出了人们的支付能力。因此，上海党组织最先接受了维经斯基提供的经费援助。当时这种援助带有很大的临时性质。

1921年1月维经斯基一离开，立即经费无着，各种宣传工作，特别是用于对工人进行启蒙教育的工作不得不停止。组织上甚至派包惠僧南下广州向陈独秀汇报工作的15余元路费都拿不出来，只有从私人手里借钱才算了事。

连路费都无着的这些最早的中国共产党人，其实并不想接受外援。

陈独秀非常清醒，他主张一面工作，一面搞革命。他对包惠僧说："革命是我们自己的事，有人帮助固然好，没有人帮助我们还是要干，靠别人拿钱来革命是要不得的。"

他不同意接受共产国际的经济支援，更不愿意向共产国际汇报工作、受其领导。

后来陈独秀到广州任教育委员会委员长，广州有人在报上骂他崇拜卢布，是卢布主义。在这种压力下，陈更坚决主张不要别人的钱。他说，拿人家钱就要跟人家走，我们一定要独立自主地干，不能受制于人。

后来共产国际代表马林来华，告诉主持上海小组工作的李汉俊、李达：共产国际将给予经济援助，但必须先交出工作计划和预算。李汉俊和李达当场表示：共产国际如果支援我们，我们愿意接受，但须由我们支配。否则，我们并不期望依靠共产国际的津贴来开展工作。

马林同二李的关系因此蒙上了一层不愉快的阴影。

张国焘则取另一态度。他是最先认为应该接受共产国际经济援助的中共早期领导人，并以很快的速度，向马林提交了一份成立劳动组合书记部的报告，还有每月约需一千余元的工作计划和经费预算。

张国焘没有狮子大张口。他提出的经费预算十分小心，也十分谨慎。

但陈独秀一回上海就批评张国焘。他说，这么做等于雇佣革命，中国革命一切要我们自己负责，所有党员都应该无报酬地为党服务，这是我们要坚持的立场。

本着这种立场，陈独秀与马林在会谈的时候谈成僵局。包惠僧回忆："马林按照第三国际当时的体制，认为第三国际是全世界共产主义运动的总部，各国共产党都是第三国际的支部，中共的工作方针、计划应在第三国际的统一领导之下进行。"陈独秀不同意马林的意见，他认为中共"尚在幼年时期，一切工作尚未开展，似无必要戴上第三国际的帽子，中国的革命有中国的国情，特别提出中共目前不必要第三国际的经济支援，暂时保持中俄两党的兄弟关系，俟我们的工作发展起来后，必要时再请第三国际援助，也免得引起中国的无政府党及其他方面的流言蜚语，对我们无事生非的攻击"。

双方对此争论激烈，几次会谈都不成功。在一旁担任马林翻译的张太雷着急了，提醒陈独秀说，全世界的共产主义运动都在第三国际领导之下，中国也不能例外。不料陈独秀怒火中烧，猛一拍桌子，大声说："各国革命有各国情况，我们中国是个生产事业落后的国家，我们要保留独立自主的权利，要有独立自主的做法，我们有多大的能力干多大的事，决不让任何人牵着鼻子走！"

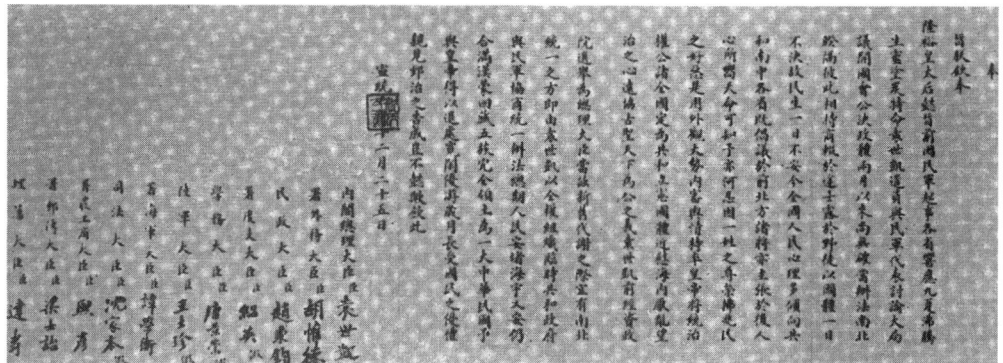

清帝退位诏书

担任临时大总统时的孙中山

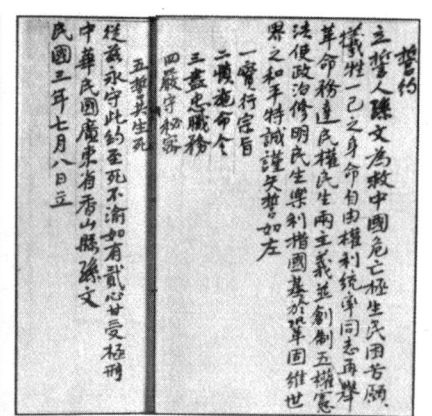

中华革命党入党誓约

1912年《真相画报》刊载漫画，揭露当时小民无米为炊、列强瓜分中国的现象

1912年北京中央新闻社因揭露官僚营私舞弊，被袁世凯查封

《新青年》杂志

《湘江评论》杂志

五四运动期间，学生走上街头

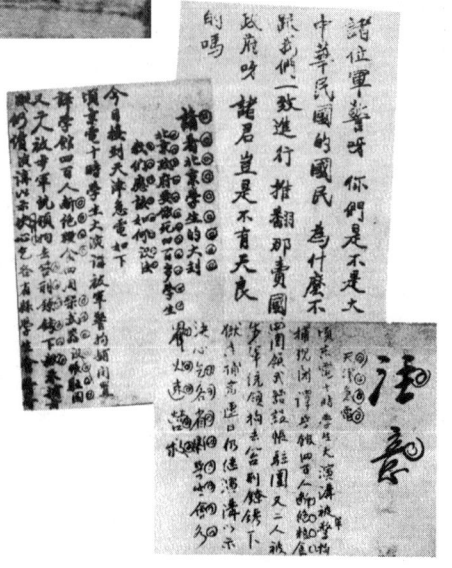

五四运动期间报道学生被捕的电报

说完拿起皮包就走，拉都拉不住。

共产党人哪一个不想独立？但若不能自主解决稳定可靠的经济来源，理论再好，独立也是一句空话。

很快，连火气很大的陈独秀也无法"无报酬地为党服务"了。他开始以革命为职业，便失去了固定职业和固定收入，经济上很不宽裕。起初商务印书馆听说他回到上海，聘请他担任馆外名誉编辑，月薪 300 元，他马上接受；但这一固定收入持续时间很短。他大部分时间已经埋头于党务，已经没有时间再为商务印书馆写稿编稿了。

窘迫的陈独秀开始经常出入亚东图书馆。亚东图书馆的职员都是安徽人，与陈有同乡之谊。亚东出版的《独秀文存》有他一部分版费。于是他没钱了就来亚东，但从不开口主动要钱。老板汪孟邹心中有数，每当他坐的时间长了，便要问一句："拿一点钱吧？"陈独秀便点点头，拿一点钱，再坐一会，就走了。

即便如此，陈独秀也不肯松口同意接受共产国际的援助，一直到他被捕。1921 年 10 月 4 日下午，陈独秀正在家中与杨明斋、包惠僧、柯庆施等五人聚会，被法租界当局逮捕。

陈独秀被捕的消息各大报纷纷登载，闹得满城风雨。1921 年 7 月份刚刚选出来的总书记，10 月份被抓起来了，全党都在营救，共产国际也施以援手。

李达通报各地的组织派人到上海来，设法营救，并电请孙中山先生帮忙；孙中山立即打电报给上海法租界的领事，要求通融。

起关键作用的是共产国际代表马林。他用重金聘请法国律师巴和承办此案。

10 月 26 日，法庭宣判陈独秀释放，罚 100 元了事。

陈独秀原来估计要坐上七八年牢。出狱后才知道马林为了营救他们几人，花了很多钱，费了很多力，打通了会审公堂的各个关节，方才顺利结案。

按照李达的说法：马林和中国共产党共了一次患难。

这次遭遇对陈独秀印象极深。他通过切身经历才真正感悟到：不光是开展活动、发展组织需要钱，就是从监狱里和敌人枪口下营救自己同志的性命，也离不开一定数量的经费。这些现实问题，的确不是书生的空口豪言壮语能够解决的。陈独秀本人极重感情，一番波折，无形中增进了对马林的感情和理解。李达回忆说："他们和谐地会谈了两次，一切问题都得到适当的解决。"

建立一个党，巩固一个党，发展一个党，需要理想，需要主义，还需要经费。

富于理想的中国共产党人，脸红脖子粗地争吵了很长时间，最后终于承认了这个现实：中国共产党要发展，要壮大，就必须接受共产国际的援助。

据包惠僧回忆，当时陈独秀与马林达成的共识大体是：

一、全世界共运总部设在莫斯科，各共产党都是共产国际的一个支部。

二、中国劳动组合书记部的工作计划和预算，每年报赤色职工国际批准施行。

三、中共中央不受第三国际的经济援助。必要开支，由劳动组合书记部调拨。

虽然只承认"赤色职工国际与中国劳动组合书记部是有经济联系的组织"，用中共中央的下设组织中国劳动组合书记部绕了个弯，缓和了陈独秀一直坚持"中共中央不受第三国际的经济援助"的观点，但从此，中国共产党还是接受了共产国际的领导和经济的支援。

对陈独秀和中国共产党来说，这个协议就是开了一个口子，以前绝不接受国际援助，现在变成可以接受了。这个口子一开，以后就一发而不可收拾了。中共"二大"正式通过了《加入第三国际决议案》，中国共产党正式加入第三国际，成为共产国际的一个支部，要向共产国际汇报情况，同时接受共产国际的领导，也接受共产国际一定资金的援助。

那么，共产国际给中国共产党人提供了多少援助呢？

其实，与国民党接受的援助比较起来，相去甚远。这里的原因，一是因为中国共产党自己卡得非常紧，能不要钱就不要，而国民党是能要钱就一定要；二是从苏联的态度来说，它觉得国民党手中有武力，有成熟的广东地方政府，容易成功，所以就主要援助国民党。

据陈独秀1922年6月30日致共产国际报告，从1921年10月起至1922年6月止，共收到国际协款16655元。

由上可见，苏联及共产国际对中国共产党的援助十分有限。

但是，苏联及共产国际对中国国民党的援助则数额巨大。

1923年《孙文越飞联合宣言》签署后，苏联一次就向国民党提供200万卢布和8000支步枪、15挺机枪、4门火炮、2辆装甲车的援助，帮助建立黄埔军校。

黄埔军校教授部主任王柏龄记述，孙中山曾经批了300支毛瑟枪给军校。但是，广东地方政府的很多权力掌握在陈炯明等人手里，所以兵工厂一心巴结军阀，不以军校为重，仅仅给了30支，只够卫兵使用，反复交涉也无济于事，十分尴尬。

正在此时，苏联援助的枪械到岸，8000 支步枪全带刺刀，每支枪配有 500 发子弹，全体学员欢呼雀跃。王柏龄说，这是"天大的喜事，全校自长官以至于学生，无不兴高采烈"；"今后我们不愁了，革命有本钱了"。苏联这次援助，对于组建黄埔军校、孙中山获得国民党第一支武装都起了至关重要的作用。

蒋介石标榜的黄埔建军，本钱却来自苏俄。正是有了苏俄资助的 200 万卢布作为开办经费，加上苏俄提供的大批枪械，才使国民党获得了建军的基础。

除了经费和武器，苏俄还派来大批军事顾问。除担任国民党中央政治顾问的鲍罗廷和军事顾问的加伦将军外，专门派到军校工作的有总顾问切列潘诺夫、步兵顾问白里别列夫、炮兵顾问嘉列里、工兵顾问瓦林、政治顾问卡夫乔夫等。他们指导军事、政治训练工作，编订了典、范、令和战术、兵器、筑城、地形与交通通讯五大教程，成为黄埔党军后来坚强战斗力的基础。

此后，为支持北伐，苏俄继续运来枪支弹药。1925 年一次运到广州的军火就价值 56.4 万卢布。1926 年又将各种军火分四批运到广州。

第一批有日造来福枪 4000 支，子弹 400 万发，军刀 1000 把；

第二批有苏造来福枪 9000 支，子弹 300 万发；

第三批有机关枪 40 挺，子弹带 4000 个，大炮 12 门，炮弹 1000 发；

第四批有来福枪 5000 支，子弹 500 万发，机关枪 50 挺，大炮 12 门。

这样，当时国民党面临一个困境，就是有人指责国民党是"卢布党"，听俄国人的指使。蒋介石是怎么回答的呢？1926 年 12 月 11 日第二次东征大捷后，蒋介石在汕头总指挥部宴请苏联顾问说：

现在有人说，我们中国革命党受俄国人的指挥，在他说话人的用意，以为这句话就是可以诬蔑我们革命党的一个最好的材料。我以为作这样想的人，就好的一方面说，充其量，不过是一个十九世纪以前知道国家主义的民族英雄而已，他并不明白现在是一个什么时代。我们要晓得这种褊狭的思想，在数十年以前闭关时代来说，还可算是一个爱国的英雄，但是现在二十世纪就不行了。因为现在中国问题，几乎就是世界问题，若不具备世界眼光，闭了门来革命，不联合世界革命党，不以世界上以平等待我之民族共同奋斗，那么，革命成功的路径，恰同南辕北辙，决无成功的希望。

看来，年轻的蒋介石也是颇善雄辩之人。蒋介石讲得也对。在辛亥革命前，孙中山为搞革命接受海外捐助，美国、日本等地都提供了很多资金。在日本，有一些民间团体，甚至是日本的黑龙会，都给他提供了不少钱。这是孙中山在早期革命时期接受海外捐助的情况，现在苏联给国民党非常大的帮助，也就正常。

当然，苏联没有把所有鸡蛋装在一个篮子里。苏联政府除了大力援助南方的孙中山、蒋介石外，还大力援助北方的冯玉祥。

从1925年3月至1926年7月，冯玉祥的国民军得到了俄式步枪38828支、日式步枪17029支、德国子弹1200万发、7.6毫米口径步枪子弹4620万发、大炮48门、山炮12门、手榴弹1万多枚、附带子弹的机枪230挺、迫击炮18门以及大量药品等。

1926年10月底，国民军又从苏联得到3500支步枪、1150万发子弹、3架飞机、4000把马刀、10支火焰喷射器等。

同时苏联也派遣了相当数量的军事顾问。冯玉祥回忆说，顾问组中"步骑炮工各项专门人才皆备"。苏联顾问帮助国民军新建了一些兵工修理厂，生产弹药，培养技师；按照苏俄的图纸，还制造出第一批装甲车。

1926年3月，冯玉祥下野后访问苏联，又签订了约1100万卢布的军火贷款协议；苏联并派乌斯曼诺夫（桑古尔斯基）为军事总顾问，帮助冯玉祥指挥国民军作战。

从苏联拿钱，成了这些国民党高层的习惯。

1927年蒋介石背叛革命，共产国际当然不可能再给钱了。但是，共产国际又把希望放在了汪精卫身上，希望汪精卫在武汉建立政府，公开反蒋，而汪精卫狮子大开口，说反蒋需要1500万卢布的援助。

苏联马上汇出200万卢布援助，并说明"现在我们无法满足"1500万的数额。汪精卫口气很硬，第二天就回答说不提供1500万"就拒绝立即反对蒋介石"。苏联于是再给汪精卫汇款200万卢布，同时提出第一笔汇款用于"组建由工农组成的并拥有革命军官的可靠的忠于革命的部队"。苏联接连汇款两次，仍然寄希望于汪精卫反蒋。

汪精卫政府是怎么利用的资金，已无从查证。清楚的只有一条：这笔资金如果不是支持国民党，而是支持共产党，就可以用在组建中国共产党独立领导的革命武装方面，那么大革命的情况就会完全不一样了。就是说，如果大力援助了中国共产党，那么到了蒋介石叛变革命时期，共产党绝不至于这么困难，大革命的形势绝不至于这么糟糕，让蒋介石说翻盘就翻盘。

接受巨额援助的蒋介石、汪精卫、冯玉祥先后叛变了革命，鲍罗廷感叹说："苏俄用了三千余万巨款，我个人费了多少心血精神，国民革命才有今日成功，没想到毁于一旦。"

我们从鲍罗廷的话里就可以知道，共产国际在中国确实花了很多钱，可见苏俄对国民党和国民革命的援助之巨大。

与国民党人比较起来，中国共产党人接受共产国际的援助，不但数额少得多，态度也谨慎得多。

尽管经费援助十分有限，但对早期中国共产党人来说，依然异常重要。

随着党组织不断发展，以革命为职业者渐多，各种开销日渐加大。中央机关，各个部门，有大量的人员专门从事党务、工运、学运、民运等革命工作，完全脱产，没有收入来源，那么他们和他们的家庭，靠什么生活？这是一个问题。20年代脱产的共产党员，组织上每月给30至40元生活费。

但是，中国共产党自己的经费也是有限的。尽管"二大"明确规定了征收党费的条款，但大多数党员实际生活水平很低，党费收入极其有限。在这种情况下，共产国际的援助就非常重要了。

陈独秀在"三大"上的报告称：1922年"二大"之后，"党的经费，几乎完全是从共产国际领来的"。尽管这一数量远远少于国民党接受的数量，但必须承认，共产国际对中国共产党人提供了重要支援。中国共产党成立后能够很快在工人运动中发挥重要领导作用，同共产国际提供经费帮助分不开，也同中共将其绝大多数用于工人运动分不开。

共产国际的援助对早期毫无经济来源的中国共产党人提供了巨大帮助。而正是这一有限援助形成的依赖关系，又给中国共产党人造成了相当大的损害。

陈独秀个性极强，说一不二，向来不愿俯首听命。他说，拿人家钱就要跟人家走，我们一定要独立自主地干，不能受制于人。所言极是。问题是连从监狱里救人的钱都要别人支付，还怎么独立于人。尤其是在中共成为共产国际一个支部以后，还想保持与联共和共产国际的"兄弟关系"，只能是书生意气的一厢情愿了。

长期以来人们说陈独秀的领导是一言堂、家长制，包惠僧一语中的："（接受经费）以后就不行了，主要是听第三国际的，他想当家长也不行了。"

曾经叱咤风云地领导新文化运动、被毛泽东称为"五四运动时期总司令"的陈独秀，在大革命时期固然有他的错误，但面对共产国际做出的一个又一个决议，有时明知不可为，也只有放弃个人主张而为之，大革命失败后他还必须承担全部责任，这就不仅仅是他个人的悲剧之所在了。

就当时的情况来说，大革命失败，不能说是斯大林的错误，不能说是斯大林过于信任蒋介石，过于听信鲍罗廷的话，才导致大革命失败。得找一个替罪羊。谁呢？中共领导人陈独秀。

《真理报》发表社论，指责陈独秀"这个死不改悔的机会主义者，实际上是汪精卫在共产党内的代理人"。这种似曾相识的扣帽子习惯和无限上纲的语言风格，竟然20年代就在苏联和共产国际使用，真使人感到"文化大革命"的起源不仅仅在中国。

下台后个人反省期间，陈独秀经常念叨的一句话就是："中国革命应由中国人自己来领导。"

这是一个非常惨痛的教训。陈独秀对这个教训的认识特别深刻。你说他不想主导吗？他想啊，但是他没有找着一条真正能够自主的路子。

陈独秀之后第二个想独立自主大干一番的，是准备"会师武汉、饮马长江"的李立三。他也是一个脱离共产国际的指挥、领导的中国共产党领袖。

李立三当时是中共中央的实际负责人之一，在短短的三个月期间，他充分运用了自己的权力，努力使中国共产党独立于共产国际之外。但他太"左"了，给中国革命带来了很大的损害。

李立三革命之坚决与脾气之暴烈，尽人皆知。这方面跟陈独秀有点像，甚至有过之而无不及。他跟周恩来一样，都曾留学法国。他的暴脾气在留法生中是很有名的。有一次，他和别人在船上下象棋输了，把棋盘一拉，甩掉全部棋子。提到反动势力，就喊："推翻！打倒！杀掉！"他的演讲情绪激昂，感染力极强。因敢闯敢拼，留法学生叫他"坦克"。

1922年春节，李立三回家探亲。其父李镜蓉是湖南一个著名的士绅，家里很有钱。他不知道他的儿子成了共产党。他见儿子刚刚从法国回到国内,便问："你留学回来准备做什么事？"

李立三答："我要干共产！"

李镜蓉暴跳如雷："这纯属胡来！是自己找死！人家督军有那么多兵，那么多枪，你们几个小娃娃，一千年也搞不成！"

李立三答："军阀有枪，我们有真理，有人民，我们死了不要紧，牺牲一些人，一定有更多的人起来革命，革命一定成功！"

整个春节在父子的争吵中度过。

李镜蓉后来逢人便说："这个儿子是舍出去了，只当是没生他吧！"

李立三这个人，在党史上最少有两个功绩是不应被人们忘记的。

第一个是安源煤矿大罢工。他是罢工运动的发起者和最主要的领导者。安源煤矿罢工胜利对全国工人运动影响巨大。当时在京汉铁路大罢工失败后，各地工会组织都遭封闭，被迫转入地下，唯有组织严密的安源煤矿工人俱乐部势力强大，反动当局不敢贸然镇压。邓中夏在《中国职工运动简史》中说，安源煤矿是硕果仅存的世外桃源。罢工另一个领导者刘少奇说："这实在是幼稚的中国劳动运动中绝无仅有的事。"

安源煤矿大罢工不但是中国工人运动中的一个典型，而且也是中国共产党发展壮大的一个典型。安源煤矿大罢工使党的组织得到很大发展，1924年末中国共产党党员只有900人，其中安源煤矿的党员就达300人，占三分之一。这里有李立三的重大贡献。

李立三在安源煤矿工人中很有威望。当时从煤矿方传出消息，说雇了杀手要杀李立三。古话说擒贼先擒王，他们知道李立三是头儿，就要先把工人运动的头儿搞掉。工人们知道了，就有几十个工人，后来发展到上百个工人，自发保护李立三。凡是李立三出面跟煤矿方谈判，谈到十几分钟，还没有结果，几百个工人上来，拥起李立三就走，不谈了，怕时间长了有变。由此可见李立三在矿上的那种威望，振臂一呼，云集者众。

李立三1926年又到武汉领导工人运动。在武汉，船工出身的向忠发只是名义上的领袖，实际主持工作的是李立三。当时人们说，只要向忠发、李立三一声令下，武汉三镇30万工人要进可进，要退可退。

第二个是八一南昌起义。南昌起义总指挥是周恩来，其他的领导者还有贺龙、叶挺、朱德等人。但实际上呢？李立三才是这一起义的最早提出者和发起者，也是重要的领导人之一。

1927 年 7 月 12 日，中共中央改组后，张国焘、张太雷、李维汉、李立三、周恩来五人组成中央常委，代行政治局职权。

开始并没有南昌起义计划。中央常委的主要工作是部署党组织转入地下，中央机关经九江撤退到上海。李立三去九江主要是部署中央的撤退工作，同时考察利用张发奎①的"回粤运动"打回广东以图再举的可能性。

李立三到九江后，三下两下就把筹划撤退的任务变成了组织武装起义。

7 月 20 日，他与谭平山、邓中夏等在九江举行会议，认为同张发奎的破裂不可避免，应该搞一个独立的军事行动，"在军事上赶快集中南昌，运动二十军与我们一致，实行在南昌暴动"。

这是举行南昌起义的最早建议，是李立三一个不可抹杀的重大历史功绩。

当时在汉口的中央没有明确指示。

李立三是个行动能力非常强的人。中央指示未到，他照样行动。他 7 月 24 日立即搞了第二次九江会议，决定叶、贺部队于 28 日以前集中南昌，28 日晚举行暴动。然后再次电请中央从速指示，大有箭在弦上不得不发之势。

中共中央在汉口两次召开会议，最后同意举行暴动，但认为暴动地点最好选在南浔，同时派周恩来立即赴九江传达中央指示：在南浔一带发动暴动，然后由江西东部进入广东会合东江农军。

李立三反对中央的意见，认为南浔离九江太近了，而九江地区军阀部队聚集，于我不利；同时叶、贺部队已经陆续开往南昌，改变地点来不及了，南昌起义势在必行。

周恩来最终同意了李立三在南昌而不是在南浔举行暴动的意见。

一波刚平一波又起。排在第一号的中央常委张国焘于 7 月 27 日晨到达九江，带来中央最新意见，要起义推迟，重新讨论。八七会议之后，新的总书记没有指定，就指定了几个常委，张国焘排第一。这个人带来的中央意见，分量很重。

---

① 张发奎（1896—1980），字向华，广东始兴人，陆军二级上将。1926 年参加北伐战争，在攻占汀泗桥、武昌城等战斗中，战功卓著，升任被誉为"铁军"的第四军军长。抗日战争期间，先后率部参加过淞沪、武汉、昆仑关等战役。1949 年 3 月任陆军总司令，后辞职赴香港定居。1980 年 3 月在香港病逝，时任全国人大常务委员会委员长的叶剑英元帅致电其家属以示哀悼。

张话音未落，李立三第一个站起来，兴奋地说："一切都准备好了，哈哈！为什么我们还要重新讨论？"

周恩来接着说："国际代表和中央给我的任务是叫我来主持这个运动，你的这种意思与中央派我来的意思不符。不准起义，我辞职不干了！"周恩来事后对别人说，这是他一生中第一次拍桌子。

张国焘看出李立三是门大炮，扳倒他就好说服别人，会后便立即与他个别谈话。说来说去李立三就是一句："一切都准备好了，时间上已来不及作任何改变！"

无奈的张国焘最后只得服从多数。起义时间定到 8 月 1 日凌晨举行。

八一南昌起义是中国革命处在生死存亡的危急关头，中国共产党人不能不毅然拿起武器，反抗国民党血腥屠杀政策的武装暴动。它是中国共产党独立领导武装斗争的开始。

那段时间是局势最为黑暗、中国共产党人最为困难的日子。毛泽东描述自己当时"心情苍凉，一时不知如何是好"；李立三在此时刻，决然提出并果断坚持南昌暴动，率先实践"用武装的革命反对武装的反革命"，对中国革命贡献巨大。我们要承认李立三的历史功绩。

敢做敢闯的李立三，后来闯出一个"立三路线"来。

1928 年冬到 1930 年秋，李立三成为中共中央主要领导之一。李立三不同意毛泽东实施工农武装割据、建立广大农村根据地的做法。他亲自起草《中央致四军前委信》，指责毛泽东"站在农民的观点上来作土地革命"，"完全反映农民意识，在政治上表现出来的机会主义错误"。

他看不起毛泽东的农村根据地，认为"乡村是统治阶级的四肢，城市才是他们的头脑与心腹，单只斩断他的四肢，而没斩断他的头脑，炸裂他的心腹，还不能制他的最后的死命。这一斩断统治阶级的头脑，炸裂他的心腹的残酷的争斗主要是靠工人阶级的最后的激烈争斗——武装暴动"。

正是在这一点上，李立三脱离了中国革命现实。

1930 年 6 月以后，31 岁的李立三成为中央工作的实际主持人。当时正值蒋、冯、阎展开中原大战，李立三认为"空前的世界大事变与世界大革命的时机，都在逼近到我们面前了"；中国革命已经到了一蹴而就的时刻。他一面部署中心城市武装暴动，一面重新编组全国红军，攻打大城市。

李立三在上海制订的庞大计划是：

朱德、毛泽东指挥红一军团，攻打南昌、九江，切断长江，掩护武汉的胜利；

彭德怀、黄公略指挥红三军团，占领大冶，切断武汉长沙铁路，进迫武汉；

贺龙、周逸群指挥红二军团，帮助地方暴动，进迫武汉；

许继慎、徐向前指挥鄂豫皖地区红一军，切断京汉铁路，进迫武汉；

张云逸、邓小平指挥红七、红八军，攻柳州、桂林，然后北上合攻长沙；

各路红军前进的箭头最后皆指向中国的心脏，"会师武汉，饮马长江"。

李立三更进一步提出：中国革命必将发展为全世界最后的阶级决战；所以"苏联必须积极准备战争"；"蒙古在中国暴动胜利时，应在政治上立即发表宣言，与中国苏维埃政权联合，承认蒙古是中国苏维埃联邦之一，紧接着大批出兵中国北方"；"西伯利亚十万中国工人迅速武装起来，加紧政治教育，准备与日本帝国主义的作战，从蒙古出来，援助中国，向敌人进攻"。在这一暴动蓝图中，中国革命是世界革命的中心，共产国际只是执行这一计划的配角。

李立三犯了大忌。

共产国际和联共指导中国革命，出发点和归宿点从来是以"世界革命中心"苏联的利益为核心，在中国寻找到能够与苏联结盟的力量以分散帝国主义压力，保护世界上第一个社会主义国家苏联的安全。1920年4月维经斯基来华帮助建立中国共产党，共产国际和联共中央政治局给他指示的第一条，即"我们在远东的总政策是立足于日、美、中三国利益发生冲突，要采取一切手段来加剧这种冲突"；其次才是支援中国革命。

现在跳出个李立三，一口一个"暴动"，指手画脚要求"苏联必须积极准备战争"，"从蒙古出来，援助中国，向敌人进攻"，要求苏联置自身安全于不顾全力配合中国革命，令共产国际和苏联惊讶得目瞪口呆。

共产国际以最快速度和最坚决手段进行干预：停发中共中央的活动经费。

这是中共自建党以来所受到的最严厉制裁。被停发了经费的李立三，便只剩下台一途。

无可否认，李立三的设想完全脱离实际，给中国革命也带来了严重损失。

同时也必须看到：一个政党，一个社团独立与否，并不在其领导人主观意念如何，而在是否具备客观条件。中国共产党人要想改变这种对共产国际的依存关系，不仅有赖于政治上、军事上斗争经验的日益成熟，更有赖于经济上找到立足之地。

后一条更为关键。

正是在这个意义上，我们说最终给中国革命开辟独立发展道路的，是毛泽东。

在严厉的白色恐怖下，在实行白色恐怖的各个军阀政权连年混战中，毛泽东为中国共产党人找到了一片广阔的发展天地。

红色根据地和农村革命政权的广泛建立，不但在政治上开辟了中国共产党人自己独特的理论领域，在军事上建立了中国共产党人自己的武装力量工农红军，在经济上也摆脱了对共产国际的依赖。"打土豪、分田地"，既是红色政权政治动员的基础，也是中国共产党人经济独立的基础。

1931 年后，党中央的财政主要靠苏区的税收和战争中收缴的浮财，其中主要又是依靠毛泽东领导的中央苏区（鄂豫皖苏区上缴得相对要少些，湘鄂西则更少，赣东北、甘陕川边等苏区几乎无上缴）。

在中国共产党人最为困难的土地革命时期，"砍头不要紧，只要主义真"，人人皆知，人人敬佩；但苏区根据地派人一趟一趟给上海的党中央送黄金，不也应该人人皆知、人人敬佩吗？

中国革命有一个独特现象，就是红色首脑最先在先进发达的上海租界建立，红色政权却最终在贫困落后的山区边区扎根。

不集中在最现代化的大城市，中国共产党不可能获得先进的思想体系，不会获得后来众多的领导精英。不分散到最贫困落后的边区山区，红色武装便没有充足的给养和坚韧顽强的战士，中国共产党也就失去了立足的根基。

如果中国共产党人没有自己的军队，没有自己的政权，不创造出巩固的根据地，不开辟出独立的经费来源，与共产国际和苏联的依存关系便无法根本改变。

不走毛泽东开辟的武装斗争、农村包围城市之路，中国革命不但不能独立于敌人，也不能独立于友人。

仅此一点，毛泽东功在千秋。

中国共产党人，也就在这个基础之上，成为一支独立的政治力量。此后演出了一系列威武雄壮的活剧，就是完全按照中国共产党人自己的意愿。

第八讲　威震华夏的红军战将（上）

领袖已定，路线已定，方针已定，策略已定。剩下的，就是双方将领为实现路线、贯彻方针的生死相搏。双方路线正确与否，方针合理与否，都需胜利来做出检验，或失败来做出证明。

1955 年 9 月 27 号，毛泽东主席签署命令，授予朱德、彭德怀、林彪、刘伯承、贺龙、陈毅、罗荣桓、徐向前、聂荣臻、叶剑英这十位军人"元帅"军衔。这就是中国人民解放军历史上著名的十大元帅。

这十位元帅，其中八位都和八一南昌起义有着非常密切的关联。南昌起义之后，中国共产党拥有了自己独立领导的武装力量，那么这支武装力量有着怎样的非凡经历？曾经拥有什么样的战将？

在对蒋介石屠杀政策的武装反抗中，走出来一大批威震华夏的红军战将。

朱德，新中国十大元帅之首，中国人民解放军创建人之一，天下无人不知。后来又有人说，这个总司令是个空的；还说总司令不会打仗。

"文化大革命"中，朱德上天安门。休息室内的军队领导干部见朱老总进来，纷纷起立。一位红极一时的学生造反派首领稳坐不动，说：什么总司令，给他起立！

什么总司令？相当长一段时间内，人们都有这个疑问。尤其对很多人来说，除了井冈山的那根"朱德的扁担"外，对总司令便知之不多，更何况当年那些头上长角、身上长刺的造反派。

朱总司令的地位不仅来源于中央军委一纸简单的任命，也不仅来源于红军将士在军纪约束下的服从。共产党人在最为困难的时刻，在被追杀、被通缉、被"围剿"环境中锻造出来的坚定性，是那些不知天高地厚的人永远感悟不出来的。

1927 年八一南昌起义，是朱德总司令威望和地位的起点；但南昌起义部队对朱德的认识，同样经历了一个不短的过程。

不论是起义之前，还是起义进行中，组织指挥起义的核心领导成员中没有朱德，核心成员是周恩来、李立三、张国焘、恽代英、贺龙、叶挺、刘伯承等人。起义当天晚上，前敌委员会分派给朱德的任务，是用宴请、打牌和闲谈的方式，拖住滇军的两个团长，保证起义顺利进行。

朱德在起义中没有基本部队。起义军主力十一军辖八个团，由叶挺指挥。二十军辖六个团，是贺龙部队。朱德率领参加起义的，只有军官教育团三个连和南昌公安局两个保安队，五百人不到，只能算一个营。所以，南昌起义计划中分配给朱德的任务，只是"加强在敌军中的工作，了解南昌敌军动态"。起义后另成立第九军，朱德被任命为副军长。第九军当时就是个空架子，没有军长，也没有战斗部队，原是想争取部分滇军加入到这支队伍中来，但未获结果。

起义部队南下，当时滇军遍布江西。为利用旧谊使滇军让路，朱德又负责起先遣任务。他后来回忆说："我从自南昌出发，就走在前头，做政治工作，宣传工作，找寻粮食……和我在一起的有澎湃、恽代英、郭沫若，我们只带了两连人，有一些学生，一路宣传一路走，又是政治队，又是先遣支队，又是粮秣队。"

周恩来后来谈朱德在南昌起义中的作用，称他"是一个很好的参谋和向导"。南昌起义之时和起义后一段时间内，朱德的作用确实有限。

陈毅回忆说：在南昌暴动的时候，朱德的地位并不重要，也没有人听他的话，大家只不过尊重他是老同志罢了。

朱德真正发挥作用，是在这支部队面临失败结局的时候。

1927年9月初，南昌起义军在三河坝兵分两路。主力部队一万多人由周恩来、贺龙、叶挺、刘伯承等率领南下，直奔潮汕，夺取海陆丰这一带，争取获得一个港口接受可能来自共产国际或者苏联的军火援助；朱德率领部分兵力留守当地，阻敌抄袭起义军主力的后路。

这就是著名的"三河坝分兵"。

朱德率领的这"部分兵力"，是十一军二十五师和九军教育团，共计4000余人。三天三夜的阻击伤亡很大，撤出三河坝剩2000多人。本想去寻找主力，路遇溃败下来的二十军教导团参谋长周邦采所率的200余人，方知起义军主力已在潮汕地区失败，起义诸领导人都已经分散隐蔽、分头撤离了。

10月3日前敌委员会的流沙会议，是轰轰烈烈的南昌起义最后一次会议。

会议由周恩来主持。他当时正在发高烧，用担架抬到会场。郭沫若回忆说，周恩来"脸色显得碧青。他首先把打了败仗的原因，简单地检讨了一下。第一是我们的战术错误，我们的情报太疏忽，我们太把敌人轻视了。其次是在行军的途中，对于军队的政治工作懈怠了。再次是我们的民众工作犯了极大的错误"。

可以想见，当时周恩来是怎样一种心情。

别人的心情也是同样。周恩来报告后，被称为"叶、贺部队"的叶挺说："到了今天，只好当流寇，还有什么好说！"党史专家们后来解释，叶的所谓"流寇"，是指打游击。贺龙则表示："我心不甘，我要干到底。就让我回到湘西，我要卷土重来。"

这样的表态也没有搞完。村外山头上发现敌人尖兵，会议匆匆就结束了，四散突围。

分头撤退途中，队伍被敌人冲散。连给周恩来抬担架的队员也在混乱中溜走，身边只剩下叶挺和聂荣臻。三个人仅叶挺有一支小手枪，连自卫的能力都没有。若不是遇到中共汕头市委书记、周恩来的老朋友**杨石魂**①搭救，真是生死未卜。杨石魂找来了一只小船，带大家逃走。

聂荣臻回忆这段经历时说：

> 那条船，实在太小，真是一叶扁舟。我们四个人——恩来、叶挺、我和杨石魂，再加上船工，把小船挤得满满的。我们把恩来安排在舱里躺下，舱里再也挤不下第二个人。我们二人和那位船工只好挤在舱面上。船太小，舱面没多少地方，风浪又大，小船摇晃得厉害，站不稳，甚至也坐不稳。我就用绳子把身体拴到桅杆上，以免被晃到海里去。这段行程相当艰难，在茫茫大海中颠簸搏斗了两天一夜，好不容易才到了香港。

南昌起义失败了。当年四散撤退的起义领导人，都想不到留在三河坝担负殿后任务的朱德，居然能够组织起南昌起义部队的剩余力量，最终成为中国人民解放军的第一号军人。

---

① 杨石魂（1902—1929），中共早期党员，革命烈士。1927年蒋介石发动四一二政变后，他曾组织农民举行武装暴动，建立普宁县临时人民政府，发布减租减息布告，并通电全国讨蒋。1929年5月被捕，不屈而死。

突变性事件带来的危机，既是危险，也是机遇。

起义主力部队南下广东失败的灾难，使历史机遇降临于朱德面前。

局面很困难，而且严峻。在三河坝完成阻击任务时，真正是朱德带出来的九军人员已经没有多少人了。原先的部队有 4000 多人，打了三天，只剩 2000 多人。基本力量是周士第任师长的二十五师，还有周邦采带回来的部分二十四师人员。这支孤军与上级的联系全部中断，四面又都是敌人，自己也损兵近半，思想上组织上都相当混乱。

到底怎么办，只能由临时负责的朱德做出决断。

朱德就是在这个非常时刻，面对这支并非十分信服自己的队伍，表现出了坚强的领导能力。

在商量下一步行动方针的会议上，少数同志觉得主力都在潮汕散掉了，三河坝这点力量也难以保存，提出散伙。朱德坚决反对解散队伍。他说，我们一散伙就完了，只要我们团结在一起，有枪就有办法。他提出隐蔽北上，穿山西进，去湘南。

这真是一个异常严峻的时刻。没有基本队伍、说话没人听、不过被人把他作为一个老同志尊重的朱德，接过了这个很多人已不抱希望的摊子。他通过异乎寻常的执着和坚定，为这支困境和混乱中的队伍指明了出路。

茫然四顾的人们，听从了他的话。原先说话没人听、只是临时负责人的朱德，就这样收拢起了队伍，带着他们出发了。

10 月 16 日，队伍走到福建武平，还有 2500 人；17 日，击退追敌，便剩下 1500 多人了。到达闽赣边界的石经岭附近的隘口，朱德亲率几个警卫员从长满灌木的悬崖陡壁攀援而上，出其不意地在敌侧后发起进攻。粟裕回忆说：

> 当大家怀着胜利的喜悦，通过由朱德亲自杀开的这条血路时，只见他威武地站在一块断壁上，手里掂着驳壳枪，正指挥后续部队通过隘口。

局面不会因一两场战斗改变。情况仍在继续下滑，谷底在赣南安远的天心圩。

当时已近冬天，官兵仍穿单衣，有的甚至还穿着起义时的短裤，打着赤脚，连草鞋都没有。虽然摆脱了追敌，部队却常常受到地主武装和土匪的袭击，不能不经常在山谷的小道上穿行，在山林中宿营。同上级党委的联系没有恢复，饥寒交迫，疾病流行。无处筹措粮食，官兵常常饿肚子。缺乏医疗设备和药品，伤病员得不到治疗。部队的枪支弹药无法补充，人也很疲乏，战斗力越来越弱。杨至诚上将后来回忆当时那支队伍的情况时说："每个人都考虑着同样的问题：现在部队失败了，到处都是敌人，我们这一支孤军，一无给养，二无援兵，应当怎样办？该走到哪里去？"

人们越走心里越没底，心慌了。走到江西安远的天心圩，从师、团级主官开始，各级干部纷纷离队。一些高级领导干部，有的先辞后别，有的不辞而别。七十五团团长张启图1927年12月22日在上海向中央写了一份《关于七十五团在南昌暴动中斗争经过报告》，描述部队到达天心圩的状况时说："师长、团长均皆逃走，各营、连长亦多离开。"

南昌起义军在部队中除各级军事主官外，军、师两级设有党代表，团、营、连三级设有政治指导员。这一健全的军政领导体制到1927年10月底在江西安远天心圩最后崩溃。师以上军事领导干部走得只剩下朱德一人，政工领导干部则走得一个不剩。团级军事干部只剩下七十四团参谋长王尔琢，政工干部只剩下七十三团政治指导员陈毅。

结果，团以上干部全部加起来，仅剩朱德、王尔琢、陈毅三人。

领导干部如此，下面更难控制。营长、连长们结着伙走。还有的把自己部队拉走，带一个排、一个连公开离队。剩下来的便要求分散活动。林彪带着几个黄埔四期毕业的连长找陈毅，说：现在部队不行了，一碰就垮。与其等部队垮了当俘虏，不如现在穿便衣，到上海另外去搞。后来人们把这段话作为林彪在关键时刻对革命动摇、想当逃兵的证据，那是言之过重了。在当时那种局面下，地位比林彪高且不打招呼就脱离队伍的人比比皆是。很多走掉的人都如林彪所想，不是去上海、便是去香港"另外去搞"的。若说都对革命前途悲观失望也许太重，但起码是对这支行将溃散的武装能有多大作为不抱信心。

部队面临顷刻瓦解、一哄而散之势。南昌起义留下的这点火种，有立即熄灭的可能。关键时刻，站出来的是朱德。

在天心圩军人大会上，朱德沉着镇定地说：

> 大家知道，大革命是失败了，我们的起义军也失败了！但是我们还是要革命的。同志们，要革命的跟我走；不革命的可以回家！不勉强！……一九二七年的中国革命，好比一九〇五年的俄国革命。俄国在一九〇五年革命失败后，是黑暗的，但黑暗是暂时的。到了一九一七年，革命终于成功了。中国革命现在失败了，也是黑暗的。但黑暗也是暂时的。中国也会有个"一九一七年"的。只要保存实力，革命就有办法。你们应该相信这一点。

队伍中没有几个人知道 1905 年的俄国革命。不知道也没有关系。人们从朱德那铿锵有力、掷地有声的话语中，真切感受到了他心中对革命的那股不可抑制的激情与信心。

朱德胸中的信心与激情像火焰一般传播给了剩下来的官兵。

西方领导科学认为领导力的形成依赖三大要素：一曰恐惧，二曰利益，三曰信仰。恐惧迫使人们服从，利益引导人们服从，信仰则产生发自内心的服从。1927 年 10 月底，在中国江西省安远的天心圩，朱德这个最初"地位并不重要，也没有人听他的话"的指挥者，在关键时刻向即将崩溃的队伍树立起了高山一样的信仰。

通过信仰认识利益，再通过信仰和利益驱散恐惧，真正的领导力和领导威望，在严重的危机中凤凰涅槃一般诞生。

朱德在天心圩的演讲，发生在历史的关键时刻。朱德在这个时刻，稳住了这支八百人的队伍。这是南昌起义之后剩下的残兵败将，但经过朱德的领导，日后成为中国人民解放军建军的核心力量。可以说，朱德在最后关头挽救了革命队伍。后来在天安门上不给朱德起立的那个红卫兵头目，他根本不知道历史的厚重。

陈毅后来说，朱德讲了两条政治纲领：一是共产主义必然胜利，二是革命必须自愿。这两条纲领成为后来革命军队政治宣传工作的基础。

朱德讲话之后，陈毅也上去讲了话。他说：一个真正的革命者，不仅经得起胜利的考验，能做胜利时的英雄，也经得起失败的考验，能做失败时的英雄！陈毅当时去上海、去北京、去四川都有很好的出路，但他哪都不去，坚决留在队伍里，实践自己"只要拿武装我就干"的决心。

黄埔一期毕业的王尔琢则蓄起胡须，向大家发誓：革命不成功，坚决不剃须！

为了反抗国民党反动派的屠杀政策，从 1927 年 4 月中旬的海陆丰农民起义开始，中国共产党人先后发动了 80 余次武装起义。历次起义——包括规模最大、影响最大的南昌起义——都失败了。但因为保留下来了革命火种，它们又没有失败。

保留火种的工作，首推朱德。在最困难、最无望因而也最容易动摇的时刻表现出磐石一般的革命坚定性，使朱德成为这支部队无可争议的领袖。陈毅、王尔琢成为他的主要助手。

部队被改编为一个纵队。朱德任纵队司令员，陈毅任纵队政治指导员，王尔琢任纵队参谋长。下编一个士兵支队，辖三个步兵大队；还有一个特务大队。

剩下一门 82 迫击炮、两挺手提机关枪、两挺重机枪，合编为一个机炮大队。多余下来的军官编成一个教导队，直属纵队部，共计八百人。

两万多人的南昌起义队伍，最后真正保存下来的，就是这点家底。这点家底后来成为中国人民解放军建军的基础和战斗力的核心。

南昌起义的火种，从此再也没有熄灭。

1955 年 9 月 27 日，中国人民解放军授衔。名列十大元帅之首的朱德、十大元帅之三的林彪、十大元帅之六的陈毅，名列十大将之首的粟裕，1927 年 10 月都站在天心圩八百人的队伍里面。解放战争中埋葬蒋家王朝的主力，就是林彪、罗荣桓领导的东北野战军和陈毅、粟裕领导的华东野战军。

《中国人民解放军战史》评价说，这支队伍在极端困难的情况下能够保存下来，朱德、陈毅"为中国革命事业作出了重大贡献"。

参加井冈山早期斗争的谭震林解放后曾说过，留在三河坝的那部分力量假如不能保持下来，上了井冈山，而井冈山只有秋收暴动那一点力量，很难存在下去。谭震林 1927 年秋就在井冈山任中共茶陵县委书记、县苏维埃政府主席。他这番话，无疑是对南昌起义的最高评价，对保存这部分力量而不溃散的朱德、陈毅等人的最高评价。

1928 年 4 月朱毛红军会师前，由于 1927 年 11 月毛泽东被开除出政治局，传到井冈山误传成被开除党籍，党代表不能当了，只能担任工农革命军第一师师长（上个月，原师长叛逃了）。毛泽东感觉十分为难，说"军旅之事，未之学也"。

恰在此时，朱德带部队上井冈山。杨至诚、何长工等老同志回忆说："朱毛会师后，原来井冈山的同志们纷纷奔走相告，说'这下好了，来了个会打仗的'。"另一点是："'朱军长有一个御敌的十六字诀'。"萧克后来回忆，说当时的部队对朱老总有一种迷信般的崇拜，认为他的"十六字诀"是一个战胜敌人的锦囊妙计。

这就涉及到一个问题：作为毛泽东军事思想重要组成部分的"十六字诀"是怎么产生的？

原来，朱德的另一个关键性贡献，长期不为人知。

早在 1925 年，朱老总在苏联莫斯科郊外莫洛霍夫卡村秘密军事训练班担任学员队长和军事辅导教员。在莫斯科郊区进行游击战训练的时候，教官问朱德回国以后怎么办？朱德就提出："部队大有大的打法，小有小的打法，打得赢就打，打不赢就走，必要时拖队伍上山。"这成为随后"十六字诀"产生的基础。

胡耀邦曾经讲过一段经历。五六十年代胡耀邦陪毛泽东主席外出，毛泽东问胡耀邦：你说说看，什么叫做军事？耀邦同志想了想，回答说：军事就是政治的最高表现形式。这是教科书式的回答。毛泽东讲：不对。胡耀邦反问：主席，那你说什么是军事？毛泽东说：军事就是打得赢就打，打不赢就走。这是朴素的军事观。

正是当年朱德的这一创造，给提出"枪杆子里面出政权"的毛泽东以深刻印象，进而认为这就是军事的本质。

在《中国革命战争的战略问题》中，毛泽东说："我们的战争是从一九二七年秋天开始的，当时根本没有经验。南昌起义、广州起义是失败了，秋收起义在湘鄂赣边界地区的红军，也打了几个败仗，转移到湘赣边界的井冈山地区。第二年四月，南昌起义失败后保存的部队，经过湘南也转到了井冈山。然而，从一九二八年五月开始，适应当时情况的带着朴素性质的游击战争基本原则，已经产生出来了，那就是所谓'敌进我退，敌驻我扰，敌疲我打，敌退我追'的十六字诀。"

聂荣臻元帅1986年12月1日纪念朱德诞辰100周年的讲话中说："朱德同志通过实践，摸索出了一套有效的打法，然后上升到理论，提出了有名的十六字诀，得到了毛泽东同志的肯定。"

所谓"毛泽东思想是全党智慧的结晶"，从一开始就得到体现。1945年召开党的"七大"时，毛泽东说：把好事都挂我的账上，对此要发表点意见，写成代表者，那还可以，如果只有我一个人，那就不成其党了。

"十六字诀"是中国共产党人的创造。"敌进我退，敌驻我扰，敌疲我打，敌退我追"，改变了古往今来的胜败标准。从孙子到克劳塞维茨，到马汉，到现在美军的所谓"震慑理论"，没有过这样的胜败标准；这种创新颠覆了世界上所有军事体系的胜败标准，是中国共产党人对世界军事重大的贡献。

从中国的孙子、德国的克劳塞维茨，到美国的马汉、法国的拿破仑，再到瑞士的约米尼、俄罗斯的苏沃洛夫，没有哪个军事家想出过这样的作战方法。这是中国共产党人巨大的创造。今天当全世界都在谈论军事革命的时候，美国人说还有另一场军事革命："毛泽东、格瓦拉的军事革命"。我们一般把军事革命的标准全部都放在技术层面，当然，科学技术的发展的确起了很大作用。但是，当我们以为只有一场军事革命的时候，美国人讲还有另一场，就是已经发生的毛泽东、格瓦拉的军事革命，颠覆了世界军事的胜败标准。

正是因为朱德的这种地位和作用，所以在1928年4月朱、毛井冈山会师时，心情兴奋的毛泽东特地换下穿惯的长布衫，找人连夜赶做灰布军装，只为能够穿戴整整齐齐，会见大名鼎鼎的朱德。

艰难困苦，玉汝于成。陈毅说："朱总司令在最黑暗的日子里，在群众情绪低到零度，灰心丧气的时候，指出了光明的前途，增加群众的革命信念，这是总司令的伟大。"

什么叫力挽狂澜？这就叫力挽狂澜。我们说群众是真正的英雄，并不排除在某些关键时刻，领导者的决心与意志是力挽狂澜的中流砥柱。

也许在当时情况下，天心圩留下来的那支八百人队伍中，没有几个人能想象到共产党人22年后能够夺取全国政权。但每一个自愿留下来的人，内心深处都从朱德、陈毅、王尔琢身上感受到了共产主义一定胜利的信念。

历史中确实有很多东西难以预测。南昌起义诸领导者1927年10月底纷纷分散撤退的时候，很难有人想到留在三河坝的朱德，最后与毛泽东一道成为中国人民解放军的主要创建人和领导人。起义部队的主力都溃散了，更难想到留在三河坝殿后的"部分兵力"，最后成为中国人民解放军建军的中流砥柱。历史又正因为难以预测，所以才充满机遇。面对难以预测的历史和难以把握的机遇，起关键作用的，仍然是人的素质与信念。

领导者的素质与信念，最终汇聚成历史的自觉。

历史是一条奔腾不息的长河，给予个人的机会极其有限。朱德从南昌起义队伍的边缘走到了"朱毛红军"的核心，最后成为中国人民解放军总司令，如果没有义无反顾投身革命、舍生忘死追求真理的精神世界，便无法获得这样深刻和敏锐的历史自觉。一句名言说：人的一生纵然漫长，关键时刻却只有几步。个人如此，集团、国家同样如此。能够在关键时刻帮助领导者做出关键判断、采取关键行动的那种发自内心召唤的历史自觉，不但是伟人之所以成为伟人的必备条件，更为见风使舵者、见利忘义者、投机取巧者永远无法获得。

红军初创时期的杰出将领，还应提出这三人：王尔琢，黄公略，伍中豪。三人都牺牲太早。

与朱德、陈毅一道，王尔琢对保留八一南昌起义火种做出了重大贡献。朱德占了保留南昌起义火种的第一功，王尔琢则是第二功。

王尔琢是黄埔一期生，在黄埔学习期间加入中国共产党。毕业后周恩来将他留下，连续担任第二期、第三期的学生分队长和党代表。北伐时，周恩来派遣他担任第三师党代表兼政治部主任、二十六团团长。部队攻入上海，蒋介石叛变革命，王尔琢被迫转入地下，后来随周恩来参加南昌起义。三河坝分兵的殿后部队在天心圩整顿之后，王尔琢成为朱德在军事上的主要助手。

井冈山会师后，王尔琢担任红四军二十八团第一任团长。二十八团正是朱德从三河坝保存下来的南昌起义部队，全团 1900 多人，在红军中军事素质最高，战斗力最强，最能打仗。1928 年 5 月和 6 月，在五斗江、草市坳和龙源口的战斗中，王尔琢率二十八团三战皆捷，为井冈山革命根据地的巩固和发展做出了重要贡献。毛泽东派何长工去二十八团担任党代表，何长工认为该部是正规部队，北伐中就战功赫赫，人又都是黄埔一、二、三、四期毕业的，思想上还颇有顾虑。萧克在回忆录中也说到，他初入二十八团工作时，心中充满进入正规主力部队的兴奋。可见这支部队在红军中的分量。

1928 年 8 月，井冈山的部队中发生了一件事。原来，湘南起义来的农军比较多，而井冈山地域狭小，养活不了那么多部队，大家牢骚很大，要求返回湘南；结果在返回湘南的过程中，遭到了很大的损失。这件事情被称为"八月失败"。

祸不单行，接着又有事变发生。二十八团二营长袁崇全拉走队伍叛变，朱德、陈毅派红四军参谋长兼二十八团团长王尔琢率林彪的一营追击。一营长林彪先前已经感觉出二营长袁崇全的动摇，提出追上去武力解决；团长王尔琢相信他与袁崇全的私人感情，没有采用林彪的意见。

结果王尔琢在追回袁崇全过程中，被袁开枪打死。

当年 19 岁的湖南省委巡视员杜修经，1992 年 83 岁回忆起那一幕时，感慨万端："王尔琢去叫袁崇全时，我在场。他和袁有较深的关系，同学，还是老乡，一个是石门人，一个是桃源人。当有人提出要去打袁崇全时，王尔琢很气愤，说：岂有此理！他不认为袁会死心塌地反革命。他认为，他去叫，袁一定会回来。

"听跟他去的人讲，进村后，他大声喊：我是王团长，是来接你们的！战士们听出他的声音，不打枪。找到袁崇全的房子时，袁拿着枪出来。王让他回去，他不回，两人吵起来。吵着吵着，袁崇全揪住王尔琢的脖子就开了枪……"

杜修经说"有人"提出要去打袁崇全的"有人"，便是林彪。

王尔琢牺牲后，林彪很快出任二十八团团长。此后担任纵队司令、军长、军团长。有人说王尔琢若不牺牲，最低也能评上元帅；说不定因此就不会有"九一三"事件了。

这只是一种事后的假设。事实是：过分相信私人感情的王尔琢，过早退出了随后将惊天动地的中国革命大舞台。

王尔琢牺牲时年仅25岁，陈毅说是"红军极大损失"；朱德不得不心痛地兼起了该团团长。

新中国成立初期，周恩来视察筹建中的革命博物馆，发现没有王尔琢的照片，便对工作人员说："要千方百计征集王尔琢的照片。"现在革命博物馆内那张照片，就是在周恩来关怀下找到的。

第二个是黄公略。他也是红军早期作战中颇有造诣的将领。

蒋介石一直把红军看作两股：一股为朱毛，一股为彭黄。第一次"围剿"刚刚开始，他亲自悬赏五万元，缉拿朱德、毛泽东、彭德怀、黄公略四人。蒋介石有自己一套判断共产党人价值的方法，他的直觉告诉他，谁对他的威胁最大。一年后在上海悬赏缉拿王明，价码便由五万跌到了五百。

黄公略与彭德怀一样，湘军出身，毕业于湖南陆军讲武堂，但比彭德怀早一年加入共产党。与彭德怀、滕代远一起领导发动平江起义后，一直担任红军重要领导职务，战功卓著。第一次反"围剿"指挥红三军，在龙冈直捣张辉瓒的师部；第二次反"围剿"与林彪率领的红四军配合，歼灭敌第二十八师和第四十七师一个旅大部；第三次反"围剿"又率领红三军独战老营盘，歼敌蒋鼎文第九师一个旅。红三军在黄公略率领下，与林彪的红四军、彭德怀的红五军，并称为红军中的三大主力部队。1930年7月，毛泽东在《蝶恋花·从汀州向长沙》词中，以"赣水那边红一角，偏师借重黄公略"一句，使他成为毛泽东在诗词中赞颂的第一位红军将领。

1931年9月15日，黄公略率部转移途中遭敌机袭击，重伤牺牲，年仅33岁。当时正进行第三次反"围剿"，黄公略的死十分可惜。有人说，黄公略如果不牺牲，后来也是肯定能够评为元帅。

第三个是伍中豪。

黄公略与彭德怀关系很深，伍中豪却与林彪很像。

两人同是黄埔四期生。不同的是，伍中豪编在步兵科第一团八连，林彪编在步兵科第二团三连。从第四期开始，黄埔军校按成绩将学生编入军官团与预备军官团。伍中豪所在的第一团是军官团，林彪所在的第二团为预备军官团。可见伍中豪在黄埔的成绩优于林彪。

两人都是叶挺部队出身。林彪在第四军二十五师七十三团当排长、连长，七十三团的前身是叶挺独立团。伍中豪则在第十一军二十四师的新兵营当连长，二十四师师长就是叶挺。

林彪参加南昌起义，伍中豪参加秋收起义。南昌起义部队编为红四军二十八团，林彪为该团一营营长；秋收起义部队编为三十一团，伍中豪为该团三营营长。

两人又一起当团长——林彪为二十八团团长，伍中豪为三十一团团长。

两人又一同当纵队司令——林彪为第一纵队司令，伍中豪为第三纵队司令。

两人又一同当军长——林彪任红四军军长，伍中豪任红十二军军长。

伍中豪长林彪两岁，两人都是红军中年轻优秀的指挥员。这两个人的经历非常相像，但两个人的作战风格却是各异。林彪指挥的部队，运动速度非常快，飘忽不定。运动战和伏击战是林彪的两大特长。据萧克将军回忆，林彪的指挥有个缺点，就是不大稳得住，利于进攻，固守就差一些。但是，伍中豪指挥的部队在固守这方面要比林彪强。两人各有优长，当时被称作红军中的两只鹰。

萧克将军还回忆说：伍中豪没有林彪那种架子，他是北京大学文科三年级学生，是学文学的，有较好的旧学功底。后来叛变的二十八团二营长袁崇全也爱好文学诗歌，与伍中豪唱和；伍中豪回信说，作诗要意境好，还要音调铿锵。伍中豪讲话从容，温文尔雅。他的军事水平也高，能把一支部队带好，训练好。在他任三十一团团长之后，该团战斗力有提高，能攻又能守，特别是在守的方面，比林彪的二十八团还要强些。二十八团能攻善战，但有时稳不住。当时，我们都认为他俩都是将才，可惜伍中豪"出师未捷身先死"。

1930年6月，伍中豪任红十二军军长，因病在闽西长汀福音医院治疗。10月，出院归队，途经安福县遭地主武装袭击，在战斗中牺牲，年仅25岁。

王尔琢、黄公略、伍中豪三位杰出的红军战将，皆牺牲过早。

我们应该知道，不是一个胜利接着一个胜利，而是一个挫折接着一个挫折、一个失败接着一个失败，摔打和筛选出一批红军战将。

就整个土地革命战争来说，红军中最重要的野战将领，则是彭德怀和林彪。

第九讲　威震华夏的红军战将（下）

1928年底，彭德怀率部与朱德、毛泽东会师。

至此，朱德领导的南昌起义部队、毛泽东领导的秋收起义部队，和彭德怀领导的平江起义部队胜利会合。

红四军与红五军新城会师大会上，朱、毛、彭都在主席台上讲话，讲着讲着，讲台塌了。台下人都说刚会师就塌台，不吉利。朱德站到台架上大声一句：不要紧，台塌了搭起来再干嘛！大家一起鼓掌，才把热烈的情绪又恢复过来。

这个偶然的事故和朱德不怕台塌的讲话对彭德怀影响至深，以后他几次在斗争的最艰苦危难的时刻引用这件事和朱德的讲话，来鼓舞部属和自己。"台塌了，搭起来再干！"这成了他的战斗名言。

有人说大智才能产生大勇，而彭德怀则是大勇产生大智。

新中国成立后，李宗仁在美国写回忆录，把国民党丢失大陆的原因归结为二：一、蒋介石"剿共"不力，却专门消灭异己；二、何键部下出了个彭德怀。

把彭德怀作为蒋介石丢失大陆的第二大原因，可见彭德怀在李宗仁心目中地位之重。

说蒋介石"剿共"不力，查无实据。"攘外必先安内"，还不够力吗？

对何键的指责，却事出有因。

何键是地方军阀，他任军长的三十五军中，第一师是该军战斗力最强的师，第一团第一营又是该师战斗力最强、军纪最严明的一个营。第一营营长就是彭德怀。

三十五军成立后，何键怕军官不听他的话，便请来一个和尚，令准尉以上全体军官受戒。彭德怀偏不听这一套。整个第一师，唯彭营军官皆不受戒。

何键嫡系戴斗垣旅有人打死农会干部，当地农民聚集于该旅司令部前举行哀祭，彭德怀竟然率全营官兵参加，还在大会上讲话，迫使旅长戴斗垣不得不亲自出来，向农民道歉。

两件事都传到了何键耳朵里。他找到一团团长，说，彭德怀怕是过激党吧？把他调开，给个厘金局局长当，让他多搞些钱，就没有危险了。厘金局相当于现在的财税局，收税之后可以截留一部分自用，油水很大。

但是，彭德怀没有当何键的厘金局长。何键来不及调动，彭德怀就发动了平江起义，成了红军的重要指挥员。

李宗仁对何键的指责也有不公。何键对彭德怀非但无丝毫纵容包庇，二人在战场上还多次面对面厮杀，可谓血海深仇。

土地革命战争中国民党军第一个攻下井冈山的，就是何键。而当时防守井冈山的，正是彭德怀。土地革命战争中红军里唯一攻下省会的，便是彭德怀。而当时防守省会的，恰又是何键。

1929年元旦，何键出任湘赣两省"剿共"代总指挥，用六旅十八团兵力，分五路向井冈山发动进攻。

此仗代总指挥何键打得很顺。红五军军长彭德怀打得很苦。何键部王捷俊旅收买游民带路，从小路偷袭，使井冈山最重要的哨口黄洋界失守，红五军面临全军覆灭之险。彭德怀率部攀悬崖峭壁，沿猎人和野兽出没的小道用马刀砍树开路。时值严冬，天降大雪，彭德怀干粮袋也丢失了，整整两天粒米未进。

冲破包围的彭德怀最后饥饿疲乏到寸步难行之时，酒足饭饱的何键正在领受蒋介石嘉奖："迭克宁冈、五井诸要塞，具见该代总指挥等调度有方，深堪嘉慰。"

从此二人冤家路窄。

1930年7月，彭德怀率红三军团猛扑长沙。何键特从湘南返回守城，指挥优势兵力向红军反击。

红军部队后退了，彭德怀亲自守在浏阳河边，命令拆掉浮桥，后退者军法从事！硬是用气势将湘军压垮。

湘军部队后退了，何键亲自到城外雨花亭督战，宣布后退者格杀勿论！

他虽然在长沙城内出示布告："市民住户不要惊慌，本人决与长沙共存亡。"但见红军攻势如排山倒海，湘军溃兵似洪水决堤，自己也两腿发软，连马背都爬不上去，由马弁搀扶逃到湘江对岸。

彭德怀率兵八千，何键率兵三万。三万败于八千，被彭德怀俘去四千多人，枪三千多支，轻重机枪二十八挺，迫击炮二十多门，山炮两门，还丢掉了省会长沙。

彭德怀缴获了何键的两门山炮，这是红军第一次有了自己的火炮。在此之前红军没有炮兵，没有懂炮的，只有军团长彭德怀和另一名高级干部（朝鲜族人武亭）两个人学习过炮兵知识，具有开炮的经验，于是两个人把炮挪过来瞄准江上的英国军舰，把炮弹装进去，拉发火绳发炮。大家欢呼起来。

从未如此狼狈的何键几乎精神崩溃，猫在船舱里，见到岸上有胸系红兜的进香人，也以为是彭德怀部下，连连惊呼红军追来了，随从再三劝解也不能稍安。

从此一提彭德怀，便令何键胆寒。

大革命中共产党人最恨的，除了蒋介石，便是何键。蒋介石反共最著名的，是"三二〇"中山舰事件和"四一二"反革命事变。何键反共最著名的，也有"五二一"马日事变和"六二九"通电"清党"。两湖革命青年和工农群众死于何键之手者，不计其数。对罗霄山脉的工农武装割据，何键比蒋介石早两年多就开始"清剿"。他向浏阳县长彭源瀚说，对共产党人"宁可错杀，不可错放"；向宁远清乡督察员欧冠说，"不要放走一个真正的共产党，如遇紧急情况，当杀就杀；若照法定手续办事，上面就不好批了，共产党的祸根就永远不能消灭"。

当时各省之中，唯何键在湖南设立"铲共法院"。他甚至还专门派人挖了毛泽东的祖坟。

如此一个反共的凶神恶煞，却被彭德怀弄得魂飞魄散。

对何键这个屠杀工农和共产党人的刽子手，彭德怀却未完全解恨。三十多年后彭德怀自己身陷囹圄，挨完造反派拳打脚踢的批斗回到囚室，仍然用笔写下当年未了之恨："何键这只狼狗只身逃于湘江西岸。没有活捉这贼，此恨犹存！"

大将军雄风，气贯长虹！

蒋介石也很快认识了彭德怀。蒋介石最初是想策反彭德怀，因为他看彭德怀的履历，知道彭是从湘军中起义参加红军，不是一开始就从红军中起来的，觉得有拉过来的可能。

1931年5月，蒋介石委任黄公略的叔父黄汉湘为江西宣抚使，进驻南昌，想策反黄埔军校高级班毕业的黄公略；再通过黄公略动摇彭德怀。黄汉湘派黄公略的同父异母兄黄梅庄，携蒋介石写给黄公略的亲笔信进入根据地。彭德怀与黄公略在湘军即情同手足，对黄梅庄摆宴招待。席间故意灌酒，套出口风，知道其为蒋招降而来，弄清楚了黄的真实意图。彭德怀随即下令将黄梅庄处决。此后蒋介石再没有派什么宣抚使，他知道收买彭德怀是不可能的。于是，他下令通缉彭德怀，五万大洋。当时毛泽东、朱德、彭德怀、黄公略四人，都被通缉，都是五万大洋一颗脑袋。

对敌斗争狠、毫不留情，是彭德怀一大特点。红三军团善攻坚，善打硬仗，在恶劣条件下也具有坚强的战斗力，无一不打上彭德怀的烙印。彭德怀与何键血战，与蔡廷锴血战，与陈诚血战，与蒋鼎文血战，与每一个深入苏区的敌军将领血战。哪一个国民党将领，也没有被他放在眼里。毛泽东一句"谁敢横刀立马，唯我彭大将军"，把彭德怀烈火一般盖世无双的勇气，描写得淋漓尽致。

1935年10月是中国革命的低潮，二万五千里长征中红军最困难的时候。一、四方面军刚刚分裂，红军大部分力量被张国焘席卷南下，毛泽东率领北上的陕甘支队八千人不到。前有顽敌，后有追兵，红军队伍极其需要用一场胜利来支撑和鼓舞。

蒋介石认为红军已到失败边缘。他致电陕甘宁国民党驻军："朱毛赤匪长途行军，疲惫不堪，企图进入陕北会合**刘志丹**①"，令各部"前往堵截，相机包围，予以歼灭"。

当时尾追红军的胡宗南等部，骑兵很多，机动性强，来势凶猛。为确保与陕北红军会师，不把尾追敌军带进陕北根据地，毛泽东提出打一场"断尾"仗。1935年10月20日夜，彭德怀亲自部署和指挥红一方面军缩编而成的陕甘支队，在吴起镇西北部五里沟口一带设伏。敌三十五师骑兵团2000多名骑兵进入我伏击圈。彭德怀一声令下，红军战士居高临下向敌骑兵开火。这一仗红军吃掉敌1个骑兵团，击溃敌2个骑兵团，俘虏敌官兵700余人，迫使敌军停止了对长征红军的追击。

毛泽东异常兴奋，在作战科长伍修权陪同下来到前线，即兴作诗一首：

---

① 刘志丹（1903—1936），名景桂，字子丹、志丹，中国工农红军高级将领，西北红军和西北革命根据地的主要创建人之一。1925年春加入中国共产党，同年冬入黄埔军校第四期学习。1926年秋参加北伐战争。1931年，参与改编中国工农红军陕甘游击总队（即后来的红二十六军）。1934—1935年，在其领导下，陕甘边红军打破国民党军三次反"围剿"，巩固了革命根据地，为中共中央和各路北上抗日红军长征之后提供了稳固的落脚点。1936年4月14日，在中阳县三交镇战斗中英勇牺牲。2009年，他被评为100位为新中国成立作出突出贡献的英雄模范人物之一。

　　山高路远坑深，大军纵横驰奔。

　　谁敢横刀立马？唯我彭大将军！

　　这是毛泽东用诗词赞颂的最后一位红军将领（黄公略是第一个）。

　　后来彭德怀来汇报作战情况，毛泽东不在，彭德怀无意中看到毛泽东写好放在办公桌上的这首诗，随手拿笔将最后一句改为"唯我英勇红军"。从这里可以看到，彭德怀也有很谦逊的一面。

　　对敌狠，嫉恶如仇，是彭德怀一大特点。对自己的战友却不然，例如他对林彪就很谦虚，不摆架子。在土地革命战争时期，彭德怀和林彪分别指挥的红三军团、红一军团相互配合得非常好。彭德怀后来在《自述》里说，二万五千里长征，就是红一军团和红三军团像两个挑夫一样把中央纵队挑到了陕北。确实是这样，红一军团和红三军团作为长征的主力，或者打前锋，或者做后卫，都是最关键的位置，这两个军团的指挥官如果配合不好的话，那么作战就会不利，中央就会发生危险。

　　彭德怀对红一军团前身红四军中的八一南昌起义骨干、特别是前身为"铁军"的叶挺独立团部队，充满敬佩。1928 年 12 月红四军与红五军新城会师，彭德怀已是红五军军长，林彪刚刚担任红四军二十八团团长。开会的时候，彭德怀坐主席台上，林彪只能坐在主席台下面，两人地位完全不能比。但彭德怀从不对林彪摆老资格，而且提出红四军是五军的老大哥，号召自己率领的五军指战员向四军的同志学习。这句话也是一言九鼎，终身不改。

　　1929 年初，彭德怀率部坚守井冈山，部队损失很大。4 月与红四军会合后，根据彭德怀的要求，红四军前委会议决定，调拨部分干部和枪支补充彭德怀部。林彪舍不得给好枪，调给彭德怀一部分坏枪。毛泽东严厉批评了林彪。彭德怀却并不念念不忘这类事情。即使后来比自己小 9 岁的林彪出任红一军团总指挥，彭德怀对以红四军发展起来的一军团仍以大哥相称。

　　1933 年底第五次反"围剿"中的团村战斗，一军团执行其他任务未能参加，使战果不能扩大。带病参战的彭德怀万般遗憾，赋诗一首：

　　猛虎扑羊群，硝烟弥漫；人海翻腾，杀声冲霄汉。地动山摇天亦惊，疟疾立消遁。狼奔豕突，尘埃冲天，大哥未到，让尔逃生。

　　大哥，即指红一军团。

　　彭德怀长期担任重要领导职务，但在生活待遇、物质享受上，总以普通党员、普通士兵的标准要求自己。他深深地扎根于基层士兵和群众之中。红三军团各级领导，很少没有挨过彭德怀骂的，但彭德怀的脾气是骂归骂，不给人小鞋穿。

第三次反"围剿"期间，一次彭德怀火速赶往良村大坳前线，山路又陡又窄，前进队伍拥挤不堪，传令兵打着小红旗开路，大家见军团长上来，纷纷闪开道路。在一处山隘，一个不认识军团长的战士非但不让路，还当胸给彭德怀一拳。战士打了军团长，这还了得！战斗结束后，传令排的排长就绑着该战士来见彭总。那名战士知道打了大名鼎鼎的彭军团长，吓得脸色苍白，浑身发抖。彭德怀立即命令放人。他说：革命同志相处，发生误会难免，事情过去就算了。不记怨不记仇不报复。

这就是彭德怀的本色，脾气直，但待下宽厚。彭德怀一直保持了这种朴素本色。新中国成立之后，他对党内、军内很多问题看不惯。他觉得我们是不是脱离群众了？我们的待遇是不是太高了？我们是不是与普通群众距离越来越远了？他的这种本色在我们军队里是不多见的，非常突出。正是这种本色，也是彭德怀勇气的来源。

彭德怀是一团烈火。对敌狠，嫉恶如仇，冲锋陷阵，一往无前。抗美援朝临危受命，出任志愿军司令员，就完全代表了彭总的性格。

彭德怀以西北军政委员会主席身份到北京，带了一堆汇报西北建设的图纸，准备汇报西北怎么开发农田搞建设，根本没有出征的准备。开会的时候，没想到正讨论出兵朝鲜的问题，讨论主要指挥员的人选问题。毛泽东当场点将。这是一种信任，结果，彭德怀连家都未回就出征。

当天晚上，他在北京饭店睡不着。睡惯了硬板床，睡不惯席梦思，也是事儿太大了，根本睡不着，最后他干脆就躺在地毯上。

率军与全世界最强大的武装力量较量，需要何等的勇气！出任志愿军司令，对任何一个高级将领都是一个非常大的挑战。

美军一个军有坦克430辆；我最初入朝的6个军，一辆坦克也没有。

美军一个师100毫米口径以上火炮有432门，我军一个师75毫米口径以上火炮仅有12门。

美军一个师拥有电台1600部，无线电通信可以一直到达排和班。我军入朝时从各部队多方抽调，才使每个军的电台达到几十部，勉强装备到营。营以下通信联络仍然主要靠徒步通信、军号、哨子及少量的信号弹。

美军运输全部机械化，一个军拥有汽车约 7000 辆；志愿军主力第三十八军入朝时只有运输车 100 辆，第二十七军入朝时则只有汽车 45 辆。

美国空军在朝鲜拥有 1100 架作战飞机。志愿军不要说飞机，连防空武器都十分缺乏。最初入朝的志愿军只有一个高炮团，36 门旧式日制 75 毫米高炮，还留 12 门在鸭绿江保卫渡口，带入朝鲜的只有 24 门。

至于雷达，则一部也没有，搜索目标全凭耳听和目视。可以说，我们完全没有空中防护的力量，所以美军能够空袭志愿军设在后方的指挥部，当时毛岸英就牺牲了。

这就是为什么美国执政当局一直以为新中国发出的一系列警告是虚声恫吓、根本不会也没有能力出兵的重要原因。

彭德怀领导的中国人民志愿军就是在这样的条件下艰苦奋战，通过第一次战役、第二次战役、第三次战役把美韩联军从鸭绿江边压迫到 37 度线以南，迫使不可一世的五星上将、远东美军总司令麦克阿瑟丢官去职，第八集团军司令沃克中将翻车丧命，硬是把美国人打回到谈判桌前的。

英国战史专家克里斯托弗·钱特评论说："朝鲜战争对西方世界是一场意想不到的严峻考验，它使拥有强大技术优势的盟国几乎抵挡不住。"

美国战史专家沃尔特·赫尔姆斯在其著作《朝鲜战争中的美国陆军》中说："从中国人在整个朝鲜战争期间所显示出来的强大攻势和防御能力中，美国及其盟国再清楚不过地看出，共产党中国已成为一个可怕的对手。它再也不是第二次世界大战时那个软弱无能的国家了。"

彭德怀代表中华民族横刀立马！有人讲过，狮子带领着一群绵羊，也能战胜由绵羊带领的一群狮子。这里说的就是统帅的作用。彭德怀毫无疑问是中国革命战争中涌现出来的真正的统帅和猛士。

1952 年 9 月 4 日，斯大林会见彭德怀，称赞中朝人民英勇善战。会谈后宴请，斯大林特意走到彭德怀面前，要彭自己斟满一大杯白酒，两人对饮，一口而干。斯大林很高兴，望着彭德怀端详了好一会儿，请彭德怀向中国人民志愿军转致他的问候和祝贺。

1978 年底，根据陈云同志的提议，彭德怀获得平反。小平同志亲致悼词，陈云同志题词："彭德怀同志是共产主义国际主义的英勇战士。"

彭德怀与林彪相较，说勇林不如彭，说谋彭不如林。彭德怀是一团火，一团从里烧到外、随时准备摧枯拉朽的烈火；林彪则是一潭水，一潭深不可测却含而不露的静水。"泰山崩于前而色不变，麋鹿兴于左而目不瞬"，前半句可形容彭，后半句可形容林。彭、林配合，相得益彰，成为毛泽东指挥中国革命战争十分得力的左膀右臂。

林彪后来打过很多胜仗，也由此引发出许多传奇故事。例如说林彪在黄埔学校成绩优秀，深受一些军事教官青睐，被同学们称为"军校之鹰"；美国记者哈里森·索尔兹伯里也在其《长征——闻所未闻的故事》一书中说："林在著名的广州黄埔军校受训期间，也曾是蒋介石和后来成为苏联元帅的勃留赫尔（加伦将军）的宠儿。"

但是，却没有任何人能够为这些传说拿出可信的证据。

黄埔军校从第四期起，按考生的成绩分为军官团和预备军官团，步兵科第一团是军官团，第二团是预备军官团。林彪恰恰被分在考试成绩不太好的第二团里。要知道，一团的毕业出来就是军官，而二团的毕业出来一部分是军官，一部分不是军官。由此可以想见林彪的成绩确实不太好。

蒋介石知道他的黄埔学生中出了共产党人李之龙、陈赓、蒋先云、王尔琢、黄公略、左权、刘畴西、许继慎、周士第、赵自选、宣侠父、余洒度等人；但直到1930年底开始第一次"围剿"，他亲自明令悬赏缉拿朱德、毛泽东、彭德怀、黄公略，还不知道红军中冉冉升起的青年将领林彪也曾是黄埔军校的学生。

历史在某些时候喜好开一些并非恶意的玩笑：黄埔军校第四期步兵科几个后来颇负盛名的人物，都集中在考试成绩并不太好的第二团里。第二连有一个面孔文静（毕业照片上甚至还戴了副眼镜）、爱好历史的陕西学生——后来蒋军王牌整编第七十四师师长张灵甫；第三连也有一个面孔同样文净、同样对历史感兴趣的湖北学生——后来红军王牌第一军团军团长林彪。两人都是白面书生，当初成绩不太好，但后来打仗都很厉害。

林彪从来不是那种在张榜考试中名列前茅、也不是那种登高一呼云集者众的人。卷面作答，沙盘作业，操场演练，他的成绩并不惊人。"军校之鹰"、校长"宠儿"之类的词，比他更合适的人比比皆是。他的军事基础得益于黄埔，但日后真

中共一大会议旧址

《共产党宣言》最早中文译本
（陈望道译）

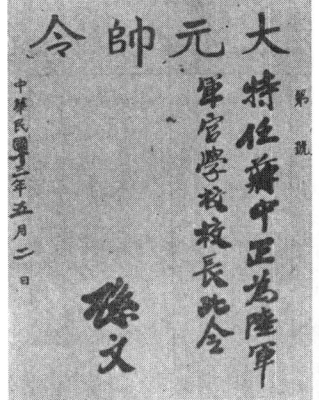

孙中山委任蒋介石为黄埔军校
校长的手谕

第一次国共合作期间，广州街头的黄埔军校学生

1926年三一八惨案前夕，
请愿学生列队向国务院进发

1926年10月，北伐军进入武汉

1925年上海五卅惨案现场

鲍罗廷在向群众演说

正的军事造诣，则几乎全部来自于工农武装割据的战争实践，来自于实实在在的野战经验。

最早发现林彪军事才能的不是毛泽东，而是朱德。

1928 年 2 月，南昌起义部队到耒阳城下。朱德听取当地县委情况汇报后决定：大部队正面进攻桌子坳之敌，抽出一个主力连队配合农军攻城。

被抽出的，是林彪率领的连队。耒阳被一举攻克，我军损失很小，缴获却很大。

朱德由此发现林彪的作战指挥能力。这一发现此后反复被实战证明。

他当连长的连队，是全团战斗力最强的连；当营长的营，是全团最过硬的营；当团长的团，是红四军的头等主力团。王尔琢牺牲后，朱德代了几个月团长，很快就推荐林彪接替。

毛泽东发现林彪，则是一个偶然机会。朱毛红军会师后，一日军长朱德与党代表毛泽东相伴而行，见路边一个年轻指挥员正给部队讲话："不管是这个军阀，还是那个土匪，只要有枪，就有地盘，就有一块天下。我们红军也有枪，也能坐天下！"毛泽东听了一怔，问朱德：这个娃娃是谁？朱德回答：一营营长林彪。提出"枪杆子里面出政权"的毛泽东，一下子就记住了这个青年指挥员。

然而，等待这位青年指挥员的，绝不是一帆风顺，而是一次"兵败如山倒"和四战四败的经历。

一次"兵败如山倒"发生在大余。

1929 年 1 月，彭德怀的五军在守井冈山，何键准备进攻井冈山。红四军主力出击赣南。林彪刚刚担任二十八团团长，初战顺利，首先歼敌一营，占领大余城，但灾难接踵而至。

当时确定二十八团担任警戒，军部、三十一团、特务营和独立营在城内及近郊开展群众工作。林彪领受了任务，带领部队进入警戒位置便分片包干，各负责一段，既没有组织营连干部看地形，也没有研究复杂情况下的协同配合，更忽略了这是一个没有党组织、没有群众斗争基础的地方，没有人会向红军通风报信。

赣敌李文彬旅悄悄逼近大余城，突然发起攻势。因为突然，所以猛烈。二十八团在城东的警戒阵地被突破。林彪率部急速后撤。城内一片混乱。后来曾任最高人民法院院长的江华说，他第一次真正体会到什么叫"兵败如山倒"。

那是一种失去控制的混乱。红四军士兵委员会秘书长陈毅正在街上向群众分发财物，城北街区已经出现了敌军；他连忙后撤，在城边才追上后退的军部。

所谓军部，也只剩下毛泽东和少数机关人员。毛泽东要林彪反击，林彪犹豫不决，部队已经退下来，不好掌握。毛泽东大声说："撤下来也要拉回去！"陈毅也说："主力要坚决顶住敌人！"不阻击住敌人，后方机关人员就无法顺利撤退。林彪这才带着少数人冲杀回去，把敌人挡住一阵，才勉强收拢四散的部队。这一仗牺牲了两位营长和二十八团的党代表，给本来就缺干部的队伍雪上加霜。

接下来在平顶坳、崇仙圩、圳下、瑞金，红四军四地四战，四战四败。

在平头坳，向导把路带错，与敌追兵发生接触，造成损失。

在圳下，军部险遭覆灭。当时前卫三十二团驻圳下以东，后卫二十八团驻圳下以西。次日拂晓，林彪未通知军部就带二十八团先开拔，军部失去后卫还不知道，警卫军部的特务营也未及时发现敌情。敌人进入圳下时，陈毅、毛泽覃正在吃早饭，谭振林、江华也正在喝糯米酒酿，晚睡晚起的毛泽东则还未起床。

枪声一响，毛泽东醒来，敌人先头分队已越过了他的住房。

那真是中国革命史上最惊心动魄的时刻。后来消灭蒋军800万建立新中国的共产党领袖们，差一点就被地方反动派包了饺子。

毛泽东利用拂晓昏暗，随警卫员转移到村外。

朱德差一点被敌人堵在房子里。警卫员中弹牺牲，妻子突围冲散后被俘牺牲，朱德抓起警卫员的冲锋枪，才杀出重围。

陈毅披着大衣疾走，被冲上来的敌人抓住大衣。他急中生智把大衣向后一抛，罩住敌人的脑袋，方才脱身。

毛泽覃腿部中弹。

林彪率二十八团、伍中豪率三十一团急速返回支援，才用火力压住敌人。

陈毅回忆说："当时红军人生地不熟，常常找不到向导……一走错路就有全军覆灭的危险。"毛泽东事后向中央报告说："沿途都是无党无群众的地方，追兵五团紧蹑其后，反动民团助长声威，是为我军最困苦的时候。"

因未能履行好护卫军部的任务，林彪受到记过处分。

就是在这些最危险、最困苦、不是一个胜利接着一个胜利、而是一个失败接着一个失败的环境中，摔打出了一个林彪。

那不是一个凭借关系上升的年代。一切成就，都需来自战争实践检验。实践是检验真理的唯一标准，虽然没有人明确这么讲，却都是按照这个做的。

林彪同样如此。正是这些挫折，使他放弃了个人的一切兴趣与爱好，尽心钻研军事。江西、闽西的红土地和茂密的山岭，成为这位日后百万大军统帅实践运动战的最好场所。伏击、奔袭、迂回、包抄、穿插、分割、围点打援、猛打猛冲猛追……没有什么高深理论的限制，没有什么条条框框的束缚。那是一张白纸，好画最新最美的图画。

萧克将军回忆说，红军那时候缴获了一本《曾胡治兵录》和一个叫张乃燕写的《第一次世界大战战史》，这两本书林彪都仔细读过，还推荐给别人读。要知道，当时他不可能到图书馆去查阅军事著作，而是能搞到什么就读什么。林彪就从这些非常有限的军事著作中，像挤柠檬一样把它们的营养挤出来。

非凡的战争年代，造就了林彪非凡的野战才华。

第一次反"围剿"歼灭张辉瓒的十八师，红军由以游击战为主向以运动战为主转变，林彪指挥的红四军发挥关键性作用。战斗结束，毛泽东赋诗："齐声唤，前头捉了张辉瓒。"

第二次反"围剿"，横扫七百余里，红军五战五捷，成为中国革命战争史上灵活用兵、以少胜多的著名战例。

第三次反"围剿"，红军六战五捷，击溃敌七个师，歼敌十七个团，毙伤俘敌三万余，缴枪两万余。

第四次反"围剿"，首创大兵团山地伏击的范例。在黄陂、草台岗两次战斗中，一举歼灭蒋介石的嫡系部队近三个师，俘师长李明、陈时骥，击伤师长萧乾，俘虏官兵万余，是土地革命战争期间中央红军最大规模的伏击战斗。

从1930年11月第一次反"围剿"开始，到至1933年3月第四次反"围剿"结束，不到三年时间，林彪率领的红四军和红一军团战功卓著，红军总参谋长刘伯承评价说："一军团在决战方面作用很大。"林彪的声望迅速上升，达到与彭德怀并驾齐驱的程度。

第五次反"围剿"中的广昌战斗，李德指挥红军与敌人正面硬拼，三军团四分之一兵力伤亡，彭德怀当面骂李德"崽卖爷田心不痛"。翻译伍修权考虑到领导之间的关系，没有全翻，彭德怀便把三军团政委杨尚昆拉过来一字一字重新翻译，把李德气得暴跳如雷。彭德怀说，我要骂，我知道我回去大不了杀头，我准备好了。彭德怀非常硬气。

林彪则有另外一种处理方法。广昌战斗前夕，林彪个人署名写了《关于作战指挥和战略战术问题给军委的信》，认为多次战斗都说明"短促突击"使我们成了"守株待兔"，"没有一次收效"。他直指军委在指挥上存在四大缺点：

一、决心迟缓丧失取胜机会，这是军委最大的、最严重的缺点。

二、对时间的计算极不精确，使各部队动作不能协同。

三、对任务及执行手段的规定过于琐细，使下级无机动余地。

四、于战术原则未能根据实际情况灵活运用，一套老办法到处照搬。

这是一封尖锐泼辣又不失于冷静分析的信，直指"军委最大的"、"最严重的缺点"。这样明确、大胆而具体地向军委提出批评意见和建议，在当时党和红军高级领导人中并不多见。

林彪以冷静的剖析对李德的批判，其力度不亚于怒火中烧的彭德怀。

林彪善思，善战。彭德怀由勇生智，林彪则由智生勇。

林彪的特点一是善于学习。前面提到的萧克将军回忆说，林彪喜欢读兵书，《曾胡治兵录》和张乃燕的《第一次世界大战史》他都读过。打下龙岩缴获国民党政府1928年颁布的军队操典，林彪不但自己看，还选了一部分刻蜡板印发给大家看；最后干脆把干部集合起来，自任连长，带领大家实际操演。解放战争中林彪地位已经很高了，仍然多次主动向华东战场的粟裕发电报，询问作战特点和取胜经验。

二是善于积累。林彪有一个贴身的小本子，主要记我情和敌情两部分。我情包括历次作战基本情况、上级来电的主要精神、自己的具体处置，等等。敌情包括敌方兵力部署、装备状况、指挥官个性和用兵特点，等等。他说，平时积累掌握的情况越多，紧张复杂情况下就越沉着，越有办法。急中生智的"智"，才有基础。特别是敌情，包括敌人指挥官的姓名、毕业学校及其智慧特点和敌人的兵力部署等情况，都必须切实摸透。后来四野的情报处长就说，林总掌握的东西，尤其是掌握的情报，一点也不亚于我们这儿。

三是全身心投入。别人说看地图，他说读地图、背地图，"边读，边划，等到地图差不多快划烂了，也就差不多把地图背熟了"；"做到闭上眼睛面前就有一幅鲜明的战场图影，离开地图也能指挥作战"。

林彪后来讲了很多关于"天才"的话，说这个是天才，那个是天才，多少年才能出一个天才，等等。他本人却极其刻苦。这真是一个极大的矛盾。

　　林彪有很多颇富个性的语言："有强烈的吞掉敌人的企图和雄心"；"闭上眼睛面前就有一幅鲜明的战场图影"；"有百分之七十左右的把握，就要坚决地打，放手地打"；"以主观努力创造条件，化冒险性为创造性"；"要勇于穷追。要跑步追，快步追，走不动的扶着拐棍追，就是爬，滚，也要往前追，只有抓住敌人，才能吃掉敌人"；"像铁锤一样，砸到哪里，哪里就碎"，等等。

　　林彪的语言简练、生动、有力度、有气势、有特色。与其说是语言的特色，不如说是思想的特色。只有实践与思索的有机结合，才能产生这样的结晶。

　　解放战争时期他总结出来的"一点两面"、"三三制"、"三猛"、"三种情况三种打法"、"四快一慢"、"四组一队"六个战术原则，还有他对通信部队的指示"迅速，准确，保密，不间断"等，也无不渗透了其思维和语言的特点。

　　林彪的野战精髓归结为两个字：运动。他指挥的部队以运动神速、善于奔袭、飘忽不定为特点。运动是其指挥艺术的核心之所在。林彪忌固守，尤忌双方重兵相向的固守。这一点使他与彭德怀区别很大。伏击，特别是出其不意的伏击，在他来说不是等待的结果，而是运动的结果。抗战初期的平型关战斗，伏击的位置就是林彪亲自选定的。他的战机，几乎全部在运动中创造。他指挥的部队的行军速度、接敌速度、扩张战果的追击速度，在红军中首屈一指。

　　他并没有满足于已有成就。平型关战斗之后，林彪受伤了。当时他穿着缴获的日军大衣，骑着洋马，被阎锡山部的一个士兵误会是日军军官，朝他开枪，子弹从他的肺部洞穿，伤着了中枢神经。1938年底到1942年初在苏联的三年养伤期间，虽然脱离了中国的抗日战场，却观察到卫国战争初期苏军与德军的作战行动，同时阅读了大量军事书籍，为其后在东北战场指挥大兵团作战打下了坚实基础。

　　在解放战争中的东北战场，林彪指挥的部队保持了大幅度进退的运动战特长，而在"攻坚"和"固守"上能力不足这两个过去的弱点也有了根本性改变。

　　一场塔山阻击战，一场黑山阻击战，部队就像钉子那样钉在那里，任炮火倾泻和集团冲锋也岿然不动。这保证了对锦州的攻坚和对廖耀湘兵团的围歼。攻击锦州关门打狗是好棋，也是险棋：一旦攻击胶着，必陷入东北的卫立煌和华北的傅作义两大集团夹击之中，进退都会失据。所以毛泽东来电指出："只要你们10天内打下锦州，你们就有了战役上的主动权。"而实际攻克锦州只用了31个小时。

　　攻打天津，傅作义的谈判代表邓宝珊问多长时间能打下来，林彪回答"三天"。邓宝珊大笑：天津的钢筋混凝土永备工事有国军三个军驻守，怕是三个月也打不下来。实际攻占天津只用了 29 小时。打下天津当天，邓宝珊早上起床刷牙，勤务兵跟他报告说天津被共军打下来了，邓吓一跳，牙刷都掉到地上。1949 年 1 月 14 号我军攻克天津，1 月 15 号双方就达成了北平和平解决的协议。四野攻坚战成果的威慑力太大了。

东北野战军的作战能力令对手叹为观止。1948 年底，杜聿明从辽沈战场跑到北平对傅作义大叹：关外共军的武器装备与战略战术，皆非关内共军所能比；从理论上说，国民党一年之内将丧失天下。这位蒋介石麾下四面堵漏的"救火队长"发出这样的感叹，确属国民党方面对林彪的由衷赞叹。

研究观察那段历史时，这一点必须明确：林彪不是黄埔军校的产物，而是中国工农红军的产物；他不是军校的宠儿，而是革命战争实践的宠儿。以他黄埔四期的资历、孤僻倔强的性格，若在国民党军中，恐怕一辈子升到军长都难。在红军中这一职务他 24 岁时就达到了。工农武装割据给他提供了一个前所未有的广阔天地。在错综复杂、千变万化的实战场所，终于得以施展他在卷面上难以施展的野战才华。

这位黄埔四期生在红土地上与他的校长蒋介石、教育长何应钦、管理部主任顾祝同、战术教官刘峙、第四期炮科大队长陈诚、学员队区队长蒋鼎文，展开了一场生死战斗。胡宗南、李默庵、杜聿明、郑洞国、陈明仁……这些黄埔一期学生，也先后在各个战场成为林彪这个黄埔四期后进的对手。

最终，他们都不是他的对手。

大家知道，后来林彪出了问题。此后有人把他描绘成潜伏于革命队伍的坏人，连平型关战斗都加以否定。90 年代初一份重要文学刊物发表关于平型关战斗的报告文学，作者将首战平型关描绘成个人野心的产物，在林彪与板垣征四郎之间反复比较，说两人有"许多惊人的相似之处"：个头都不高、都秃顶、指挥的部队都带"5"字（八路军第一一五师和日军第五师团）、都心怀鬼胎、"想借内长城隘口平型关创一个惊世之举"、"一心想震惊世界"，如此等等。

这种描述竟然不顾林彪与板垣征四郎之间的本质区别：一个是侵略者，一个是反侵略者。如果批判彭德怀就否定百团大战，批判林彪就否定平型关战斗，不但丧失了历史唯物主义的态度，我党我军光荣的历史也会被糟踏得所剩无几。

80 年代陈云同志讲过，林彪作为四野的司令员，当时正确的地方，我们也不必否定。杨尚昆同志说，林彪在中央苏区，在长征路上，打日本，特别是在东北解放战争中，还是有功的。我们对待历史人物，不能因为一个人犯了错误就否定一切。黄克诚同志说，林彪在历史上对党和军队的发展、战斗力的提高，起过积极的作用。据我了解，林彪的确有指挥作战的能力。有人说林彪不会打仗，这不是历史唯物主义的态度，不符合历史事实。

核心一句话：要爱惜我们的历史，要爱惜我们的军队，要爱惜我们的事业。

美国西点军校有四大偶像：罗伯特·李、格兰特、麦克阿瑟和艾森豪威尔。罗伯特·李是南北战争时期的南军总司令，格兰特是北军总司令。我曾经问许多人："罗伯特·李是分裂美国的南军总司令，他怎么也是西点军校的楷模？"老西点军校校史馆的解说员说，罗伯特·李之所以成为西点军校的楷模，是因为他在指挥南军作战中表现出了非常高的军事造诣，我们以罗伯特·李的军事造诣为荣，无关政治上的立场。这就是美国人对待历史的态度。

在革命战争时期，林彪以他的军事指挥艺术为中国革命的胜利做出了相当大的贡献。这一点，我们后人不能否认。我们绝对不能因为在政治运动中批判了彭德怀，把百团大战否定了；批判了林彪，再把平型关战役否定了。

2007 年 8 月 1 日，中国人民解放军建军 80 周年。在北京军事博物馆建军八十周年成就展上，林彪以"十大开国元帅"之一赫然在列，明确以"出色的作战指挥才能"描述他早年的军事贡献。

土地革命战争打出一批著名红色将领，但他们的对手也绝不是酒囊饭袋。

第十讲　派系搏杀中的蒋军将领（上）

中国革命中最惊心动魄的搏击，莫过于蒋介石"围剿"与毛泽东反"围剿"。

1927年4月12日得手以后，蒋介石没有想到对付共产党人还需要"围剿"。他更想不到的是，这样的"围剿"竟然陆续搞了五次。

后三次"围剿"他不得不亲任总司令，连九一八事变、一·二八事变都无暇顾及。蒋介石一心一意、专心致志地"先安内而后攘外"、"攘外必先安内"。

第一次"围剿"（1930年11月—1931年1月），兴兵10万，江西省主席鲁涤平为总指挥，长驱直入，分进合击。第二次"围剿"（1931年3月—1931年5月），军政部长何应钦为总指挥，兴兵20万，稳扎稳打，步步为营。第三次"围剿"（1931年7月—1931年9月），蒋介石亲任总司令，用兵30万，分路围攻，长驱直入。前两次他轻看了红军，委托他人，都失败了。这次他亲自上阵，务必成功。然而，还是失败。

第四次"围剿"（1932年5月—10月对付鄂豫皖苏区，1932年12月—1933年3月对付中央苏区），蒋自任"鄂豫皖剿匪总司令"，委何应钦任"赣闽粤湘剿匪总司令"，先以30万兵力围攻鄂豫皖苏区，10万兵力围攻湘鄂西苏区，得手之后再集兵50万进攻中央苏区；军政并进，逐步"清剿"。

第五次"围剿"（1933年9月—1934年10月），蒋再任总司令，调兵百万，几乎倾全国之兵；其中用于中央苏区50万。其嫡系部队倾巢而出。三分军事，七分政治；严密封锁，发展交通；以静制动，以守为攻。

为了"剿共"，兴兵不可谓不多，战略战术不可谓不周密，确实是有十八般武艺就用上了十八般武艺，有十八般兵器就用上了十八般兵器。尤其是最后一次"围剿"，可以说，蒋介石把家底都拿出来了。平心而论，"围剿"不成，并非蒋介石的部下不能打仗。国民党方面不乏善战之人。蒋介石手下就有著名的"八大金刚"：何应钦，钱大钧，顾祝同，陈继承，刘峙，张治中，陈诚，蒋鼎文。这些人都是蒋介石的嫡系势力。在五次"围剿"中，这些能征善战的将领几乎都上阵了。

由黄埔党军集团组成的八大金刚中，陈诚的资历排倒数第二。1924年黄埔军校成立时，何应钦是军校少将总教官；钱大钧是中校兵器教官；顾祝同、陈继承是中校战术教官；刘峙是少校战术教官；张治中稍晚一些来，也被任命为第三期入伍生总队的上校副总队长。陈诚仅是上尉特别官佐，只有蒋鼎文的军衔低于陈诚，任第一期中尉区队长。

八大金刚的核心，是何应钦和陈诚。

蒋介石的军队在大陆称"蒋何"，到了台湾，便称"蒋陈"。自何应钦在南方三次"围剿"红军失败溜回南京、赴华北主持北平军分会受不了日本人压迫又溜回南京、蒋介石骂他"怕死就不要穿军服"起，国民党军队的核心便已经不再是"蒋何"、而是"蒋陈"了，只不过到了台湾才正式叫出来而已。

陈诚与蒋介石如何相识，一说某日陈诚从市内玩耍归来，夜不能寐，索性起床挑灯读书。适逢蒋介石查夜，寻灯光而来，见陈诚夜读，拿过一看是划有很多杠杠的《三民主义》，从此留下深刻印象。

另一说某日陈诚到广州市区玩耍，第二天清早就乘头班轮船回黄埔军校，到操场上翻单杠。恰巧这天蒋介石很早到校巡视，走到单杠旁见地上放有一本《三民主义》，拿起翻阅，书上圈圈点点写满小字，连夸阅读认真，留下深刻印象。

两种说法差别不多。都是圈圈点点的《三民主义》。都是蒋校长亲自发现。都是从广州玩耍返回。不同的是一个发生在半夜，一个发生在清晨。一个在读书，一个在翻单铁杠。如果只有这两种说法，那么倒可以说，前一种说法可能性小，后一种可能性大。因为蒋介石当时并不住在黄埔军校内。他的住地与军校有一段距离，半夜起来到军校查哨再返回去，可能性不大。蒋有早起的习惯，清晨早早到校倒是极有可能。

不过，要是细查历史的话，蒋、陈认识并不是发生在黄埔军校时期，而是发生在黄埔军校以前。

黄埔军校是1924年组建的，而早在1923年5月，担任大元帅府警卫事宜的上尉连长陈诚随同孙中山出征西江，在肇庆与冯葆初部队作战，陈胸部中弹受伤。住院治疗期间，大元帅行营参谋长蒋介石到肇庆，顺便往医院慰问伤员，于是蒋、陈两人在病床前相识。

陈诚与蒋介石、何应钦不同的是，蒋、何皆以优异成绩考取军校和从军校毕业，陈诚却不然。

1906年，蒋志清（介石）报考陆军部全国陆军速成学堂（保定军校前身）。当时浙江省报名者千余，仅招收60名，其中还有46名由武备学堂保送，自由招考名额仅有14人。蒋志清被招生甄试挑选出来，入千分之十四以内。

同为1906年，贵州开办陆军小学，规定每县保送一人，何应钦当时16岁，以兴义县第一名成绩保送。陆小毕业再保送武昌陆军第三中学。1909年秋，陆军部从三个陆军中学考选20名学生赴日深造，何应考入选，入东京振武学校。

相较之下，陈诚就比较差了。

台湾官方介绍，陈诚自杭州体育专科学校毕业后，受五四运动感染，报名投考保定军校。当时想从军报国的青年很多，初试录取40名，复试只取三人。三人之中，便有陈诚。陈诚到台湾后，地位比较高，位列"副总统"，所以官方的讲法难免有修饰成分。

当年陈诚的英文秘书陈应东却说，陈诚系当年嘱托同乡杜志远将军（与陈父陈希文为同科秀才）向同属皖系的保定军校校长曲同丰保送，但陈诚身材矮小，考试成绩又差，故未被录取。再经杜向主考官、北洋政府陆军部军学司司长魏宗翰疏通，才以备取资格入学。可见，陈诚是走后门才进入军校的。

就如林彪在黄埔并非考试拔尖的学生一样，陈诚在保定军校也是如此。他的军事素养主要来自战争实践，并不像很多将军是从沙盘推演中学到的。陈诚之善战，且不易为国民党其他将领学去，确有不少步兵操典之外的东西。功夫在战外，对他来说并不为过。

中国共产党方面，没有听说毛泽东夸赞过哪个国民党将领。但中共中央军事部、中革军委资深领导者周恩来夸过陈诚和胡宗南。1936年7月，周恩来在陕北白家坪对美国作家埃德加·斯诺说，国民党将领中，陈诚算得上是个"比较高明的战术家"，"最有才干的指挥官之一"。周恩来的这个评价是很高的。

陈诚有几个特点，其一便是他对共产党的政治工作推崇备至。

北伐时，陈诚所在的二十一师是一支受共产党影响很深的部队。该师师长严重是国民党中一位著名的左倾人士，在蒋介石发动四一二政变之前，他看出蒋的真实面目，就辞职了。从广东出发北伐时，师长严重提出"官长士兵化、士兵民众化、民众革命化"口号，作为该师官兵守则。陈诚身体力行，贯彻全团。陈团连以下军官都肩背马枪行军，与士兵同吃同住。不仅官兵纪律严明，而且每到一处，即召开军民联欢大会，宣传北伐革命道理。二十一师因此声威大震，所到之处备受民众拥戴与协助，当时在苏浙一带被称为模范师。

二十一师的革命作风对陈诚产生很大影响。他第一次看到一支精神振作的军队是多么强大的军队。陈诚以后凡事以身作则。说禁止赌博、吸烟，自己先做到。要求服装整齐，即使在酷暑盛夏，起床后他即打好绑腿，直到晚上就寝才解脱，从团长当到总指挥都是如此。夏日行军他顶着烈日不戴斗笠。在江西苏区的第五次"围剿"作战中，山地行军也从不骑马，和士兵们一样，穿草鞋步行。他指挥的部队机动性高，一天能行军百里，是蒋军中少数能与飘忽不定的红军作急行军追逐的部队。

二是此人有独特的为人处世方法。

1929年12月，陈诚率十一师，在河南确山东南与唐生智部的刘兴第八军激战，雪深及膝，战斗持续三昼夜，陈诚亲自在第一线督战，终将第八军压垮。在将敌人全部缴械前，胜利者陈诚却采取了一个别的将领都难以理解的行动，派其军需科长携亲笔信和现款五千元给刘兴，说：自相残杀，实为痛心，请速逃走，来日国家当有用你之处。

接款逃走的刘兴，抗日战争初期出任长江江防总司令，的确是为国家出力了。

一面卖力为蒋作战，一面也知道是"自相残杀"。陈诚颇具几分政治家的清醒。内心深处不以同胞之间自相残杀为然的陈诚，对生擒敌方主将这类历来是战场指挥官最高荣誉的事情，竟然兴趣不大。这一点，确实是陈诚与蒋介石大不相同之处。

1930年中原大战，蒋、冯、阎8月下旬在郑州展开决战。陈诚率十一师担任前锋穿插。当时蒋军攻势距离郑州还很远，想拿下郑州是很困难的。但冯军中大将吉鸿昌率部投诚后，郑州的外围阵地支离破碎，防守一下出现了巨大的漏洞。陈诚得到郑州内部的眼线密报，知道冯军正准备后撤，无心抵抗，当即指挥部队向郑州兼程猛进。为抢先向蒋介石报捷，他事先拟好电报稿，并派员随前卫团跟进。前卫团跑步由郑州南门入城，陈诚得讯，立即填上时间发出告捷电报。当时上官云相的第四十六师也前进到了郑州东站，但没有进城。按照作战计划，应当是上官云相这个师占领郑州，结果他动作慢了，被陈诚抢了先手。这个上官云相后来在 1942 年参与制造了皖南事变。

蒋介石收到陈诚占领郑州的电报大悦，当即发给奖金 20 万元。陈诚给蒋回报："职师得以首先占领郑州，上赖钧座指挥有方，下靠官兵用命和友军协助之力，赏金不敢独受，拟分半数给四十六师。"就这样拉了四十六师上官云相一把。十一师所得的 10 万元，他发给每个官兵 2 元，约用去 4 万元，其余收作公积金，创办"十八军南通残废军人工厂"和"吉安农场"，以收容残废军人和老弱士兵。

陈诚有清醒的头脑，不居功，不贪财，这种处世风格是别人不能轻易学到的。

三是此人对蒋介石忠心不二。关系再深的人，与蒋不睦，他也弃之从蒋。

其一是邓演达。陈诚与邓演达关系极深。1922 年，邓演达奉孙中山之命，到上海物色军事人才。选中的人当中，便有陈诚。陈诚随邓演达南下广州，邓担任警卫广州大元帅府的粤军第一师第三团团长，陈诚任该团三连连长。1924 年 5 月，孙中山创办黄埔军校，邓演达任黄埔军校教练部副主任，兼入伍生总队长。陈诚又被邓演达带进黄埔军校，担任上尉特别官佐。

其二是严重。严重对陈诚的人格影响极大。陈诚任连长时，营长就是严重。陈诚在黄埔军校任训练部炮兵科长，训练部主任就是严重。陈诚任北伐军的团长，师长就是严重。从粤军、黄埔军校到党军，严重一直是陈诚的直接上级，两人情感甚深。严对陈期望殷切，某日在日记写："将来救中国，必此人也。"足见他当时对陈诚的器重。

邓演达、严重二人一旦反蒋，陈诚便与他们分道扬镳。

1927 年"四一二"反革命事变前，严重辞职。蒋召见陈诚，问其态度。陈诚只一句话：绝对服从蒋总司令。事变前一天 4 月 11 日，蒋任命陈为二十一师师长。

1931 年邓演达被捕，蒋介石必欲杀之而后快。陈诚因邓演达对自己有知遇之恩，故连续电蒋求情，想救邓演达性命，蒋不为所动，坚持杀邓，在复电中严厉斥责陈"因私害公，因友忘党，有负职责"。陈诚掉了几滴眼泪，忠蒋之心仍然不改。

蒋介石明知陈诚与邓演达、严重等左倾人士交往密切，也明知陈诚对国民党高层争权夺利、勾心斗角不满，对政府高官、军队高级将领的贪污腐败、违法乱纪事例屡有批评，但除了说一句"辞修器量狭窄"，责备陈诚骄矜自负、爱发议论外，照样用陈，而且屡屡在关键时刻委以重任，为什么？

充当打手为主子消灭异己，属于低等忠诚。高等忠诚是能为其主化敌为友。

蒋介石从来不乏打手，却缺乏陈诚这样尽心竭力笼络对手、为蒋拉拢反对派不遗余力的人。

除了邓演达、严重以外，张发奎、黄琪翔等人皆反蒋，却都与陈诚有很深交往。他与他们知心，为他们的一般言行保密，不但不做包打听和告密者，有些时候反而向他们通风报信。

这是陈诚高蒋一筹的地方。金钱和大棒是蒋介石惯用的武器，陈诚却发现了另一种武器：友情。他通过友情拉拢调解疏导，力促这些反蒋人士拥蒋，实在不行也保持中立，尽量不让他们由反蒋言论发展到反蒋行动。

在这方面，陈诚所起的作用是戴笠通过侦听、跟踪、抓捕、审讯等手段所起不到的。故蒋介石对陈诚与左倾人士的交往一清二楚，但却睁一只眼闭一只眼，因为他知道陈诚最终不会反对他。

也正是此人，最先看出国民党在"围剿"中存在的问题。

1932年底，对中央苏区的第四次"围剿"即将开始。陈诚认为，自国民党执政以来，对孙中山的"耕者有其田"民生主义主张未能实现，而共产党和红军在江西打土豪分田地，深得农民的拥护，赢得了农民的支持，这是国民党政权最大的麻烦。因此他提出实行"限田制度"，在江西进行试验，向地主赎买土地，进而实现"耕者有其田"主张。他想以此方法来与共产党竞争，争取广大农民的支持，化解当时国民党政权面临的困境。虽然这一主张被江西省主席熊式辉拒绝，但陈诚发现问题的眼光还是较为尖锐的，发现了国民党政权所存在问题的根源。

后来国民党败退台湾，鉴于大陆之败败于土改，所以在台湾必须得搞一次土地革命。陈诚当了台湾省"主席"，就把他的这一套赎买政策实施了，结果很成功。台湾的土地改革，没有经历大规模的流血。

第四次"围剿"失败后，蒋介石开办**庐山军官训练团**①，以陈诚为训练团团长，

---

① 鉴于前四次"围剿"失败、为整顿国民党军队，蒋介石决定在江西省庐山开办军官训练团，以训练国民革命军中初级军事干部。庐山军官训练团于1933年7月18日开学，受训军官达1840人。按蒋介石的说法，"此次训练的唯一目的，就是要消灭共产党"。同时，蒋介石与各路将领在庐山部署了第五次"剿共"计划，制定了"堡垒政策"与"经济封锁"并举的军事方略，对中央苏区进行第五次"围剿"。此次"围剿"中，在庐山受训的军官们充当了战斗的急先锋。

首先训练第五次"围剿"的主力军——北路军排以上军官。

陈诚把红军的战术归结为四种形式：诱伏；腰击；正面突破；抄后路。

为对付这些战术，他领头搞出"一个要诀、两项要旨、三个口号、四大要素、六项原则"。

一个要诀是"服从命令"；

两项要旨是"战术上的分散与集合"；

三个口号是"受伤不退，被俘不屈，临难不苟"；

四大要素是"确实、迅速、静肃、秘密"；

六项原则是"搜索、联络、侦探、警戒、掩护、观测"。

汲取前四次"围剿"教训，陈诚总结出对付红军的四点办法：

一、练习爬山。北方士兵不会爬山，见山就害怕，成为"围剿"中的致命弱点。必须练就"超巅越绝"、"缒兵钻隙"的本领，不为"地形道路所支配限制"。

二、娴熟地掌握"六项原则"、"四大要素"，练就过硬的基本的战术技术。

三、为对付红军"出没无常、飘忽不定，以寡击众、以零击整"的游击战术，要能"便装远探、轻装急进，秘密敏捷、夜行晓袭"。

四、使用炮兵。许多山人爬不上去，枪打不到，把炮运上去，就大为有利。

陈诚在第四次"围剿"中指挥的五十二师、五十九师被全歼，两个师长双双被俘，其核心主力十一师也遭受到歼灭性打击，部队损失重大，挨了降一级、记大过一次的处分。令他翻身的，就是这个庐山军官训练团。他归纳出来的这些对付红军的战术，主要来自惨败的教训。

1933年9月，第五次"围剿"开始。陈诚被任命为第三路总指挥兼北路军前敌总指挥，指挥蒋军的核心部队。他在"围剿"中对蒋军的贡献，一是抢占黎川，切断了中央苏区与闽浙赣苏区的联系；二是于浒湾战斗使红三军团、红七军团严重受损；三是在大雄关使红一军团、红九军团蒙受重大伤亡；四是强攻广昌、建宁、古龙冈；五是血战高虎脑、万年亭；六是再陷石城，迫使中央红军提前长征。

陈诚这个人果然是厉害角色，在"围剿"与反"围剿"的战场上给中央红军带来非常严重的伤害。

另一个给中央红军造成重大损害的，是白崇禧。突破第四道封锁线的湘江之战，中央红军遭受重大损失，人数从8万多锐减到3万余，白崇禧是敌军的主要指挥者。

人称"小诸葛"的白崇禧，不属于蒋介石黄埔系的"八大金刚"，但其指挥的桂系军队强悍闻名中外，连蒋军都惧三分。张发奎的第四军因战功累累被称为"铁军"，桂军组成的第七军听到后便自称"钢军"。桂军眼中之无物，可见一斑。

港台一带流行一种说法：中国有三个半军事家，两个半在大陆，一个在台湾。大陆的两个半指谁不详，在台湾的一个，即指白崇禧。1928 年，国民政府行政院长谭延闿特写有一对联赠白："指挥能事回天地，学语小儿知姓名。"

白崇禧与毛泽东同一年出生。他 14 岁报考广西陆军小学，全省应试 1000余人，取 120 人，白以第六名录取。16 岁投考广西省立初级师范，列榜第二名。入学后，屡次考试名列第一，被选为领班生。

班上有个同学叫何树信，是从城市来的，嫉妒白的学习成绩，常以"乡下人"取笑白崇禧。一日乘白不在，何某又在室内恶骂，白突然归来，问其何事？何收口不得，硬起头皮一声："呸！乡下人！"白崇禧晚年回忆时说："我不禁大怒，以为大丈夫不能受辱，狠狠地将何打倒地上，再踢他两脚以示惩罚。"

动手打人把事情闹大了，告到校长那里。同学劝他不要承认先动手。白崇禧不想解释求饶，收拾行李准备回家，大有一副屋檐下不低头的气概。同学推举代表向校长陈情，校方也查实事出有因，未开除学籍，记大过处分了事。

白崇禧的这种禀性，以后每每表现出来。1919 年白崇禧任桂军模范营连长，赴左江流域剿匪。广西因为连年沿用招安政策，结果匪势日张，形成"卖牛买枪"、"无处无山，无山无洞，无洞无匪"的局面。模范营招到土匪 200 人，白崇禧力主将其中的 80 名惯匪就地枪毙，以绝后患。广西军阀陆荣廷自己就是被招安的土匪出身，闻讯大怒，坚决不许。白主意已定，独断独行。他让这 80 名匪首回家过节三天，严令按时归营。待归来后便说他们在外行为非法，辜负优待，将 80 人一一逮捕，立即正法。同时向上速报夜间匪徒抢枪谋叛，事起仓促，不及请示，用紧急处分将其全部处决云云。陆荣廷面对既成事实，也万般无奈。

从此，广西对土匪的招安政策，改为进剿政策。从这件事上可以看出，白崇禧是一个非常有计谋、有主意的人，作风强硬。

白崇禧这种秉性，在后来和蒋介石的关系中多次表露出来。

他与蒋之间曾有过很好的配合。因在统一广西中展现的军事才能，北伐伊始，蒋介石点名要白崇禧出任总司令部参谋长。白以责任重大不接受，李宗仁也不想放人。蒋坚持力争，甚至说借用数月，待攻下武汉必定归还，方才谈妥。

攻下武汉后，蒋之嫡系第一军第一师王柏龄、第二师刘峙在浙江作战失败，何应钦又被困于福建战局，蒋又以白崇禧为东路军前敌总指挥，白又毅然前往，克杭州，逼上海，连战连捷。

1927 年的四一二反革命事变，则是蒋、白配合的高峰。蒋在上海下定"清党"决心，白则出任上海戒严司令；蒋发表《清党布告》、《清党通电》，白则在上海用机关枪向工人队伍扫射；当时莫斯科百万人大游行抗议上海的白色恐怖，在"白"字下面，特地注明是白崇禧。

高峰之后，便是下坡了。而且成峰太陡，下坡也很陡。四一二事变后仅四个月，白崇禧就与何应钦、李宗仁联合，迫蒋第一次下野。后来蒋桂战争，蒋冯战争，蒋冯阎大战，宁粤之争，只要是反蒋，就少不了白崇禧的身影。

白反蒋，蒋同样反白。1929 年 3 月唐生智东山再起，抄了打到北方的白崇禧的后路，白于是在北方无法立足，在一片打倒声中化装由塘沽搭乘日轮南逃。

蒋介石获悉，急电上海警备司令熊式辉"着即派一快轮到吴淞口外截留，务将该逆搜出，解京究办"。必欲除之而后快之心情，溢于言表。

亏得熊式辉的秘书通风报信，白崇禧方得以逃一命。从此，白崇禧的信条中除去"反共"一条，又加了一条：反蒋。

白、蒋关系是民国史上的一支万花筒：战场上同生共死的关系瞬间就变成兵戎相见的关系；政坛上相依为命的关系眨眼就转为你死我活的关系。

从 1927 年四一二事变后，白崇禧反共的情绪就不是很高，倒是反蒋的情绪日益高涨。他认为蒋介石才是自己最大的敌人。

就像陈诚最先认识国民党不实行孙中山"耕者有其田"的主张会产生巨大危害一样，白崇禧最先预见第五次反"围剿"中陷入困境的中央红军的未来走向。

1934 年 4 月中旬，第五次"围剿"的南路军总指挥、广东军阀陈济棠召集军事首长会议，专门从广西请来白崇禧，听取对形势的分析。

当初白崇禧回到南方之后，跟李宗仁惨淡经营，又跟广东的军阀陈济棠打了几次仗，都失败了。但是，最后桂系与粤系军阀却又走到一起，因为他们面临共同的麻烦，就是蒋介石对地方势力的窥伺。白崇禧有一句名言："老蒋恨我们，比恨朱毛更胜。"就是说，他认识到，蒋介石对地方实力派始终持有戒心。

在这次军事会议上，白崇禧开篇就提出如下判断：

　　一是红军可能要作战略转移。他认为蒋介石的"围剿"战略已经生效，红军继续留在江西，根据地日益缩小必然最终失败。要谋生路，必作战略性的转移。

　　二是红军战略转移的方向。他认为从地形判断，以走湖南和广东的可能性比较大。当地防军情报，最近每隔十日左右，就发现共党军官乘骑，少者五六人，多者七八人，用望远镜侦察地形，很可能是准备突围的象征。

　　三是红军战略转移的时间。白崇禧认为很可能在秋冬之间，因为那是农民收获季节，可以就地取粮。否则千里携粮，为兵家所忌。

　　1934年10月10日，中央红军开始战略转移，恰好是秋冬之际；最初的转移方向就是进军湖南，与贺龙部会合。今天查遍史料，在国民党将领之中，对红军可能进行战略转移以及战略转移的方向和时间的判断，没有一人像这位"小诸葛"算计得这样精确，而且是在红军进行战略转移半年之前就预见到了。要知道，当时中央红军确实是在准备战略转移，正在秘密布置相关事宜，但是这一战略决策只有中央常委少数几个人知道，连红一军团军团长林彪、红三军团军团长彭德怀这样的高级指挥员都不知道。令人吃惊的是，敌营中的白崇禧却仅凭有限的情报资料就判断出红军的这一动向。白崇禧在这个问题上所表现出来的洞察力，非同一般。

　　我们说，国民党之失败，绝非败于智商。非黄埔系的白崇禧，可以对陈济棠这样谈，却不愿对蒋介石这样谈。

　　白崇禧和陈济棠都知道，蒋介石对他们这样的地方势力，必欲除之而后快。

　　蒋介石对第五次"围剿"的结果设想过很多情景，却未想到红军置经营7年之久的苏区不顾，断然突围。他希望红军留在被围成铁桶一般的江西，等待覆灭。

　　1934年9月是蒋介石最轻松的一个月。他认定江西的围攻大势已经完成。

　　7月6日，红七军团6000余人，组成中国工农红军北上抗日先遣队，从瑞金出发开始北上。

　　7月25日，前红军湘鄂赣军区总指挥、第十六军军长孔荷宠叛变投敌。

　　8月7日，红六军团9700余人开始突围西征。

　　蒋介石迅速把这些动态联系在一起。他得意洋洋地说："湘赣边红六军团是在西路军围攻下站不住脚才不得已西移的。孔荷宠投降是红军瓦解的先声。"

　　他认定江西苏区的红军已是穷途末路了。

9月2日，蒋介石踌躇满志地严令各路将领，于12月中旬召开国民党四届五中全会前，肃清江西红军。

面对定局，蒋介石把"围剿"委托部下，携宋美龄下庐山去华北视察。

潇洒得意之中却突然接到南昌行营发来的急电：红军主力有突围模样，前锋已突过信丰江。

蒋介石急忙赶回南昌。此时红军已经突破了第一道封锁线。

红军向南突进的举动，是战术行动还是战略行动？是主力还是非主力？这是蒋估算红军动向的两大疑点。红军声东击西的战术给他印象太深了，他不敢再次上当。

蒋军派飞机空中侦察红军动向，也未提供满意的情况。

蒋介石把身边的智囊们召集起来，共商对策。

南昌行营秘书长杨永泰，是首先向蒋建议在南京设立侍从室的人。后来蒋介石的很多骨干人员都是从这个侍从室里出来的。

行营一厅厅长贺国光，是"围剿"红军中"稳扎稳打，步步为营"方针提出者。这条方针的实行对红军造成了很大的困扰。

参谋部第二厅厅长林蔚，以"高官少兵"为原则编遣地方军阀部队的提出者（即对归降将领官可以给得很大，兵却编得很少）。蒋介石战胜了唐生智，打败了李宗仁、白崇禧，打败了阎锡山、冯玉祥，收编了很多地方杂牌的部队。林蔚的这一招很毒辣，对军官进行收买，压缩编制，实际上就限制了地方军阀的势力。

三个人都凭头脑帮了蒋家王朝大忙，深得蒋介石信任。

三个人凑在一起，提出红军行动的如下可能：

一、由赣南信丰入广东。

二、从赣南经粤湘边境入湘南，重建苏区。

三、先入湖南，后出鄂皖苏区再北进。

四、经湘西入黔、川再北进。

蒋介石认为第一种可能对自己最为有利。红军进入粤境，逼粤军拼命抵抗，两相拼杀，蒋可坐收两利。

第二种可能令蒋最为担心。湘南是政治军事真空地带。江西红军一旦与贺龙部会合，便如鱼漏网，不得不重新开始一轮耗时费力的"围剿"。

第三种可能虽然政治上威胁较大，但消耗大，红军担负不起。

第四种可能是老谋深算的杨永泰提出来的。他不但提出红军有可能经湘西入黔、川再北进，且进一步提出要考虑红军而后渡长江上游金沙江入川西的可能性。

杨永泰指出了当时无人意识到的红军长征实际走向。

杨永泰此人的政治经历非常复杂，与各派政治人物如黄兴、段祺瑞、陈独秀、邹鲁等都有不薄的交往。年轻时考中秀才，即逢科举被废；先参加了国民党，后又与人组织民宪党；拥护孙中山出任非常大总统，并当了南方政府的财政厅长，又接受北方政府委任，就任雷州安抚使伪职；先因提倡共和，被袁世凯停止议员职务，后又为北洋军阀张目，被孙中山通令缉拿……多年来杨永泰像一条不知疲倦的鱼，穿梭沉浮于政波宦海，硬是在其中熬炼出一双敏感的火眼金睛。

单一经历的人思维往往单一。也许只有经历如杨永泰这样复杂的人，才能对如此错综复杂的问题做出这样精准的判断。这一判断对蒋家王朝的价值之重大，不知比设立侍从室重要多少倍！

也是命该如此。平素对杨永泰言听计从的蒋介石，偏偏不屑一顾，回应说："这是石达开走的死路。他们走死路干什么？如走此路，消灭他们就更容易了。"

杨永泰提出的可能，便被放在一边，不予考虑了。蒋介石的身边不缺乏能征善战的人，不缺乏聪明智慧的人，但是在历史的关键点，蒋介石却没能听从他们的意见，这是蒋介石的宿命。

蒋介石的"追剿"部署，按照压红军压入两广、严防红军入湘与贺龙会合的战略意图实施。而红军最初的战略意图，也是西征，入湘与贺龙会合。

这真是国共所见略同。

世间许多事情就是如此奇异。红军认准的方向因为也被蒋介石认准，全力防堵，便无法成为最终走向。

杨永泰提出的方向，别说是蒋介石，当时红军自己也没有意识到。

又正因为都没有意识到，最终成为了红军真正的走向。

十多年后，当钟山风雨起苍黄、百万雄师过大江时，从凄风苦雨的溪口飞往台湾的蒋介石，不知能否回想起当初杨永泰那番老谋深算的预见。

第十一讲　派系搏杀中的蒋军将领（下）

对红军可能进行战略转移，白崇禧早有思想准备，陈济棠也早有思想准备。

白崇禧以其战略头脑，被人称为"小诸葛"。陈济棠则以其地方实力，被人称为"南天王"。

中国近代的枪杆子政治中，既有蒋介石、何应钦这样的军校优等生，也有陈诚这样的中等生，还有陈济棠这样的劣等生。

陈济棠在陆军小学时，成绩很差，特别是正步老操不好，每逢校阅，都留在室内搞卫生。陆小毕业时，他是最末一名。在毕业祝酒时，各同学都向名列榜首的梁安邦祝酒，说梁前途远大。梁喝得醉昏昏，听得乐滋滋，便忘乎所以地说："大家都有办法，除了陈伯南以外。"当时有同学说："不要小看陈济棠，他可能比别人走得更远。"梁一听气愤地说："伯南如能出人头地，我给他捧靴。"说得陈济棠面红耳赤，默不作声。后来，陈济棠掌握了广东军政大权，梁为谋取职务，只得来找陈济棠说："伯南！伯南！我给你捧靴来了。"看来他还记得自己当年的话。陈济棠虽安排他当了交通团长，却一任八年，再也不给升迁。

旧中国军阀政治中拼杀闯荡出来的人物，没有一个是"省油的灯"。

蒋介石想压红军入粤入桂，意图十分明显。对此，陈济棠不会不知。

第五次"围剿"部署本身就是北重南轻。北面蒋介石先后集中了40多个师，明显要把红军压入两广的地盘。现在红军转移的迹象日益明显，被迫入粤的可能性越来越大，陈济棠觉得重大危机来临。

对陈济棠来说，不仅要阻止红军进入广东，更要阻止蒋军来广东。十万红军倾巢入粤，绝非粤军所能力敌。数十万蒋军再跟随入粤，广东数年之经营成果必然灰飞烟灭，毁于一旦。

他采用了两面做法。作为第五次"围剿"的南路军总司令，陈济棠首先要给蒋介石做出个样子。1934年4月中旬，粤军进占筠门岭。虽然只是一座红军提前撤离的空城，但陈济棠大肆宣扬，向蒋报功。蒋介石"传令嘉奖"，赏银洋五万，然后命陈部"直捣会昌"。

陈济棠没有"直捣会昌"，而是请来了过去的死对头、有"小诸葛"之称的桂军主将白崇禧。如前所述，两广之间发生多次血战。但在防共防蒋问题上，又同病相怜。

白崇禧在陈济棠的高级军官会议上提出他那著名的判断后，陈济棠便采取了其后数十年秘而不宣的行动。他占领筠门岭后再不往前走一步，开始寻觅与红军的直接联系。他并不想打进苏区，与红军发生决战。

1934年7月，中央红军同陈济棠部谈判达成了停战协议，并建立了秘密通讯联系。

9月，国民党北路军、东路军向中央苏区核心地带逼近。白崇禧估算红军行动的"秋冬之间"已在眼前。陈济棠派出一个化名"李君"的代表，直赴苏区面见朱德，要求举行秘密谈判。

红军正在寻找战略转移的突破口。朱德立即给陈济棠复信。周恩来委派潘汉年、何长工为代表，与陈济棠的代表杨幼敏、第三军第八师师长黄质文、第三军独立第一师师长黄任寰举行谈判。第三军是粤军中陈济棠的基础。之所以做出这种安排而没有让常年防堵红军的余汉谋第一军参加谈判，自然是因为陈深知这种谈判或成或败皆非同小可，不能不小心谨慎。

谈判在寻邬附近一片寂静的山林里举行，持续三天三夜，达成五项协议：

一、就地停战，取消敌对局面；

二、互通情报，用有线电通报；

三、解除封锁；

四、互相通商，必要时红军可在陈的防区设后方，建立医院；

五、必要时可以互相借道，红军有行动事先告诉陈，陈部撤离二十华里。

为了保密，协议没有形成文本，双方代表将协议各自记在了自己的笔记本上。

所有冠冕堂皇的正式协议，都是为破裂翻脸后谁承担多少责任而准备的。

真正起作用的，是默契。默契的基础，则是利益相符。

陈济棠的核心目标，是让中央红军不要入粤。达成协议后，他明白了红军之意也不在进入粤境，便将协议传达到了旅以上军官，告知红军只是借路西行，保证不侵入广东境内；又考虑到协议不便下达给团，怕下面掌握不好，于是增加一道命令，要求下面做到"敌不向我射击，不许开枪；敌不向我袭来，不准出击"。

实际上这就是在湘粤边境划定通路，让红军通过。

蒋介石将地方实力派如陈济棠等人当棋子用的时候，没有想到这些棋子具有如此之多的捉摸不定的特性。这些棋子为了保护自己都在找最佳位置。

红军与陈济棠达成协议，是非常保密的。这是我们不曾看到的历史。这段秘密隐藏了很长时间，一直到 80 年代中期，**何长工**①同志写回忆录，才披露了这一段秘密。但是，何长工的回忆录很厚，一般人不怎么注意写到这件事的一小节文字，所以还是很多人不知道这段历史。

长征之始，中央红军要通过的第一道封锁线，是赣南安远、信丰间的粤军防线。当时奉蒋之命，粤军余汉谋的第一军和李扬敬的第三军均在封锁粤赣边境。而第一军第一师恰好卡在红军经过道路的要冲。

毕竟是你死我活的战场。虽然签订了协议，红军与粤军间仍有猜疑。我怀疑你是否真正让路，你怀疑我是否真不入粤境。既要小心翼翼，又是时不我待。协议第五条要求红军有行动时要事先告诉粤军，在军情如火、兵机贵密的时刻，就不太可能。

10 月中旬，红军突然开始行动，粤军余汉谋急令第一师向大庾、南雄方向西撤，给红军让路。但西撤动作稍迟，第一师又出了个狂妄自大的三团长彭霖生。彭认为红军大部队不会那么快来到，可先打一仗捞一把再走。他低估了林彪的前进速度。10 月 22 日，彭霖生团和教导团被快速挺进的红一军团前锋分路合击，陷于困境，极其狼狈，损失很大。特别是教导团，最后逃出来时伤亡惨重，行李辎重丢失一空。

彭霖生挨了余汉谋一顿痛骂，教导团团长则被免职。

总的来说，粤军第一师确是主动后撤。该师为南线防堵中枢，位置一移，西南门户洞开。第一道封锁线与其说是突破，不如说是通过。

---

① 何长工（1900—1987），原名何坤，湖南华容人。1922 年加入旅欧中国少年共产党，同年转为中国共产党党员。1927 年 9 月参加湘赣边秋收起义，后上井冈山。秋收起义期间，他与杨立三共同设计了中国工农革命军第一面军旗。后来他又身负重任，只身一人前往湖南长沙，寻找党组织。何长工历尽奔波，在广东韶关与朱德、陈毅率领的南昌起义余部会合，为朱、毛两军会师奠定了基础。

第二道封锁线是湘南汝城、粤北仁化之间的湘军、粤军防线。

因为红军通过第一道封锁线速度过快，湘军主力来不及向粤边靠拢，第二道封锁线的主角还是陈济棠的粤军。

11月初，红一军团先头部队轻取第二道封锁线的中心、湘粤交界处的城口。城口的守军系保安队，根本无法与主力红军抗衡；北面汝城湘军仅一个旅，只有干瞪眼看着困守孤城；南面陈济棠虽然兵员甚众，但都集结在纵深一线，只图自保，根本不愿使防线向北延伸与湘军防线衔接。

于是第二道封锁线所在的汝城与仁化之间，出现一大大的缺口。中央红军在一线横列的粤军检阅般注视下，徐徐通过了第二道封锁线。

陈济棠再次为红军让出了前进通道。

粤军本来有可能对红军造成巨大的损害。

10月27日夜，陈济棠警卫旅第一团发现红军乘夜徒涉锦江，队伍庞大而且有乘骑和辎重，可能是高级指挥机关队伍。该团长立即电话报告，要求半渡出击。得到的回答是：不得袭击，不准出击。

该团只得隔着夜幕，观察在其前方川流不息的红军大队通过。本来，一支部队在渡河到中间的时候如果受到袭击，是最不容易组织有效的防御，也因此是最危险的时候。但粤军遵守秘密协议，没有下手。

当时粤军构筑的两道封锁线内，随处可见修筑在公路两旁、山坡岭头等要害位置上大大小小的碉堡。这些碉堡或砖石或钢骨水泥结构，根据地形、射界，或成四方，或成六角，堡垒之间形成交叉火力，卡断公路，封锁要隘。若真打起来，对红军肯定会造成很大阻碍。但这些碉堡均被后撤的粤军放弃了。红军和当地老百姓拆的拆，烧的烧，烟尘蔽天，老远望去像古战场上的烽火台。

在陈济棠的防区内，红军前锋部队以每天近百余里的急行军速度开辟通路。红军后队作搬家式、甬道式的前进，把坛坛罐罐一直保留到了湘江边。如果陈济棠不让路，便不可能这样做。

后来有人说，当时以红军的力量与粤军相对抗难有胜算，陈不让路，红军的命运就危在旦夕。这就言过其实了。陈济棠让路实质不是为红军，而是为自己。他是苦心经营自己的地盘，防备蒋介石插手。如果红军入粤，他肯定是难以招架的。如果红军真的弱到无法与粤军抗衡的地步，陈济棠早就毫不犹豫地扑上来了。

无论如何，让路就是帮忙。陈济棠让路，给红军带来了很大的便利，中国共产党始终没有忘记他的功劳。所以四五十年过去，邓小平在北京还夸赞陈济棠。

1980 年 9 月 10 日，邓小平对从美国回来参观的陈济棠第十子陈树柏教授说："令尊治粤八年，确有建树，有些老一辈的广东人还在怀念他。"邓小平还亲笔书写鲁迅诗"度尽劫波兄弟在，相逢一笑泯恩仇"赠与陈树柏，颇令陈树柏意外和感动。邓小平之所以如此评价陈济棠，关键自然缘于他对红军长征的特殊贡献。

再说红军轻松通过了前三条封锁线，但要通过第四道封锁线，就没有那么容易了。

第四道封锁线是桂北全州、兴安间的湘江防线。这是蒋介石真正清醒过来、腾出手来认真布置的第一道防线。

直到红军突破第二道封锁线后，蒋介石才发现南下队伍中有红军一、三、五、九军团番号。同时蒋军李默庵师占领瑞金，缴获了部分红军资料，蒋介石才最终得出两个结论：

第一，红军的突围行动不是战术行动，而是战略转移；

第二，红军的突围方向不是南下，而是西进。

此时已是 1934 年 11 月，红军出发一个月之后。离白崇禧 4 月做出红军将作战略转移的判断，已经过去了 7 个月。

但蒋介石认为不晚。他觉得，利用粤军、桂军、湘军与中央军联合作战，利用湘桂边境的潇水、湘江之有利地形，正是围歼红军的大好时机。

他对部下说："红军不论走哪一条路，久困之师经不起长途消耗，只要我们追堵及时，将士用命，政治配合得好，消灭共军的时机已到，大家要好好策划。"

在给薛岳的密信中，他说："过去赤匪盘踞赣南、闽西，纯靠根据地以生存。今远离赤化区域，长途跋涉，加以粤、湘、桂边民性强悍，民防颇严，赤匪想立足斯土，在大军追堵下，殊非容易。自古以来，未有流寇能成事者，由于军心离散，士卒归故土；明末李自成最后败亡九宫山，可为明证。"

红军正在进入湘、粤、桂和中央军四股力量可以合力夹击的区域内。而且，前面还横亘着两条大河——潇水，湘江。

蒋介石看到了他围歼红军的理想地点：在潇水与湘江之间。

11 月 12 日，在红军向第三道封锁线挺进之际，蒋介石发布命令：以何键为"追剿"军总司令，薛岳为前敌总指挥，指挥湘军与中央军 16 个师 77 个团"追剿"

中央红军。白崇禧指挥桂军的两个军，列阵于桂北红军前方，作正面堵截；陈济棠指挥粤军两个军，列阵于湘粤边境的红军侧后，防止红军回头。湘、桂、粤军与中央军近 40 万兵力，歼灭红军于湘江以东。蒋介石没有任命嫡系薛岳做"追剿"军总司令，也是考虑到地方军阀的顾忌，而何键还跟两广军阀的关系都不错，所以就以地方军阀何键做总司令。他这个考虑还是比较周全的。

蒋介石一生中不知制定过多少个消灭共产党武装力量的计划，湘江追堵计划也许是其中最为完备的一个。他以中央军薛岳、吴奇伟在红军北侧并行追击，阻遏红军北上；又以中央军李韫珩、李云杰加周浑元在后追赶，逼使红军强渡湘江，然后让红军与湘军、桂军主力正面冲撞（对蒋来说是"两害相耗"）；如果红军被湘江封闭，只有掉头入桂北或粤北，又要与陈济棠的几万粤军相撞；即使红军能突破湘江，伤亡必然重大，中央军全力从后面扑上，可收全功。

在蒋来说，这的确是一个相当完备的消灭红军计划。

能否闯过湘、桂军主力布防的湘江门户，成为红军成败的一大关键。

这时，两个关键人物登场：湘军主将何键，桂军主将白崇禧。

蒋介石要何键做他封锁湘江的半扇大门，另半扇大门是广西的白崇禧。

11 月 21 日，湘军部署完毕，湖南段湘江这半扇大门被何键关闭。剩下另半扇大门：广西段湘江。

广西境内的湘江，以全州、灌阳、兴安为门户。三重镇构成一个等腰三角形：岭南咽喉全州似三角形的顶点，灌阳、兴安一线拉成三角形底边。桂军以廖磊第七军二十四师、夏威第十五军四十四师以三角地带中心石塘圩为核心构筑南北阵地，布成所谓"全、灌、兴铁三角"，作为堵截红军渡湘江的主阵地；另三个师桂军集结于龙虎关以南的恭城地区，随时准备策应铁三角内的战斗。

白崇禧也摆足阵势，通过"全、灌、兴铁三角"关闭了广西境内的湘江门户。湘桂两军主将在全州握手言欢。

蒋介石用湘、桂军联合封闭湘江门户的作战预案，基本实现。

从战场实情看，红军陷入了明显不利的态势，局面极其严峻。

如果不能撞开湘江大门，红军只有掉头转入桂北或粤北。这一带民防组织多，地方军阀统治严；白崇禧、陈济棠几万大军虎视眈眈。红军进入其老家，他们都会拼老命，红军将很难立足。

如果红军果真能够破门而出，也必将实力大损。以逸待劳的薛岳再率中央军从湘南压下来，突过湘江的红军即成背水之阵。

能否打开以及如何打开湘江门户，成为决定中央红军命运的关键。

红军正向湘江疾进。

关键时刻，毛病出现了：白崇禧、何键组成的湘江大门，其实是虚掩的。

第一个失误来自"追剿"总司令何键，失误于对决战方向的判断。

何键与红军作战多年，认为红军最善于从两省两军的衔接处钻缝乘隙。黄沙河是湘、桂两省交界处，又是湘、桂两军防务衔接点，他判断红军选中该点突破的可能性极大，于是指示湘军主力在黄沙河附近部署集结。

何键估算的决战地点，比后来的实际地点偏北了100多里。

军事行动无不包含有双方指挥者的个性特点。黄沙河决战的部署，有何键对敌手的估算，还有他对自身的斟酌。长沙丢过一次，让他在国民党军政界失尽脸面，几年来红军剿而不灭，这次能否堵住红军，何键信心不足。又听说红军的先锋是彭德怀的三军团，想起1930年7月彭德怀攻占长沙的情景，何键更是心有余悸，这次无论如何不能再有丝毫闪失。

蒋介石以他为"追剿"军总司令，主要想让湘军出省作战。何键却不想出省。蒋想用他与桂军关系不错的特点，让湘军深入桂境，实现湘、桂两军的交叉布防，何键却不想进入桂境，仅仅在全州与桂军刚一接触即行停止。

湘军主力后缩。真正将与红军迎面的，便成为刚在全、灌、兴地区部署完毕的桂军白崇禧。

白崇禧能全力完成蒋介石的重托吗？

用人先给钱，这是蒋介石的惯例。于是蒋派飞机给白崇禧的两个军急送三个月经费及作战计划、密电本等，并附电报一封："贵部如能尽全力在湘桂边境全力堵截，配合中央大军歼灭之于灌阳、全县之间，则功在党国。所需饷弹，中正不敢吝与。"

白崇禧亦回复："遵命办理。"

好像1929年3月白崇禧化装南逃、蒋介石急电上海警备司令"务将该逆搜出，解京究办"的事情没有发生过。

双方好言好语，彬彬有礼。

接到蒋介石送来的经费，桂军摆出一副在全、灌、兴之间与红军决战的架式。

但"小诸葛"毕竟是"小诸葛"。白崇禧在调动大军的同时出动空军，名曰侦察红军行踪，实则侦察蒋军行动。与老蒋打交道多年，他太了解此人了，所以他一直在怀疑中央军想借追踪红军之机南下深入桂境。

桂系的主要原则，一直是防蒋重于防共。

果然空中侦察报告：蒋军以大包围形势与红军保持两日行程，其主力在新宁、东安之间停止不前，已有七日以上。

既然说是消灭红军的大好时机，中央军薛岳、周浑元为何不积极"追剿"？

桂军的飞机飞回来了，从空中在白崇禧的头脑里中划出一个大大的问号。

白崇禧与薛岳是老熟人，也是老对头。1927年发动四一二事变前，就是白崇禧向蒋介石提议，撤销思想左倾的薛岳第一师师长职务。当时白崇禧作为东路军前敌总指挥，自认为了解薛岳那个葫芦里卖的什么药。

当年思想左倾的薛岳如今成了蒋军铁杆、"追剿"军前敌总指挥，其麾下九个师行行止止，葫芦里又在卖什么药呢？

正焦急之中，桂系设在上海的秘密电台又发来电报称：蒋介石决采用杨永泰一举除三害之毒计，一路压迫红军由龙虎关两侧进入广西平乐、昭平、苍梧，一路压迫红军进入广东新会、阳春；预计两广兵力不足应付，自不能抗拒蒋军的大举进入。如此则一举而三害俱除，消灭了蒋的心腹大患。

发电人是王建平，广西平乐人，白崇禧保定军官学校同学，与白私交甚厚，混入蒋军中央参与机要，不断为白搜集情报，经常住在上海。

白崇禧看过王建平这封电报，连呼："好毒辣的计划，我们几乎上了大当！"联系薛岳将主力置于新宁、东安，只与红军后尾保持接触，意在驱赶而不在决战，趋势恰好与王建平电报吻合，便决定立即变更部署，下决心采纳幕僚刘斐的建议：对红军"不拦头，不斩腰，只击尾"；让开正面，占领侧翼，促其早日离开桂境。

最先判断红军战略转移的白崇禧，随陈济棠之后抵制了蒋介石让其火中取栗的盘算。"小诸葛"名不虚传。

台湾《中华民国史事日志》记载，1934年11月17日，"白崇禧赴湘桂边布置防务"。然而，白崇禧到石塘，不是去布置战斗的，而是去布置撤退的。

当时桂北龙虎关一带，桂军动用了无数民夫抢修公路桥梁，彻夜不停，妇女小孩也都加入，既防红军，又防蒋军。白崇禧当晚在平乐下达了三道关键性命令。

第一是命令桂军向龙虎关转移，同时将永安关、清水关、雷口关的警戒部队后撤，星夜将工事挖去，让红军从龙虎关以北各关通过桂北。

第二是命令部署于"全、灌、兴铁三角"核心阵地石塘圩的两个师撤至灌阳、兴安一线，变正面阵地为侧面阵地，改堵截为侧击。

第三是命令桂军主力第七军集结恭城，灌阳至永安关只留少数兵力，全县完全开放，只留民团驻守。

这一系列动作之后，桂军的布阵出现了关键性变化。

全州为桂北重镇，中原入岭南之咽喉，历来兵家必争，白崇禧对此地十分熟悉。辛亥革命那年他18岁，报名参加广西学生敢死队。家人知道后到桂林城门口把守，要拉他回家。他换上便衣从西门溜出，绕了两座山才追上队伍。敢死队行军至全州，白崇禧与多数同学的脚皆被草鞋磨被，脚底也被路石硌伤。但这伙青年人咬紧牙关，一直走到汉阳，加入南军阵营。

这回白崇禧又来到全州。再不似当年投奔敢死队磨破了脚板，他这回是脚底板抹油——要遛的。

白崇禧原来沿湘江部署的南北阵形，恰似一扇在红军正面关闭的大门。现在突然间被改为以湘江为立轴的东西阵形，似大门突然打开。尤其是"全、灌、兴铁三角"地带之核心石塘阵地的放弃，更是令千军万马、千山万壑中出现了一道又宽又深的裂缝。

据湘军记载，桂军放弃全、灌、兴核心阵地的日子是11月22日。

同日，何键接到白崇禧拍来的电报：因红军攻击贺县、富川，全州、兴安间主力南移恭城。所遗防务，请湘军填接。

何键叫苦不迭。湘军主力刚刚在黄沙河一线部署完毕，白崇禧一抽屁股，闪出100多里湘江防线，如何填接？桂军向腹地收缩，要湘军深入桂境协防，湘境出现漏洞，谁来填接？

此时红军前锋距桂北已经很近。

桂军也有不同意见。有人提出，如此调兵，红军主力一旦由灌阳突入，夏威的十五军支持不住，湘江防线必然有失。白崇禧愤然回答："老蒋恨我们比恨朱毛更甚！管他呢，有匪有我，无匪无我，我为什么顶着湿锅盖为他造机会？不如留着朱毛，我们还有发展的机会。如果挡不住，就开放兴安、灌阳、全县，让他们过去，反正我不能叫任何人进入平乐、梧州，牺牲我全省精华。"

这就是白崇禧的基本观点。对他来说无所谓大门的开关。总共 18 个团的兵力，不论面对 5 个军团的红军还是面对 9 个师的中央军，他只能钉成一块门板。对红军关上湘江大门，就对蒋军敞开了广西大门。对蒋军关上广西大门，便又对红军敞开了湘江大门。

本是个两难选择。但王建平那封发自上海的电报，使白崇禧一瞬之间明白了一条辩证法：关就是开，开就是关。

于是他毫不犹豫把关闭湘江的那扇门板拉过来，屏护恭城、桂林。

桂军湘江防线的这扇大门，就这样悄悄打开了。

陈济棠的让路，和白崇禧的让路，长期处于历史迷雾之中。

陈济棠与红军的秘密谅解，为双方高级领导人物所知。有过谈判，有过记在笔记本上的协议，有过比协议更加重要的双方默契。

白崇禧近似让路的行动却是个真正的谜。直到何长工回忆录发表、陈济棠让路大白于天下之时，研究中共党史的人们还在猜测判断白崇禧当年的动机，甚至怀疑他与红军也有秘密谅解。

美国人索尔兹伯里写了一本《长征——前所未闻的故事》。他说："有证据表明，同桂系军阀白崇禧和李宗仁之间存在一项谅解。"并举出两人为证。一位是红军的历史学家徐梦秋。1938 年徐梦秋谈到，广西首领"答应开放一个区域"，即湘江的界首到全州之间数十里宽的一段走廊；另一位是著名党史专家胡华。胡华 1984 年对索尔兹伯里说，"关于走廊的说法是有根据的"，否则红军不可能在湘江坚持一星期之久。

到底有没有什么"秘密安排"使红军得以渡过湘江，索尔兹伯里说："对这个问题，我一直在探索。"

然而他却一直未探索出个所以然来。徐梦秋、胡华、索尔兹伯里先后去世，白崇禧当年一连串不寻常的调动在"全、灌、兴铁三角"留下的防务空白，一直是中国革命史上的一段情况空白。

没有谜的历史，是索然无味的历史。

历史的解谜过程，又往往容易弄成将谜底复杂化的过程。

据桂军一个幕僚人员所做的记录，布置湘江防务的时候，白崇禧曾对亲信部下半开玩笑半认真地说："谁给红军送个信，说我们让一条路任其通过。"实话隐藏在了笑话之中。

没有人去送这样的信。白崇禧与红军之间没有任何协议与默契。有的只是对自己利益的精心布置和安排。剩下的，就靠彼此心照不宣了。

国民党战史专家们，至今还在感叹当年四道封锁线被红军连续突破。

他们的目光主要集中在陈济棠、白崇禧和何键三人身上。粤、桂、湘军阀为维护割据地位，在红军不深入其腹地的前提下，故意为红军让开西进通道，以免中央军渗透其势力范围。

陈济棠和白崇禧自不用说，连与中央军通力合作、部队行动最积极的何键，军事部署也前轻后重，防范重点是湖南段湘江，非广西段湘江。湘军云集于湘境，只是垒金字塔一般向桂北全州探出一个塔尖。

何键的女婿、湘军师长李觉回忆说："我们对堵截红军是谁也没有信心的。湖南方面的想法，只是如何能使红军迅速通过，不要在湖南省境内停留下来，就是万幸。"

何键也是一心想尽快送红军出湘。

陈济棠、白崇禧、何键三人同床异梦，却又异曲同工。

蒋介石的高级幕僚把这称作"送客式的追击，敲梆式的防堵"。

这就不是一般军校学习出来的军人所能够理解的战争运作了。

很少有作战计划像蒋介石的湘江追堵计划这样周密完备。也很少有作战计划像这个计划那样，从一开始便注定要失败。

真正的败因正在蒋介石。他指责别人不去尽力，自己在玩心眼过程中难道不也是如此？他亲自对前敌总指挥薛岳交代："此次中央军西进，一面敉平匪患，一面结束军阀割据。"所以薛岳率中央军以不远不近、不紧不慢的方式和红军保持两天路程，耐心等待红军尽可能多地与粤军、桂军、湘军相拼。

蒋介石以湘、粤、桂地方势力消耗红军主力以达两败俱伤、一箭双雕、中央军最后收渔翁之效的算计，最终害及其身。

蒋介石给白崇禧玩两面，白崇禧也给蒋介石玩两面。红军主力通过后，白崇禧立即重新调整部署，以俘获红军的一些掉队人员、伤病号及挑夫，再雇用一些平民化装成"俘虏"，拍成"七千俘虏"的影片，送给南京的蒋介石看，宣传桂军之战绩。

蒋介石毫无办法。只得严令桂军向贵州尾追，不得稍纵。白崇禧要桂军第七军学中央军的样子，与红军保持两日行程。于是第七军便在红军后卫董振堂红五军团之后徐徐跟进；到独山都匀后，全军停止，不再前进。蒋介石坐镇贵阳，急电第七军军长廖磊星夜兼程，廖复电曰："容请示白副总司令允许，才能前进。"

蒋介石看了回电，仰天长叹："这真是外国的军队了。"

允许自己的两面，就不允许别人的两面？

这是李宗仁回忆中"国民党为什么丢失大陆"的第一条原因：蒋介石专借"剿共"，剪除异己。

作用力与反作用力大小相等，方向相反，这是规律。

桂军让路，湘军无意填补，第四道封锁线出现重大漏洞，为什么红军通过之时损失却又如此严重？后来到底发生了什么变故？

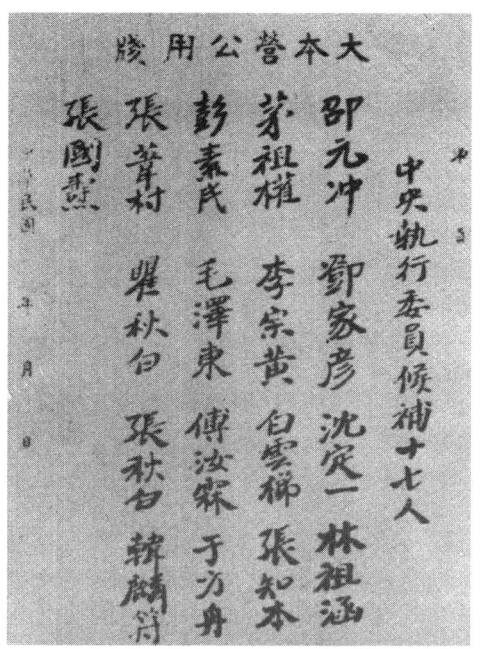

国民党中央执行委员会候补十七人名单
（内有六人为共产党员）

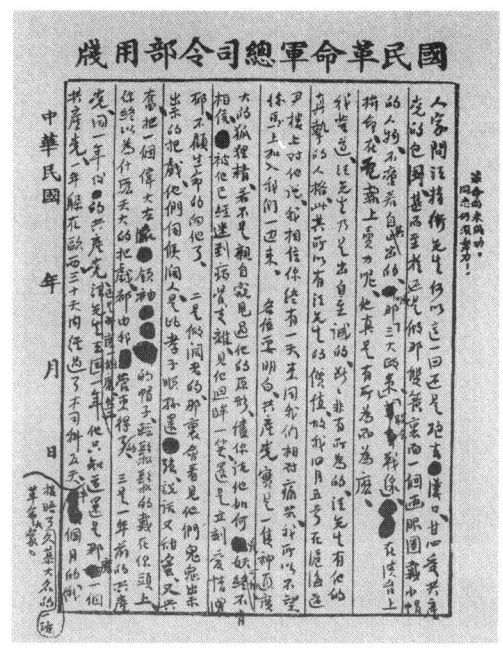

1927年，吴敬恒弹劾共产党的手抄文告

1927年"清党"期间，街头行刑

南昌起义指挥部——江西大旅社

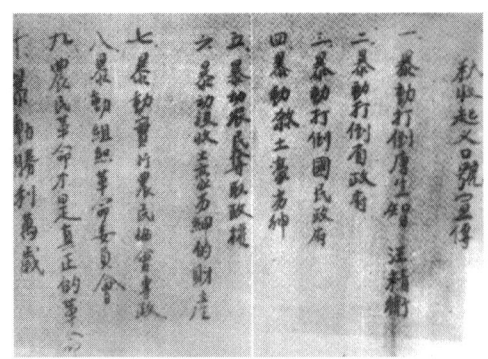

秋收起义口号宣传

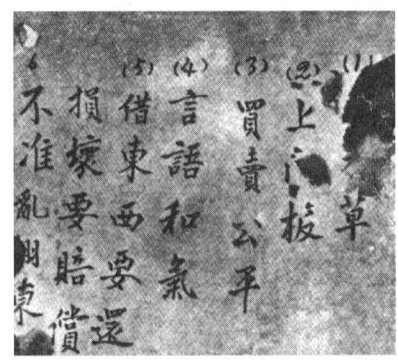

红军写在包袱上的行军纪律：六项注意

参加秋收起义的共产党人（后排左起第三人为毛泽东）

"支部建在连上"宣传画

第十二讲　浴血湘江

湘江之战，是红军长征路上的第一个生死攸关的考验。

湘军与桂军都各怀鬼胎，湘江的大门实际上是虚掩的。由于湘军主力后缩、桂军将南北阵地变换成东西阵地，一时间湘江门户洞开，出现了迅速突破蒋介石精心构筑的第四道封锁线的大好机会。

中央红军的队伍正在迅速向湘江挺进。走在最前列的，是红一军团便衣侦察队，由军团侦察科长刘忠率领。侦察队连续发回"前方无大敌"的报告，这意味着前进的通道是敞开的。军团长林彪决定，采取"两翼分割，中间突破"的态势，向湘江兼程猛进，从白崇禧的"全、灌、兴铁三角"地带大步穿过。

此时还出现另外一个好机会。

军团便衣侦察队从界首悄悄渡过湘江、抵达全州城附近实施侦察时，发现全州是一座空城。按理说，全州应该是桂军与湘军的会师之地，但是他们各自都收缩力量，结果导致全州城防守力量空虚。当时城里仅有桂军一个民团，战斗力很弱。湘军接防部队尚未到达。

谁占领全州，谁就在湘江作战中占据有利地位。刘忠立即建议在对岸附近的一军团二师五团从速过江，占领全州。

团长陈正湘做不了主。率领五团的是二师参谋长李棠萼。李棠萼觉得军团当初的命令并没有攻占全州这一条，故应该听候军团指挥部命令，先将情况报告军团指挥部，待命令再行动作。

在军事上，有兵贵神速之说，也有"三大纪律八项注意"第一条"一切行动听指挥"。到底怎么掌握，皆在指挥员自身，运用之妙，存乎一心。

哪一个指挥员不想把握军机？军机稍纵即逝，如果缺乏灵活应变的能力，那是抓不住军机的。

待军团司令部"渡过湘江，占领全州"的命令下达，全州被刚赶上来的湘军占领。湘军悍将刘建绪以"追剿军第一纵队司令"身份，1934年11月27日下午5时向部属发报"予在全县"，下达了一系列战斗命令。

李棠萼只好指挥五团抢占觉山铺，紧急构筑面向全州的防御阵地。

敌方出现的矛盾与失误给我们造成极其有利的机会。我军出现的失误，又使一些极好的机会重新失去。红军在湘江之战中之所以损失巨大，中央纵队过于笨重缓慢、未能有效利用湘江缺口是其一，红一军团二师五团未能坚决抢占全州，也是其一。

刘建绪后来向红一军团阵地发起一次又一次猛烈的冲击，就是利用全州这个前进基地。如果当时一军团二师五团果断占领全州，主阵地可从觉山铺前出30里，以城防为依托，一军团对湘军的防御态势无疑将大为改观。林彪还用在11月30日晚向中央发出那封防线动摇、万分危急的电报吗？

刘忠晚年离休后，写了本回忆录《从闽西到京西》。他说及半个世纪前红二师参谋长李棠萼贻误战机、失去控制全州的机会，仍然感叹不已。令他动情的不仅仅是个人失误，更是在这一失误背后付出了多少战友鲜血和生命的代价。

薄薄的回忆录印刷粗糙，错别字不少。这位1955年授衔的中将自己一个字一个字地改、一本一本地改。改完后用纸把书包好，送到国防大学图书馆，布满老年斑的手一遍遍抚摸着封面，用难懂的福建口音反复叮嘱要好好收藏。

图书馆人员礼貌客气，好奇这位老人为何对一本小薄册子如此执着与认真。

当年红一军团是长征先锋，而刘忠的便衣侦察队是先锋的先锋。

望着这位步履蹒跚的老人的背影，如何想象他是当年长征队伍的先锋？他个子不高，没有带警卫员，就一个人拄着拐杖，摇摇晃晃地走远。我当时就在图书馆，看到这一幕，非常感慨。

就在湘军、桂军与中央军互相将作战任务推来推去的时候，中央红军却在疾进途中表现出一种顽强的整体性，走得很慢。如果说前锋部队没能抓住敌人防线上出现缺口的机会是第一个失误的话，那么，这就是第二个失误。

一军团一师掩护中央纵队渡过潇水后，按林彪命令应该迅速向湘江前进，与军团部会合。但后卫五军团还未赶上，潇水一线形成缺口。彭德怀立即命令一师停止前进。他对一师师长李聚奎说，不能给敌人留下空隙，一师不但现在不能走，三军团六师也暂时归你一师指挥，我同你们军团司令部联系说明。

一师按照彭德怀命令继续防守潇水西岸两天，打沉一批批追敌渡船，有效地阻敌前进，保障了红军后尾。

11月27日夜，一军团二师渡过湘江，占领界首。三军团四师也随即到达。二师向纵深发展，四师接防，原想按二师那样在湘江北岸布防，林彪说不可，四师不要摆在二师原来阵地上，要回过江去，在南岸构筑防御阵地，防止桂敌侧击。

四师师长张宗逊、政委黄克诚按照林彪意见在南岸布防，很快就与赶上来的桂敌接火，一打就是两天两夜，使界首渡口牢牢控制在我军之手。

彭德怀指挥了一军团的部队，林彪指挥了三军团的部队，皆指挥得十分关键。

一军团一师若不按照彭德怀命令坚守潇水，中央纵队在湘江一带便要被追敌迫近两天时间，湘江之战中红军的损失不知还要增加多少。

三军团四师若不按照林彪命令在南岸背水布防，界首渡口必在桂军突袭下很快丢失，红军大队就将在湘江被追敌切断。

红军指挥优于敌军之处，表现得分外明显。红军各部队之间的配合相当到位，这与对手各方推诿的情况恰成对照。

从界首至屏山渡，蒋介石精心构筑的湘江防线被撕开一个30公里宽的缺口。

大战在即。

11月27日，就在林彪占领界首的同一天，刘建绪进占全州。

红军突击先锋与湘军堵截主将，各自使自己的军事机器高速运转起来。

林彪爬上山头看地形，决定以觉山铺一带四公里长的山冈线作为阻击主阵地，掩护界首到觉山铺一线渡河点。

刘建绪则在全州下达一系列命令，调动部队，选定阵地，测定射击距离。

后续湘军源源到来。

湘江之战最先动手的不是迎面扑将上来的刘建绪，却是抽身闪出通道的桂军白崇禧。

11月28日，蒋介石怒气冲冲地给白崇禧发了一封电报：

> 共匪势蹙力竭，行将就歼，贵部违令开放通黔川要道，无异纵虎归山，数年努力，功败垂成。设竟因此而死灰复燃，永为党国祸害，甚至遗毒子孙，千秋万世，公论之谓何？中正之外，其谁信兄等与匪无私交耶？

话说到了如此严重的地步："其谁信兄等与匪无私交耶？"

读电报的白崇禧一身热汗，然后一身冷汗。

1927 年北伐，白崇禧任东路军前敌总指挥，夫人马佩璋来探望。人未到，白已出发。蒋介石致电："兄出发之次日，嫂夫人即前来。夫妇不能相见，此中正之过也。"

曾几何时之难兄难弟，现在却当千刀万剐了。

接蒋电同日，桂军对红军发起攻击。

人们认为这封电报是白崇禧攻击红军的缘由。

其实有无这封电报，桂军的攻击日期早定好了。

一个白崇禧带出一小批白崇禧。放开"铁三角"之初，在灌阳的桂军十五军根据对当面红军行军速度的观察计算，从 11 月 23 日夜红军入清水关算起，算上红军为避空中侦察昼伏夜行的习惯，估计要五夜才能通过完毕。

"不拦头，不斩腰，只击尾"的战略决策已定，但还存在击大尾还是击小尾的问题。

桂军同时制订了两个方案。

第一案：于红军通过第四日夜出击，十五军三个师全部展开，截击红军后尾；

第二案：于第五日夜出击，只在新圩展开一个师，截击红军最后一小部。

十五军军长夏威主张击大尾，采用第一案；第七军军长廖磊则主张击小尾，采用第二案，在电话上两人争论起来。

白崇禧做决断。他一句"在新圩用一个师就行了"便决定了第二案。

28 日，桂军日历上红军通过的第五天，十五军王赞斌师在新圩投入战斗，向新圩的三军团五师发动进攻。激战两个昼夜。五师损失重大，师参谋长胡浚、十四团团长黄冕昌先后牺牲。

29 日，桂军与背水为阵的三军团四师在界首南光华铺发生激战。30 日，十团团长沈述清阵亡。彭德怀命杜中美接任团长。当日杜中美又牺牲。一日之内一个团牺牲两位团长，三军团部队此前还未经历过，战斗激烈程度可以想见。

三军团六师的十八团则被桂军围于湘江东岸，全团覆没。

三军团四师政委黄克诚后来回忆说："自开始长征以来，中央红军沿途受到敌人的围追堵截，迭遭损失，其中以通过广西境内时的损失为最大，伤亡不下两万人。而界首一战，则是在广西境内作战中损失最重大的一次。"

虽然采取的是"击小尾"，桂军也给红军造成了很大伤害。白崇禧晚年在台湾回忆说："检讨这次战役，如刘建绪之部队能努力合作，战果更大。我们派飞机侦察刘部是否行动，驾驶员回来，很怨愤地说：他们不在剿共，而在'抗日'。原来刘部架着枪在睡觉，驾驶员说的日不是指日本，而是指太阳。"

可以想见，在台湾的白崇禧也只有这样写。"贵部违令开放通黔川要道，无异纵虎归山"，当年老蒋那封声色俱厉的指责电报，白崇禧不会忘记。他要想尽一切方法，证明自己从未如此。

公平地说，被白崇禧指为作战不力的刘建绪，在湘江之战中异常勇猛。白崇禧攻击的是彭德怀的三军团，刘建绪攻击的则是林彪的一军团。

刘建绪是湘军著名悍将。陈诚是**保定军校**①八期生，叶挺是六期生，刘建绪则是三期生，1914年即进入保定军官学校。近代战争中火炮猛烈，中国又一直吃亏于列强的坚船利炮，蒋介石入军校报名学炮兵，陈诚学的也是炮兵，刘建绪学的同样是炮兵。北伐军攻克武昌，何键师率先打开武昌西门时，第一个冲进城的部队，就是刘建绪旅。

在刘建绪指挥的湘军连续攻击之下，一军团面临的压力巨大。29日中午，前沿阵地纷纷被攻占。红二师部队在敌优势炮火下，一步步退向觉山铺核心阵地。

30日，红一师完成潇水阻击任务后赶到。林彪令其不顾疲劳，立即进入觉山铺主阵地。觉山铺是个有二十来户的小村庄，控制住它，才能掌握界首渡口。

当天战斗在全线打响。

后来很多记述这场战斗的文章说，全州湘敌倾巢出动，红军以5个团兵力对付刘建绪和薛岳指挥的4个师16个团的猛扑。

其实薛岳部没有赶上来。刘建绪也没有倾巢出动。30日担任攻击的，是湘军章亮基第十六师和十九师师长李觉率领的4个补充团，共11个团兵力。就攻防兵力对比看，优势不是很大。

需要特别提一下湘军前线总指挥、湖南代保安司令兼十九师师长李觉。

李觉是湖南长沙人，军校毕业后入湘军第一师任排长。他所在的部队是土

---

① 全称"保定陆军军官学校"，是中国近代史上第一所正规陆军军校，训练初级军官。其校址位于河北保定市。1912年开办，1923年停办，总共办过9期，毕业生有6000余人，其中不少人后来任教于黄埔军校。该校为近代中国培养了许多军事人才，毕业生中名将辈出。

匪收编过来的部队，生活作风腐败，士兵无纪律可言，根本不把李觉这个嘴上没毛的学生官放在眼里。团长唐生智便给李觉出主意说，把老姜烧热了烫嘴唇，便可以烫出胡子来。李觉信以为真，如法炮制，非但没有烫出胡子，反而在部队中闹出了笑话，却又因此被周围人认为老实憨厚，赢得了士兵们的好感。

从此李觉以唐生智为榜样，不摆架子，不怕吃苦，和士兵们一同作劳役，一同玩游戏，建立起良好的感情。

唐生智对李觉十分器重，亲自选派他赴保定军官学校深造。毕业后又由唐本人亲自撮合，与唐部骑兵团团长何键的大女儿何玫在长沙结婚。李觉作为何键的长门女婿，又是唐生智亲手提拔的军官，在湘军中具有了双料优势。蒋介石搞军队整编，湘军军改师，师改旅，所有军官皆降一级使用，偏偏李觉却由团长晋升为旅长。1930年冬，出任十九师师长。他是湘军中最受何键信任的人物。

李觉跟唐生智学到一套带兵办法，较得士兵信任；又有何键女婿的身份，使十六师师长章亮基也唯命是听。另外，李觉头脑机敏，作战顽强。这一切因素立刻在红一军团防守的阵地面前显现了出来。

30日刚赶上来的红一军团一师防守的米花山阵地，当天就被突破。一师向西南方向后退。李觉于是指挥湘军三面夹击二师五团防守的尖峰岭。轮番冲锋；倒下一批，又冲上来一批；入夜攻势仍然未停。五团政委易荡平身负重伤，为不当俘虏，用警卫员的枪对着自己头颅扣动了扳机。五团尖峰岭阵地失守，二师主力只得退守黄帝岭；阵地前后，到处是红军战士的遗体。李觉指挥湘军穿插迂回，向二师侧后运动，二师只得后撤。

这是红一军团从未经历过的残酷战斗。

林彪也为眼前的战局深感震惊。一军团过去应付过无数困难的局面，但总能先敌自主决定自己的意志，取得支配战局的主动地位。现在眼见军团部队处于敌人迂回包抄之中，还需要像钉子一样坚守阵地，自己的野战机动性全部失去。如此窘境，林彪头一次遇到。

长征路上林彪有两次最为紧张。第一次就是这次掩护中央纵队强渡湘江。

几天以来，前后方的来往电报都标明"火急"、"十万火急"；但后方对催促前进的回答却总是"中央纵队向湘江前进"，"中央纵队接近湘江"，仍然携带着几十个人才抬得动的山炮、制造枪弹的机床、出版刊物的印刷机、成包成捆的图书文件、整挑整挑的苏区钞票……整个苏区社会都挑在扁担上走，行动缓慢。就这样，中央纵队还在以每天 40 里的速度缓慢前进。他们不知道那边厢的敌人在蒋介石的急令下已经在加紧进攻，而前方部队都快顶不住了。

11 月 30 日深夜，军团长林彪、政委聂荣臻、参谋长左权在觉山铺彻夜未眠。对着摇曳的马灯反复思虑几个小时，给中革军委拍发了一封火急电报：

朱主席：

　　……由觉山铺到白沙铺只二十里，沿途为宽广起伏之树林，敌能展开大的兵力，颇易接近我们，我火力难发扬，正面又太宽。如敌人明日以优势猛进，我军在目前训练装备状况下，难有占领固守的绝对把握。军委须将湘水以东各军，星夜兼程过河。一、二师明天继续抗敌。

这就是那封著名的"星夜兼程过河"电报。之所以著名，因为局面已到千钧一发之际。向来披坚夺锐的红一军团，对自己的战斗能力还能支撑多久发生动摇。

这封电报给中革军委带来极大震惊。行军过程中前后左右不间断的枪炮声，使中央纵队和军委纵队的人们已经明白局面的险恶，但未料想险恶到如此程度。

接到一军团火急电报，12 月 1 日凌晨 1 时 30 分，朱德给全方面军下达紧急作战令，要求"一军团全部在原地域有消灭全州之敌由朱塘铺沿公路向西南前进部队的任务。无论如何，要将汽车路以西之前进诸道路，保持在我们手中"。

凌晨 3 点 30 分，为保证中革军委主席朱德的命令不折不扣地执行，中革军委副主席周恩来以中央局、中革军委、总政治部名义起草电报：

　　一日战斗，关系我野战军全部。西进胜利，可开辟今后的发展前途，迟则我野战军将被层层切断。我一、三军团首长及其政治部，应连夜派遣政工人员，分入到各连队去进行战斗鼓动。要动员全体指战员认识今日作战的意义。我们不为胜利者，即为战败者。胜负关全局，人人要奋起作战的最高勇气，不顾一切牺牲，克服疲惫现象，以坚决的突击，执行进攻与消灭敌人的任务，保证军委一号一时半作战命令全部实现，打退敌人占领的地方，消灭敌人进攻部队，开辟西进的道路，保证我野战军全部突过封锁线应是今日作战的基本口号。望高举着胜利的旗帜，向着火线上去。

中央局

军　委

总　政

局面极其严峻。以最高权力机关联合名义发报，且电报语气之沉重，措辞之严厉，为历来所罕见。

不能仅仅是宣告胜利的电报可以载入史册。林彪"星夜兼程过河"电报和周恩来"向着火线上去"电报，更显现出我军那部既光辉灿烂又千曲百折的战史。

艰难奋战不再是一个抽象概念。在这里，它融化在了字里行间。

面对一军团历史上空前的严峻情况，天亮之前林彪给各部队下达命令，按照军委要求，12时前决不准敌人突过白沙铺！聂荣臻组织政工人员全部到连队，提出战斗口号：生死存亡在此一战！

林、聂光想着白沙铺了，未想到差点让李觉指挥的湘军端了一军团的军团部。12月1日凌晨，敌军再次对觉山铺一线发起猛烈进攻。

不仅仅是林彪会打穿插迂回，李觉的穿插迂回更加凶猛。湘军一部从一军团一师与二师的接合部楔入，以浓密的树林作掩护，向右翼迂回到一师三团背后，包围该团两个营。左翼敌人也向红军侧后迂回。一、二团被分割截击，情势非常危急凶险。

战至中午，敌人竟然迂回到了觉山铺南面隐蔽山坡上的军团指挥所。参谋长左权正在吃饭，警卫员邱文熙突然报告："敌人爬上来了！"聂荣臻不信，以为是自己部队在调动，到前面一看，黑压压一片敌人端着刺刀，已经快到跟前了。

林彪拔出手枪。聂荣臻拔出手枪。左权丢下饭碗操起枪去指挥警卫部队。军团指挥所瞬间成了战斗最前沿。军团指挥员眨眼变成了普通战斗员。

红一军团军团部曾几次遇险。

第四次反"围剿"在草台岗围歼陈诚的十一师，一颗炸弹落到指挥所位置，强大的气浪把正在写作战命令的林彪一下子抛到山坡下。林彪爬起来一看没有受伤，拍掉身上的土，继续书写战斗命令。

第五次反"围剿"一军团从大雄关向西南转移，在军峰山堡垒地带遭毛炳文第八师袭击，敌人冲到军团部前。林、聂带领身边的警卫员、炊事员和机关直属队人员投入战斗，一直顶到增援部队上来。

但最险的还是湘江这一次。1942年5月，左权牺牲在抗日前线。林彪写了一篇声情并茂的《悼左权同志》：

多少次险恶的战斗，只差一点我们就要同归于尽。好多次我们的司令部投入了混战的漩涡，不但在我们的前方是敌人，在我们的左右后方也发现了敌人，我们曾各亲自拔出手枪向敌人连放，拦阻溃乱的队伍向敌人反扑。

子弹、炮弹、炸弹，在我们前后左右纵横乱落，杀声震彻着山谷和原野，炮弹、炸弹的尘土时常落在你我的身上，我们屡次从尘土中浓烟里滚了出来。

落笔时，他眼前一定出现了湘江畔那场血战。林彪一生没有留下什么像样的军事专著。沉默寡言成为特性。在家乡林家大湾上学时，他曾给小学女同学林春芳写过一副对联："读书处处有个我在，行事桩桩少对人言。"这两句话成为贯穿他一生的格言。只有在很少的场合，他才表露自己的真情与心迹。《悼左权同志》是其中之一。

中央红军万里长征中历经百战，最为惨烈的首推湘江之战。8万多中央红军被压迫在一个宽30公里（湘江渡口）、长80公里（文市至界首）的椎形地带内，情况万分危急。蒋介石在任何一次"围剿"中都未能将红军置于如此困境。

林彪的一军团、彭德怀的三军团及五、八、九军团，为中央纵队及整个红军的命运，与湘军及桂军进行了前所未有的厮杀。从11月27日夺取界首到12月2日中央纵队全部渡过湘江，红一军团为中央红军整整多争取了两天：按常规来看，11月30日整个中央纵队就应该过湘江的。红一军团和红三军团像两把钳子，撕开了一条通道，保障了中央纵队的安全通行。

这是改变中国命运的两天。

湘江之战，红军由8.6万人锐减为3万余人。红八军团编制撤销。三军团六师十八团和五军团三十四师于湘江东岸覆灭。其余各部队均不足长征出发时的半数。

告别觉山铺战场时，林彪、聂荣臻、左权等一军团首长亲自为阵亡将士安葬。有人回忆，平生极少流泪的林彪泪如泉涌。新中国成立后，林彪去过一些当年战斗过的地方怀旧，但再也没有回过觉山铺和界首。

湘江战役是错误军事路线导致的结果；湘江战役又是一线红军将士英勇奋战的辉煌诗篇。

湘江畔的这些勇士，为挽救整个中共和红军的命运功不可没。

国共双方的指挥者，后来在不同场合相遇。

1938年10月，武汉保卫战失败，白崇禧由鄂西去长沙。途中所乘汽车出故障，下车在路边等待。恰逢周恩来也过此地，两人不期而遇。

周恩来与白崇禧早就相识。1927年他们两人一个是上海第三次工人武装起义总指挥，一个是四一二政变中缴工人纠察队枪支、向示威人群开枪的上海戒严司令；1934年一个是指挥强渡湘江的中革军委副主席兼中央红军总政委，一个是指挥防堵湘江的桂军总指挥，早就是不打不相识。

周恩来邀请白崇禧上他的车。日军先头部队离此已经不远。

白犹豫再三，方才上车。

两人一路上谈了很多，包括湘江之战。

白说："你们未到广西，我很感激！"

周答："你们广西的做法，像民众组织，苦干穷干精神，都是我们同意的，所以我们用不着进去。"

在湘江几陷红军于绝境的刘建绪，于1949年8月中国人民解放军向全国进军的时候，与黄绍雄、贺耀祖、龙云、刘斐等44位在香港的国民党立法委员和中央委员发表《我们对于现阶段中国革命的认识与主张》的声明，宣布脱离蒋介石政权，拥护中国共产党领导。

声明发表后，中共电邀诸委员北上参加人民政协工作。签了字的刘建绪却未去。用同样未去的李默庵的话说就是：与共军作战多年，国内主要战斗均皆参加，如今投向人民，并无微功实绩可以自赎，仅凭一两次声明，迹近投诚，混迹其间，有何意味。

刘建绪自己罗列的账单：

1929年1月，兼湘赣两省"剿匪"总司令部第五路司令，对脱离井冈山的朱毛红军进行长途追击。

1930年10月，任"平浏绥靖处"处长，率十五、十六、三十一师进攻苏区，并颁布"十大杀令"，对苏区人民实行血腥屠杀。

1933年7月，赣粤闽湘鄂"剿匪"军西路第一纵队司令，参加第五次"围剿"。他曾经几乎端了红四军军部，并曾让毛泽东陷于险境。

1934年冬，兼任"追剿"军第一路司令，在湘江给中央红军造成重大损失。

1935年春，改任"剿匪"第一路第五纵队司令官……

刘建绪留在了香港。不久香港待不下去了，又去了巴西。

他在巴西自办一个小农庄。除读书看报纸外，也干些力所能及的体力劳动。晚年常抒发思乡之情，托人打听家乡的音讯。

1978 年 3 月，当新中国即将开始一个新时期时，这位湘军宿将病逝于外域。

刘建绪最后留有遗嘱，望其子女能将其遗骨移葬故乡醴陵。

相较之下，唐生智的得意门生、何键的长门女婿、湘军十九师师长李觉最为幸运。他参加了湖南起义，解放后在湖南省人民政府任职，后调全国政协工作。粉碎四人帮后，当选为全国政协常委，晚年与其夫人何玫过着安静舒适的生活。

他也有埋藏在内心的秘密，而且所埋甚深。

为政协编辑的文史资料写回忆文章，李觉从来不提及湘江战斗。实在回避不过了，便说当时部队"士气不高，行动缓慢。当我率领第十九师到达永州时，中央红军已通过广西全州向湘黔边境前进"。

永州距全州 200 余里。李觉说他是在 200 多里外眼看红军突过湘江防线的。后来薛岳率中央军过河猛追，"湖南方面可说是松了一口气"。

写到这里，他本人肯定也松了一口气。

李觉利用了他的十九师留在何键身边、未赶到全州前线这一空档。十九师未上前线、师长李觉却上了前线这一事实，他始终不愿坦白出来。

因为李觉这样写，一些政协委员也采用他的说法。当年薛岳司令部上校参谋李以劻也说："李觉的第十九师和陶广的第六十二师尚在零陵至全州黄沙河途中，未及赶到。"于是李觉任师长的十九师未及赶到就成了李觉本人未及赶到，指挥全州觉山战斗的便成了十六师师长章亮基，李觉悄悄地从那场打得天昏地暗的血战中脱身出来，未参加湘江战斗的说法几成定论。

不是不可以理解。有些实话，特别是对红军主力一军团造成那样大的伤害，以一个起义将领的身份全部坦白出来，实在太难。

让李觉露出马脚的，还是国民党方面的记载。据《陆军第十六师于全县觉山沙子包一带剿匪各役战斗详报》，全州堵截战的具体部署是：

> 本路（追剿军第一路）军，以李代保安司令觉指挥第十六师全部、补充总队四团、陈子贤旅（欠一团）及山炮一门、步兵炮两门，除以一团固守寨墟相机出剿外，余由全县附近及飞鸾桥、小水洞一带，沿全兴公路西进，向匪攻剿。

11 月 29 日记载：

> 本师奉李代保安司令命令：除以一团仍固守寨墟相机出击外，其余附山炮一门、步兵炮两门，于二十九日晨，分由飞鸾桥、小水洞出发，向全

兴公路攻剿前进。李代保安司令率补充各团及陈旅（欠一团），在本师后跟进策应。

11月30日记载：

……我各部与匪相互冲锋肉搏，战斗至为惨烈。正激战间，李代司令率补充团赶到，遂派兵一部向匪右侧急袭，我空军同时向匪轰炸。迫至酉刻，我各部官兵虽伤亡甚众，而战益奋勇。

12月1日记载：

本日拂晓，我李代司令率补充各团附炮兵，沿公路向朱兰铺、白沙铺攻剿。本师（十六师）第四十八旅附第九十三团，向刘家、严家之匪攻剿。师长率第四十六旅沿公路跟进策应。自辰至午，战斗极烈。我军在飞机炮火掩护之下，勇猛冲击，前仆后继……

白纸黑字，李觉不仅全过程参加、而且全过程指挥了湘江战斗。不是"士气不高，行动缓慢"，而是士气颇高，行动颇速。

国民党资料虽然披露了这些事实，仍然很少有人知道。这些资料夹在当年若干个战斗报告之中，翻出来恰似大海捞针。而且语言枯燥、公式化，多是国民党方面的军事术语。印数不多，装订粗糙，不求赚钱，放在图书馆保存，仅供专业人士参考。而绝大多数研究历史的专业人士，对一个具体战役和众多晦涩的军事术语也不容易搞懂，所以即使披露，对李觉来说仍然是可以保得住的个人秘密。

我们悄悄揭开这个秘密，不是想让已经在另一个世界的李觉不得安宁，而是想说明矛盾的多个侧面。从这里入手，相信李觉对真情的隐瞒可获得后人理解。

单纯从军事上讲，李觉率领的湘军十六师、补充总队一、二、三、四团等部11个团向红一军团5个团进攻，兵力优势不是很大；其中四个补充团皆是湘军的地方团队，装备、训练也并非很好。指挥这样一支部队，对红军主力一军团的正面攻击如此凶猛顽强、两翼穿插如此大胆果断，造成一军团这支红军头等主力部队前所未有的窘境，今天来看，我们不得不承认这个当年想用烧热的老姜烫出胡须的学生官，表现出了很高的军事造诣。而对擅长野战、擅长在运动变化中灭敌的林彪来说，搞要点固守，恰恰正为其短。

但从政治上看，如此穷凶极恶地阻挡代表中国未来的红色铁流前进，就属于开历史倒车的反动透顶的反动派了。

在中国，政治从来是高于一切的。所以，李觉即使参加湖南起义当了政协委员，即使粉碎了四人帮落实了政策，即使到 1987 年临终去世，也不敢承认年轻气盛时在湘江那次趾高气扬的作战。

　　他参加湖南起义，是在中国人民解放军第四野战军雷霆万钧般南下的压力下的明智抉择。率领四野摧枯拉朽从长白山打到海南岛的林彪，并不知晓在他面前起义的湖南将领中，有个在湘江觉山铺几乎抄了他军团部的李觉。

　　湘江之战的重大损失，也使检讨中央红军军事路线进而检讨政治路线的时机渐趋成熟。为什么会出现湘江之战这样的重大损失？谁为此负责？首当其冲的，是一个中文名叫"李德"的德国人。他是从哪里来的？他真是共产国际派来的军事顾问吗？

第十三讲　真假共产国际军事顾问

有一句名言说：人的一生虽然漫长，但紧要的关头只有几步。

这句话可以引申为形容一个组织。中国共产党的历史虽然漫长，但紧要的关头，也只有几步。

中共党史上最为重要的一步，莫过于长征。中国共产党人和中国工农红军最深重的苦难与最耀眼的辉煌，皆出自于此。

被誉为里程碑的遵义会议，也是长征的产物，是长征路上的里程碑。四渡赤水、突破金沙江、强渡大渡河、爬雪山、过草地，这些史诗般的壮举皆是长征途中一步一步的脚印。甚至连震惊中外的西安事变，在某种程度上来说，也与红军长征的胜利有关。

那么，长征的第一步到底是怎么迈出去的？红军长征是一次精心筹划的战略行动，还是一场惊慌失措的退却和逃跑？

发生疑问的重要原因，在于这一行动的最初规划者据说是共产国际派来的军事顾问李德。

李德说："这个思想是我一个人在 1934 年 3 月底首先提出来的。"

果真如此吗？李德是什么人？他从何处来？他来干什么？真如很多书籍说的那样，他是共产国际派来的军事顾问？

一直到 1939 年 8 月李德离开延安返回莫斯科，中国共产党和红军内绝大多数同志都不知道李德的真实身份。为了弄清他的真实身份，用掉中国共产党人半个多世纪时间。

今天，我们必须从更远的源头去追寻这个复杂问题的线索。

1931 年 6 月 1 日，共产国际的信使约瑟夫在新加坡被英国警察逮捕。审问结果，发现约瑟夫向马来亚共产党人转递的经费来自上海，其携带的文件中还有一个上海的电报挂号和邮政信箱。按照当时地下工作的规定，信使传递信件或财物时，必须销毁一切可能暴露他的上线的信息。约瑟夫违反了这个规定，导致了后来的悲剧。

新加坡是英国殖民地，上海又有英租界，英国人高效率地做出了反应：立即通知上海公共租界警务处。租界警务处也迅速查实了两处可疑地点：

一处为上海四川路 235 号 4 室，房主是 Noulens Ruegg（诺伦斯·鲁格），中文名牛兰；其妻 Gertrude Ruegg（格特鲁德·鲁格），中文名汪得利昂，被称为牛兰夫人；夫妻俩持比利时和瑞士护照。

另一处为南京路 49 号 30 室，泛太平洋产业同盟驻上海办事处，负责人也是牛兰。

6 月 15 日，牛兰夫妇被上海公共租界警务处逮捕。

由于事先毫无预兆，密码和账簿都来不及转移，被租界当局如数缴获。

这就是著名的牛兰夫妇被捕案。

今天回顾这桩当年轰动整个东方的要案，应叹服共产国际秘密工作者的素质和纪律。上海租界当局从多方入手，却无法查实牛兰夫妇的真实身份。最后他们企图从牛兰一家人所操的语言上打开缺口，以证实嫌疑犯确实来自苏联，结果发现即使牛兰夫妇当时年仅 4 岁的儿子吉米，也只会说德语，不会说俄语。

牛兰夫妇严格遵守了地下工作的规定，都是单线联系，保密工作做得极其到位。几十年时间过去，不要说当年租界当局的审讯者和后来国民党政府的审讯者没有搞清楚，就是知道牛兰夫妇是共产国际秘密工作人员的中国共产党人，也一直不知道他们二人的真实姓名和经历。

一直到苏联解体、苏共中央和共产国际的大量秘密档案被公布，牛兰夫妇的儿子、年近 70 岁的吉米老人，才第一次将其父母的真实情况披露给世人。

牛兰的真实姓名是雅可夫·马特耶维奇·鲁德尼克，1894 年出生于乌克兰一个工人家庭，1917 年 2 月在推翻沙皇统治的斗争中开始革命生涯，担任"芬兰团"政委，十月革命时率队攻打冬宫。1918 年被选入捷尔任斯基领导的肃反委员会"契卡"，数次到欧洲数国执行秘密任务。中国大革命失败后，被共产国际定为派往中国的最佳人选，1927 年 11 月到上海，1929 年开始全面负责中国联络站的工作。

牛兰夫人的真实姓名是达吉亚娜·尼克莱维娅·玛依仙柯，1891 年出生于圣彼得堡一个显赫的贵族世家。自幼受到良好的文化熏陶，对语言悟性极高，精通法语、德语、英语、意大利语，还研究过格鲁吉亚语和土耳其语。1917 年十月革命中加入布尔什维克，受共产国际委派，先后到土耳其、意大利、奥地利等国工作，1930 年初带着儿子来到上海，协助丈夫工作。

这是一对经验丰富的革命者。穷人家庭出身的鲁德尼克和富人家庭出身的玛依仙柯的结合，使他们对各种社会环境具有更大的适应性。

他们在上海要完成的任务集中归结为三项：

一是利用租界内的合法身份，完成共产国际执委会以及远东局、青年共产国际、赤色职工国际与中国共产党和亚洲各国党的电报、信件、邮包的接收与中转；

二是为赴苏联学习、开会、述职的东方各国共产党人办理各种手续；

三是利用公开渠道接收共产国际从柏林银行转来的款项，分发资助中国及东亚各国的革命运动。

牛兰夫妇负责的这个联络站，实际是共产国际在远东的信息流、人员流和资金流的转换枢纽。

正因关系重大，所以负责此事的人经验必须十分丰富，行为必须分外谨慎。

牛兰夫妇完全符合这一条件。他们二人都在多个国家工作过，在上海他们持有多国护照，使用数个化名，登记了八个信箱、七个电报号，租用十处住所、两个办公室和一家店铺，并频繁更换联络地点，尽量避免与中国共产党地下工作者直接接触。牛兰到上海最初一年多时间，不是到中国其他城市旅行，就是往来于上海和欧洲疏通贸易渠道。后来夫妇二人搞了三家贸易公司，其中最大的"大都会贸易公司"资金雄厚，信誉也好，在上海商圈里口碑颇佳。

如果不是远在天边的那个信使约瑟夫在新加坡被捕，如果不是约瑟夫违反规定在文件中存下上海的电报挂号和邮政信箱，牛兰夫妇在上海不会暴露。

牛兰夫妇的被捕和机构的被破坏，使共产国际支援东方革命的信息、人员、资金的中转枢纽被摧毁。这给中国革命带来了重大损失。

由于牛兰夫妇坚守秘密工作制度，纵然通信密码和资金账簿被缴获，但由于身份无法查实，工作性质也无法查实，更无法证明约瑟夫的经费是从牛兰这里出去的，租界当局无可奈何。上海本是"冒险家的乐园"，世界各种投机者用各种合法、非法、地上、地下手段淘金的人遍及租界内外，早已见怪不怪了。谁知道这对夫妇在为谁工作？是哪路人？上海公共租界警务处官员私下说：这个案子很棘手，若查无实据，也只好放人。从这里也看出，当时的租界当局还是比较注重法律程序的。

但是祸不单行。中国共产党方面此时出了大问题：政治局候补委员、中央特委负责人之一顾顺章被捕叛变。顾顺章对中共中央的所有秘密，几乎无所不知、无所不晓；他的叛变使中共中央面临严重的危险，周恩来、陈云、康生等领导人差点被一网打尽。

幸亏打入敌人内部的**钱壮飞**①在顾叛变的第二天便获此情报，立即从南京奔赴上海向特委负责人周恩来报告。周恩来当机立断，连夜布置中央机关和人员的转移撤离。当国民党军警按照顾的口供冲进那些秘密据点和居所时，都已是人去屋空。

原来，国民党方面就埋怨顾顺章没有及早说出来他掌握的消息。顾顺章要求必须见到蒋介石，他才能够透露真情。就这样，在他见蒋介石的过程中，潜伏在徐恩曾身边的钱壮飞在第一时间知道这个突发情况。

据说国民党"中统"负责人陈立夫当时仰天长叹：活捉周恩来只差了五分钟。

周恩来以后多次对人说过：要不是钱壮飞同志，我们这些人都会死在反动派手里。顾顺章的叛变导致中共中央大转移，直接促使周恩来于1931年12月上旬前往中央苏区。

在周恩来领导下，虽然努力将顾顺章叛变的影响减到最低，但损失还是难以避免。外面的人容易走脱，已被关在国民党监狱的，危险就接踵而至了。

顾顺章首先指认的是恽代英。恽代英1930年4月在公共租界被捕，化名王某，在监狱中未暴露身份。在周恩来指挥下，中央特委的营救工作颇为有效，即将提前释放，周恩来已派人去给即将出狱的恽代英送路费了。恰在此时顾顺章叛

---

① 钱壮飞（1895—1935），原名钱壮秋，亦名钱潮，是中国共产党早期隐蔽战线斗争的光辉代表。1928年在上海考入上海无线电训练班（国民党特务组织），深受其头目徐恩曾信任，担任徐的机要秘书。钱壮飞设计将徐恩曾随身携带的密码本拍照发回中央军委和红军，为反"围剿"作出突出贡献，又截获顾顺章叛变的情报，保障了中共中央机关的安全。钱壮飞还介绍了李克农、胡底进入国民党特务机关，在敌方情报系统中打造了一个坚固的"铁三角"。1935年4月，钱壮飞在长征行军途中牺牲。周恩来将他与李克农、胡底三人誉为深入龙潭虎穴的"龙潭三杰"。2009年9月，他被评为100位为新中国成立作出突出贡献的英雄模范人物之一。

变，指认即将释放的"王某"是中共重要领导人物恽代英，导致恽代英遇害。这是一件令人非常痛惜的事情。

顾顺章指认的另一对人物，即牛兰夫妇。

顾顺章间接与牛兰夫妇打过交道。1931 年初，共产国际派遣两名军事人员到上海，准备去中央苏区做军事顾问，牛兰夫妇将两人装扮成传教士，由顾顺章安排潜入瑞金。但行动未成功，返回上海后牛兰夫妇迅速将二人送上外轮离境。顾顺章叛变后，立即指认了此事。牛兰夫妇行事谨慎，未直接与顾顺章本人接触。顾倾其脑袋瓜所有，也只能供出共产国际在上海有一个"洋人俱乐部"，负责人是个绰号叫"牛轧糖"德国人——牛兰（Noulens）的发音与德文牛轧糖（Nougat）相近。国民党正苦恼没抓住周恩来，一听说有个共产国际"洋人俱乐部"，马上兴奋起来，迅速认定在上海租界被捕、操德语、国籍得不到确认的牛兰夫妇，就是顾顺章所说的"牛轧糖"——共产国际在上海的"洋人俱乐部"负责人。

1931 年 8 月，牛兰夫妇被从公共租界内"引渡"给国民党当局，在大批宪兵押解下从上海解往南京。南京政府力图以此为突破，切断中国共产党的国际联络渠道，搞垮共产国际在远东的联络体系，彻底粉碎共产国际对中国革命的支持。

在此严重情况下，共产国际和联共中央被迫做出反应，组织营救牛兰夫妇。

营救工作的具体组织，交给了苏联红军总参谋部远东情报局的上海工作站。上海工作情报站负责人，就是后来大名鼎鼎的理查德·佐尔格。这个人在世界谍报史上几乎无人不知。

佐尔格与牛兰年龄相仿（前者 1895 年生，后者 1894 年生），出生地相近（前者生于高加索，后者生于乌克兰），参加革命的经历也十分相似，两人又都在上海从事秘密工作，工作语言都是德语。但从属的体系不同：牛兰负责共产国际在上海的联络站，佐尔格负责苏军总参谋部在上海的工作站。苏军总参谋部派佐尔格来中国，主要针对日本。当时日本昭和军阀集团已经崛起，其咄咄逼人的扩张野心，对苏联东部的安全构成日益严重的威胁。

但日本又是世界上公认最难开展情报工作的地方。佐尔格把打入日本的跳板选在了上海。他一面在上海滩为《法兰克福新闻》撰写中国的农业评论，一面精心构筑上海工作站，做进入日本的各方面准备。

该工作站后来被人们广泛称为"佐尔格小组"。牛兰夫妇是他的得力助手。该工作站还很快发展了两个日本人，成为佐尔格后来去东京开展情报工作的重要帮手。

进展颇为顺利之时，牛兰夫妇双双被捕，使小组工作陷入窘境。

租界当局很快把他们"引渡"给了国民党政府。根据同时转过去的材料，两人很可能会被判处死刑。

中共中央、共产国际远东局和苏军总参谋部都参加了营救工作。中共中央派出中央特科情报科长潘汉年，协助佐尔格开展营救工作。营救计划由佐尔格和潘汉年共同制定。

潘汉年告诉佐尔格，国民党办案人员有收受贿赂的习惯。1929 年 9 月中共江苏省委书记任弼时在上海被捕，中央特科用现洋买通公共租界探长，再高价请律师辩护，使任弼时安然获释。恽代英被捕也是同样，已经打通了各种关节，如果不是最后顾顺章叛变指认，恽代英已经安全出狱。

佐尔格得知此讯，急电莫斯科，要求立即派人送两万美元到上海，打通关节，完成营救。

苏军总参谋部马上采取行动。送款路线跨越西伯利亚，需要穿过中国东北。当时九一八事变已经发生，该地区被日本人控制。考虑到德国与日本关系不错，苏军总参谋部决定选派德共党员执行这项使命。为了保险起见选用两人，每人各携带两万美元，走不同的路线。苏军总参谋部如此积极稳妥地安排送款，原因在于牛兰夫妇太重要了，必须要把他们救出来。

送款的这两人都不知道还有另外一人在完成与自己完全相同的使命。

两位送钱的德共党员，后来都完成了这项颇具风险的任务，先后穿越中国东北抵达上海，将钱送到了佐尔格手里。

两人都是十年以上党龄的德共党员。一个叫赫尔曼·西伯勒尔，晚年时还撰写文章，回忆安全到达上海后，和佐尔格激动拥抱的兴奋情景。

另一个叫奥托·布劳恩。晚年写文章却板起面孔，一字也不提当年秘密使命，一字不提佐尔格。只是含糊地说："1930 年，共产国际代表团工作人员诺伦斯·鲁格被捕，他办公室里的许多文件也被查出，只是当时对腐化的中国法官进行了贿赂，才使他免受死刑和处决。"他不但说错了被捕时间和人数，而且对他自己与此事件的关系守口如瓶。

奥托·布劳恩就是后来被称为"共产国际派来的军事顾问"李德。

此人出生在德国慕尼黑，比佐尔格小四岁，是工人起义中的积极分子，两次被捕，后来越狱逃往苏联，1929年进入伏龙芝军事学院。

当共产国际的信使约瑟夫在新加坡被捕、向英国警方供出牛兰夫妇地址时，奥托·布劳恩刚刚从伏龙芝军事学院毕业，分配到苏军总参谋部。

刚到总参谋部就被派遣来华，给佐尔格送款。这是奥托·布劳恩在苏军总参谋部领受的第一个任务，也是最后一个任务。没有人想到这位交通员一去不归，在中国做起了"共产国际的军事顾问"。

从20年代中期起，共产国际对中国革命越来越重视。先后有不少著名人物派到中国，指导革命。尽管有种种失误，但还是对中国革命做出了贡献。

维经斯基来华，在"南陈北李"之间穿针引线，推动中国共产主义小组建立。

马林参加中共"一大"，并在会场出现意外情况后，首先提出转移，以其丰富的地下斗争经验，避免了中共成立初期可能遭受的一次重大损失。

鲍罗廷在华五年，大革命前后在中国政坛影响深远，被称为"广州的列宁"。

米夫是联共内部著名的"中国通"，1926年底在共产国际执委会第七次扩大全会上提出中国民族资产阶级的软弱性，认为应该立即在农村成立农民苏维埃。

罗明那兹为中共八七会议起草《中共"八七"会议告全党党员书》，并作政治报告，主张武装暴动、开展土地革命和建立苏维埃政权，对中共中央转变总方针起了重要作用。

以上这些人，可以说都是国际共产主义运动中老资格的革命者。

老资格的革命者又都在中国犯了这样那样的错误。所以罗明那兹以后，驻中国的共产国际代表只列席中共中央政治局会议，不再享有决定权。共产国际再未派遣所谓"全权代表"来中国。

来上海送款的奥托·布劳恩刚刚从伏龙芝军事学院毕业，没有受过共产国际特别训练，对东方革命也没有一个基本的了解，完成送款任务受佐尔格直接指挥。这样一个人怎么突然成为能够直接、全权指挥苏区红军的"共产国际派来的军事顾问"呢？

问题是在哪儿弄糟的？

还是糟在中国人自己身上。帮助奥托·布劳恩完成身份转换的，不是共产国际，也不是苏军总参谋部，而是设在上海的中共中央。

当时中共中央正面临严重的困难。牛兰夫妇被捕前两个月，中央特委领导人之一顾顺章被捕叛变；牛兰夫妇被捕后不到一周，总书记向忠发被捕叛变。中央特委三位领导人两人被捕叛变，中共中央受到极大损害。剩下的一位特委领导者周恩来也只有被迫隐蔽，1931 年底奔赴江西苏区。

向忠发的家庭关系不和，他在中央会议上说他老婆在家吵得他办不了公，要求中央必须给他另找一个单独的住处。当时，中央苏区朱德、彭德怀、毛泽东、林彪等人正在为保护苏区艰苦作战，而在上海的中共中央会议上经常听到向忠发谈他的家庭问题。李立三回忆说，中央没有办法，就给他找了一个住处。接着就发现他带了一个身份不明的女人去那个住址。这是很危险的，中共中央对向忠发正式提出了警告，但向置若罔闻，就是不改。

后来向忠发就叛变了。他叛变后，米夫以国际名义指定的代理总书记王明找出种种借口，先周恩来一步，于 1931 年 10 月份去了莫斯科。留在上海的中央委员和政治局委员都不足半数。共产国际远东局提议，在王明和周恩来离开之前，驻上海的中共中央改为临时中央，何人出任临时中央负责人，由中共中央自行决定。

在指定负责人方面，这是共产国际第一次给中共中央放权。

决定临时中央负责人选的会议，在一家酒店召开。

回国不久的博古年轻气盛，热情奔放，并不把眼前的白色恐怖放在眼里。他又极富口才，善于作充满激情的演讲，六届四中全会后出任团中央书记，因组织和鼓动的才能受到少共国际的表扬。在决定中共临时中央人选的会议上，王明提议博古负总责，他一句：好，我来就我来！毫无顾虑。

这一年他 24 岁。

事情就这么定了下来。

当时中共中央发给国际的报告和接受国际的指示，都要通过驻上海的共产国际远东局。博古作为临时中央负责人，便成为远东局的常客。佐尔格小组虽然隶属苏军总参谋部，也以共产国际派出人员的身份活动，小组人员也常来远东局交换情况。所以远东局负责人尤尔特、中共临时中央负责人博古、苏军总参谋部上海工作站小组负责人佐尔格三人之间，来往密切。

牛兰夫妇被捕事件发生后，又从苏联远道来了一个送款员奥托·布劳恩。尤尔特、佐尔格和奥托·布劳恩三人都是德国人，这真是个"老乡见老乡"的历史的巧合。布劳恩之所以没有同另一名送款员赫尔曼·西伯勒尔那样完成任务迅速回国，是因为他在这里一下子遇见两个熟人。

一个是远东局负责人尤尔特，两人是老相识，在德国就一起做过党的工作。尤尔特在德共党内地位颇高，因与德共领导者台尔曼意见不合，被调出德共，分配到中国工作。

另一个是临时中央负责人博古。布劳恩是伏龙芝军事学院学生，博古是中山大学学生，两人在莫斯科就认识。

三个老熟人在白色恐怖的上海相遇，都担负重大使命，既兴奋又亲热。

奥托·布劳恩来华前，博古刚刚出任中共临时中央的负责职务不久，白区工作已经逐渐退居次要地位。中共的主要任务不再是组织示威游行和飞行集会了，也不再是发动城市武装暴动。全国各个苏区正如火如荼开展武装斗争。苏区工作已经上升为中国革命的主要工作。军事问题正在成为斗争中首要、迫切和关键的问题。组织一场真正的革命战争，是中国共产党人面临的最新考验。

结论异常简单：不懂军事，无法把舵。

面对这个结论最不利的人，就是临时中央负责人博古。作为一个出家门进莫斯科中山大学校门、出中山大学校门即进中共中央机关门的领导者，他搞过学运，搞过工运，却没有搞过农运，更没有搞过兵运，没有接触过武装斗争。自感最为欠缺的，就是军事这一课。

恰恰这时来了个伏龙芝军事学院毕业生奥托·布劳恩。

博古把这个熟人留下来，充作自己那条并不稳固的船上的水手长。

这一年奥托·布劳恩 31 岁，长博古 7 岁。

从 1932 年初到 1933 年初，博古与奥托·布劳恩在上海整整相处一年。一年之中，两人就中国革命问题交换了什么看法？怎样评估苏区的武装斗争？如何使这一斗争再进一步发展？现在没有第三个人知道了。事实是这段时间过后，博古对奥托·布劳恩建立了绝对的信任。

很快临时中央在上海也待不住了。1933 年春，博古去中央苏区。动身前提出要奥托·布劳恩一同去。布劳恩并不缺乏去苏区的勇气，但他有自己的考虑。作为一个曾多次从危险中脱身的国际革命者，他并不害怕前方可能出现的艰险。况且共产国际派来的军事顾问曼弗雷德·施特恩（简称弗雷德）正在来上海途中，博古走后他在上海将很快将无事可做。这些都是他愿意跟博古去苏区的理由。

不能去的理由只有一个：他是苏军总参谋部的人，不是共产国际的人。所以当尤尔特代表远东局征求他意见时，他提出一个条件，请共产国际执行委员会发出一个相应的指示。

他要凭借这个指示，完成自己的身份转换。

事情并非奥托·布劳恩想象的那么简单顺利。他后来回忆说："尤尔特和博古因此向莫斯科发出了几封电报。"到底是几封，他也说不清。

隔了一段时间，直到博古临离开上海前，才收到共产国际正式且含混的答复："奥托·布劳恩作为没有指示权力的顾问，受支配于中国共产党中央委员会。"

共产国际似乎是要通过这个指示让远东局、中共临时中央和奥托·布劳恩明白两点：

其一，作为顾问，奥托·布劳恩"没有指示权力"，仅仅具有建议权；

其二，作为顾问，奥托·布劳恩并不受托于共产国际，只受托于中共中央。

显然，共产国际没有帮助李德完成身份转换，只是要求中共临时中央共产党人对自己选定的顾问负责。布劳恩后来说，"其他的命令和指示我没有得到"；共产国际从来不直接对他发出任何指示电报。他与共产国际也从来没有建立直接联系。真正由国际派来的军事顾问弗雷德从上海给李德发电报，也只是把他当作一个帮助了解情况的临时助手而已。

就在第五次"围剿"行动开始、陈诚向黎川进攻的 1933 年 9 月 25 日，布劳恩到达中央苏区。他知道自己与共产国际关系微妙。最初在军事会议上他一再说明，他的职务只是一个顾问，没有下达指示的权力；但博古不容他这样讲下去。在介绍他的第一个欢迎会上，热情洋溢的博古便展开了他的演说才能：

"同志们！我们在这里召开一个特别会议，热烈欢迎我们盼望已久的共产国际派驻我党中央的军事顾问，奥托·布劳恩同志。""为了保密和顾问同志的安全，会后对他的称呼一律用中文的'李德'，不得泄露他的身份和原名。""李德同志是位卓越的布尔什维克军事家，又是位具有丰富斗争经验的国际主义战士。他来到中国，体现了共产国际对我们党和红军以及中国革命的深切关怀与巨大支援，也体现了这位老革命家和军事家国际主义精神和献身世界革命的崇高感情。”

博古给予了他“共产国际派驻我党中央的军事顾问”这把尚方宝剑；给他戴上一连串“卓越的布尔什维克军事家”、“丰富斗争经验的国际主义战士”、“老革命家和军事家”等光彩照人的帽子；还亲自给他起了个中国名：“李德”。

从此，奥托·布劳恩以“李德”这个名字，进入中国革命史册。

作为中共临时中央负总责的人，博古进一步说明，李德以共产国际军事顾问身份列席中央及军委会议，参与党和红军各项方针决策的研究和制定，特别对军事战略、战役和战术，负有指导和监督的重任。

奥托·布劳恩从军校毕业时间并不长，开始还不适应“李德”这个名字，不适应“太上皇”的地位。随着时间的推移，每一个人似乎都认为他这个顾问具有极大的权力，而且他在日记中写道：“博古也许还有意识地容忍这种误解，因为他以为，这样可以加强他自己的威望。”这说明他对自己身份的认识是很清醒的，要说责任全在他，似不公平。

他说对了。年轻的博古需要旁边有个钟馗，以建立和巩固自己的权威——尤其是对他一窍不通的军事工作的权威。李德就扮演了这样的钟馗。

当时的工作程序是，前方来的电报，都要先送到李德住处。李德的房子很特别，它的位置是跟老百姓隔离的，四周一片稻田，房子在中间，独立的一所住宅，在苏区很有名。查明电报所述地点的确切方位并完成翻译后，绘成简图，由李德批阅。李德批阅完毕提出相应的处理意见，再译成中文送给军委副主席周恩来。周恩来根据来电的重要程度，一般问题自己处理，重大问题则提交军委或政治局讨论。

奥托·布劳恩逐渐熟悉了“李德”这个名字，也逐渐习惯了自己的地位和角色，耀武扬威地真的做起“太上皇”来了。

李德有很高的威望和权力，他在军事方面的特长是能言善辩。他举例时可以引用凯撒、塔西陀、拿破仑、弗雷德里克大帝、克劳塞维茨和毛奇等一连串名人的话。他决定问题从不犹豫不定。

他与博古商量以后，在10月中旬中革军委一次会议上说，游击主义的黄金时代已经过去了，山沟里的马列主义该收起来了，现在一定要摆脱过去一套过时的东西，建立一套新原则。

"游击主义的黄金时代"和"山沟里的马列主义",明显是博古的语言,借李德之口说出而已。这种语言也是博古深受王明"左"倾路线影响的结果。新原则基本就是李德自己的东西了:用鲜血保卫苏维埃,一切为了前线上的胜利,不让敌人蹂躏一寸土地,不被敌人的气势汹汹吓倒,消灭敌人于阵地之前。

这都是李德从伏龙芝军事学院学到的一套老式作战法。这些所谓的"新的原则"被通过、付诸实施了。实施的结果,给中央苏区和红军带来了巨大的灾难。针对蒋介石步步为营的堡垒政策,李德认为,与其让蒋介石最后把苏区力量一点点挤干,不如现在跟他决战。这个方针,遭到中共许多领导人的反对,比如张闻天、刘伯承、彭德怀等。刘伯承说,我们就一点本钱,不能硬碰硬,乞丐不能跟龙王爷比宝,而要避其长处,击其弱点。彭德怀说李德这种打法是"崽卖爷田心不疼"。

周恩来也是反对李德这套原则的。在中革军委成立的"三人团"(博古、李德和周恩来)里,李德的影响力逐渐增长,甚至超过了博古和周恩来。李德的军事指挥最终导致了中央苏区反"围剿"斗争的失利。我们知道,在湘江之战后黎平召开的会议上,周恩来与博古、李德发生了激烈的争吵。很多人把这一次作为周恩来与李德分道扬镳的标志。

实际上,早在第五次反"围剿"的时候,周恩来已经非常清楚地表明了他的态度。广昌作战之前,周恩来就非常不满意李德的指示。在讨论广昌之役作战方案的会议上,发生了非常激烈的争论,周恩来的作战方案被否定了,坚持了李德的方案。博古还是完全站在李德这一边,维护李德的作战方案。会议结束后,在往后方走的时候,周恩来对博古讲了一句意味深长的话。他说,以后再这样,我就不参与指挥了。我在后方有大量的事务要处理;前方的指挥,你和李德去做吧。我们可以看到,早在那个时候,周恩来就对李德这种主观主义的指挥非常不满意了。

李德的翻译之一王智涛说:"他是由上海那个真正军事顾问派来打前站的。"那么,如果来苏区的不是假顾问李德,而是真顾问弗雷德,中国革命的命运是否能够稍微好一些呢?

正式顾问弗雷德1933年春天来华。他在中国时间虽短,却于6月13日以中共中央名义发给中央苏区一封著名的"长电",指示红军今后作战方针。他反对集中使用兵力,主张两个拳头打人,要求红军以主力组成东方军,打通福建出海口,获取苏联可能的武器支援。

连国际代表尤尔特和还未出发去苏区的李德都认为他的想法不切实际。

即使如此，弗雷德对提出异议的苏区中央局还去电严厉申斥："必须时时记着：我们不能允许以讨论或含糊的步骤来浪费我们的任何时间。"

有个正式头衔，说话口气便不知比李德强硬出多少倍。

为了弗雷德不切实际的空想，红一方面军只有按照其意由一、五军团组成中央军，留守原地，以三军团为基干组成东方军东出福建。

幸亏弗雷德来华时间不长。否则"长电"之上再加几封"长电"，李德之上再多个弗雷德，中国工农红军的命运便真要雪上加霜了。

弗雷德来去匆匆，1934年春天便离开中国。

他后来成名于西班牙战场，真正地"保卫马德里"去了。看来他在那里更有成绩，人们称他为克勒贝尔将军。

欧洲更适合于他。

李德也是如此。

李德的身影中，人们总看见博古。博古的错误里，最大的又是李德。

李德的另一个翻译伍修权回忆说："李德的权力，不是他自己争来的，而是中共中央负责人拱手交给他的，造成失败的主要责任应该是中国同志本身。"

共产国际只允许他有建议权，但他最后有了指示权、决定权。那不是共产国际的决定，而是中共中央的决定。

中国有一句俗话，自己造的神自己拜。中央苏区在第五次反"围剿"中所犯的指挥错误，不能全部由李德负责，以博古为代表的中共中央也负有相当大一部分的责任。

有人说，博古当时抓住李德，像抓住一根救命稻草。话说得刻薄了一些。不懂军事向别人请教，无可非议，哪怕被请教者是个外国人。如果仅仅如此，也许中国革命史和博古、李德的个人历史，会有另外一种写法。

起初的确局限于请教，但后来则想把自己东西塞到里面，借伏龙芝军事学院的招牌、借共产国际的身份帮助自己压台，压人。于是李德变成了钟道，用他来"打鬼"：威吓那些在革命战争中积累了丰富经验、坚持红军独特战法的人。

首当其冲者自然是毛泽东。

1929年，李德刚刚成为伏龙芝军事学院的一名学员，彭德怀、林彪等人已经完成了他们那段最艰难困苦的战争实践；

1932 年春天，李德从军事学院毕业，江西革命根据地已经完成了第一、二、三次反"围剿"，毛泽东军事路线已经完全形成。

为什么不信任自己的将领、自己的理论，偏要请来一个李德呢？

历史链条的某些环节，总由一些既五光十色又啼笑皆非的怪圈组成。没有那个倒霉的共产国际信使约瑟夫在新加坡被捕，本已曲折艰难的中国共产党历史，又何用再添上一位李德。

要说命运的话，这就是李德的命运，也是中共的命运。

第十四讲　长征——命运的抉择

长征是中国革命中最伟大的史诗。

历史将会证明，它也是中华民族伟大复兴的奠基石。

我们不能说长征是里程碑，里程碑是一个阶段性的成果，而长征是基础。中华民族的复兴，不仅仅是物质的复兴，同时包括精神的复兴。

长征中蕴涵着精神财富。

世界各国对长征的评价显示，中国共产党人像一只不死鸟，就是我们所讲的涅槃的凤凰。经过这样的经历，这支队伍，这个政党，它所领导的事业难以被摧毁。

任何史诗中的那种雄浑壮阔、那种波澜起伏、那种令人心驰神往的伟大辉煌，都是对后人而言的。

史诗也好，奠基石也好，都是后人在历史长河中的评价。

长征是不是一次仓皇的撤退、无目标的突围？

当时是走，还是留？走，往哪个方向走？对当事人而言，则是不尽的流血牺牲、不尽的挫折苦难、不尽的矛盾斗争。

我们经常讲，每个方面都各有利弊。面对历史的抉择，有百利而无一弊的决策是没有的。决策就是利弊参半，利益和弊端都包含在里面。作为领导者来说，他最大的能力，最关键的能力，就是选择最大的利益，避免最大的损害。

长征最初也是这样。

福建事变①的良机错失，广昌战斗又严重失败。广昌作战之前，苏区已经被四面合围；广昌作战之后，中央苏区更被压缩到一个狭小的范围。被迫放弃中央苏区，已成定局。

但认识这个定局还需要时间，还需要更大的压力。大家觉得情况很危险了，但是主观上决策放弃根据地，还需要一个过程。做出这样一个决定，其实是相当困难的。因为将要放弃的不是一间住了几晚上的屋子，是建设了将近七年、粉碎了敌人四次"围剿"的根据地。

实际上，从历史过程上看，并不是到了1934年10月长征前夕第五次反"围剿"的形势如此严峻，然后，中央领导才做出这样的决策。

在此以前，项英曾经最早提出过放弃中央苏区的意见。

1931年4月第二次反"围剿"，项英到苏区时间不长，认为20万敌军压境，3万红军难于应付，只有离开江西苏区才是出路。退到哪里去呢？

项英提出退到四川去。因为斯大林讲过："四川是中国最理想的根据地。"

项英是我们党内少数见过斯大林的领导之一，斯大林的指示由项英来传达，再权威不过。1928年项英到莫斯科出席中共"六大"，当选为政治局常委。大革命失败后，斯大林认为中国共产党的结构有问题，工人阶级没有成为主体，而只是一伙知识分子和农民，需要工人阶级。斯大林对工人出身的项英特别青睐，还亲自送给他一把小手枪。

身上别着斯大林亲赠手枪的项英，记住了四川是中国最理想的根据地，却不知道斯大林还讲过国民党人是中国革命的雅各宾党人。

斯大林这句话，可能是看着中国地图说的，可能是看着各种材料说的，有当时的情况、当时的特点。

它是不是普遍真理？

虔诚使领袖人物的个别结论被推断成普遍真理。

---

① 亦称"闽变"，是国民政府第十九路军联合国民党内反蒋势力在福建发动的抗日反蒋事件。1933年5月《淞沪停战协定》签订后，在上海坚持抗日的第十九路军被调往福建"剿共"。在中共抗日主张的影响下，11月20日，第十九路军将领蔡廷锴、蒋光鼐、陈铭枢联合李济深等反蒋势力，在福建发动反蒋事变，成立"中华共和国人民革命政府"，并与红军签订《反日反蒋的初步协定》。事变发生后，蒋介石紧急调集大军进行围攻。由于福建人民政府内部不和，加之当时中共临时中央犯了"左"倾关门主义的错误而没有给予应有的支援，致使其最终于1934年1月失败。

但共产党人的首要条件却不是虔诚。所以中国才出了个毛泽东。

毛泽东当时坚决反对项英的意见，以"诱敌深入"粉碎敌人"围剿"，将赣南闽西变成了中国最好的根据地。

在李德到来之后，最好的根据地就不是那么好了，一个挫折接着一个挫折。

第二个提出离开中央苏区作战的，是彭德怀。

第五次反"围剿"遭受挫折，彭德怀率先提出脱离苏区，外线作战。

不光是我们在总结经验，对方也在总结经验。

第五次"围剿"，蒋介石、陈诚把红军作战方法和过去他们所吃的亏进行了总结。第五次"围剿"实行堡垒战术，步步深入，步步推进，极力避免孤军深入。敌人的长进，再加上红军错误的战术指导，甚至战略指导——短促突击，苏区反"围剿"面临很大的困难，

第五次反"围剿"刚打了一个多月，彭德怀也看出来情况不妙。

1933年10月23日至25日，彭德怀、滕代远连续三次向军委建议，改变战略方针与作战部署，主力离开敌人堡垒区向外线出击，机动作战，迫敌回援。

彭、滕提出外线作战，是跳出封锁线向苏区东北的金溪、东乡、贵溪、景德镇挺进。不展开地图标出苏区界限和进击的地点方向，你就不会知道这个建议有多么的大胆。

部队有可能被敌人切断不能返回苏区。苏区北部也可能失去主力掩护。

建议被迅速否决。彭、滕仍然坚持，恳望军委"以远大眼光过细考虑"。10月27日，中革军委以代主席项英的名义电告在前方指挥的朱德、周恩来："军委已决定了战役问题，望转告彭、滕，停止建议。"

当时有一个不成文的规矩，所谓"参谋有三次建议权"，第一次建议，被领导否决，还可以建议第二次、第三次，若第三次建议再被否决，你就应该闭嘴了。

但一旦认定正确就不依不饶的彭德怀，11月7日又与滕代远联名第四次提出建议，望军委速将红军主力调往无堡垒地区，机动作战。否则与堡垒内之敌相峙，"如猫儿守着玻璃（缸）的鱼，可望而不可得"。

彭、滕反复建议的唯一结果，是滕代远丢掉了三军团政委的职务。

因为大敌当前，作战还要用彭德怀这样的猛将，撤销其三军团总指挥的职务不太合适，就把政委滕代远给撤了。

第二次反"围剿"时，项英提出去四川的建议；第五次反"围剿"前期，彭

德怀提出以主力跳出中央苏区的建议，都被否决了。

当然，项英当时的建议是错误的；而彭德怀是在一线作战的指挥员，已经觉得当时态势的危险，必须采取另外的战略战术，但是也被否决了。

广昌战斗后，通过撤滕代远的职务堵彭德怀嘴的博古、李德，也不得不开始考虑同一个问题了。

广昌战斗之前，中央苏区在军事上已经陷入四面合围。中革军委当时就面临三种抉择：一、主力突围；二、诱敌深入；三、短促突击。就是说，是突围，还是等待对方犯错误然后再反击，还是实行短促突击。

首倡短促突击的李德从一系列失败中，已经觉出情况不好，根本无法打破第五次"围剿"。

伍修权在《往事沧桑》中回忆，1934 年春，李德同博古谈话说，要准备作一次战略大转移，准备到湘鄂西，同二、六军团会合。李德后来在他的以真名奥托·布劳恩写的回忆录《中国纪事》里面说："这个思想是我一个人在 1934 年 3 月底首先提出来的。"至于这个念头在多大程度上受彭德怀、滕代远 5 个月前就一再提出的外线出击、机动作战的启发，以及彭、滕提出建议后受到李德本人多么大的压制和打击，李德均讳莫如深。好像功劳都是他的，毛病都是别人的。

李德的转向确实有些突然。他提出以一、三军团，或五、九军团脱离苏区，插到敌人后方去，即主力突围。

讨论结果，主力突围的方案没有通过。在苏区内取胜的希望似乎还存在。毛泽东的诱敌深入方案也被否决。领土不战而弃，并不能为阻挡敌人提供保证。

最后通过的，还是继续运用短促突击，即阵地对阵地，正面对正面，攻击对攻击。

但损失沉重的广昌战斗，使短促突击的战法彻底破产。

1934 年 4 月底广昌战斗彻底失利之后，中央书记处于 5 月开会，决定突围转移。当时的书记处书记是四人：博古，张闻天，周恩来，项英。这是按在党内的地位排的顺序，博古负总责，张闻天负责宣传，周恩来负责组织，项英是中革军委主席。代表"山沟里的马列主义"的毛泽东不是书记，无法参加会议。决策在博、张、周、项四人中做出。对这个事关重大的会议的记录一直很少，但这是个非常重要的会议，决定了中央红军进行突围。

后来有人说，包括党史界也有人说，撤出中央苏区这个关系到党和红军命

川陕根据地红军刻在地主宅门上的标语

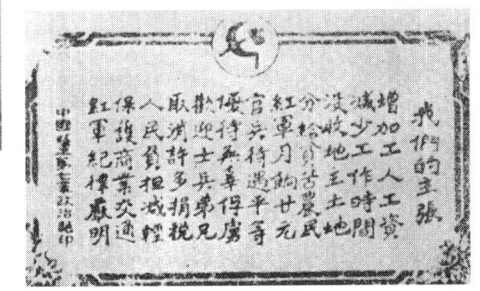

红军传单：《我们的主张》

朱德在向红军讲话

李德

李立三

黄公略

寻淮洲墓碑

陈诚

白崇禧

运的重大决定是由博古和李德少数人决定的，未通过会议讨论。这种说法是不确切的。应该说是没有在党的政治局会议上讨论。

1984年5月9日，伍修权在一次谈话中说："长征是不是仓促决定的？我看不是。在广昌失败后，中央的主要领导人已经在商量转移的问题，确定的目标是湘鄂西。""转移的意图开始只有少数几个人知道，最后才决定转移的。"

历史文献证实，5月的中央书记处会议做出了战略转移的决定。博古，张闻天，周恩来，项英，这四位书记都认识到了局面的严重。

但除了急于摆脱眼前的困境以外，又有几人能够意识到这个决定对中国共产党的历史影响极其重大和深远？

所谓决策，往往是面对十字路口的选择。有很多原以为影响应该极其深远、意义应该极其重大的决定，却似一块滑过水面的轻石，经过几片涟漪后便无踪无影。而有些或仓促、或不经意、或应急中做出的决定，以为临时姑且如此，眼前只好这样，却分量极其重大，从此踏上一条历史的不归之程。

5月的中央书记处会议就是如此。

如此重大的决定，当然首先还是要报告共产国际。

远在莫斯科的共产国际并不详知当时中国共产党人面临的严重困难。

6月5日，国际机关刊物《共产国际》发表米夫的文章——《只有苏维埃能够救中国》。米夫说毛泽东讲过，只有苏维埃能够救中国；"现在各国无产阶级和全世界被压迫人民都热烈地希望中国苏维埃运动的胜利"。

这一运动在中国却陷入了严重困境。中共中央已经在没有毛泽东参加的情况下，决定放弃中央苏区。

对中共中央书记处战略转移的决定，6月25日共产国际回电："动员新的武装力量，这在中区并未枯竭，红军各部队的抵抗力及后方环境等，亦未促使我们惊慌失措。甚至说到对苏区主力红军退出的事情，这唯一的只是为了保存活的力量，以免遭受敌人可能的打击。"

博古对李德说，国际来电同意。

其实，国际的表态含糊不清。首要的是"保存活的力量"自然正确，但"中区并未枯竭，红军各部队的抵抗力及后方环境等，亦未促使我们惊慌失措"，又认为打破"围剿"的希望还不是没有；具体怎么办，实际上是留给中共中央自己决定。如果你们觉得能够守住的话，你们就继续守；如果觉得主力不能再这样消耗下去，你们就走。实际上又把皮球踢了回来。

其中的关键原因，不是共产国际不想决策，不是说它要推卸责任，而是对中国革命的详情不甚清楚。

然而，王明对中国革命形势的夸大其词，更产生很大误导。

当中央苏区陷入困境的时候，中共中央驻莫斯科代表团的团长王明正在给共产国际，给斯大林，灌迷魂汤。

1934年2月5日，中央苏区反"围剿"正吃紧之时，王明在联共（布）第十七次代表大会上，作了一篇《中国革命是不可战胜的》的发言：

> 红军在福建、四川和赣北等战线击溃了国民党十八个师。缴获步枪二万多支，机枪一百八十挺，驳壳枪五百支，钢盔二千顶，子弹四十万发，手榴弹五千枚，无线电收发报机三部，满载军用装备、粮秣和钱财的大轮十二艘。（鼓掌）为了卸载这些大轮中八艘船上的物资，动员了一万多名工人。红军在福建战线也俘虏了第十九路军的一名旅长和三名团长。

> 最近几年来中华苏维埃共和国成立并日益巩固的这一事实具有巨大的世界历史意义。首先，它在实践中证实了斯大林同志创造性发展的列宁天才思想的正确性，证实了在经济落后和殖民地国家建立苏维埃政权的可能性，以及斯大林同志在联共（布）第十次代表大会上关于只有苏维埃才能拯救中国免于彻底崩溃和贫困的英明指示的现实性。

> ……

> 我们胜利的主要源泉，首先是，我们的党在中央委员会的领导下坚定不移地、始终一贯地执行着列宁的共产国际的政治总路线，而领导共产国际的，正是我们历史时代的伟大领袖，他是马克思、恩格斯和列宁事业的最佳继承人，他的每句话都在鼓舞着所有国家的共产党人、工人和劳动群众为建立苏维埃政权和无产阶级专政而进行激烈的、坚决的斗争，并使他们牢固地树立起对自己事业的必胜信心——这就是我们所敬爱的斯大林。（鼓掌）

> ……

> 列宁的共产国际和世界十月革命领袖斯大林同志万岁！
> 全世界布尔什维主义的突击队——联共（布）及其第十七次代表大会

万岁！

中华苏维埃共和国英勇的工农红军及其组织者和领导者中国共产党万岁！

斯大林同志万岁！万岁！万岁！（热烈鼓掌，全体起立向王明同志致敬）

必须用十二万分耐心把这篇讲话看完。不耐心看完，你就不会知道王明已经荒谬到什么程度，苏联控制的共产国际已经脱离实际到什么程度。

喝完牛奶吃完面包后，用自己国家革命者的鲜血杜撰谎言，去证明另一个国家领导人的英明和另一个国家的伟大，在中国历史上似乎还无此先例。

王明刚刚在联共（布）大会上宣称对苏区的"围剿"遭到可耻的失败，中共马上来电要求放弃苏区突围转移。这种反差给共产国际提出了非常大的难题，共产国际完全陷入自我营造的矛盾之中。

所以他们也只能发出那封态度模糊、说话游移的电报——你们的资源并没有枯竭，所以你们不要惊慌失措；另一方面，如果主力要面临很大威胁，你们也可以退出。

共产国际也好，斯大林也好，对中国革命形势的判断，王明在其中起了很大的误导作用。

其实，王明对苏区实际情况并非一无所知，他也知道苏区面临很大的困难，但其所得信息甚为混乱。

第五次反"围剿"以前，共产国际派美国共产党人史蒂夫·纳尔逊作为特使来华，传达对中国革命下一步指引的意见。纳尔逊出发前，王明和他谈过话。王明说，江西的形势十分困难，苏维埃已经完全被包围。盐的供给殆尽，蒋介石抓住走私盐的人就砍头。更糟糕的事情是蒋介石要使用毒气。能用什么办法抵御毒气呢？所以派纳尔逊带 5 万美元去中国，任务是给中国共产党人买防毒面具。王明最后说，这是一个重大使命，你到那里，根据需要该停留多久就停留多久。

这真是一个既严肃又可笑的任务。纳尔逊到上海后，将 5 万美元交给了中共上海局负责人。共产国际远东局负责人尤尔特还算了解一些情况，他否认毒气战是苏区的主要威胁，对共产国际除了防毒面具之外便没有别的指示，他甚感失望。

纳尔逊已没有必要"该停留多久就停留多久"，1933 年 10 月便乘轮船返回美国。

1934 年春季，共产国际又派美国共产党人尤金·丹尼斯来华担任国际代表。

这正是第五次反"围剿"的困难时刻。尤金身上带着一份在莫斯科拟定的反"围剿"作战计划，准备让江西苏区贯彻执行。

当时上海局已经被破坏，这份计划无法传递到中央苏区，被迅速销毁处理，没有留下痕迹，看到这个计划的人很少。这个作战计划是谁拟定的，详细内容又是什么，今天已经无人知晓。

连这位携带计划的美国共产党人到了上海之后，了解了中国的一些情况，晚年他在其回忆录里，也开始嘲笑那些"在别处制订行动计划的顾问们"。

胜利从来不是鼓掌鼓出来的，不管掌声有多么热烈；它也不是计划制订出来的，不管计划有多么翔实。

王明和那些只会在金碧辉煌的莫斯科会议大厅鼓掌欢呼的人们，真应该看一下中国工农红军是在什么样的条件下战斗的。

1934 年 7 月上旬，各路敌军向中央苏区的中心区发起全面进攻。

8 月 5 日，北路敌军 9 个师，在飞机、炮兵的强大火力支援下，向我三军团主力在高虎脑、万年亭一带构筑的 5 道防御阵地展开猛烈进攻。

在蜡烛形阵地，攻击者是蒋军邢震南第四师的两个团。防守者是红四师第十团第三营，营长是五十多年后出任中国人民解放军中央军委副主席的张震。

在保护山阵地，攻击者是陈诚精锐主力黄维第十一师，防守者是四师十二团，该团中有后来在中国人民解放军中以天不怕地不怕著称的战将钟伟。

但那场战斗却是陈诚的天下。

在敌人炮火猛烈轰击之下，红军阵地工事全部被炸塌，机枪被炸坏。血战至下午，蜡烛形阵地的三营损失严重，张震带着全营仍然能够战斗的人坚守在一条交通壕内，准备用刺刀同敌人作最后一拼。保护山阵地尽管放上了全军闻名的红五连，但在敌人优势兵力、火力压迫下，阵地失守，红五连大部壮烈牺牲。

红军十日内伤亡 2300 余人，内含干部 600 人。

尽管 9 月 1 日至 3 日，朱德指挥林彪的红一军团、罗炳辉的红九军团取得温坊大捷，歼敌一个多旅，取得第五次反"围剿"以来的一次难得胜利，但被动局面已无法改变。到 9 月下旬，中央苏区仅存在于瑞金、会昌、于都、兴国、宁都、石城、宁化、长汀等狭小的区域之内。

王明以为只要解决了防毒面具，反"围剿"就能胜利。他在莫斯科起劲地吹嘘：

截至联共（布）第十七次代表大会召开时，苏维埃中国的总面积已达一百三十四万八千一百八十平方公里。仅固定的苏区面积就有六十八万一千二百五十五平方公里，比法国的面积大百分之十九点一，比德国大百分之三十一点三，比日本大百分之五十四点一五，比英国大百分之六十四点五。现在，红军的正规部队已有三十五万多人，非正规武装支队有六十多万人，这还不包括有数百万人参加的各种半军事性群众组织。

历史的结论是：自称"百分之百布尔什维克"的王明推行的"左"倾路线，使苏区红军损失百分之九十，根据地损失百分之百。

战略转移已成定局。

其实，收到共产国际的正式回电以前，中共中央书记处会议已决定：由博古、李德、周恩来组成三人团，总揽一切指挥大权，负责筹划秘密且重大的转移工作。当时，书记处书记、政治局委员项英已经确定要留守中央苏区，三位书记即博古、张闻天、周恩来，三人团做了一个调整，把张闻天拿下去，而把李德提上来。政治、军事由博古、李德分别做主，周恩来负责具体计划的组织实行。

5月初，李德受托起草5—7月季度作战计划。计划的核心已经是主力部队准备突破封锁，深入敌后。

需要说明的是，当时不是李德自己想制订计划，而是中共中央把权力给了他，具体说，包括博古等人，把权力给了他。

7月底，李德再次受中共中央和中革军委之托，制定8—10月作战计划，中央红军的战略转移问题已正式提出。

退出苏区的直接准备全面开始。

第一是扩红，建立新兵团。如周昆的第八军团，周子昆的第三十四师，及少共国际师等。根据地的青壮年几乎都动员参加了红军，有的农村只剩下妇幼老弱。

第二是物资准备。武器、弹药、机器设备，包括印钞机、发电机，等等。

第三是军事部署。两支队伍走在中央红军之先。

7月6日，红七军团3个师共6000余人，在军团长寻淮洲、政委乐少华、参谋长粟裕、政治部主任刘英率领下，组成中国工农红军北上抗日先遣队，从瑞金出发北上。

7月23日，中共中央、中革军委发布《给六军团及湘赣军区的训令》，命令由任弼时、萧克、王震领导红六军团撤离湘赣根据地，向湖南中部转移，开始西征。

这两支部队的出发，用周恩来的话说，"一路是探路，一路是调敌"。

但探路的红六军团未探出路，调敌的红七军团也未调开敌。

红六军团 10 月上旬陷入危境。四十九、五十一团在石阡县被敌截断，五十团在施秉县被敌截断，军团部队被敌切为三截，陷于湘、桂、黔三省之敌包围。六军团军政委员会决定："王震率十八师，任弼时萧克率十七师，焚烧行李，减少辎重，以灵活的游击动作，转到苏区。"10 月下旬，六军团各部共转战 80 余天，行程 5000 里，才与贺龙的红三军会师。

但他们探出的路，中央红军无法再走了。长征之初，李德一直主张走这条路，到湘江作战之后，他还想走这条路，最后才明白，红六军团探出的路已经被敌人完全堵死了。

红七军团从江西瑞金出发经福建向闽浙皖赣边挺进，企图调动敌"围剿"部队回援，以减轻中央苏区的压力。但由于兵力过小，未能牵动敌人。七军团与方志敏的红十军会合后组成红十军团，在怀玉山陷入敌军合围，仅存的 700 余人在粟裕、刘英的率领下突出重围。

这支部队不但未调开敌人，反而在敌人的围追堵截中，几乎损失殆尽。

还有一支部队走在中央红军之后。

1934 年 11 月 10 日，中央红军长征出发一个月之后，程子华、徐海东领导的红二十五军按照中央指示，对外改称"中国工农红军北上抗日第二先遣队"，西越平汉路实行战略转移，开始西征。

三路力量之中，徐海东一路风一路火，首先打到陕北，成为对中国革命立下大功的人。

在讨论有多少红军部队参加脱离根据地的西征时，李德与周恩来发生了尖锐分歧。

李德主张只以中央红军一、三、五三个主力军团突破封锁线，他设想在外线作战打开局面牵动敌人之后，主力还可以返回。所以，他坚持不带后方，不带机关，不带老弱病残，不带辎重。

周恩来没有明说，但内心非常清楚，一旦主力出击外线，便很难返回。所以，他主张撤退整个苏区。周恩来是个思维非常周全、非常缜密的人。他知道留下了任何人，都要遭到很大的损失，所以主张后方机关要带上，老弱病残要带上，中央领导也要带上。

应该说周恩来是对的。后来留在苏区的力量，在敌人重兵"围剿"下损失极其惨重。当时的实情是留得越多，损失越大。

李德也不是毫无道理。突围的野战部队如果伴随臃肿的后方，拖累太大，辎重过多，失去机动，损失也要增加。红军长征初期受到的严重损失，也证明了这一点。

双方的意见都有道理。我们不能单单地批判李德，说他是错误的军事主义路线，若说任何建议都是错误的，也不尽然。

在三人团里，周恩来负责组织实施，最后落实的巨大担子压在他肩上。

周恩来面临两难——既要保持主力红军的轻便快捷，又要保证后方庞大机关免遭大的损失。

他似乎一生之中皆充满了两难。

后来有两种互相矛盾的议论围绕在周恩来周围。一种说他组织的撤退工作所携东西太多太细，使红军大队行动缓慢，遭到不必要的损失；一种说撤退工作组织得太仓促，该带的没有带，不该带的却带了很多。

对这些议论，周恩来很少说话。他从来不是那种品头论足的人。属于他的从来只是工作，而且是越来越干不完、越来越堆积如山的工作。从第四次反"围剿"始，毛泽东已经被排挤出了决策圈，他必需苦撑危局。

有些指责是对的。有些指责，却仅仅因为他做得太多。

在长征开始之前，如果没有周恩来，当时的危局、困境无疑要变得更加巨大。

有些时候就是这样，我们幸亏有这样的人，有了这样的决策。我们说，毛泽东是"中国革命的大救星"；周恩来则是具体组织实施者，在红军长征整个组织的过程中，显示出他的重大作用。

李德是中国共产党的宿命，周恩来也是中国共产党的宿命。若没有周恩来只有李德，中国革命该怎样涉过那些激流险滩呢？

1934 年 9 月 16 日，王明、康生从莫斯科写信给中共中央政治局，谈了三件事。一是说明国际"七大"延期召开的原因。二是要中共中央暂时不要给满洲省委发指示，同时川、陕苏区应联系起来，"打通川陕苏区与新疆的联系"，这是"中国革命有伟大意义的工作"。三是国际在莫斯科出版了毛泽东文集——《经济建设与查田运动》："毛泽东同志的报告，中文的已经出版，绸制封面金字标题道林纸，非常美观，任何中国的书局，没有这样的美观的书。"

这封电报有两个重大意义。

一个是提出"打通川陕苏区与新疆的联系"，既成为后来红军成功选择北上根据地的一个参照，也成为后来红军组织西路军遭受重大损失的一个缘由。

另一个意义更为重大：它是长征之前中共中央与共产国际的最后联系。

这一联系直到 1936 年 6 月才得以恢复。

中共中央与共产国际的电讯联系一直是由中共中央上海局负责中转的。中共中央上海局负责人是李竹声和盛忠亮。1934 年 6 月，李竹声被抓捕，在死亡的威胁下叛变，供出了电台的位置和盛忠亮的身份。随后盛忠亮也被捕。电台被破获，共产国际和中共中央的电讯联系中断。

对李竹声和盛忠亮的被捕叛变和上海局工作的瓦解，当时在苏区的中共中央并不知情，仍然不断向上海局发送电报。当时中央红军共有电台 17 部，留 3 部给坚持中央苏区斗争的项英、陈毅、刘伯坚，14 部分别配属军委总部和一、三、五、八、九军团。后来在湘江战役中损失严重，部队大量减员，军委下令把笨重的发电机、蓄电池埋掉，对上海方面无回音的呼叫才完全中断。

所以在莫斯科的王明说，他听到上海日文《新闻联合》通讯社 1934 年 11 月 14 日所发布的消息，才知道红军撤出了中央苏区。该消息说："向四川省进发的中国红军主力，在 11 月 10 日放弃了过去中央区的首都瑞金。"

当时没有人意识到将要开始一场惊天地、泣鬼神的长征。

战略转移也是后来的说法，最初讲的是"突围"。

对这一决定的保密很严。

李德回忆，突围的传达范围只限于政治局和中革军委委员；其他人包括军团一级军政领导干部，也只知道自己职权范围内的任务。因为保密，政治动员、思想教育都不能开展，也无法在干部战士中进行解释工作。为什么退出苏区，当前任务怎样，到何处去等等基本问题，始终秘而不宣。

消息严密封锁，产生了负面作用。

后来有不少人指责，长征是仓促的决定，是逃跑式的决定。实际上，它经过了几个月的战略筹划，不是仓促的。为什么觉得仓促？因为保密非常严，传达到普通红军，大家没有心理准备，就觉得非常突然。

不过，利弊参半：大多数人都不知道，大家感觉这是一种仓皇的撤退，这是弊；保证了红军行动的隐秘，这是利。

必须看到那是一个非常时期。保密决定并非一无是处。在四面合围的敌军已经将中央苏区压缩到一个很小范围之时，保守行动的秘密和突然性，就是保护党和红军的生命。中央红军的最后决定，连上海局也不清楚。所以蒋介石即使抓到了中共中央上海局负责人李竹声和盛忠亮，也仍然没有弄清楚红军下一步的意图。蒋介石如果提前知道中共中央已经做出战略转移的决定，提前进行防堵，红军将会陷入非常不利的境地。

毛泽东没有参与这一最后决定。

三人团就红军突围紧张筹划且激烈争论之时，被排斥在核心圈子之外的毛泽东，天天天不亮就在会昌城外爬山，并写一首《清平乐》："东方欲晓，莫道君行早。踏遍青山人未老。风景这边独好。　会昌城外高峰，颠连直接东溟。战士指看南粤，更加郁郁葱葱。"1958年，他对这首词作批注："1934年，形势危急，准备长征，心情又是郁闷的。"但是，当时毛泽东写这首诗词的时候，我们从中看不出他的心情来。

8月1日，毛泽东为《红星报》亲笔题词："敌人已经向我们的基本苏区大举进攻了。我们无论如何要战胜这个敌人。我们要用一切坚定性顽强性持久性去战胜这个敌人。我们这样做一定能够最后的战胜这个敌人。最后的胜利是我们的。英勇奋斗的红军万岁！"

眼见危机，又眼见自己的意见无人听，甚至无人来询问自己，内心之痛苦，旁人难察。

后来有人说，当时的领导者博古等人，不想让毛泽东参加主力红军突围。

这种说法与事实不符。

长征开始之前，毛泽东给三人团写了一封信，要求带一军团和九军团的部分官兵留在苏区打游击，请中央批准，几年后以崭新的面貌迎接中央局回苏区。

看完信后，博古找周恩来商量。

周恩来坚决不同意。

第二天一早，周恩来带上警卫员，冒着小雨，披上蓑衣，骑马去于都找毛泽东谈。

第三天周恩来回到瑞金，只对博古说了一句话：他同意随队转移了。

多么简单的一句。

又是多么重大的一句。

这时离中央红军出发已不到 10 天。

与毛泽东都谈了些什么，周恩来未对博古说。

随去的警卫员回忆，周恩来与毛泽东在于都城北外毛泽东住地一直谈到深夜。警卫员送水都不准留在屋里。四个警卫员戴着斗笠、披着蓑衣，在屋檐下站了半夜。

这同样是决定中央红军命运的一个半夜。

如果毛泽东不参加后来演变成长征的突围，中央红军的命运将会怎样？

如果毛泽东留在了苏区坚持斗争，在那种空前严峻的白色恐怖情况下，毛泽东的命运又会怎样？

正是从这个意义上说，周恩来说服毛泽东随队长征，对中国革命的贡献极其重大，怎么说都不为过。

当时，中共中央领导人面对的是一个捉摸不定的历史时刻，一个艰难曲折的历史时刻。毛泽东同意随队长征之后，他能想到前方有个遵义会议吗？他能想到前面还有个瓦窑堡会议吗？……最后走向胜利是非常艰难的，这就是真实的历史，历史的前进极其艰难曲折。

1934 年 10 月 10 日，党中央和中革军委从瑞金出发，率领主力红军五个军团和中央、军委机关直属部队编成的两个纵队，开始了向湘西突围——即后来所说的战略转移。

10 月 25 日，中央红军通过第一道封锁线。毛泽东感慨万千地说：从现在起，我们就走出中央苏区啦！

中央苏区是他用将近七年的时间亲手缔造的，而现在不得不离开。

史诗般的长征，当时是夹缝中求生存，最艰难处见着最伟大。历史机遇好像都给了蒋介石，政变，"围剿"，堡垒政策，步步紧逼……蒋介石说，共产党人这种生命力是"死灰复燃"，我们说是"凤凰涅槃"。在这个过程中，我们要看到这些领袖，当然包括红军将士，他们所起的作用。

毛泽东是这样，周恩来也是这样。

　　忙碌的周恩来一言不发，更加忙碌。他组织了庞大的撤退计划，携带了过多过细的东西。后来指责周恩来的人很多，说他组织红军长征带了过多的辎重，庞大的队伍，那么多后勤，男的、女的、老的、少的，都跟着一起走，包括董必武、徐特立那么大岁数的老同志，还有女同志，像邓颖超、蔡畅。如果没有周恩来的决定，这些人必须得抛弃。而他的个人行李则简单到了不能再简单：两条毯子，一条被单，作枕头用的包袱里有几件替换的衣服和一件灰色绒衣。

　　李德也留下一段评论："就当时来说，其实没有一个人哪怕只是在梦中想到过，要北上抗日。虽然抗日是主要的政治口号，但决不是党和军队领导者的军事计划。""突围的目的，只限于冲破敌人对中央苏区越来越紧的包围，以获得广阔的作战区域；如果可能的话，还要配合已由第六军团加强了的第二军团，在华南的湘黔两省交界地区创建一大片新的苏维埃根据地。"

　　最初称为西征，军队也叫西征军，或西方野战军。

　　谁也不知道一旦迈出第一步，就要走上两万五千里。

　　开始的是最艰辛的苦难。

　　也是最耀眼的辉煌。

第十五讲　嬗变：叛变者是怎样形成的

中国革命的历程过于苦难，过于曲折。有一些人背叛了自己当初的誓言，离开了革命队伍。

所谓"大浪淘沙"，波浪越大的时候，沙子淘得越厉害，冲刷得越厉害。

从这个意义上，有人说，在中国革命里投机很难。

今天中国共产党已经拥有7000多万党员。新发展一名新党员，要经过严格的手续和复杂的程序。本人申请，组织核准为发展对象，然后检验申请人平时表现、入党动机，申请人对党的性质、指导思想、纲领、路线的认识，对党员的基本条件、权利和义务的理解；然后是上级组织发公函对家庭情况外调，支部大会审议，介绍人谈被介绍人基本情况和培养过程，支部大会讨论，举手表决，形成决议报上级党委审批；预备期从支部大会通过之日算起……为了让各级党组织严格履行组织手续，把好关，组织部门编写了一本又一本发展新党员的说明。

这一系列的组织行为、严密手续，都是为了保证共产党人忠于自己的理想与信念。

这是在和平时期规定的非常严格的手续。战争时期可不是这样。

国防大学副教育长谭恩晋讲过这样一个例子：

> 我1947年在北平入党时候，就是一个晚上被叫到城墙根底下，只问了我一句："怕不怕死？"我说："不怕！"负责发展党员的那位同志说："好，从现在开始，你就是中国共产党党员！"

谭恩晋谈起来感慨万千。他现在已经离休了，讲课非常好，他讲的很多东西对我影响很大。

那个年代令听者、说者，都很感慨。

当时的回答没有今天这么复杂。只需三个字：怕，或是：不怕。

怕，你别走这条路；不怕，你就走这条路。

共产党人的坚定性、献身精神、革命意志，关键从这里表现出来。

虽很简单，却很严酷。确是一句顶一万句。

这是面临十字路口的抉择，把生命和热血留给自己还是交给党的抉择。

生命只有一次。生活多么美好。还有什么比生死考验更大的考验呢？

对革命的这种要求，共产党这样，国民党也是这样。

孙中山组建黄埔军校时，最初的校训就跟今天的对联一样：

> 升官发财，请走别路；
>
> 贪生畏死，莫入斯门。

不怕死，不当官，为真理去奋斗，为人民而献身。这种精神凝聚了一批人才。后来，我们的抗日军政大学也是这样。校歌里面唱道：

> 黄河之滨集合着一群中华民族优秀的子孙。

今天报考学校的时候，要考虑校舍、师资、知名度、排名顺序等这些条件。我能不能考上？能不能进去？

当时抗大的学生坐在小板凳上，还摇纺车，每天在窑洞里上课，用的都是质量非常差的纸张。但是全国各地的革命青年纷至沓来。抗大条件那么简陋，条件那么差，它的吸引力从何而来？

对理想的追求，对信念的追求，这是共产党人最大的吸引力。

这种理想、信念，不是一时的热血沸腾，也不是一时的理论感召，它是一种毕生的追求，要经受住时间的考验。

当革命遭遇艰难时，对革命的叛变最容易出现，甚至会发生大规模的叛变。

中国革命冲刷得很厉害，淘汰得很厉害，革命最后成功，留下来的必然是金子，分量轻的全被冲走了。哪怕此人前期地位非常高，中期、后期不行了，一样被淘汰。

张国焘即是一例。

在"一大"的时候，张国焘是实际主持者，负责组织工作。张国焘叛逃之后，蒋介石给他的最高军衔是中将。蒋介石光上将就委任了很多，中将更多，张国焘只不过是戴笠军统局分管的情报处中专门对付共产党人的一个情报机构的负责人。

叛徒顾顺章是政治局候补委员、中央特委之一，还企图与蒋介石握手，谈什么国共合作，蒋介石根本不屑于跟他谈。

在中国革命中投机，投机到这么高的位置，最后也不行。中国革命这种残酷性、艰巨性、艰难性，这种洗刷，长期的考验，不是意志非常坚强的人，不是理念非常明确的人，难以坚持到最后。

共产党人的队伍曾经出现过两次大的动摇与叛变。

一次是 1927 年"四一二"反革命事变。一次就是 1934 年红军长征。

四一二"清党"，"宁可错杀，不可错放"，共产党人横尸遍野、血流成河。李大钊、罗亦农、赵世炎、陈延年、李启汉、萧楚女、邓培、向警予、熊雄、夏明翰、陈乔年、张太雷等多名领导人相继遇害。严酷的白色恐怖中，组织被打散，党员同党组织失去联系；彷徨动摇者纷纷脱党，有的公开在报纸上刊登反共启事，并带人捉拿搜捕自己的同志。

1934 年中央红军长征后，共产党再次面临着这样的局面。

红十军团军政委员会主席方志敏、红十军团军团长刘畴西、中华苏维埃教育人民委员瞿秋白、赣南军区政治部主任刘伯坚等人，被敌人捕获枪杀。中华苏维埃工农检察人民委员何叔衡、中央军区政治部主任贺昌等人，在战场上牺牲。

新中国同龄人都记得这三部作品：方志敏的《可爱的中国》，瞿秋白的《多余的话》，刘伯坚的《带镣行》，都是他们在铁窗中对中国命运的思索。

是文学，也是历史，更是一腔热血，是对共产主义信念的忠贞。

国民党南昌行营有如下记载：

> 截止本月底（注：1935 年 3 月底），江西清剿军先后在于都、会昌俘红军六千余人，步枪手枪两千余支，机关枪五十余挺。在瑞金俘红军三千余人，掘出埋藏步枪身八千支，机关枪二百余挺，炮身十余门，迫击炮三十余门，图书三十余箱，铜锡两百余担。

历史应该记下颇具中国特色的这一笔：

攻占中央苏区红色首都瑞金的国民党东路军第十师、第三十六师，指挥官都是前共产党员。

第十师师长李默庵，黄埔一期毕业。毕业后秘密参加中国共产党。

第三十六师师长宋希濂，黄埔一期毕业。也是毕业后加入了中国共产党。

两人的入党时间都在 1925 年，都与黄埔一期的共产党人陈赓关系极深。

李默庵 19 岁被陈赓带到广州陆军讲武学校。后来陈赓从该校转入了黄埔，李默庵也跟着转入黄埔。

宋希濂与陈赓是湖南湘乡同乡，17 岁入黄埔军校，18 岁由陈赓介绍加入中国共产党。

李默庵是湖南长沙县人，出身穷苦，从小帮助父母卖柴、养猪；眼见穷人逃荒避难，颠沛流离，国家内战外患，水深火热；青年时就深受共产党理论的吸引。进入黄埔军校后，便与很多共产党人发生密切联系。共产党员李之龙、蒋先云都给他很大影响，使他很快成为"**青年军人联合会**"①积极分子。军校毕业秘密参加中国共产党后，与校政治部主任、中共"一大"代表包惠僧也相当熟。留军校政治部工作期间，几乎每天晚 10 点都要到包惠僧宿舍参加碰头会。第二次东征时，作为第一军第六十团党代表，他又与团长叶剑英相处甚好。

宋希濂与李默庵比较起来，家境就较为宽裕，不似李默庵自幼为柴米奔忙。宋希濂中学期间恰逢五四运动，他与同学曾三合作创办《雷声》墙报，撰写声讨帝国主义侵略和军阀祸国殃民的文章。湖南军阀赵恒惕杀害工人运动领袖黄爱、庞人铨，宋希濂立即在《雷声》撰文，猛烈抨击当局。

这两个人又都在"三二〇"中山舰事件后，退出了共产党。

李默庵退党的最初起因是谈恋爱。他与女生队一学生相好，经常借故不参加党组织的会议，支部书记、黄埔一期生许继慎狠批了他一顿，从此不通知他开会。李默庵也心存芥蒂，你不通知，我就不来，无形中脱离了组织。

其实这是李默庵找的借口。即使许继慎通知他参加，他对共产党组织的活动也兴趣不大了。共产党动辄强调流血牺牲，李默庵更感兴趣的还是光宗耀祖。在黄埔军校，李默庵学习成绩还不错，比较受蒋介石赏识。黄埔一期中有"文有贺衷寒，武有胡宗南"之说，他自己则添上一句"能文能武是李默庵"，自我评价很高。作为第一期的高材生，他对在校长蒋中正麾下干一番事业表现出更大的兴趣。

可以看出，李默庵思想已经发生了变化，他对共产党动辄要求流血、牺牲，

---

① 黄埔军校内的学生组织。1925 年 2 月成立，由时任军校政治部主任的周恩来领导，成员以黄埔军校内的共产党员、共青团员为主。该会积极宣传共产党的革命理论和统一战线政策，曾与国民党右派组织孙文主义学会展开针锋相对的论争。1926 年 4 月，迫于蒋介石的压力，青年军人联合会宣布解散。

不太感兴趣了。在中国革命中，热血青年、穷苦青年，投机也很难，当另外一种诱惑变得更加巨大的时候，他就认为可以抛弃自己的理想了。李默庵很快"转行"，随后参加了几次对红军的"围剿"。

1926 年爆发"三二〇"中山舰事件。蒋介石要求第一军中的共产党员要么退出国民党和第一军，要么退出共产党。当时已经公开身份的共产党员 250 余人退出了国民党和第一军，只有 39 人退出共产党。

39 人中，第一个发表退党声明的，就是李默庵。

初入黄埔时，见到广州一些腐败现象，他还气愤地发誓：不当官，要革命。现在正式加入国民党行列，他已经不想革命而要当官了。

宋希濂参加共产党时，在党内的活动还不像李默庵那么活跃；退出共产党时，也不像李默庵那样绝情。他在中山舰事件后说："在当今中国，国民党和共产党都是革命政党，目标是一致的。由于军队方面要求军官不要跨党，为避免发生不必要的麻烦，我打算不再跨党。"又说："我可以保证，决不会做有损于国共合作的事！"

办过《雷声》墙报的宋希濂，真正行动起来便雷声大、雨点小了。命令他做的事情，他一件也没有少做。

李默庵不做这样的空头保证。他开始与早年那些兄长一样待他的共产党员们为敌。出于对共产党人的了解，在和红军的作战中，他基本上没有吃过大亏。

还是老同学陈赓给了他一个深刻教训。

1932 年 6 月对鄂豫皖苏区"围剿"期间，李默庵的第十师作为中路军第六纵队的前锋，向红军根据地核心黄安进击。8 月 13 日在红秀驿附近，突然遭到陈赓、王宏坤、倪志亮三个师夹击，其前卫三十旅陷入红军包围，战斗异常激烈。为使三十旅免遭被歼，第六纵队司令卫立煌亲临前线督战，到李默庵师部指挥，李默庵则移至最前沿。战斗最激烈时刻红军冲到离师部仅 500 米，卫立煌的特务连都投入战斗，才保住了师部。李默庵师死伤 1500 人以上，而且他与卫立煌险些当了红军的俘虏。

从此李默庵与红军作战更加谨慎。

就在李默庵龟缩阵地避免被歼的前后，宋希濂却因为过分自得，连续向红军发起进攻，被红军射手一枪击中，身负重伤。

这位发誓不做有损国共合作的事的宋希濂，拖到 1933 年 8 月才参加对苏区的第五次"围剿"。一旦参加，就作战凶猛。他率部驻扎抚州，兼该城警备司令。三个月后，与奔袭敌后的彭德怀红三军团和寻淮洲红七军团在浒湾相遇。当时蒋介石正在抚州。宋希濂率三十六师与其他几个师蒋军拼死作战，给红三军团和红七军团造成很大伤害。

之后宋希濂参加平定"闽变"。第一次战斗便一举攻克天险九峰山，使驻守延平的十九路军部队不得不开城投降。蒋介石亲自写一封信空投给他："三十六师已攻占九峰山，使余喜出望外。"原来蒋介石只让三十六师担任牵制对方兵力的助攻，连火炮支援也没有分配给他们。没有想到助攻部队竟然打下了天险主峰。当晚蒋介石通电全国军队，表扬宋希濂的三十六师"于讨伐叛乱战斗中首建奇功"。

两个前共产党员摇身一变，皆成为国民党悍将。

这时距苏区首府瑞金最近的，是东路军李延年的第四纵队。李延年也是黄埔一期生，与李玉堂、李仙洲并称为黄埔一期中的"山东三李"。黄埔军校毕业刚刚三年，军衔就晋升到少将。黄埔一期生中，除了胡宗南，无人有他这样快的晋升速度。

但蒋介石不把占领瑞金的任务交给他，却交给了他的副手李默庵。

11月6日，李延年收到东路军总司令部发来的电报："着该纵队副指挥官李默庵率第十、第三十六师进取瑞金，于八日集结长汀，即一举占领瑞金之目的，于九日晨开始攻击前进，限当日占领古城，十日占领瑞金。仰遵办具报。"

蒋介石特地把占领红都瑞金的任务指定给一个前共产党员，是否出于更深一层考虑？只有他自己内心清楚了。

8日，李默庵指挥部队集中长汀附近。9日，向瑞金进发。这位1925年入党的前中共党员，率国民党嫡系部队一步一步向瑞金逼近。

1934年11月10日，李默庵的第十师占领中央苏区首府瑞金。

一个前共产党员带领部队，攻占了一个共产党最重要的苏区的首府瑞金。

这是历史中一种戏剧性的场面。当然，这种戏剧性带有很大的嬗变，即对自己信仰的叛卖。

当时，宋希濂与红军作战过于狂妄，在第五次"围剿"的后期，被一名红军射手射中，身负重伤。所以，他的部队是由李默庵带领占领瑞金的。

宋希濂在红军出发长征前十几天身负重伤。瑞金失陷三个半月后，前中国共产党主要负责人瞿秋白落到了声称"决不做有损于国共合作的事"的宋希濂手里。

1935 年 6 月 16 日，宋希濂收到东路军总指挥蒋鼎文转发的蒋介石密电："着将瞿秋白就地处决具报。"6 月 17 日，他派参谋长去向瞿秋白转达。当晚瞿秋白服安眠药后，睡得很深。

第二天清晨，瞿秋白起身，提笔书写："1935 年 6 月 17 日晚，梦行小径中，夕阳明灭，寒流幽咽，如置仙境。翌日读唐人诗，忽见'夕阳明灭乱山中'句，因集句得偶成一首：夕阳明灭乱山中，（韦应物）／落叶寒泉听不穷；（郎士元）／已忍伶俜十年事，（杜甫）／心持半偈万缘空。（郎士元）"未写完，外间步履急促，喝声已到。瞿秋白遂疾笔草书："方欲提笔录出，而毕命之令已下，甚可念也。秋白有半句：'眼底烟云过尽时，正我逍遥处。'此非词谶，乃狱中言志耳。秋白绝笔。"

罗汉岭下一块草坪上，他盘膝而坐，微笑点头："此地正好，开枪吧！"

宋希濂当时在远处观看。

一位前共产党员攻占了红色首都瑞金。

一位前共产党员枪杀了前中共中央主要负责人瞿秋白。

历史作为洪钟，默默接纳着、又默默展示着这千千万万令人惊心动魄的嬗变。这种声响，我们今天都能听得见。

这种历史中的对自己理想的背叛，他能做出什么样的事情来？我们今天难以想象。

这种叛卖在革命时期，场面表现得非常剧烈；但在和平时期，它的潜移默化从来没有停止，像大浪淘沙永远也不会停止。

对于今天共产党的队伍来说，更有另外一种形式的叛卖，也是一种对自己理想的抛弃。比如，腐败行为，为了经济利益出卖国家情报等行为。

一方面是像宋希濂或者像李默庵这样对自己理想的抛弃；另一方面，更多的是在形势危急之下对自己的组织，对自己的部下的抛弃，这个数量更大。

对共产党人来说，比牺牲更加严重的，是自己队伍中出现的叛变。

最先是被蒋介石称为"红军瓦解先声"的孔荷宠叛变。

孔荷宠是湖南平江人，参加过湘军，1926 年入党，先是搞农民运动，后组织农民武装，任游击队大队长、湘赣边游击纵队司令。参加平江起义后任红五军第一纵队队长、红军独立第一师师长、红十六军军长，被选为中华苏维埃共和国中央执行委员，中革军委委员，出任湘鄂赣边区总指挥兼红十六军军长。1932年因犯盲动主义错误受到朱德批评，被撤销职务，入红军大学学习。1933年调中央动员部工作。1934年7月利用去外地巡视工作之机叛逃。

叛逃后他供出了湘鄂赣边区中共、红军和苏维埃政权组织情况，帮助国民党军制订"围剿"红军和革命根据地的计划，特别是他提供的中央机关在瑞金驻地的信息，为国民党空军轰炸提供了准确情报。后来他被委为"特别招抚专员"。1935年至1937年间，组织便衣别动队，专门袭击红军游击队。所以说，叛徒能起到敌人起不到的作用。

孔荷宠的叛变没有成为红军瓦解的先声，却成为一连串投敌叛变的先声。

中央红军长征后，苏区的斗争极其艰难，周围都是敌人，在这种情况之下，先后出现闽北分区司令员李德胜叛变，瑞金红军游击司令部政委杨世珠叛变，闽赣分区司令员宋清泉叛变，湘赣省委书记兼湘赣分区政委陈洪时叛变，闽浙赣省委书记兼闽浙赣分区司令员曾洪易叛变，赣粤分区参谋长向湘林叛变，闽赣分区政治部主任彭祐叛变，红十军副军长倪宝树叛变。这些都是高级领导干部，中级干部以下叛变的人更多。

这些叛徒在叛变前，虽各有各的方式和嘴脸，但往往都很"左"——非常革命，话讲得很大，很勇敢。

孔荷宠对让他去红大学习非常不满，他说谁还不会打仗，用几挺机关枪就能坚持到底，什么正规训练和战略战术，都是一派胡言。

向湘林则常对周围人说："中央苏区失败了，我们在这山里打埋伏可耻，不如出去拼个痛快，拼掉他几个算几个。"他在游击区还搞正规化，恢复分区司令部和各科室，搞沙盘作业，每天早上吹号集合出操，晚上吹号集合点名。这一套马上引起敌人注意，派来重兵"清剿"，弄得部队天天转移。陈毅找他谈话，他振振有词："红军主力说不定明天就会打回来，我们应该集中兵力与国民党决一死战。"

敌人真的来了，他没有决一死战，摇身一变成了叛徒。这是革命时期叛徒嘴脸非常典型的代表。

很"左"的人一瞬间突然变得很右，中国革命中至今不乏此例。

所有叛变中，最为严重的，对革命根据地影响最大的，还是中央军区参谋长龚楚的叛变。

龚楚是广东乐昌人，1924 年在广州加入中国社会主义青年团，1925 年转为中国共产党党员，比孔荷宠资格更老。

龚楚还可以与澎湃、毛泽东相比，是中国共产党内最早从事农民运动的领导者之一。1925 年 6 月他就受中共广东区委派遣，赴省农民协会从事农运工作，后来又回到自己的家乡乐昌，1926 年 5 月任共青团乐昌特支书记。因龚楚进过滇军讲武堂韶关分校、任过粤军连长，有军事工作经验，又成为乐昌县农民自卫军的指挥者。1927 年 2 月中共乐昌支部成立，龚楚理所当然地担任了书记，成为在该地区有重要影响的共产党人。1927 年底到 1928 年初，朱德、陈毅率南昌起义军余部辗转于粤北想进入湖南，遇见的第一个共产党员，就是龚楚。

龚楚熟悉地形，熟悉情况，又是当地党组织的负责人。他就成为了南昌起义保留下来的革命火种的带路人，带领朱德率所部到了湘南。朱德回忆说："我们脱离范部，从韶关北上，计划去湘南找一块根据地。这时龚楚已来到我们部队，便由他引路带我们到了宜章县的杨家寨子。"

井冈山斗争时期，有农民运动经验、又有军事工作经验的龚楚，成为红四军前委委员、二十九团党代表，其威望和地位在红军中也算屈指可数。1928 年 6 月，湖南省委致信红四军军委："前敌委员会，省委指定下列同志组织之：泽东、朱德、陈毅、龚楚、乔生及士兵同志一人、湘南农民同志一人组织之。前委书记由泽东担任，常务委员会由三人组织：泽东、朱德、龚楚。"

这就是龚楚当时的地位。有一段时期，中央和湖南省委给红四军前委的信都是称"朱毛龚"的。

龚楚在井冈山时期与毛泽东、朱德建立了很深的关系，百色起义时又与邓小平建立了很深的关系。

1929 年 5 月龚楚被任命为中共广西前委委员，1929 年 12 月参加广西百色起义。起义后即宣布成立红七军，军长张云逸，政治委员邓斌——即邓小平，参谋长龚鹤村——即龚楚。红七军辖十九、二十、二十一三个师，十九师战斗力最强，龚楚兼任师长，邓小平兼任政委。由于龚楚是井冈山过来的，熟知红军的建军经验及政治工作制度，给红七军的建设的确带来不小帮助。

龚楚后来担任的职务也闪闪放光：继李明瑞之后任红七军军长，然后是粤赣军区司令员、红军总部代总参谋长、赣南军区司令员。红军主力长征后，陈毅起初连个明确的职务都没有，龚楚却出任了中央军区参谋长。

这样一个人物叛变，对红军长征后中央苏区留守力量的严重影响可想而知。

龚楚的叛变出现得很突然。1935年2月，他奉命率一部分红军去湘南开展游击战争。5月在湖南郴县黄茅地区遭到粤军袭击，就叛变投敌。

这个高级干部，就这么一下子站出来投降了，不用严刑拷打或者威逼利诱。

龚楚的信念早已动摇，他的理念早已转变。

我们可以想象，如果红军发展顺利，如果革命发展顺利，很快获得胜利，这些人可能都会留下，龚楚能被授予很高的军衔。

但是，中国革命的激流险滩太多，冲刷得太厉害。龚楚这样的人，即使达到了"朱毛龚"并列的地位，浪头也把他淘汰了，照样把他冲下去。

陈济棠给他一个少将"剿共游击司令"，调一支40多人的卫队归他指挥，要他到赣粤边去诱捕项英、陈毅。

陈济棠要"清剿"这一带的红军。虽然长征的时候，为了避免自己的损失，他开放了第一、二道封锁线，但是红军大队都走了，他还要收拾地盘，扩大地盘。于是，他找了一些叛变的红军将领，让他们把自己人收拾了，"清剿"干净，再来接收。

我们最恨的就是党内的叛变，因为他们知道共产党活动的规律，尤其恨叛变的高级领导人物，计划、方案他全都了解。

龚楚将自己的叛变隐蔽得很巧。对于他的叛变，别人不知道。当时信息很闭塞，不像今天有手机，发个短信告诉大家：龚楚叛变了，大家小心点。当时没有这样的通讯条件。龚楚当了陈济棠的少将"剿共"司令，谁也不知道。

为了取得周围几个游击队的信任，龚楚搞了个迷魂局。他跟陈济棠方面的将领余汉谋密谋，让余派出一支部队，假装遭到他的伏击。

10月中旬，他把卫队扮成红军游击队，在北山龙西石地区和粤军余汉谋一支部队假打一阵，"击溃"了"敌人"，缴获作战物资甚丰。龚楚这出戏演得很像，于是他在龙西石出了名。

贺子珍的哥哥、北山游击大队大队长贺敏学原来是中央军区司令部的科长，听说老首长龚楚参谋长拉起了游击队伍，便赶紧派人去联系。

　　叛徒最难对付。国民党人想不出这一招来，他也装不像，因为没有这样的影响和地位。龚楚迅速取得了贺敏学的信任。但他不想收拾贺敏学带领的 100 多人，这对他来说太容易，他要收拾大头，即项英和陈毅。他知道项、陈是中央红军长征之后留在苏区的级别最高的军政人物。

　　龚楚说，他需要马上见到项英、陈毅，接他们去湘南加强领导。中共赣粤边特委机关后方主任何长林等人热情帮忙，建议龚楚写一封信给项、陈。信中说，中央军区参谋长龚楚作战有方，在湘南取得很大的战绩，现在想接受项英、陈毅同志的统一领导，以打开更大的局面。

　　话说得很好，天衣无缝。

　　信写好后，何长林也在上面签了名。特委秘密交通员很快把信送到了项英、陈毅手里。

　　项英看过信后非常高兴。他不太了解龚楚，但这是第一次和其他游击区取得联系，有足够的理由感到振奋。

　　项英是 1931 年从上海到中央苏区的，龚楚辉煌的时候——1928—1930 年那段时间，项英只在上海的文件上看见过"朱毛龚"，他对龚楚本人并不太了解。当时留守在南方坚持游击战争的队伍都很困难，龚楚打了个胜仗很振奋人心，项英认为要马上跟龚楚见一面。

　　陈毅却没有那么乐观。他对龚楚是非常了解的。龚楚自持资格老，井冈山斗争时期骄傲自大，除了毛泽东、彭德怀，便目中无人。毛泽东在苏区的威望无人可比。在第三次反"围剿"中，因龚楚不执行命令，彭德怀曾经撤了他的职。今天他怎么变得谦虚起来，要项英、陈毅去"加强领导"呢？

　　陈毅告诉项英，斗争残酷，人心难测，还是过一段时间再去见龚楚。

　　就是这"过一段时间"，使龚楚现了原形。只见信走不见人来，龚楚沉不住气了，毕竟叛徒到底心虚，他害怕夜长梦多，决意先下手为强，把北山地区游击队一网打尽。

　　又是那位特委机关后方主任何长林帮忙，召集游击队员和干部在龙西石开会，贺敏学等重要干部都参加。待他们发觉情况不妙时，龚楚的伏兵已经将会场包围，这位中央军区参谋长开始撕下脸面，赤裸裸地劝他原先的部属们投降了：你们已经被包围了，赶快放下武器跟我走一条光明的道路，大家升官发财，否则死路一条。很多人都很吃惊，我们的最高领导、中央军区的参谋长召集我们开会，原来他是个叛徒。

贺敏学第一个跳起来，举枪边打边往外冲。他身中三弹，硬是翻滚下山，冲出包围。其余的只有八九个人带伤冲出会场。50多名游击队员和干部当场牺牲。特委机关后方主任何长林是个软骨头，一看大势不好，未及走脱被捕，马上叛变。

这就是长征留下来的部队突围到赣粤边后，损失最大、性质最严重的"北山事件"。

龚楚没有抓到项英、陈毅不甘心。他熟悉红军活动的规律，布置军队日夜搜查，通往各地的大小道路都被严密封锁，连在一些大山和羊肠小道上也设置了暗哨、密探。何长林则把与游击队发生过关系的群众统统指出来，很多人被敌人杀害。

1935年10月，龚楚引导国民党三个师向湘南游击区发动进攻，使湘粤赣游击支队受到严重损失，方维夏壮烈牺牲，蔡会文重伤被俘后壮烈牺牲，中共湘粤赣特委书记陈山负伤被俘。

就是这个"朱毛龚"的"龚"，虽然在红军队伍中做出过一些贡献；一旦叛变这支队伍，竟然对敌人做出了更大"贡献"。

所以人们能够理解，为什么共产党人最恨叛徒。从"四一二"反革命屠杀中过来的人们，深知在危难时刻叛变现象的不可避免和巨大危害。预见到这一刻的来临，他们便自觉不自觉地运用起最后往往伤及自身的铁腕手段：肃反。

1934年5月17日，苏区《斗争》杂志第61期发表董必武的文章：《把检举运动更广大的开展起来》："检举运动的火焰已到处燃烧起来了……这一运动尤其要与肃反工作密切联系着，经由政治保卫局的系统可以暴露埋伏在地方机关中的反革命分子和那些对反革命容忍的人。"

五天后的5月22日，张闻天为《红色中华》193期撰写社论：《对于我们的阶级敌人，只有仇恨，没有宽恕！》："赤色恐怖应该是我们对于这些反革命分子的回答！特别在战区边区，我们对于任何反革命的活动必须立刻采取最迅速的处置。凡属进行反革命活动的豪绅地主、富农、商人、资本家、老板、流氓，必须立即捉起，除个别最重要的分子须严究同党外，其余无须评审，无须解县，一概就地枪决"；"一切对于反革命的宽容与放任，一切'讲究手续'与'法律观念'，一切犹豫不决与迟缓，在目前同阶级敌人决死战的时候，客观上都是反革命的助手和帮凶"。

在中国共产党内部，董必武以宽厚著称，张闻天以冷静闻名。这些个性在斗争的非常时期，也被外界巨大的压力压迫得无踪无影。

形势造就人，严峻的形势巨大地改变了人的个性。

这方面最矛盾最典型的人物就是项英。

项英是最先在苏区反对肃反扩大化的人。1931 初他刚到苏区任中央局代理书记，就反对对富田事变的处理。**富田事变**①是中央苏区一次肃反扩大化的典型。

对富田事变，毛泽东在《总前委答辩的一封信》中很肯定地说："此次红军中破获 **AB 团**②四千四百以上，AB 团已在红军中设置了 AB 团的总指挥、总司令、军师团长，五次定期暴动，制好了暴动旗，设不严厉捕灭，恐红军早已不存在了。"

项英却持不同看法。1931 年 1 月 16 日中央局成立的第二天，他以中央局第二号通告下发《对富田事变的决议》，虽然不得不讲"打 AB 团取消派是十二分的正确"，但不认为富田事变是 AB 团领导的反革命暴动；而只在"在客观上"是反党的反革命行动。它批评了反 AB 团之错误所在："第一，是非群众的路线"；"第二，赤色恐怖不是群众造成的去恐怖反动派，而是机关造成的反恐怖了群众"。

今天的党史工作者说，这是第一个对富田事变说了公道话的文件。

在当时的环境下这样讲，确需有面对复杂形势的清醒冷静头脑和相当的勇气。当时不论毛泽东写的总前委的报告、答辩信，还是苏区中央局的决议、中国工农革命委员会的布告，或朱德、彭德怀、黄公略、曾山的宣言，以及陈正人等的信，都一致认定富田事变是"AB 团取消派合作的叛变"，是"罪恶滔天"、"破坏阶级决战"的"反革命活动"。对持不同意见者，当时是一律视为"AB 团"、"取

---

① 富田是位于江西吉安的一个村庄，曾为中共江西省领导机关"行动委员会"所在地。赣西南苏区在残酷的对敌环境下发起了肃反运动，逐渐扩大化为反对其实已不存在的 AB 团的斗争。1930 年 9 月，红一方面军攻打吉安，破获了国民党江西省党部一部分材料，其中有 AB 团档案，牵扯到江西省行委和赣西南特委。1930 年 12 月 12 日，红一方面军总前委派李韶九前去富田抓 AB 团分子。红二十军一七四团政委刘敌等人率兵反抗，开会控诉李韶九刑讯逼供的罪行，把红二十军拉到赣江以西，脱离了原先的防区，并派人前往党中央，报告事变经过，请求处理，是为富田事变。苏区中央局对此事变执行了镇压的政策，红二十军番号被取消。这是中国革命史上一起悲剧性事件。

② 全称"AB 反赤团"（AB 是英文"Anti-Bolshevik"之缩写，意为"反布尔什维克"），是北伐战争时期在江西建立的国民党右派组织，其宗旨是反对联俄、联共、扶助农工，取消民主主义。1927 年 4 月 2 日，国民党左派和共产党发动"四二"大暴动，该组织解体。

消派"、"改组派"的。

就因为项英对总前委抓 AB 团、处理富田事变的批评和抵制，从 1931 年 1 月中央局成立到 4 月中央代表团到江西苏区这三个多月里，赣西南的肃反扩大化得到抑制。这是项英一个重要的历史功绩。他为此受到中央代表团严厉批评，后者宣布"项英因解决富田事变完全错误"，解除其苏区中央局书记职务。

这样一位对肃反保持清醒头脑的人，红军长征以后也失去了清醒，大刀阔斧地搞起肃反扩大化来。项英说，地主、富农、反革命，我们不杀他，他就会杀我们。宁都起义的一部分五军团干部，红军长征后留在中央分局机关和各单位工作。项英觉得这些人在国民党军队干过，不保险。他对登贤县委书记陈梦松和县苏维埃主席钟家瑶说："这些人靠不住，要解决他们。"

怎么解决呢？钟家瑶后来回忆说：

> 项英紧接着就以开会为名，派通讯员将五军团的十几人，一个一个地通知他们前来开会。他们来了以后，随同前来的通讯员则被留在楼下。五军团的人上楼后，项英就说他们犯了错误，随后不由分说便将他们一个个捆起来，当晚就把他们杀掉了。

第二天，部分被杀害人的家属来询问亲人下落，回答是调其他地方工作了。

手段非常狠，也很残酷。这是典型的肃反扩大化。没有任何证据，唯一的解释就是这些人原来是国民党人，他们不会跟我们一心，不可靠，必须进行处理。毫无疑问，其中冤屈了很多人。

环境造就人。面对严酷的斗争形势，人的个性会发生很大的分裂。项英这样一位以冷静著称的人，最后也干出了他原本深恶痛绝的事情。

面对非常时期，需要非常手段。

但越是非常时期，不是越需要分清敌友吗？

毛泽东说过，革命不是请客吃饭，不是做文章，不是绘画绣花，不能那样雅致，那样从容不迫、文质彬彬，那样温良恭俭让。革命是暴动，是一个阶级推翻另一个阶级的暴烈的行动。

毛泽东还说过，谁是我们的敌人？谁是我们的朋友？这个问题是革命的首要问题。中国过去一切革命斗争成效甚少，其基本原因就是因为不能团结真正的朋友，以攻击真正的敌人。这是《毛选》第一卷第一篇的第一段话。

两段话都非常深刻，都在不同的时期、为不同的目的、被不同的人们反复引用。造反时，多引用前者；平反时，又多强调后者。一个个历史轮回中，反复发现冤屈了那么多本不该冤屈的好人。

面对像蒋介石说的如潮水般叛变的情况，共产党人难免做出一些过分的行动，包括像项英这样曾经非常冷静的同志，也采取过极端的行动。

但是，需要判定的是：谁最可靠，谁最不可靠。

毫不留情地解决"靠不住"分子的项英，其革命坚定性是无可置疑的。所以他能在极其艰难条件下坚持三年游击斗争，直到抗日战争爆发。

但要总结出这些血的经验教训、真正准确判断出谁"靠得住"谁"靠不住"，项英已经没有时间了。1941 年 1 月皖南事变中他本已突围脱险，却在睡梦中死于叛徒的子弹。

打死他的贴身警卫刘厚总，恰恰是他认为最靠得住的人。

刘厚总看中的是什么？是项英身上携带的黄金，即新四军的经费。

革命队伍中的叛卖，对敌友的认识，大浪淘沙，这种洗刷不仅仅是针对信念不坚定的人起作用。对于信念非常坚定的人，也有影响。比如项英，他的革命信念不坚定吗？身上别着斯大林送的手枪，坚定到底。他的错误好像是一种历史的报复。好几次危难时刻，刘厚总背着项英脱离危境，所以项英觉得他很可靠，是值得信任的人。但是在最困难的时候，项英等新四军少数几个人突围的时候，包括政治部主任袁国平，他们藏在山洞里面，竟都被警卫员刘厚总打死。

这是项英的悲剧，也是那个时代肃反手段与方式的悲剧。

为什么在中国革命中投机很难？在于考验非常严厉，任何假面都要被撕下。龚楚这样地位的人，关键时刻假面一样被撕下。而项英是真面，但最后还是没有认清谁是友谁是敌，进而做出清醒的判断，还是死于自认为最信任的人。

这是中国革命中最残酷的一面，最血淋淋的一面。

今天讲史诗，讲伟大辉煌，当时是苦难、牺牲，是一个险滩接着一个险滩，从中走出来的中国共产党人，经受了巨大的考验。

所谓凤凰涅槃，它不是虚的，它是在整体毁灭的过程中获得再生。这是真实的历史，解读这段最艰难的历史，就可以发现其中包含最丰富的养分，最多的经验教训。

第十六讲　信念的力量：三位不能忘记的红军将领

　　享誉世界的美国未来学家阿尔文·托夫勒在20世纪70年代写过一本《第三次浪潮》，80年代初翻译到中国，风靡一时，大家都在看，领导层看，普通民众也看。他在20世纪90年代又写了一本书，叫《力量转移》。他认为人类有史以来的力量有三种基本形式：暴力、财富和知识，"其中知识最为重要，由于暴力和财富在惊人的程度上依靠知识，今天正在出现空前深刻的力量转移，从而使力量的性质发生了深层次的变化"。

　　从人类社会初期一直发展到资产阶级掌握政权之前，即资本主义制度产生之前，像奴隶社会、封建社会，力量主要表现为暴力。到了资本主义社会，财富即金钱的力量，直到今天全世界都能感觉到。从20世纪八九十年代开始，信息化革命所带来的信息爆炸、全球网络传播，即知识的力量，无所不在。

　　但托夫勒忘记了，还有一种力量，甚至是一种贯穿所有现在力量的力量：信念。

　　连远古的罗马人都看出了这一点："那统辖思想的，比统辖城池的更有力量。"

　　同是德国人，你说是马克思有力量，还是希特勒有力量？

　　表面上看，在一个时期内，希特勒的力量，锻造了全世界最有力的战争机器。

　　丘吉尔有一段非常精彩的回忆。1940年5月15日，他突然接到了法国总理雷诺的电话。丘吉尔说，我举着话筒都惊呆了。因为电话的那一端，在巴黎的雷诺告诉丘吉尔，德军马上要进入巴黎了，我们准备放弃巴黎，我们完了。丘吉尔写道，伟大的法兰西陆军，拿破仑领导的法兰西军队的光荣传统，两周之内崩溃了。

　　虽然希特勒的力量几乎横扫整个欧洲，后来却像融雪一样消失得无影无踪。

　　马克思的力量呢？当时谁承认马克思有力量？一个衣食无着的人，经济来源很大一部分要靠恩格斯的资助，整天泡在图书馆里写东西，据说因为坐的时间太长，图书馆的地板都被搓出两个道子来。

马克思的力量，是思想的力量，改造世界的力量。当然，按照托夫勒的观点，可以把马克思的力量归属于所谓的"知识"。但是，马克思理论、马克思主义，绝不仅仅是知识，它更是一种信仰、一种信念。

马克思的力量，今天仍然对世界产生重大影响。

1989 年柏林墙倒塌，1991 年苏联解体。美国人福山写了《历史的终结》，说历史终结了，终结在资本主义制度。

然而，2008 年，2009 年，全世界爆发金融危机。在西方，马克思的著作又开始畅销，人们争相阅读。今天的资本主义制度存在很大的不合理性。资本的贪婪，这是马克思早就预言到的。

马克思对社会发展规律的认识，实际上是对真理的一种把握。

追求真理，献身真理，这不就是力量吗？

如果信念、信仰不是一种力量，就无法解释中国共产党人为什么能取得轰轰烈烈的、伟大辉煌的胜利。

今天讲三个人：刘畴西，寻淮洲，胡天桃。

我们知道很多战胜的将军、很多共和国授勋的将军、很多威名远扬的将军。

这三个名字，如今已经没有多少人知道了——甚至包括军人。

这三个名字，我们一定不能忘记他们——尤其是新世纪的军人。

刘畴西，红十军团军团长。其经历颇富传奇色彩：参加过五四运动，担任过孙中山的警卫。1922 年加入中国共产党，属于早期党员。因为 1923 年以前入党的都被定为早期党员。1924 年入黄埔军校第一期学习，第一次东征在棉湖战斗中失去左臂。棉湖战斗是一次决定国民党成败的战斗，决定广东能不能统一，决定蒋介石能不能当黄埔军校校长、今后能不能发展。后来，刘畴西照样参加了南昌起义，随后去苏联，进了莫斯科伏龙芝军事学院。

寻淮洲，红七军团军团长。人们都以为 25 岁当军团长的林彪是红军中最年轻的军团长。其实寻淮洲 1933 年出任红七军团军团长时，还不满 22 周岁。寻淮洲是湖南浏阳的青年学生，参加秋收起义上井冈山后，与陈伯钧、王良同为红四军三十一团三个有名的青年知识分子连长。三人当中陈伯钧、王良都是黄埔军校武汉分校学生，算黄埔六期，唯有寻淮洲没有进过军校。但他一直是红四军战将、黄埔四期生伍中豪的下级。伍中豪是红军中非常杰出的将领。伍中豪与林彪，两人同是黄埔四期，同时当连长，同时当营长，同时当团长，同时当纵队司令，同时当军长。我们前面讲过，林彪善攻，伍中豪善守，而且按照萧克的评价，伍中豪攻守比较全面。从这位与林彪齐名的红军将领身上，寻淮洲学到很多东西，进步极快。他19岁当师长，20岁当军长，1933年2月在第四次反"围剿"的黄陂战斗中，率红二十一军直插敌后截断将军第五十二师归路，为全歼该敌创造了条件，获二等红星奖章，受到中革军委的特别嘉奖。

粟裕回忆说：寻淮洲是在革命战争中锻炼成长起来的一位优秀青年军事指挥员；他艰苦朴素，联系群众，作战勇敢，机智灵活。

粟裕后来成为人民解放军中极有造诣的一员青年战将，当时尚年长寻淮洲5岁。

胡天桃①，红十军团二十一师师长。

1934年10月，红一方面军主力向西突围，开始长征。随着主力部队的离去，中央苏区附近存在的最大一支红军部队，就是红十军团。

红十军团由两部分力量组成。一部分是作为北上抗日先遣队的寻淮洲红七军团，另一部分是方志敏的红十军。主力红军长征一个月后，中革军委发来命令，红七军团与红十军合编为红十军团，方志敏任军政委员会主席，刘畴西任军团长，全军团共1万余人，下辖三个师：

十九师，原红七军团部队，师长寻淮洲；

二十师，原红十军部队，师长刘畴西（兼）；

二十一师，原红十军部队，师长胡天桃。

这三个人作战能力都非常强，如果拿军事造诣来说，寻淮洲最为突出，其作战艺术最为精炼。当然，以刘畴西的资格最老、地位最高。在我军中，只有后来当了八路军参谋长的原林彪红一军团的左权，能够与刘畴西相比，其他无人能与他相比。

---

① 胡天桃（1901—1935），湖北蕲水（今浠水）人。1927年加入中国共产党。1928年参加红军。曾任第十军营长，新编第十军第三十师团长、师长，参加了闽浙赣苏区反"围剿"。1934年11月任红十军团第二十一师师长，随军转战皖赣边区。1935年1月在赣东北怀玉山被俘，同年夏在南昌牺牲。

红十军团是一支可观的力量，又是一支存在时间很短的力量。从1934年11月中旬编成到1935年1月底覆灭，仅仅存在了两个多月。中革军委主席朱德后来心痛地概括成八个字：不编不散，一编就散。

军团编成后，首战谭家桥。

当时的考虑是，其他敌军距离尚远，唯尾随之敌补充第一旅显得孤立突出。敌人共三个团，装备比较好。红十军团是三个师，兵力和敌人差不多，优势很不明显，但地形却十分有利。乌泥关至谭家桥两侧皆是山地及森林，地形险要，利于隐蔽埋伏，峡口也比较窄。当时红军的弹药等物资极感缺乏，消灭补充第一旅，不但能获得人员和物资的补充，且能打掉追敌的气焰。

通过消灭敌人，补充自己，在当时是个很大的问题。红十军团若要在赣东北或者皖南这片区域站住脚，必须打个胜仗。连续的撤退、迂回，是不行的。形势需要打个胜仗。

军团长刘畴西决定在这里打一仗，大家都无异议。

应该说这是一场立意积极的战斗，地形的选择也不错，但作战对象的选择却不是太好。

补充第一旅1933年冬由保定编练处的三个补充团改编。旅长王耀武，山东泰安人，黄埔军校第三期毕业，是蒋军中一员悍将。该旅装备好，干部多是军校毕业生，训练有素；士兵以北方人为多，战斗力相当强。

这一点，刘畴西在设计埋伏的时候忽略了。毛泽东在苏区作战的十大军事原则之一，就是要捡弱的打。

这是一支蒋介石的嫡系部队，完全不似"补充"两字给人以二流部队的感觉。

但刘畴西没有把王耀武放在眼里。他1924年入黄埔军校第一期学习时，王耀武还是上海马玉山糖果公司站柜台卖饼干的小伙计。

黄埔一期的资格，加上伏龙芝军事学院的学历，在红军指挥员中除了左权，无人可与刘畴西相比。这一切使他充满了一种不可抑制的自信。

担任红十军团长兼二十师师长后，想立刻打一仗扭转局面，是他的迫切要求。

但他小看了当年曾经卖过饼干的这个对手。

刘畴西不知道，当年他随南昌起义部队南下时，参加堵截的，就有第一军补充团的少校营长王耀武。刘畴西担任红二十一军军长参加第四次反"围剿"时，率部坚守苏区战略要地宜黄24天未被红军攻破、被蒋介石称为"奇迹"的，也

1928年，日军出兵山东

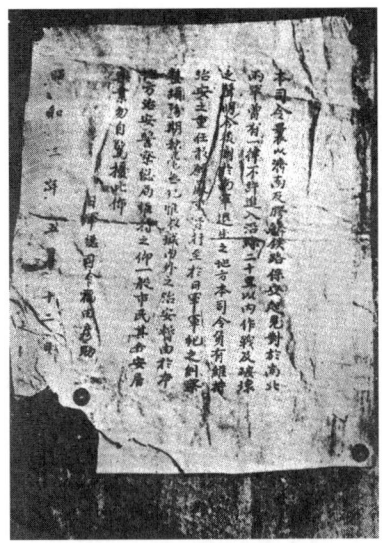

1928年日军在济南发布的戒严令

日军用中国人大脑皮质进行
医学研究的记录

东北日本关东军司令部

北平学生张贴的抗日宣传画

蒋介石训示，推行"攘外必须安内"的政策

国民党军出发"围剿"

1934年，国民党军在江西铅山县
修筑碉堡对苏区"围剿"

是王耀武。就像前面讲到的陈诚一样，陈诚是国民党队伍中作战能力很强的人，甚至得到了周恩来的夸赞。周恩来说，陈诚可以说是一个不错的战术家。王耀武也是这样。带兵与作战，是王耀武两大擅长。军队里边，主官的作用非常大，什么样的主官带出什么样的部队。国民党五大主力之一的七十四军，即后来整编第七十四师，就是王耀武一手带出来的部队。

刘畴西对王耀武的补充旅基本情况掌握不清楚，王耀武对刘畴西的红十军团的情况却一点不糊涂。他对手下的三个团长说："共军第十军团政治委员会的主席是方志敏，军团长是刘畴西，副军团长是寻淮洲。该军团辖三个师：十九师师长由寻淮洲兼，二十师师长王如痴，二十一师师长胡天桃。军团长和师长的意志很坚强，作战经验丰富，尤以寻淮洲的作战指挥能力为最强。"王耀武只讲错了两处：方志敏任主席的是红十军团军政委员会，不是"政治委员会"；二十师师长由刘畴西兼，不是王如痴。对黄埔前辈学长刘畴西，王耀武的评价不是太高，相反却对没有进过军校、红军中土生土长的将领寻淮洲做出很高评价。

我们对敌人了解得不清楚，而敌人对我们掌握得非常清楚。这就预示着未来的这场伏击战难打。

还有一点，刘畴西也没有把自己的人放在眼里。

刘畴西、寻淮洲、胡天桃三个人中，以寻淮洲的野战能力，作战指挥能力最强，但是刘畴西没有把寻淮洲放在眼里。

谭家桥伏击战是红十军团第一仗，关系军团能否在皖南立足及其胜败存亡。刘畴西以二十师、二十一师在伏击地域右侧担任正面攻击；置十九师于左侧，待正面打响后，截敌归路。

十九师未放在主攻位置上。原红七军团军团长、现十九师师长寻淮洲和十军团参谋长粟裕均持异议。他们认为十九师野战经验丰富，战斗作风顽强；而二十师、二十一师组建才一年多，缺乏野战经验，担任主攻存在问题。

刘畴西却非常自信，资格老，经历丰富，有点刚愎自用。二十师、二十一师都是他的老部队，他认为战斗力强于十九师。他根本听不进寻淮州的意见，也听不进粟裕的意见，坚持原来部署。

这个军事部署注定了后面一系列的灾难。刘畴西没有把敌人放在眼里，也没有把自己的战友，尤其是战友提出的意见，放在眼里。这导致最后出现了重大失误。

1934 年 12 月 14 日，补充旅出发，以第二团为前卫，其余按直属部队、第三团、第一团的秩序，经乌泥关、谭家桥向太平追击前进。

红十军团隐蔽得非常好。王耀武的前卫第二团经过乌泥关、谭家桥时，路旁百姓有的在砍柴，有的在种地，有的在公路上行走，如平常一样，实际上好多都是伪装的。前卫团团长周志道以为没有可疑情况，也未派部队严密搜索，部队浩浩荡荡继续前进。

机会很好，但开火却提前了。担任主攻任务的红军缺乏野战经验，不幸被粟裕和寻淮洲言中了。当敌人进入伏击圈的时候，要沉住气，要把他们的指挥部放进来，首先打指挥部。敌人团指挥部还未进入伏击地域，二十师、二十一师因作战经验欠缺，部分干部战士过分紧张，提前开火。朱德讲，不编不散，一编就散。一编起来反而不如原来有力了。为什么？红二十师、二十一师作战能力原来不是很强，重新编队之后，指挥训练不足，弱点放大。这时，敌人立即警觉，马上开始抢占路边高地，整个伏击战斗被迫提前。否则待敌团指挥部进入伏击范围后，首先打掉指挥机关，那么整个战局就会大不一样了。王耀武事后想起来惊出一身汗，就是基于此种设想。

野战经验不足、特别是打硬仗经验和思想准备皆不足的二十师、二十一师连续向敌前卫团发起猛冲，企图一举将敌人压垮。攻势很猛，几次展开肉搏，敌前卫团团长周志道都被打伤。但红军两个师动作不一致，连冲四次也攻不下来。未放在主攻位置的十九师在山峡里一时又出不来，局势很快由伏击的主动变成被敌反击的被动。王耀武一面命令部队不许后退，一面调加强营和第三团的三营增加到第二团的正面作战；同时令第三团团长李天霞率该团主力向红十军团的左侧背猛烈反击，令第一团团长刘保定立派一部占领乌泥关，并坚决守住。

补充旅曾经是寻淮洲指挥的十九师的手下败将，此番红军三个师伏击它，最初它被打得措手不及，最后红十军团反被它打得措手不及，很快就形成了困局。本来我们打败的敌人现在反而把我们搞得极其被动。

红十九师被放在一个峡谷里面，准备扎口袋，抄敌后路，一时出不来，等到寻淮洲把红十九师终于从峡谷中拉出来的时候，乌泥关制高点的争夺战成为胜败的关键。这简直不是伏击战，而成了两军的遭遇战。为了抢占乌泥关，红十九师连续发起为时已晚的冲击。寻淮洲亲自领头奋勇冲锋。王耀武后来回忆这场战斗说："红军三次冲锋虽都受到挫折，但斗志仍盛，其打败补充第一旅的决心并未动摇，又发起了一次规模较大的冲锋。这次红军出动了七八百人，分三路冲过来，一路针对加强营，两路对着第二团中伤亡较重的第一、第二两个营。大有一鼓作气击溃补充第一旅之势，情况紧张、危急。"

王耀武亲到第一线督战，令各部集中迫击炮、机关枪的火力，向冲过来的红军猛烈射击，战斗极为激烈。他回忆说："据第二团团长周志道报称，在敌人第四次冲锋中，发现红军有十几个人冒着炮火的危险去抢救一个人，抬着向后方走去，看样子，被抬走的这个人可能是敌人的高级军官。"

被抢救下来的，是在猛烈的冲击中身负重伤的寻淮洲。

寻淮洲曾经五次负伤，谭家桥成为最后一次。因伤过重，在转移途中牺牲。

方志敏后来在囚室中写《我从事革命斗争的略述》，这样评价寻淮洲："十九师师长寻淮洲同志，因伤重牺牲了！他是红军中一个很好的指挥员，他指挥七军团，在两年时间，打了许多有名的胜仗，缴获敌枪六千余枝，轻重机枪三百余架，并缴到大炮几十门。他还只有二十四岁。"一位优秀将领，陨落在谭家桥战场。

险遭歼灭的王耀武在谭家桥战斗中反败为胜，所获甚丰。他派出一个步兵连寻找寻淮洲的遗体，捉到一个参加埋葬的人，便由此人带路到茂林，把寻淮洲遗体挖出来照相，以作为寻淮洲确实被打死的证据。他们发现遗体尚完好，但上身无衣，由此认识到红军处境已极度困难。王耀武判断说："共军官兵所穿的衣服破烂不堪，难以护体，因被服奇缺，在掩埋其阵亡的官兵时，顺手将死者的衣服脱下，以供活人穿用。"王耀武领到了5000块大洋的犒赏。

谭家桥战斗的失利，很大程度上是由于选敌不当、指挥不当所至。后来红十军团在怀玉山的失败，基因已经潜伏在这里。

这场仗本来应是一场胜仗。如果刘畴西听取寻淮洲的意见，这一仗能够打胜。王耀武本是要遭歼灭的部队，反败为胜。

谭家桥战斗失利，皖南便无法立足。红十军团由方志敏、刘畴西率领，南下返回闽浙赣边。谭家桥战斗前那样自信的刘畴西，又变得如此优柔寡断。到达闽浙赣苏区边缘时，敌情已十分紧急。粟裕坚决要求部队不能停留，必须连夜行动，立即突破敌人封锁线，但刘畴西觉得部队刚刚到齐，人员十分疲劳，当晚不能再走。

方志敏担心刘畴西犹豫迟疑，留下来劝刘畴西尽早开拔，叫粟裕率先头部队先走，他留下来等刘畴西一起行动。

一留便成永诀。

粟裕率少数先头部队行动坚决，当晚就冲过了敌人的封锁线。刘畴西率领的军团主力却行动拖沓犹豫，前面一打枪便改换前进方向。转来转去，耽误了几天时间，在怀玉山陷入赶上来的国民党军14个团的包围。方志敏本可跟着粟裕突围，就为了等刘畴西，最后二人双双被俘，并肩走向了刑场。

浙赣边界的怀玉山成为红十军团最后的战场。天寒地冻，缺衣少食，红军战士拿枪向敌人射击，但冻僵的手扣不动扳机；挣扎着向围上来的敌人投弹，又投不了多远；王耀武发现他所俘虏的红军人员，都面黄肌瘦，手脚冻裂，因喝不到水，嘴上起泡的很多，很多人数日不得饮食，冻饿交加，躺在地上动弹不了。

红十军团终遭失败。1935年1月底，军团主要指挥者方志敏、刘畴西等人在程家湾被俘。

国民党随即将他们解往南昌，沿途召开"庆祝大会"。到达南昌后，又在市内豫章公园召开"庆祝生擒方志敏大会"，美联社一名记者报道了当时的情景：

> 豫章公园周围都排列着警察队伍，街上架着机枪……戴着脚镣手铐而站立在铁甲车上的方志敏，其态度之激昂，使观众表示无限敬仰，周围是大队兵马戒备着。观众看见方志敏后，谁也不发一言，大家默默无声，即蒋介石参谋部的官兵对此气魄昂然之囚犯，也表示无限敬佩及同情……

方志敏、刘畴西被俘后，蒋介石密令国民党驻赣绥靖公署主任顾祝同，尽力劝说方、刘"归诚"，特别是针对黄埔一期毕业、第一次东征在棉湖之役任教导一团第三连党代表的刘畴西。那是奠定国民党党军生死存亡的关键一仗。蒋介石一直记得当时奋不顾身、因伤被锯掉左臂的刘畴西。无当年棉湖的胜利，便无后来的蒋介石。他命顾祝同对刘畴西要特别关照，一定要设法争取过来。

顾祝同是军校战术教官，管理部代主任，在黄埔既是刘畴西的教官，又是他的上司。但顾祝同怕自己一个人说不动，又借蒋介石任黄埔同学会会长时，刘畴西担任过总务科长，以此为由头联络来更多的一些黄埔老同学做工作。于是，从怀玉山到上饶，从上饶到南昌，押解方志敏、刘畴西二人的路上，来劝降之人络绎不绝。仅顾祝同本人就亲自来了三次。

今天回头仔细品味看那段历史时，我们可以指责刘畴西在谭家桥战斗前听不进寻淮洲和粟裕的意见刚愎自用，可以叹息刘畴西在怀玉山突围中犹豫不决优柔寡断，但在敌人以友情、以官爵、以监禁、以死亡的利诱威胁面前，我们只有衷心钦佩刘畴西的意志之坚韧不拔。

对蒋介石、顾祝同的劝说和纷纷前来的黄埔老同学，他丝毫不为之所动。这位1922年入党的中国共产党人，与方志敏一样刚强。方志敏在《可爱的中国》中，用"田寿"（加起来是个"畴"字）这个名字，记述了刘畴西在狱中的不屈斗争。

1935年8月6日凌晨，方志敏、刘畴西被秘密杀害于南昌。

蒋介石把消灭红十军团归功于**俞济时**①、王耀武，尤其是在第一线大打出手的王耀武。王耀武参加追击红十军团的作战时，赣东北"剿匪"总指挥赵观涛曾对他说过一席话：共军装备虽差，但作战很机动、很顽强；闽北的部队及俞济时的保安团等都受到了很大损失，俞济时本人还因此受了处分；你一定不能大意，大意必定遭受挫败。

赵观涛也是蒋介石的嫡系悍将，多次参加对江西苏区的"围剿"。王耀武牢牢记住了赵观涛的叮嘱，同时生出一个挥之不去的念头：一定要面对面见识一下这些装备又差、供应几乎没有的红军将领，凭什么本事令一个又一个国民党骄将如此头疼。

他在谭家桥战斗中打死了红军十九师师长寻淮洲，失去了与这个暗中叹服的红军将领见面的机会，但在怀玉山捕获了二十一师师长胡天桃。

王耀武立刻利用了这个机会，但第一次见面就让他呆住了。他回忆说："这位师长的上身穿着三件补了许多补丁的单衣，下身穿两条破烂不堪的裤子，脚上穿着两只不同色的草鞋，背着一个很旧的干粮袋，袋里装着一个破洋磁碗，除此以外，别无他物，与战士没有什么区别。"

时值严冬，天寒地冻。若不是被别的被俘战士指认出来，王耀武绝对不相信面前这个人就是红军师长胡天桃。

他压下震惊，与胡天桃展开如下对话：

王：蒋委员长对你们实行宽大及感化教育，只要你们觉悟，一样得到重用。

① 俞济时（1904—1990），浙江奉化人。他与蒋介石为同乡（一说是蒋的外甥）。黄埔军校第一期学生，毕业后留任蒋介石侍卫。在"围剿"红军过程中累积战功，升至第八十八师师长。1942年任蒋介石侍卫长，后任第三十六集团军总司令等职。1949年去台湾。

胡：我认为只有革命，坚决打倒帝国主义、封建主义及军阀，中国才有办法。

王：我们也希望国家好，也反对帝国主义的侵略。你说国民党勾结帝国主义，有什么根据？

胡：国民党掌握着军队不抗日，却来打内战，还请帝国主义的军官当顾问，这不是勾结帝国主义是什么？

王：共产主义不适合国情，你们硬要在中国实行，这样必然会失败的。

胡：没有剥削压迫的社会，才是最好的社会，我愿为共产主义牺牲。

王：你知道方志敏现在什么地点？

胡：不知道。

王：方志敏对未突入封锁线的部队有什么指示？

胡：不知道。

王：你家在哪里，家里还有什么人？告诉我们，可以保护你的眷属。

胡：我没有家，没有人，不要保护。

胡天桃后来被押解到王耀武的上司俞济时那里，也无多余的话。俞济时说：你是红军的高级人员，不会不知道红十军团的情况。胡答：我不知道，你把我枪毙了吧。

1959年中华人民共和国成立十周年前夕，王耀武被作为首批特赦战犯释放出来，仍然清清楚楚记得25年前与胡天桃那次谈话。

王耀武当年一身戎装，与寒冬中衣衫褴褛、脚穿两只颜色各异的草鞋、干粮袋内只有一个破洋磁碗的红军师长胡天桃谈论国家命运和个人生死。

虽然在战场上，王耀武针对红十军团的作战胜利了，但在思想交锋中，他不是胜利者。

胡天桃被枪杀了。那场谈话中表现出来的共产党人的意志与决心，却令王耀武想了几十年。

我们可以看到共产党人对自己信念的忠贞。哪怕刘畴西犯了错误，但他对自己的信念不改；寻淮洲作为一个军团长，率先冲锋；再看看胡天桃，也是刚强不屈。他们没有一个软骨头，全部牺牲。这就是共产党人。

红十军团三个师，军团长、师长全部壮烈牺牲；一万余人，最后冲出包围圈到达闽浙赣苏区的，只有粟裕率领的一个无炮弹的迫击炮连、一个无枪弹的机关枪连和二十一师第五连，以及一些轻伤病员及军团机关工作人员，共 400 余人。

对丧魄落魂者来说，这是一支残兵。

对前仆后继者来说，这是一堆火种。

以这支突围部队为基础，迅速组成挺进师，粟裕为师长。

新中国著名的音乐家劫夫有一首歌：“像那大江的流水一浪一浪向前进，像那高空的长风一阵一阵吹不断。”

中国工农红军就是这样的队伍。伍中豪牺牲了，带出了寻淮洲；寻淮洲牺牲了，又带出了粟裕。革命的理想、战斗的意志像一支不熄的火炬，从一个人的手中，传到另一个人手中。

1948 年 9 月 16 日，华东野战军发起济南战役，重兵合围济南城。以济南战役为转折点，人民解放军与国民党军开始了惊天动地的战略决战。

指挥 15 个纵队共 32 万大军发起济南战役的，是华东野战军代司令兼代政委、当年从怀玉山冲出去的红十军团参谋长粟裕。

率 14 个旅共 10 万守军防守济南城的，是国民党山东省主席兼第二绥靖区司令官、当年追击红十军团的补充第一旅旅长王耀武。

14 年前的生死对手再度交锋。济南战役发起时，粟裕一定想到了掩埋在茂林的寻淮洲，被枪杀于南昌的方志敏、刘畴西，和慷慨饮弹的胡天桃。

他亲自拟定攻城部队的战斗口号：“打到济南府，活捉王耀武。”

9 月 24 日，济南全城解放。王耀武化装出逃，在寿光县被民兵查获。

“捷报飞来做纸钱。”

那些在天英灵，定能有知。

这就是共产党人的“星星之火，可以燎原”。这就是人民军队的“野火烧不尽，春风吹又生”。这就是我们这支队伍的生命力、凝聚力、战斗力，我们的致胜之本。

今天中国人民解放军已经是包括陆、海、空军在内的诸军兵种齐全的现代化武装力量，活动空间从大洋深处一直延伸到外层太空。这支武装力量不仅在多维空间维护国家安全，还有 1000 多名官兵在世界各地执行联合国的维和任务。

与历史上那些艰难岁月相较，真是沧海桑田。

今天，我们的装备变了，我们的待遇变了，我们的服装变了，我们的力量变了，我们的学历变了，等等，有很多变化，但是有一点是不能变的，就是我们前辈的这种忠贞、信念，这种战斗到底的决心和意志，这种对真理的追求。不是对官衔、财富的追求，而是对真理的追求，对信念的忠贞，这些东西不能丢。

我们这支军队在战火硝烟中英雄辈出，战将林立；和平时期能否继往开来，无往不胜？

当我们实现载人航天时，从外层空间眺望蔚蓝色地球，是否能感觉到二万五千里长征留下的那条蜿蜒曲折的红色痕迹？

当我们穿上英武挺拔的 07 式军装时，是否还记得那位衣衫褴褛、脚穿两只颜色各异草鞋、干粮袋内只有一个破洋磁碗的红军师长？

我们接过了八一军旗，是否还能延续那种生死不渝的信念和意志？是否还能获得那种惊天动地的力量源泉？是否能够通过我们的奋斗使这支军队跻身于世界强师劲旅之列？

让这些思维经常撞击我们的内心，才能确立新世纪中国军人应该具备的格局。

确立这样的格局，使人什么时候也不会骄傲，什么时候也不会萎顿，什么时候也要保证昂扬向上的精神状态。它使我们经常在心中默念：

这一代军人享受着前辈威名的庇荫，让下一代军人也能踏上我们肩膀，是我们义不容辞的责任。

这是历史的呼唤，更是我们内心的火炬。

这也就是为什么在讲到长征的时候，在讲到红军艰难困苦的时候，讲的不是战功卓著的众多将领，而专门讲了一段最困难的时期、一支部队整体覆灭的过程中，那些将领所爆发出的思想光芒，对信念的忠贞，对理想的忠贞。

可能没有多少人知道他们，甚至很多人把他们忘记了，但是为了完成中国军人们的责任和使命，为了让我们的军队跻身于世界强师劲旅之列，我们不能忘记这样的先辈。

这是我们力量的重要源泉。

第十七讲　从量变到质变：遵义会议

量变堆积历史，质变分割历史。

奴隶社会、封建社会、资本主义社会、社会主义社会，都是先有些量变点，然后经过一次起义、一次暴动、一次能量巨大的爆发，社会形态发生改变。

革命也是这样。遵义会议是个质变点，是中国革命由失败走向胜利的质变点，是中国革命由别人主导到由自己主导的质变点，是由别人指定领导人到自己选择领导人的质变点，即走自己的路的质变点。

讲量变，一点点的积累，是容易的；讲质变则很难，把质变点讲清楚非常难。因为它是多重矛盾的交叉，要把各个因素的来龙去脉全部讲清楚。

遵义会议是一个重大事件，一个质变点。它是怎么发生的？为什么中国共产党人、中国工农红军走到了遵义要发生这样的质变？

1935年1月，当长征队伍一步步深入西南腹地、逼近遵义的时候，中国共产党的领袖们，知道他们正在接近最终使他们从失败走向胜利的转折点么？

第五次反"围剿"的失败使中央红军不得不放弃根据地突围西征，湘江一战又折损过半。当时需要检讨为什么失败了？为什么前四次反"围剿"胜利了，而第五次反"围剿"失败了？为什么在湘江遭到这么重大的损失？最直接的开会起因是要检讨湘江作战的损失。

长征之前形成的"三人团"，即博古、李德、周恩来，要通过遵义会议检讨湘江作战的损失。

这时候又形成了"新三人团"，即毛泽东、张闻天、王稼祥，他们也要通过遵义会议检讨湘江作战的失败，并把它扩大到检讨第五次反"围剿"的失败。这最终导致要求红军指挥层发生更迭。

面临失败，面临困境，面临往何处去的时候，红军内部出现了非常激烈的争论，后来被描述为路线斗争。我们则更愿意从更深些的历史层面来揭示它，而不简单地说某一个人就是某种路线固定的代表者。

第五次反"围剿"的失败和湘江作战的失败，已经积聚起了足够的量变，质变已势在必然。但社会规律与自然规律的区别就在于，前者不能自然而然地实现，必须经过人们不懈的努力、忘我的奋斗去争取。

自然规律不以人的主观意志为转移。早上太阳起晚上太阳落，不管你早上愿不愿意起床，晚上愿不愿意睡觉，到时太阳就升起来，到时太阳就落下去。这就是自然规律。

社会规律不一样。口头上讲共产主义必然实现，然后就闷头睡大觉，睡一辈子共产主义也实现不了。社会规律是一种可能，它需要人的流血、奋斗、牺牲去实现。

遵义会议的条件虽然具备了，但还需要推动力来实现它。

最大的推动力来源于毛泽东。毛泽东在这个时候表现出一种巨大的历史自觉意识。

在这方面，毛泽东的确不屈不挠。

美国作家索尔兹伯里在其著作《长征——前所未闻的故事》中，把毛泽东在遵义会议之前的这些舆论准备、力量准备、思想准备，把长征中毛泽东与张闻天、王稼祥的接近形容为"担架上的'阴谋'"。他说，红军长征开始了。毛泽东坐担架，张闻天坐担架，王稼祥也坐担架。他们在担架上互相商量、密谋怎么开遵义会议。

索尔兹伯里对中国革命了解得不太透彻。

其实，毛泽东的这一工作，为中国革命寻找一条正确道路，包括政治路线、组织路线的准备，在长征之前已经开始。

孔荷宠的叛变使敌人知道了中央各机关驻瑞金的准确位置。1934 年 8 月瑞金连续遭到敌机轰炸，中共中央被迫迁往瑞金郊区的云石山，这里防空性能比较好，敌人也不知道。云石山上有一个小庙，叫"云山古寺"，毛泽东和张闻天的住处都在里面。

孔荷宠的叛变导致了什么？有点像前面讲到的共产国际顾问李德是怎么产生的一样。共产国际派出的信使在新加坡被捕，致使上海的牛兰夫妇被捕，共产国际送钱来营救牛兰夫妇。于是，李德来到中国，成了工农红军的军事顾问，并和博古结合。这是历史的偶然。

孔荷宠的叛变也是这样。孔荷宠叛变，蒋军轰炸瑞金，张闻天搬到了云石山，恰好和毛泽东住在了一起。如果没有孔荷宠的叛变，张闻天可能也不会从瑞金苏维埃政府里搬出来，他和毛泽东相遇也不太可能。

历史中确实充满了偶然。伟人之所以伟大，就在于抓住这种偶然性及时加以利用。因为长期和张闻天在很多问题上观点不一致，毛泽东可以不理他。你坚持你的观点，我坚持我的观点，不做对方的工作也可以。伟人的自觉表现出来了。住到云石山以后，毛泽东主动和张闻天接近。

历史机遇出现了。

两人开始是生活上互相关心，后来在小庙里的黄槲树下一次深谈，毛泽东才知道张闻天也对博古、李德的领导深为不满。

毛泽东当时脱离中央核心已久，连广昌战役后的"博、洛分裂"都不知道。洛甫，即张闻天。

张闻天与博古早就相识。两人都是 1925 年入党。当时张闻天在苏州乐益女中任教，到苏州高等工业专门学校演讲，台下听众中就有一名叫秦邦宪的青年。秦邦宪 1926 年入莫斯科中山大学，起俄文名 БОГУНОВ，中文译作"博古诺夫"，名字起得也很合他的性格：БОГ 是"上帝"之意。回国后他的化名就是博古。

张闻天先一步到中山大学学习。两人气质、性格完全不同。张闻天学识渊博，思维缜密；博古大刀阔斧，口若悬河。在中大内部斗争期间两人都站在一边，属于后来响当当的"二十八个布尔什维克"①。

在苏联团结一致的布尔什维克，到了中国却指责对方为普列汉诺夫。

博古 1930 年 5 月回国，比张闻天早七个月。这七个月可不能小看，它成为

---

① 又称"二十八个半布尔什维克"，系在莫斯科中山大学学习的中国学生组成的松散团体，由于他们所持理念相近而得名。根据普遍的说法，该团体是在 1929 年夏召开的中山大学"十天大会"上诞生的。在这次会议上，有 28 个人投票赞成党支部局的意见，还有一个"摇摆不定的人"，忽而赞成，忽而不赞成，"二十八个半"便由此而来。29 人中，有 2 人可以确定，即"二十八个半"的头头王明和被称为"半个"的徐一（以）新。另外 27 个人比较通行的说法，包括：博古（秦邦宪）、张闻天（洛甫）、王稼祥、盛忠亮、沈泽民、陈昌浩、张琴秋、何子述、何克全（凯丰）、杨尚昆、夏曦、孟庆树（绪）、王保（宝）礼、王盛荣、王云程、朱阿根、朱自舜（子纯）、孙济民（际明）、杜作祥、宋潘（盘）民、陈原（源）道、李竹声、李元杰、汪盛荻、肖特甫、殷鉴、袁家镛。

博古日后在张闻天面前总有一种优越感的重要发源。

当时恰逢比博古更加大刀阔斧的李立三推行"立三路线"。博古从王明那里知道了共产国际对立三路线的态度，便和王明一起激烈地反对这一路线。李立三给王明六个月留党察看处分，给博古、王稼祥、何子述三人党内严重警告处分，四人都被调离中央机关。

待米夫来中国收拾这个局面时，挨的处分就成了王明、博古等人的重要资本。米夫在中国最大的成果，就是给中国革命带来巨大损失的六届四中全会。这届全会后王明成为中共中央的主要领导，博古也反败为胜，先当团中央宣传部长，后成为团中央书记。

张闻天1931年2月回国时，惊心动魄的斗争都已过去了。他和杨尚昆一同回来，博古代表党中央最先迎接他们。凭理论功底，张闻天不久就担任中共中央宣传部长的职务，但在博古等人看来，总有一些下山摘挑子的味道。他们觉得，我们费了很大劲，把李立三反下去了，清算了"立三路线"，都挨了处分，你没有承担任何风险，一回来就享受成果。1931年9月，鉴于王明要去苏联，周恩来要去中央苏区，共产国际远东局提议成立中共临时中央政治局，博古排第一，负总责，张闻天排第二，负责中央宣传工作。很多人对博古、张闻天都不太服气。博、张二人连候补中央委员都不是，皆一蹴而就为政治局常委，成了政治局的第一、二号人物。

但一、二把手很快就出现不和。

1932年10月下旬，团中央机关遭到大破坏，几位负责人被捕后相继叛变。张闻天觉得无法再从事地下斗争，提出到中央苏区去工作。博古不同意。此前博古已经在临时中央常委会议上表示，为加强对中央苏区的领导，他要亲自前往。他想把张闻天安排到北方局去开辟工作。

意见不统一，他们便请示共产国际。

国际回电：整个中央首脑机关迁入江西中央苏区。

1933年1月中旬至下旬，张闻天、博古、陈云先后到达江西中央苏区。在苏区工作中，博古与张闻天分歧不断，包括中央苏区的经济政策、宣传政策等。不过，这些不和都很难说是原则性、路线性的，只是一些具体工作上的不同意见。

1934年1月中华苏维埃第二次全国代表大会上，"因毛泽东不管日常事"，博古让张闻天出任苏维埃人民委员会主席。张闻天觉出博古既让他排挤毛泽东，又想把他挤出中央决策圈，可谓"一石二鸟"。中华苏维埃主席是个虚职，不掌握实权。在这个问题上，张闻天和博古发生了很大的分歧。博古做出的人事安排，张闻天很不满意。本来这也不是路线、原则问题，但两个人吵了起来，把一般的观点争论上升到了路线的高度。

两人积聚已久的矛盾终于爆发了。广昌战役的失败成为冲突爆发点。

1934 年 5 月上旬中革军委的会议上，张闻天批评博古、李德指挥不当，短促突击，同敌人死打硬拼，使红军主力遭受了不应有的重大损失。博古情绪激动，站起来大声说，这样的指责太多了，1905 年俄国工人武装起义失败后，**普列汉诺夫**①就是这样站出来指责党，说什么"本来是不需要动用武器的"，根本不能起义。

通晓联共（布）党史的人都知道，这句话分量很重。问题严重了。

布尔什维克党人在党内斗争中创造了一个对各国共产党都产生很大影响的方法：动辄以机会主义路线的头面人物比喻形容对方。考茨基、伯恩斯坦以及后来的托洛茨基、布哈林等人物的名字，都由名词变为了形容词，成为一发发可在任何时期对准任何目标发射的沉重炮弹。

在苏联学习多年的张闻天当然深知被形容为"普列汉诺夫"的分量。他平素温和沉静，这回却再也坐不住了。

两人争得面红耳赤。

如果说博古与张闻天以前的分歧还偏重于理论或不涉及根本，那么广昌一战使争论上升到谁是普列汉诺夫的地步，便自然不自然地要涉及到路线了。张闻天已经在发言中说中国的事情不能完全依靠李德，自己要有点主意了。这就是"博、洛分裂"。

会议不欢而散。到会的其他同志，包括周恩来、项英，无一人表示意见。

沉默，变成一道裂缝，开裂着六届四中全会的坚冰。

最直接的结果，这导致了张闻天与毛泽东的大幅度接近。在云石山"云山古寺"前黄槲树下的石凳上，张闻天把被形容为"普列汉诺夫"前后的苦闷，都

---

①　普列汉诺夫（1856—1918），俄国最早的马克思主义的传播者。大学时代曾参加民粹主义小组，1880 年逃亡西欧，逐渐接受马克思主义，1883 年组织"劳动解放社"。1900—1903 年和列宁合作编辑出版《火星报》，积极参加俄国社会民主工党的创建工作。后转向孟什维克，反对列宁和布尔什维克。在 1905 年革命中，责备无产阶级"本来用不着拿起武器"。1917 年二月革命后，支持资产阶级临时政府，反对十月社会主义革命。

对毛泽东谈了出来。

在此以前，毛泽东已经争取到了王稼祥。

当时中央已做出张闻天、毛泽东、王稼祥三人分散到各军团的决定。毛泽东知道张闻天这个态度后，立即向中央建议，把他和张闻天、王稼祥安排在一起。

这一建议极具重要性，而且十分关键。如果张闻天、毛泽东、王稼祥真的被分散到各军团，就很难设想遵义会议能否召开以及开成个什么样子了。

这就是伟人之所以能够成为伟人的历史主动性。

由于毛泽东的坚持，红军出发长征时，三个人都留在了中央纵队，成为以后新三人团的基础。如果说这就是索尔兹伯里所谓的"担架上的'阴谋'"，那么却是"谋"在了上担架之前。

长征出发了。在中央纵队里，三人团博、李、周忙于指挥战事。毛泽东便利用此特定环境，在与张闻天、王稼祥反复交换意见之中，形成一个毛、张、王"新三人团"。

毛泽东后来说，在长征以前，在政治局里我只一票。后来我实在不行了，我就先做了王稼祥的工作。王稼祥同意了我的观点。又通过王稼祥，做了张闻天的工作。

所以，长征开始之前，毛泽东已经在做力量准备、思想准备，已经开始以自己的思想、观点逐步地影响、争取对方，即告诉对方中国革命应该怎样走向胜利，怎样避免失败。

遵义会议的核心，即"新三人团"，在长征出发前已经产生。

当时，毛泽东给"三人团"写了封信，说想留在中央苏区，不想参加长征，想留下来重新搞个局面。毛泽东并不知道前面有个遵义会议，其他人也不知道。当局势发展到这一步，毛泽东则带着最大的历史自觉来到这个转折点，因为他做了最多的准备、筹备工作。

对老三人团打击最大的是湘江之战。此战红军损失过半，博古深感责任重大，痛心疾首，情绪一落千丈。李德却变得经常暴跳如雷，不但毫不认错，反说湘江失败是意见分歧，因此贻误了战机。只有周恩来一人在默默坚持工作。

从 1934 年 12 月 1 日全军渡过湘江，至 1935 年 1 月 15 日遵义会议召开，一个半月之间，中共中央连续召开了三个重要会议：12 月 12 日的通道会议；12 月

18 日的黎平会议；1935 年 1 月 1 日，猴场会议。

这些都是遵义会议的铺垫和准备。

虽说十月怀胎，但一朝分娩也何其艰难。

虽说积聚了足够的量变，但完成质变也何其艰难。

毛泽东在推动这一质变发生的过程中，又何其坚韧。

突破第一道封锁线进入湖南后，毛泽东就开始对张闻天、王稼祥谈论博古、李德军事指挥的错误。此时只是三个人小范围内讨论阶段。

突破第四道封锁线过湘江之后，毛、张、王开始在会议上公开批评中央的军事路线。从翻越广西北部越城岭的老山界起，中共中央领导内部的争论公开化了。

通道会议是第一个重要场所。在这个讨论红军行动方向的中共中央领导人紧急会议上，李德提出让平行追击的薛岳部超过去，红军在其背后向北转，与贺龙、萧克会合。毛泽东坚决反对，力主西进，向敌兵力薄弱的贵州进军。这个建议除张闻天、王稼祥外，又得到了周恩来的支持。

毛泽东第一次获得了多数。因为是第一次，所以成果不巩固。会后虽然中革军委以"万万火急"电各军团首长继续西进，但同时又令红二、六军团策应中央红军，"在继续西进中寻求机动，以便转入北上"。毛泽东的建议成了权宜之策。

黎平会议是第二个重要场所。周恩来以会议主持者的身份采纳毛、张、王的意见，西进渡乌江北上。会议通过的《中央政治局关于战略方针之决定》说："过去在湘西创立新的苏维埃根据地的决定，在目前已经是不可能的，并且是不适宜的"；"新的根据地区应该是川黔边地区，在最初应以遵义为中心之地区"。

方向被根本扭转了。

黎平会议还做出了一个并不引人注目的决定：根据中央领导内部从湘南开始、在通道激化了的有关第五次反"围剿"以来军事指挥的争论，决定渡过乌江到遵义地区后，再召开政治局扩大会议讨论。

黎平会议决定了遵义会议的地点和会议内容，但遵义会议的实际内容却大大超出了黎平会议决定的范围。这就必须提到黎平与遵义之间的黄平。

1934 年 12 月 20 日，军委纵队到达黄平。

耿飚在 1990 年回忆说：

　　那时正是南方桔子收获的季节，黄平那个地方的桔子又大又好，非常甜。那时张闻天身体不太好，长征路上坐着担架，同时王稼祥同志因为有伤，也坐着担架，两副担架走在一起。在树上挂满了橙黄色桔子的一个桔子园里，他们叫担架停了下来，两个人头靠头地躺着说话。这时王稼祥就问张闻天，我们这次转移的最后目标中央究竟定在什么地方？张闻天忧心忡忡地回答说：咳，也没有个目标。这个仗看起来这样打下去不行。接着就说，毛泽东同志打仗有办法，比我们有办法，我们是领导不了啦，还是要毛泽东同志出来。对张闻天同志这两句话，王稼祥同志在那天晚上首先打电话给彭德怀同志，然后又告诉毛泽东同志。几个人一传，那几位将领也都知道了，大家都赞成开个会，让毛泽东同志出来指挥。

会议还未召开，不但新三人团认识完全一致，而且各军团的主要指挥者也都普遍知晓、心里有数了。

这次橘林谈话，是强渡乌江前一军团参谋长左权告诉耿飚的。刘伯承后来也对耿飚讲过同样内容的话。当年25岁的一军团二师四团团长耿飚，1990年8月29日在纪念张闻天90诞辰座谈会上讲这番话时，已是81岁高龄。左权已经牺牲了48年，王稼祥去世16年，张闻天去世14年，刘伯承也去世了4年。幸亏有耿飚的回忆。

谁能知道我们有多少珍贵的资料甚至未来得及留下只言片纸，就散失消隐在奔腾不息的历史长河之中了？

橘林谈话，使黎平会议决定的、准备在遵义地区召开的会议增加了一项重要内容：请毛泽东出来指挥，即要求人事的变动。

"阴谋"也好，"阳谋"也好，遵义地区的那个会议的核心内容就这样定下来了。这对老三人团的确是完全无备的，而对新三人团来说，则已经有所准备。

对于召开遵义会议，博古热烈支持。因为他要检讨湘江作战失败，他认为党内有个"新三人团"，直接指责张闻天、毛泽东、王稼祥不听中央指挥，步调不能一致，整个队伍不能一致，要消除党内的派别。博古要清算"新三人团"，要清算军事路线，也要清算政治路线。

这是遵义会议召开之前所进行的准备。

地火积聚了足够的能量准备之后，火山要爆发，一旦有裂缝，它的能量就能出来。

毛泽东不是先知先觉。但他的确又是领导层中、包括新三人团中带有最大的历史自觉性来到这一转折点的。

1935 年 1 月 1 日的中央政治局猴场会议，通过规定"关于作战方针以及作战时间与地点的选择，军委必须在政治局会议上做报告"，实际上取消了李德的军事指挥权，为遵义会议做了最后准备，结局已经是顺理成章的事情了。

坚冰已经打破，航道已经开通。中国共产党终于迎来了遵义会议。

形容这个会议的词汇太多了，以至有人说，一个会议居然能戴上这么多桂冠，加上这么多光环。的确如此，因为它决定了一支军队的命运，进而是一个党的命运，最终是一个国家的命运。

1935 年 1 月 15 日，遵义会议召开。出席会议的有中央政治局委员博古、张闻天、周恩来、毛泽东、朱德、陈云；政治局候补委员王稼祥、邓发、刘少奇、凯丰；红军总部负责人刘伯承、李富春；各军团负责人林彪、聂荣臻、彭德怀、杨尚昆、李卓然；还有军事顾问李德、翻译伍修权和中央队秘书长邓小平。

因为联系中断，遵义会议的酝酿准备工作无法请示共产国际。

1933 年初临时中央从上海迁入苏区时，特设立上海中央局，负责与共产国际之间的电讯联络。但后来随着上海中央局负责人李竹声、盛忠亮先后被捕叛变，上海地下电台被敌破获。长征前夕，中共中央与共产国际之间的联系已经中断了。而恰恰是这种中断，使中国共产党人终于获得自主选择自己领导人的机会。

会议由博古主持。

当年那幢黔军师长柏辉章公馆、如今的遵义会议纪念馆内，最难解决的问题恐怕就是会场内人们座次的排定。会议开了三天。除主持会议的博古固定坐在长条桌中间的位置上外，会议参加者基本按先后顺序随便入座，不像今天的排位那么严格繁琐。每天上午和下午的位置都在发生变换。当然，今天也可以把政治局委员、候补委员和各军团的军团长，参加遵义会议的人都放个牌子，但这不符合实际情况。王稼祥腹部伤口未愈，躺在一张藤榻上与会；聂荣臻脚上带伤，每天坐担架到会；彭德怀未等会议结束，就匆匆返回前方执行新的命令去了。

但毫无疑问，这一切并不妨碍遵义会议成为中国革命史上最重大的事件。排序并不重要，重要的是会议的实质。

生死攸关的军事问题是切入点。会议的第一项议程，就是研究战略转移的目的地。黎平会议确定的以遵义为中心建立川黔边根据地的设想被否定了。刘伯承、聂荣臻建议打过长江去，到川西北建立根据地。刘伯承、聂荣臻都是四川人，他们对四川军阀比较了解。会议采纳了刘、聂的建议。

新的前进方向确定完毕，便开始清算第五次反"围剿"以来的军事路线。

博古作主报告。博古的报告是要清算党内的不和。

周恩来作副报告。从第五次反"围剿"以来，周恩来作为主要军事指挥者之一，要检讨反"围剿"失利、湘江作战失利的原因。

张闻天作反报告。张闻天的反报告，大家猝不及防，尤其是博古完全没有想到。

历史在某些重要关头会表现出一种独特的韵味，表现出惊人的相似。就如1978年为十一届三中全会做准备的中央工作会议上，发言分量最重的不是邓小平而是陈云一样，1935年遵义会议上发言分量最重的也不是毛泽东，而是张闻天。

首先因为他当时在党内的地位。耿飚回忆说：

> 张闻天同志那时是中央政治局委员、书记处书记，相当于现在政治局常委。他在当时中央的这个职务，是长征路上最先起来反对错误军事路线的三个人（毛泽东、张闻天、王稼祥）中最高的。所以认真想起来，遵义会议如果没有张闻天首先在中央提出这个问题来，会议就不可能开。事实上，如果他不提出来，也没有别人敢提呀。过去苏区多少同志因为提不同意见就挨整呀。如果谁也不提，毛主席也出不来，我们红军就不可能胜利到达陕北，也就不可能有后来的发展。

当时中央常委或称书记处书记只有四人：博古、张闻天、周恩来、项英。项英留在了中央苏区，遵义会议的参加者只有前三人。前三人中，张闻天的地位仅次于博古。他在政治局扩大会议上首先站出来，旗帜鲜明地批评错误的军事领导，分量自然最重。

其次因为他发言的系统性。杨尚昆回忆说："我清楚记得，遵义会议上反对'左'倾军事路线的报告是闻天同志作的，他作报告时手中有一个提纲，基本是照着提纲讲的。"

张闻天文思敏捷，文笔流畅，他在遵义会议上带提纲发言，与博古的主报告正好针锋相对。从双方阵容上看，博、张二人正好是新老三人团主将。博古讲话是会上的主报告，张闻天的发言提纲就成了针锋相对的"反报告"。那个提纲虽然反映的是新三人团的意见，体现了毛泽东的思想，但同时也是张闻天本人的思想认识。他通过自己的笔和口将一些观点条理化了，系统化了。张闻天的反报告是对第五次反"围剿"以来党内"左"倾机会主义路线的一种全面清算，通过清算机会主义路线把毛泽东在会议上推了出来，作用至关重要。

毛泽东、王稼祥、朱德在张闻天发言完后先后发言。毛泽东讲了一个多小时，分析错误军事路线的症结所在。但为遵义会议彻底否定博、李军事路线定下基调的，仍是张闻天的反报告。正因如此，会议决定委托张闻天起草遵义会议决议。他那份反报告的内容基本包含在《中共中央关于反对敌人五次"围剿"的总结决议》中了。

历史惊人相似。

1935 年的遵义会议原定议程是研究军事问题。

1978 年的十一届三中全会原定议程是研究经济问题。

两个会议最终都脱离了最初的预定轨道。遵义会议最终成为从军事上清算王明"左"倾错误路线的一场战斗。十一届三中全会通过完成全党工作重心转移，向"文化大革命"的方针路线发起一场总攻。

在遵义会议上首先发言批判博古、李德"左"倾军事路线错误，和在三中全会前中央工作会议上首先发言否定"文化大革命"，皆需要一种面对历史的勇气。

1935 年的张闻天，以党内第二号人物的地位和影响、以思维缜密和语言尖锐的反报告，为党做出了重大贡献。毛泽东从此成为工农红军的领导核心，继而成为中共中央的领导核心。

陈云那份珍贵的《遵义政治局扩大会议传达提纲》说："扩大会议指出军事上领导错误的是 A、博、周三同志，而 A、博二同志是要负主要责任的"；"扩大会中恩来同志及其他同志完全同意洛甫及毛王的提纲和意见，博古同志没有完全彻底的承认自己的错误，**凯丰**①同志不同意毛、张、王的意见，A 同志完全坚决的不同意对于他的批评"。

这位"A 同志"，便是李德。陈云这个提纲言简意赅，把一个个活生生的表

① 凯丰（1906—1955），原名何克全，江西萍乡人。大革命失败后，赴苏联学习，入莫斯科中山大学。1930 年回国。九一八事变后，任团中央宣传部长，并主编《东方青年》。中央红军长征前夕，调到红九军团任中央代表。长征中，和罗炳辉、蔡树藩共同指挥红九军团战略转移。在遵义会议上，他错误地与博古等人一道攻击毛泽东；但在认识到毛泽东的正确性之后，他一直坚定地拥护毛泽东的领导。在与张国焘路线错误的斗争中，立场坚定，旗帜鲜明，态度坚决。曾任中央政治局委员、中共中央宣传部副部长等职。

情都刻画了出来。一个"完全坚决的不同意",把完全处于被批判地位、一个劲在会场门口抽烟的李德描绘得淋漓尽致。

不管成功与失败,他在中国的使命基本结束了。遵义会议决定"取消三人团",就是正式撤销李德的指挥权。这在中国共产党同共产国际的关系史上是破天荒的第一次。

不管李德是否是共产国际派来的,他已经被作为了一个国际的信物。遵义会议在事先没有得到共产国际批准的情况下,改组中国共产党和红军的领导,取消了博古和李德的军事指挥权,确立了毛泽东在中共中央和红军中的领导地位,这是中国共产党人第一次在没有共产国际干预下,独立自主地解决自己的路线、方针和政策问题。

遵义会议是中共党史上一个生死攸关的转折点,同时也是中国革命和共产国际关系史上的一个意义重大的转折点。

这个改变其实并不彻底,也不可能做得彻底,它首先改变的是军事领导,同时没有经过共产国际的批准。

共产国际并非对毛泽东的巨大威望和影响一无所知。1933 年 3 月,国际执委会关于军事问题致中共中央电,特别指出:"对毛泽东应取尽可能忍耐的态度和对他施行同志式的影响,让他有百分之百的可能性在党的中央委员会或中央委员会政治局的领导下担任极为重要的工作。"

当时毛泽东已经离开了苏区中央局和红军的领导岗位。共产国际的态度是明显的:既要让毛泽东"担任极为重要的工作"发挥作用,又不能出任主要领导。

国际的指示,从来都是上方宝剑。遵义会议以前,中国共产党领导人基本上都根据国际的指示及其驻中国代表的意见,处理中国革命的各种问题。连领导人必须经过共产国际的圈定,或者干脆由国际包办。

1921 年 7 月中共"一大"选陈独秀为书记,事前得到过国际代表马林的同意。

陈独秀 1927 年不行了,鲍罗廷便出来包办,由瞿秋白接班。

后来瞿秋白又不行了,斯大林、布哈林便看中了工人出身的向忠发。1928 年 6 月,共产国际冒极大风险,将一百余名中共代表接到莫斯科召开"六大",彻底改组中共中央。向忠发被指定为大会开幕式和闭幕式的主持人。大会闭幕前一天,米夫以国际代表身份提出中委候选人名单,排向忠发为第一名。

这种连续举动使大家都明白了共产国际的意图。六届一中全会上，中委们不再需要国际代表提示，都推举向忠发担任会议主席。向忠发顺利地当选政治局委员，政治局兼中央常委会主席，成为中共历史上第一位工人出身的总书记。

向忠发又不行之时，1930年底到1931年初中共六届四中全会前后，共产国际包办中国革命的现象达到登峰造极的地步。

《中共四中全会决议案》是国际代表米夫起草的。出席会议的代表是米夫圈定的。政治局委员和候补委员名单是米夫与国际远东局共同拟定的。会前为避免党内出现分裂，周恩来和瞿秋白提出退出政治局，提名何孟雄进入；米夫不屑一顾，完全拒绝。他采取"留周拒瞿"的方针，瞿秋白在中央的地位瞬间失去了。

米夫起草的四中全会决议案中，称中国共产党最迫切的任务是执行国际一切指示，"对共产国际路线百分之百的忠实"。加上王明写的小册子，中国共产党被强加了两个百分之百：百分之百的布尔什维克；百分之百地忠实于国际路线。

两个百分之百，给惨淡经营的苏区和红军几乎皆带来百分之百的损失。

不知道这些，很难说知道了遵义会议的伟大，知道了毛泽东的伟大。

从这个意义上看，才能感觉到遵义会议能够独立选择自己领导人的伟大。

任何一幅图画，如果仅仅看一点、一个局部，而没有看见它的全图，是不够的。

中国革命是一幅立体巨画，凝视哪一个局部去赞美整体都是冒昧的。

应该后退一步，从宏观上去把握它的整体。这个时候你才能真正发现，高光点为什么辉煌。

中国共产党经过14年艰苦努力、曲折斗争，付出了无数鲜血与生命的代价，终于能够自己决定自己的路线，自己安排自己的领导人。

这一改组刚刚开始。

1935年1月17日遵义会议结束时，毛泽东还只是政治局五常委之一；按张闻天、周恩来、毛泽东、博古、陈云的顺序排名第三。1月18日政治局会议常委分工时，决定"以泽东同志为恩来同志的军事指挥上的帮助者"，至此才回到军队领导岗位。最高军事首长仍然是朱周，而"恩来同志是党内委托的对于指挥军事上下最后决心的负责者"。

还有一个前提，即与共产国际失去了联系。如果与共产国际保持联系，它能不能同意遵义会议的这种改变，这很难说。毛泽东在此打了一个伏笔。当时，大家都提出来博古不行了，不能让博古再做下去，让毛泽东出来担任党的总书记。毛泽东说，让张闻天同志做一段时间看看。他为什么不担任？毛泽东当时有深远的考虑，中国共产党作为共产国际的支部，其所有决议需要经过共产国际的同意。如果做些小的改变，只清算军事路线，不涉及政治路线，把博古拿下来，把张闻天换上去，博古依然是政治局常委，党内的地位并没有太大的变化。而张闻天作为"二十八个布尔什维克"之一，从莫斯科中山大学毕业，共产国际比较容易接受。共产国际曾说，让毛泽东担任极为重要的工作，但要在政治局的领导之下，不能让他当主要领导者。毛泽东认为，张闻天出来比较合适，他当时不宜太多出头。这是为了党的大局，为了红军的大局。

不论是对党还是对军队，毛泽东还不能一夜之间成为第一号领导人。还会有曲折，有考验，但一切只是时间问题。只要不是别人安排，毛泽东的方向就不可逆转。

1949 年中华人民共和国成立之时，他说，中国人民站起来了！

1935 年在遵义他虽然沉默，但历史在说：中国共产党站起来了！

中国共产党独立地站起来了。它的标志是什么？即独立选择自己的政治路线，独立选择自己的领导人。毛泽东已经越来越实际地，逐步地成为党内、军委的一号人物。

也不要忘了另一个人：博古。

他是错误路线的主要代表。一般人眼中，他便成为遵义会议的主要打击对象。

博古此人好就好在只要认识到了，就不避讳自己的错误。博古确实犯了错误，但不失为一个心怀坦荡的人。他都是"阳谋"，不搞阴谋。2 月 5 日，在云南威信地区一个叫"鸡鸣三省"的地方，中央常委讨论分工问题，决定由张闻天代替博古担任党中央书记，在党内负总责。凯丰在背后劝他不要交权，他不听，把几副装中央重要文件、记录、印章的挑子痛快地交给了张闻天。

其中，周恩来起了很大作用。

2 月 5 日，在"鸡鸣三省"，周恩来与博古有一次促膝长谈，从中可以看出周恩来作为共产党人的心怀坦白。周恩来讲了几个问题。

第一，先讲自己犯的错误。他说，从南昌起义失败，认识到了像我们这些人搞不出个局面来，谁也当不成领袖，一定要寻找另外一个人做领袖。广州起义的失败，证明城市暴动的道路走不通，只有在农村发展根据地，而这谁都搞不过老毛（当时党内都称毛泽东为"老毛"）。

第二，分析博古。他说，博古作为一个党的主要领导者，不懂军事，但党的主要工作目前全在军事，所以听信李德，跟李德绑在一起，就犯了很大的错误，原因不是博古弄错了，而是不懂。错了，就要卸下包袱，交给一个懂的人去领导。老毛懂这一套，他能使我们走向胜利。

第三，讲毛泽东。周恩来推心置腹地说，从实质上看，我们都是做具体工作的，不具备领袖的素质，我们的号召力、影响力，都不及老毛。我们得服气。

周恩来的话，对博古震动非常大。解放战争初期，博古坐飞机失事，牺牲了，但他始终没有忘记周恩来在"鸡鸣三省"和他的谈话。

博古比毛泽东小 14 岁。除了在莫斯科多读了一些马列主义的书，对中国复杂的阶级关系和社会矛盾、中国革命的客观规律以及工农武装割据特点的认识，与毛泽东比，皆相去甚远。博古从苏联学习回来直接进入党的机关。很像毛泽东后来反复批评的"三门干部"，即出家门进校门，出校门进机关门。博古就是典型的"三门干部"。

但博古也毕竟做过一个党的领袖。不管是用什么方式产生的，他也毕竟代表了一个党。博古的不成熟，印证的只能是一个党的不成熟。

正是从这个意义上说，长征是中国共产党由不成熟走向成熟的里程碑。

当时的中国共产党，唯有毛泽东是真正成熟的领袖。而唯有长征那种艰难困苦的环境，才能使从 1921 年建党之日就开始的对领袖的漫长选择得到终结。

选择毛泽东作为领袖，本身不是同样在印证中国共产党已日益成熟了么？

中国共产党就是这样一步一步走过艰难，产生了自己的领袖。当时中国共产党内，按照周恩来的分析，唯有毛泽东是真正成熟的领袖。而唯有通过长征这种艰难困苦的环境，才能够产生真正成熟的领袖。

没有长征，毛泽东能产生吗？

没有第五次反"围剿"的失败，毛泽东能产生吗？

没有过湘江惨重的损失，有遵义会议吗？

当时主持中央工作的毕竟是博古，博古不同意召开遵义会议，要开会也很难。

任何事物都是一分为二的。长征以巨大的灾难给中国共产党人带来了真正的辉煌。

需要避免的一个误区就是，中国革命的胜利，不是会议的胜利。正确路线不是被一系列会议选择的，三座大山也不是被一系列会议推倒的。不能因为一次又一次地书写会议，歌颂会议，我们就忘记比会议不知要坚实多少倍、也强大多少倍的奋斗与实践。

实践导致会议。实践证实会议。实践改变会议。会议总结实践，展望实践，却无法代替实践。再伟大的会议，再正确的路线，提供的也只是胜利的可能性和基础，却不是胜利本身。否则还闯什么金沙江、过什么大渡河、穿什么雪山草地。大道直通天安门，阔步就进中南海了。

所以我们记住的不能只是会议，更要记住那些导致会议的艰辛实践和实现会议目标的流血牺牲。

第十八讲　胜败交集的赤水河

大家都非常清楚，遵义会议奠定了毛泽东在工农红军中的地位，在中国共产党中的地位。实际上，遵义会议后的四渡赤水才真正奠定了毛泽东对中央红军的指挥权。尤其是，这种奠定不是从胜利走到胜利，而是从失败走向胜利。

1956年9月10日，毛泽东在八大预备会议第二次全体会议上说："我是犯过错误的。比如打仗。高兴圩打了败仗，那是我指挥的；南雄打了败仗，是我指挥的；长征时候的土城战役是我指挥的，茅台那次打仗也是我指挥的。"

1931年9月第三次反"围剿"中，蒋介石因陈济棠反蒋而实行总退却，中央红军追歼蒋鼎文第九师和蔡廷锴第六十师、六十一师。

蒋鼎文师为蒋军嫡系，红军未集中主力便歼其一个旅，俘2000人枪；毛泽东集中红军主力（彭德怀的三军团、林彪的红四军及方面军直属红三十五军）打非嫡系的蔡廷锴，未料到竟打成了一场持续数日的血战。

战场在距离兴国40里的高兴圩。从白天到黑夜再到白天再到黑夜，红军反复发起冲击，双方数十次用刺刀拼刺。放牛娃出身的红军三军团总指挥彭德怀驱策战马，挥舞战刀，身先士卒，率队奋身冲击；医牛病出身的蒋军一军团代总指挥蔡廷锴手持双枪，声嘶力竭，亲率指挥部人员压在第一线督战。

高兴圩血战，成为红军第三次反"围剿"中持续时间最长、战况最烈的一次战斗。特别是徒涉高兴圩以西河流时，红军遭受重大伤亡。红三军团四师师长邹平、红四军十一师师长曾始莪均不幸阵亡。

后来红军主动退出战斗。蔡军也因伤亡过大，未加追击。

国民党政府战史汇编在《关于第三次赣南围剿之经过情形》的作战总结中，称高兴圩战役"实为剿匪以来最胜利最激烈之血战"。

毛泽东1956年在八大二次会议上坦承的四次败仗，第一个就在高兴圩。

南雄之战发生在 1932 年 7 月，乘蒋军围攻鄂豫皖苏区，中央红军进攻粤军余汉谋部，也是损失较大，未达到作战目的。

毛泽东所举的四次败仗，高兴圩战斗发生在第三次反"围剿"末期，南雄战斗发生在第四次反"围剿"开始之前。

其他两个，则都发生在四渡赤水之间。一个是一渡赤水前的土城战斗，另一个是三渡赤水前的鲁班场战斗。

《长征组歌》中唱道："四渡赤水出奇兵，毛主席用兵真如神。"

两次败仗与用兵如神之间，是什么关系呢？

弄透这个问题，才能知道一个领袖人物，其伟大是从哪里来的？长征的队伍之所以历经千难万险而不溃散，最终夺取胜利，其生命力是从哪里来的？

遵义会议不但产生了红军新的领袖，而且产生了红军新的方向：经川南渡江转入川西北，协同四方面军实行总反攻，争取赤化四川。同时致电四方面军，指示其"向嘉陵江西进攻"，配合中央红军北上。

但是，新的方向一开始就潜伏着非常大的危机。此计划的重大缺陷，是严重低估了川军的战斗力。

当时中央红军对川军比较了解，因为刘伯承长期在川军中工作过，聂荣臻对川军也很了解，他们都是四川人。川军与红军交过手，尤其是对鄂豫皖苏区的"围剿"，川军出川作战后，懒懒散散，拖拖拉拉，作战效能很差。这样，中央红军就产生了错误的估计。

长征之前，当川军田颂尧部对红四方面军的三路围攻失败后，苏区中央局机关报《斗争》就称川军"全部瓦解"，"战斗力全无"；甚至一支妇女赤卫队也"缴了一团白军的枪"；川军各部"兵无斗志，纵令开到前线难保不以送枪送弹而终"；对川军极其轻视。

长征到贵州后，红军打了黔军王家烈的部队。红军称黔军叫"双枪兵"，双枪即枪杆子和烟杆子，觉得黔军战斗力太差。于是，又认为川军与黔军差不多，内部四分五裂，普遍吸食鸦片，纪律涣散，只会打家劫舍，奸淫妇女。对川军装备优良、注重训练、各级均设军官教导团或教导队的情况，以及四川从 1912 年到 1933 年 470 余次混战，刘湘部几乎无役不与，作战经验相当丰富的情况，中央红军的主要领导者基本不了解。

对川军的战斗经验和战斗力估计严重不足，所以赤化四川的计划一提出来就潜伏着失败。

1935 年 1 月 25 日，红一军团进占土城，并向赤水城推进。赤水城却被川军将领郭勋祺率领的两个旅先期占领。

有必要审视一下红军的对手——川军将领郭勋祺。此人与四川籍共产党人**杨闇公**①、刘伯承、陈毅等人都有很深的交往。1927 年蒋介石叛变革命，川军也大肆搜捕共产党人，郭勋祺曾将几名共产党人安置在自己公馆，把他们装扮成弁兵，亲自护送上船去武汉。陈毅被困在重庆，找到郭勋祺。郭留陈毅住一夜，次日将陈毅化装，坐上郭的轿子，派亲信副官护送上船赴武汉。郭又得知杨闇公也要去武汉，转告千万不可外出活动。但杨去武汉心切，化装上船后不幸被捕遇难。

郭勋祺是共产党人的同情者，他的这一系列活动被人向刘湘告密，说这个人通共，跟共产党员联系密切。为了自己的利益，刘湘把郭勋祺留了下来，但是他做了防范。刘湘便撤其旅长之职升为副师长，不让他掌实权。刘湘之所以不把郭勋祺一撸到底，其中一个原因就是考虑到郭与共产党有关系，日后也许有可用之处。这就是地方军阀用人的逻辑。郭勋祺通共，刘湘照样用他。为了生存，当时地方军阀需要和各方面协调关系，不能完全听从蒋介石的指挥，手中要有牌。

刘湘的思虑的确不浅。机会真的来了。

1935 年 1 月，蒋介石命令刘湘派三个师入黔阻击红军。刘湘先派一个旅，但蒋不满意，要刘增派两个师。刘湘决定再派两个旅入黔，但这两个旅要既能在表面上积极行动以应付蒋介石，又能暗中保存自己，不主动攻击红军；如果红军果真要渡长江入川，则又要能打硬仗以阻止之。

刘湘选定了郭勋祺。刘湘专门把郭勋祺叫到自己的公馆，向郭交底，两人密谈了一晚上。他认为郭勋祺与共产党关系不错，跟共产党作战要保持弹性，没有必要拿川军的实力往上硬碰硬，而让老蒋从中渔翁得利。他深信郭勋祺绝对不

① 杨闇公（1898—1927），四川潼南（今属重庆）人。早年东渡日本学习军事，开始接触和阅读马克思主义的书刊。1920 年秋回国。1924 年冬加入中国共产党。1926 年中共重庆地方委员会成立，被选为书记。他领导重庆地方党组织，大力开展工农运动，同时开始把注意力集中于军事斗争。他曾参与策动驻泸州、顺庆的川军举行起义，有力地支持了北伐战争。1927 年 3 月 31 日，在他及其同志的组织领导下，重庆市群众在打枪坝集会，抗议英、美列强军舰炮轰南京城的罪行。四川军阀刘湘派军警镇压，酿成重庆"三三一"惨案。惨案发生后，他在赴武汉的轮船上被捕。4 月 6 日深夜，被秘密处死。牺牲时年仅 29 岁。

会拿川军的老本和共军相拼，让他去执行"剿共"又"存共"的任务，可以放心。

刘湘把郭勋祺看准了。

1月26日，毛泽东到达土城。郭勋祺也尾追红军至土城以东地区。毛泽东同朱德、周恩来、刘伯承研究后，决心在土城以东青杠坡与川敌决战。

提出"决战"，本身就是轻敌的产物。红军长途跋涉，立足未稳，人生地不熟，在这个地方与敌军决战，本身就很不利。对这一仗，对川军的战斗力，红军主要指挥者思想准备不足。

1月27日，向北奔袭的林彪红一军团在赤水城南与川军激战，打算先占领赤水城。李聚奎的红一师被川军三面包围，伤亡较大；陈光的红二师战斗也不顺利。

在南面，1月28日，红三军团、五军团按预定计划，在土城东青杠坡与川军郭勋祺展开决战。三军团担任主攻。彭德怀亲临前沿阵地指挥，与川军反复争夺阵地，双方伤亡很大，战局极其艰苦、剧烈。指挥川军作战的郭勋祺不知道对面担任主攻的红军三军团政委杨尚昆就是杨闇公的弟弟；杨尚昆也不知道对面川敌首领曾经冒着危险掩护过他的哥哥。

红军不但对川军战斗力估计过低，而且对川军参战的实力侦察不确，以为四方面军在川北牵制了四川军阀的全部军队，川军"不可能及时地以优势兵力在沿岸各处封锁长江"。

事实证明青杠坡的川军郭勋祺部，不是红军原先估计的4个团6000余人，而是6个团1万余人；不是"战斗力全无"，而是战斗力甚强。原想围歼郭部，郭勋祺不但没有被消灭，反而在优势火力的掩护下，步步进逼土城，局势危急。

本来是红军的进攻战，转成了郭勋祺的反攻；本来是红军要围歼郭勋祺的部队，反成郭勋祺的部队往上一压，红军变成了背水作战。局面非常危险。

土城之战是遵义会议后的第一仗，成败关系全军士气，对于树立毛泽东的威望影响很大。紧急时刻朱德提出上前线指挥作战。毛泽东连吸几口烟，没有答应。朱德把帽子一脱大声说："只要红军胜利，区区一个朱德又何惜！敌人的枪是打不中朱德的！"

朱德、刘伯承上了前线。毛泽东急令奔袭赤水城的红一军团火速回援，同时命令陈赓、宋任穷率军委干部团急赴前线，发起冲锋。因为很多红军战士伤亡，部队压缩了很多干部，他们都集中到了干部团，干部团战斗力非常强。

当时川军已经攻到白马山中革军委指挥部前沿。董必武、林伯渠、邓颖超、贺子珍等老弱及女同志组成的军委干部休养连未及撤离，陷入险境。幸得陈赓率红军最后的老底子军委干部团冲上来奋力救援，才使休养连撤出险境。中革军委主席朱德也是在一个排掩护下，仓促撤出来的。

红军总攻变成了川军反攻，进攻作战变成背水作战。三军团四师政委黄克诚回忆："当时张宗逊师长已住进了卫生所，我又赶上害病，躺在担架上指挥部队。适逢朱总司令前来督战，看到部队疲惫不堪的样子，朱总司令非常恼火，对我大发了一通脾气。"

朱德这位从来以宽厚著称的总司令，对躺在担架上带病指挥部队的指挥员发火，可见当时局面之紧张危急。

增援的川军还在陆续到来。鉴于局面已十分不利，毛泽东与政治局几个主要成员28日傍晚开会，决定改变由赤水北上、从泸州至宜宾之间北渡长江的计划，迅速撤出土城战斗，渡赤水河西进。

1月29日拂晓前，红军停止战斗，迅速渡过赤水河。

紧急情况下决定的一渡赤水，成为红军著名的四渡赤水作战开始。

一渡赤水是在敌情严重、战斗失利的情况下进行的一次仓促的行动。为迅速摆脱追敌，部队再次轻装。一些笨重物资、机器被抛进河中。当时三军团还有全军最后一门山炮，是1930年打长沙前缴获的，这门炮由彭德怀和朝鲜族同志武亭两个人共同开炮。这门连湘江封锁线都闯过来的山炮，被迫投入赤水河中。红军就此没有了口径75毫米以上的火力，只剩下迫击炮。

这是从中央苏区出发长征以来，中央红军被迫第二次大轻装。

1月30日，郭勋祺率部进入土城。得知红军主力进入云南，并未北上入川后，便借口休整部队，停止了前进。这就是蒋介石宣传的"土城大捷"。

遵义会议设想了赤化四川，却没有设想要四渡赤水。

如果一渡赤水前在土城把川军打垮，红军从宜宾、泸州间渡过长江，就不会有后来的金沙江、大渡河，红军也不用过雪山草地了。

但那不是历史。历史从来是在挫折中轰隆前进。

遵义会议确定的战略方向，打了第一仗就被修正了。

土城之战失利，修正了过江地点。原定从泸州至宜宾之间渡过长江不行了，便西渡赤水，向古蔺、叙永地区寻机，准备从宜宾上游渡过长江。

建立川西北根据地的设想依然维持不变。但此设想也无法维持太久。因为红军的战略方向正好与川军的作战原则迎头相撞。

刘湘确定的川军作战原则是：红军只要不入川、或入川只是借道，便虚与周旋，保住实力，绝不对消；如果红军真要深入四川腹地建立根据地，就只有不惜忍受蒋介石的控制，硬拼到底，在鱼死网破中求幸存。所以当他看到红军反复寻找渡江地点，大有入川与四方面军会合的趋向，便准备硬拼了。西起横江、东至古蔺一线，刘湘先后调集数十个团切断通往长江南岸的要道、隘口，严密封锁红军前进方向。

这时红军才知道，川军的战斗力绝不弱于蒋系中央军。土城战役后川军气焰嚣张，一个团也敢上来向红军挑战。

2月6日上午，一军团二师一部行至天堂坝，竟被尾追的川军一个团三面包围。三军团五师听到枪声迅速赶来支援，从两翼对敌军实施反包围。激战一天不能解决战斗。入夜，该团敌人乘机转移阵地。红军发现川军另一个团已在增援途中，也只有撤出战斗。

面对川军的顽强阻击，从宜宾上游渡江入川已明显不可能。

2月6日凌晨，朱德电令一、三军团向扎西靠近，并就下一步发展方向征求各军团首长意见。

领导层已经感觉到原定战略方向实现的严重困难。

后来在扎西召开了政治局会议，即著名的**扎西会议**[①]，会议重新调整了遵义会议确定的前进方向。

2月7日，三军团彭德怀、杨尚昆回电，向军委建议在川黔滇边建立根据地，

---

① 1935年2月5日至14日，中央红军在向云南扎西集结过程中，党中央在扎西县（今威信县）境内召开了一系列会议，统称扎西会议。会议讨论通过了《中共中央关于反对敌人五次"围剿"的总结决议》（即遵义会议决议），决定在部队中传达贯彻遵义会议精神；确定了中央政治局常委的分工，决定以张闻天代替博古在党中央负总责，以毛泽东为周恩来在军事指挥上的帮助者，从而使遵义会议实际确立的毛泽东在党和红军的领导地位得到进一步巩固；根据敌情变化，对中央红军行动的战略方针做出重大调整，改变了遵义会议关于渡江入川的战略计划，决定回兵遵义地区，以川滇黔边境为新的发展地区；决定对部队进行精简缩编等。扎西会议使遵义会议的重大决策得到最终确认。遵义会议是党的历史上一个生死攸关的转折点，而扎西会议的重大决定以及随后的四渡赤水等一系列重大行动，则保证了遵义会议开始的历史性转折的实现。

即在四川、贵州、云南三省交界处建立根据地。

这个建议及时且重要。它坚定了毛泽东转变遵义会议原定战略方向的决心。中革军委立即接受彭、杨建议，决定暂缓渡江，改取以川滇黔边境为发展地区。中革军委命令各军团，迅速脱离四川追敌，向川滇边的扎西地区集中，开始准备与滇军作战。

至此川滇黔取代了川西北。遵义会议确定的战略方向发生改变。

今天很多描述四渡赤水的论著，对一渡赤水后遵义会议确定的战略方向被迫改变一事略而不提，似乎提了就会影响遵义会议的伟大、领袖的光辉，影响用兵如神。这种"好心好意"的回避，恰恰把共产党人最富生机的灵魂抽掉了。

其实，领袖的方针是在不断地调整的，根据实际情况修正错误。实践是检验真理唯一的标准。

应该说一渡赤水给了红军领导人以很大的教训。遵义会议一结束就提反攻、提决战，是不明智的。敌人内线作战，力量雄厚；红军外线作战，人员装备严重不足。川军以逸待劳，人地两熟；红军则长途转战，人地生疏。在这种情况下开展"反攻"和"决战"，完全不现实。以为解决错误的军事领导、确定正确的军事路线就无往而不胜的认识，被土城战斗的现实警醒。长征本身就是战略退却。为保存实力以图发展，红军只有想方设法避免与敌决战。

更何况与川军决战，是蒋介石求之不得之事。

伟人不是从来不犯错误的人，而是犯了错误能够及时纠正的人。从土城战斗失利后立即放弃北上渡江计划改为西渡赤水，到古蔺、叙永一带受阻马上采纳彭、杨建议改取川滇黔边境，皆可见工农红军"打得赢就打，打不赢就走"的机动灵活的战略战术又回来了。红军请回来的不是一尊万无一失的神，而是一位随时准备坚持真理、修正错误的实事求是的人。

这是一段红军紧张地选择立足点的日子。

这段时间红军还有一个后来党史军史著作很少提及的重大进展：军委二局一科破译了敌军通信密码，基本掌握了敌人的行军路线、出发时间、前进方向等等，毛泽东亲自主管一科，给指挥部队行军作战带来极大便利。后来毛泽东对军委二局的同志非常感激，解放战争时期在西柏坡与他们合影，照片中军委二局的同志站在中间，毛泽东站在旁边，以示对他们的尊重。

运用技术侦查获得的信息，再加上川军沿江布防的态势，毛泽东就决定要改变原来的方向。

2月9日，政治局扎西会议。毛泽东在会上提出，乘敌人注意力和主力都集中在川南之机，回师东进，再渡赤水，向较空虚的黔北进击。

2月10日，中央红军扎西整编。全军除干部团共编为16个团。除一军团还保留师的建制外，其他各军团一律取消师的编制。新的编制是一军团两个师6个团；三军团4个团；五、九军团各3个团。

这一精简缩编，为下一步大进大退做好了准备。红军像一个不倒的力士，裹紧绑腿，勒好鞋带，准备用疾步流星向敌人挑战了。

真正的四渡赤水从这个时候开始。

同日，滇军和川军从南北两个方向压向扎西。中央红军先敌东渡赤水，将作战目标转换为黔军及中央军薛岳部。

2月18日至21日，中央红军二渡赤水河。

因为实行了灵活机动的战略战术，所以很快捕捉到了眼前出现的战机。

红三军团前卫红十三团开进途中抓获几名黔军俘虏，得知娄山关仅有黔军柏辉章部3个团，团长彭雪枫立即向彭德怀报告。接此报告，彭德怀、杨尚昆立即向中革军委建议，歼灭该敌。几个小时后一军团林彪、聂荣臻也致电朱德，建议以主力在娄山关南消灭黔敌。

两大主力军团领导人意见一致，使毛泽东下定决心。

在收到彭、杨电报9个小时，林、聂电报3个小时后，朱德电复彭、杨、林、聂：一、三军团及干部团统归彭、杨指挥，迂回攻击娄山关、黑神庙之敌，坚决消灭之，并乘胜夺取遵义，以开赤化黔北的关键。

彭雪枫率红十三团急进，一鼓作气冲到娄山关口。刚刚占领关口，黔军发起反击。彭德怀命令红十二团从正面冲击，把敌人压了下去。

十二团政委钟赤兵腿被打断，没有麻醉药品，咬紧牙关锯掉了一条腿。部队认为他不能随军行动了，拿出一部分钱要他留在本地。钟赤兵坚决不肯，有人劝就拔出手枪要拼命，只好用担架抬走。很快，他就奇迹般地可以用一条腿在马背上翻上翻下了。

十二团参谋长孔宪权也在战斗中负重伤。用担架抬进遵义城罗马天主教堂，与臀部负伤的十三团俱乐部主任胡耀邦住一处。半个世纪后胡耀邦还清楚记得，

中华苏维埃共和国首都——瑞金

苏维埃中央临时借谷证

红一方面军开始长征

遵义会议会址

长征时期的彭德怀

红军在长征途中用过的物品

长征到达陕北的红二方面军部分领导人合影

红军抵达陕北后发表的《抗日救国宣言》

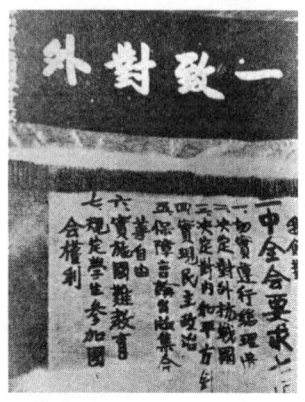

一二九运动中学生提出的要求

红军抗日先锋队

疼痛难忍的孔宪权喊了一夜"杀！杀！杀！"弄得大家一夜未眠。

2 月 26 日，一、三军团占领娄山关。残敌纷纷向遵义溃逃。

遵义守敌极度慌乱。红军乘胜向遵义进击，于 28 日晨再占遵义。

这一仗把娄山关、遵义一带敌军，包括中央军，消灭了很大一部分，取得了红军长征以来的第一次大胜利。

三军团为此又牺牲了参谋长**邓萍**①。当时十一团政委张爱萍正站在一个土堆上观察遵义老城地形，军团参谋长邓萍来了。张爱萍就下来，让邓萍站上去。邓萍正向张爱萍布置任务，突然头一歪靠在张爱萍身上，张爱萍沾一身血还不知怎么回事。后来发现邓萍牺牲了，赶紧给彭德怀打电话。彭德怀还没有听清就在电话上骂起来："你们都给我往最前线上吧，你们都去牺牲！"

他就怕邓萍牺牲。没有想到邓萍真的牺牲了。

张爱萍后来当了中华人民共和国国防部长。杨尚昆说，是邓萍替他牺牲了。

1966 年 7 月，被贬到三线建委任第三副主任的彭德怀在参加完贵州省"六盘水煤炭规划会议"后，坐车专门来到当年的遵义战场。当时天空飘着毛毛细雨，彭德怀衣服淋湿了也不觉得，指着一块地方，告诉周围的人：31 年前邓萍就牺牲在那里。想起牺牲的战友，念及光阴流逝及坎坷经历，彭德怀动情地说："堂堂七尺男儿，洒尽一腔热血，真乃人间快事！"

历史永远会记住彭德怀的功绩。

原定的遵义战斗，还只是指向较弱的黔敌。这场预期不大的战斗，由于红军前线指挥员彭德怀、林彪对战机把握及时，特别是统一指挥一、三军团的彭德怀扩展战果主动，使战斗迅速从围歼黔军两个旅发展为追歼国民党中央军两个师的大规模战斗；由此揭开了红军长征中一次最大的战役——遵义战役的序幕。

谁也没有想到，二渡赤水的空前胜利像个雪球滚了出来，山上一个雪球滚

---

① 邓萍（1908—1935），四川富顺人。1926 年底考入武汉中央军事政治学校，在校加入中国共产主义青年团，不久转入中国共产党。1928 年参与组织领导平江起义。参加领导开辟湘鄂赣苏区。同年冬和彭德怀、滕代远率红五军主力到井冈山，参加保卫井冈山革命根据地的斗争。1930 年参与指挥红三军团进行长沙战役。参加中央苏区历次反"围剿"。1934 年 10 月参加长征，协助彭德怀指挥红三军团担任右路前卫，掩护中央机关和红一方面军主力突围。1935 年 2 月 27 日，在遵义战役前线指挥作战时，不幸中弹牺牲，年仅 27 岁。

下来，滚到山下是一场雪崩。当时彭德怀想吃掉黔军的三个团和一个旅，林彪想吃掉黔军的一个旅，没有料到"雪球"最后滚得那么大。

红军突然东向夺占娄山关，蒋介石极受震动，认为红军企图东驱向红二、六军团靠拢，于是急令相距最近的吴奇伟纵队第九十三师、第五十九师火速驰援遵义。

但时间晚了一步，红军已经先占遵义。红军迅速攻克娄山关和遵义的行动，使吴奇伟部陷于全局被动。

吴奇伟参加过北伐，是"铁军"中的一员，他率领的纵队是一个军的力量。吴奇伟的第四纵队从江西就开始尾追红军。但一直是送客式追击，沿途不仅没有和红军发生战斗，连红军的掉队士兵都没有见着。他忠实执行蒋介石给他制定的规则，和红军保持距离，保持弹性，把红军压向各个地方军阀的区域，让军阀和红军相拼。在离遵义不远的忠庄铺，碰到逃出遵义的王家烈。王家烈非常狼狈，哭咧咧地跟吴奇伟说：你一定要上去帮我，把遵义打下来。吴奇伟一听进攻遵义的是红军主力，便不愿前进。

但吴的部下却跃跃欲试。在师、团长会议上，众人认为国军装备远优于红军，红军没什么战斗力，红军主力到遵义是过路，只要发动攻击红军就会撤离，一致主张打。吴奇伟的部队长期与红军不接触，认为红军已是强弩之末，低估了红军的战斗力。

此时蒋介石的命令到达，严令吴奇伟收复遵义。

激烈战斗首先围绕争夺老鸦山主峰展开。

后来成为中国人民解放军副总参谋长、总后勤部部长的张宗逊上将，当时是防守老鸦山主峰的三军团十团团长。十团是三军团的主力团，在敌优势兵力火力、不计伤亡的轮番冲击下，该团损失严重。张宗逊负伤，参谋长钟伟剑牺牲，敌五十九师下午3时攻占主峰。

老鸦山主峰丢失，直接威胁遵义城安全。三军团只有4个团，在连续作战、损失较大情况下，已经无法调集反击力量。

遵义城出现丢失危险。战局千钧一发。

占领老鸦山主峰之敌，突然莫名其妙地转入防御。

原来是林彪指挥红一军团向敌人侧后出击，尖刀一般直插忠庄铺敌指挥部。

这是遵义战役的关键一刀。一刀就是敌人心脏。

　　吴奇伟把全部力量都投上去了，纵队指挥部周围没有剩下多少部队。林彪这一着整得他实在是苦，只有丢下部队，带着身边少数人员向后狼狈逃窜。

　　占据主峰之敌居高临下看得十分清楚，发现其指挥部突然遁走，料想不妙，也不敢大动，只得坚守。

　　说是坚守，心劲早已不坚。黄昏便被三军团一部和干部团的反攻打得翻滚下去。

　　失去了指挥官的部队几近羊群，沿着来路向乌江狂奔。

　　吴奇伟最先逃到乌江边，立即与南岸联系，要欧震率第九十师速来支援。

　　说来令人惊奇，欧震当年曾经参加八一南昌起义。部队进入潮梅一带时，在汤坑与敌军展开激战。战斗的关键时刻，叶挺的部下、营长欧震叛变革命，阵前倒戈。敌指挥官陈济棠和薛岳立即抓住机会猛烈反攻，南昌起义部队战败。汤坑之战的溃败跟欧震的反水有很大的关系。

　　现在吴奇伟要欧震带部队过江。欧震认为北岸兵败如山倒，过去容易回来难，便一口回绝，只答应可以收容残兵败将，因为欧震深知红军追击的厉害。吴奇伟见北岸局面无法收拾，南岸的老部下又不听话，万念俱灰，倒地大哭说，我不过江了，就在此死了算了。

　　项羽当年见八千子弟无一回返，无颜见江东父老，便自刎乌江。

　　吴奇伟带过乌江两个师，带回来一个团，在江边大哭了一场。

　　但吴奇伟不是项羽。他也不做项羽。这条乌江也不是项羽当年自刎的那条乌江。吴奇伟哭着被部下扶过江之后，又变得非常冷静和清醒。见红军追兵甚急，直逼江岸，不待其余部队过江，他便下令斩断了浮桥保险索，连欧震原准备收容的败兵也不收容了。1000 多名官兵被甩在北岸，做了红军的俘虏。

　　后来吴奇伟向蒋介石报告，说是因为士兵拥挤抢渡，将浮桥压断。与内部自己人的交谈，则说砍断浮桥是战略行动。否则红军南渡乌江，贵阳兵单，大局要受影响。

　　即便一面跑着一面哭着，吴奇伟也是顾全大局之人。

　　二渡赤水的遵义战役完全超过了预想规模。红军 5 天之内取桐梓、夺娄山关、占遵义城，消灭中央军吴奇伟第九十三师大部、五十九师一部，击溃黔军 8 个团，毙伤敌 2400 多人，俘敌约 3000 人，缴枪 2000 枝以上，是中央红军长征以来最大的一次胜利。

《彭德怀自述》中说："打吴奇伟军的反攻，一、三军团就完全是自动配合把敌打败的。"

两个主力军团之所以能够"自动配合"，首先是中革军委的放权。

土城战役失败后，毛泽东等领导人对前线指挥员的意见极为重视，包括确定红军转移方向等战略问题，多次征求林、聂、彭、杨等前线指挥员意见。二渡赤水后又改变指挥方式，做出"全军统归彭、杨指挥"决定，使部队迅速捕捉到战机，打了一场红军被围追堵截一万余里以来的最大胜仗，也是第五次反"围剿"以来一年半时间内，红军唯一一次扬眉吐气的胜仗。

两个主力军团能够"自动配合"，还出自彭德怀的敢于战斗。

彭、林两人皆先后向中革军委提出了攻击娄山关黔敌的建议。彭德怀意在以迅速动作歼灭娄山关守军三个团、娄山关以南的一个旅；林彪意只在攻歼娄山关南的一个旅，要求对娄山关之敌晚一天行动，说是"使部队有喘息之机"，核心还是没有把握，不愿打无把握之仗。比较起来，面对严重敌情，彭德怀勇克咽喉要地娄山关，直取黔北重镇遵义，其敢打必胜之精神，的确有力能拔山之概。

更何况这一仗是在敌情极其严重的情况下打的。二渡赤水后，红军后有川军、滇军的尾追，前有黔军和中央军的堵击，回旋余地已经不大。再加上土城新败，川滇边境又无法立足，今天看起来，颇有几分"走投无路"的感觉。如此形势下，敢于积极向军委请战求歼黔敌，而且面对敌中央军增援敢于顶住不退，为一军团侧翼迂回包抄赢得了战机和时间，彭德怀横刀立马之大勇，林彪也自叹不如。

两个主力军团的"自动配合"，同样也包括林彪的善战。

林彪作战，极善于捕捉时机。时机不到，他会谨慎得让人觉得胆小。时机一到，也会大胆得叫人咋舌。

彭德怀的三军团与敌反复争夺老鸦山、打得不可开交时，林彪在遵义城东山包上一言不发地用望远镜观战。一军团隐蔽集结在这一带丘陵地区待命出击，敌人全然不知晓。

待吴奇伟全部力量重心压向老鸦山前三军团阵地，山谷突然响起一片号声，一军团的一师、二师像两只猛虎，迎着公路排山倒海般冲杀下去。

战局转折十分突然。已经得手的吴奇伟部竟又突然失手。公路上运动的敌人最先掉头往后跑，敌军整个阵线发生动摇。

林彪眼看面前形势，从参谋的包里拿出一个本子，撕下一张纸，又把这张纸对折撕成两半，分别在上面用红蓝铅笔标出追击方向，并在上端写了一个很大的"追"字，立即传达两个师的指挥员：命令二师向南追，以乌江为界；一师向西追，沿鸭溪方向猛打猛扫。

排山倒海的追击开始了。

部队回问：追多深？林彪答：可以追出100里。就像川戏中的"变脸"，小心谨慎的林彪，一抹脸就成了颇有几分狂气的林彪。

黄克诚当时是防守老鸦山主峰的三军团十团政委。半个世纪后他回忆说：

> 在山底下我见到红一军团军团长林彪。我对林彪说："好险啊！"林彪不以为然地说："你们当初守卫在山头上就是了，不应该去追击。"我说："敌人已逼近遵义城，不将敌人赶跑怎么得了！"林彪若无其事地说："当敌军正在向你们进攻的时候，红一军团的部队已向敌军侧后包抄过去，我军已化险为夷；陈赓到了你那里时，敌军的败局已定。"说话之间，果然敌军已全线崩溃。林彪当即派一支部队去追击溃退之敌。我基于前次追击吃亏的教训，建议林彪多派些部队追击。林彪说，全线溃败之敌，已无斗志，我有少量精干部队追歼即可解决问题，无需动用大部队。

这种时刻，林彪对战局的掌握是异常精确的。一个自信的林彪跃然纸上。

说彭德怀敢于战斗，不是说他就不善于战斗。数十年摧枯拉朽的沙场宿将，岂能仅靠匹夫之勇。同样，说林彪善于战斗，也不是说他就不敢于战斗。数十年披坚夺锐的沙场宿将，也不能简单到一个投机商。

人都有自己的特点。但红军将领中，唯彭德怀、林彪置于一起时，特点反差最大——一个是一团烈火，一个是一潭静水。二人原有的特点，皆被对方的特点衬托得更为鲜明。二人皆率领红军的主力军团。把握特点，便相得益彰，使各个指挥员个性中的长处发挥到极致。这就是毛泽东的拿手好戏了。

被打垮的吴奇伟部，并非一触即溃的乌合之众。林彪也许并不知道，在这支被他"猛打猛扫"的部队里，他还任过见习排长。

吴奇伟的第四纵队，就是当年颇负盛名的北伐劲旅"铁军"残留下来的部队。吴奇伟与林彪当年同为铁军第十二师的人。吴奇伟为十二师三十四团团长；林彪从黄埔毕业后任十二师独立团见习排长。

虽是"铁军"，到底也有共产党、国民党之分。共产党人叶挺率铁军一部参加南昌起义，国民党人吴奇伟、李汉魂率铁军另一部镇压南昌起义。"铁军"四分五裂。随之而来的新军阀混战中，更是九死一生。打剩下的最后一点老底由吴奇伟统辖，编成五十九、九十三两个师，参加"围剿"与追击红军。

林彪给他老部队的礼物是侧面迂回、正面猛追。五十九、九十三两个师，据说第五次"围剿"以来从未败过。这回被红一军团追得建制崩溃，丧魂落魄，即便逃过乌江的部队，重武器和行军锅灶也一律丢光。

二渡赤水的遵义城一战，吴奇伟的部队起码一半是被林彪追垮的。

吴奇伟自乌江边上大哭一场后，再未与共产党的军队打过大仗。解放战争中他任徐州绥靖公署副主任，很快借口养病，辞掉了职务。

蒋介石却一直记得他，尤其在自己年龄越来越大、心腹将领一个接一个连遭败绩的时候，蒋介石越爱回想围追堵截红军的那些年代，以及参加围堵的那些将领。1948年1月，国民政府授予吴奇伟二等云麾勋章。8月，国共即将开展战略决战之机，蒋介石委任吴奇伟为华北"剿总"副总司令。蒋介石希望他与傅作义一道，稳住华北的聂荣臻，堵住东北的林彪，为摇摇欲坠的蒋家王朝再做一次顶门柱。

吴奇伟却心力交瘁了。他北上时间很短，便南返广州，不想再卖命了。人民解放军突破长江天险后不到一个月，他便与粤籍将领在粤东发表《我们的宣言》，宣布脱离国民党，投向人民。

1949年，吴奇伟到北京参加中国人民政治协商会议第一届全体会议，受到毛泽东主席和朱德总司令的设宴欢迎。谁能想到这位当年率部对红军穷追不舍的国民党将领，1949年10月1日站在北京的观礼台上，庆祝中华人民共和国诞生。

吴奇伟通过这种方式完成了他人生的嬗变。

第十九讲　鲁班场：毛泽东的街亭

四渡赤水战役，毛泽东从中学到了很多东西。领袖的成长，领袖思想的形成，不是静态的，不是与生俱来的，它是后天实践的结果。四渡赤水，给毛泽东提供了一个空前严峻的实践的环境。

毛泽东1956年在八大预备会议上讲自己打过的四次败仗，第四次"茅台那次打仗"，即指三渡赤水前的鲁班场战斗。

这场战斗的影响远比今人想象的大。鲁班场是毛泽东的街亭。战前毛泽东差点丢掉前敌总指挥职务，遵义会议成果几乎成为泡影。

说鲁班场战斗，必须谈林彪提出的打谷新场战斗。谈林彪的打谷新场战斗，必须谈中革军委于遵义大捷后确定的战略方针。谈中革军委新确立的战略方针，必须看蒋介石的实际部署和设想。

一个连环套。的确如此。历史有的时候就是连环套，一个环节套着另外一个环节。如果你想解开历史之谜，就必须解开这些连环。

一渡赤水前，三军团担任掩护的五师突遭黔敌袭击，十四团政委田丰被俘。敌人从他那里得到了遵义会议的情况："红军内部的井冈山派与苏俄派在遵义斗争非常厉害，井冈山派主张硬干，坚决反击国民党军，苏俄派则空谈理论避重就轻，斗争结果，毛泽东的井冈山派胜利。"

薛岳得此重要情报，大受震动，立即召田丰到贵阳面谈，同时将毛泽东上台的消息一面上报蒋介石，一面通令各部队。

对薛岳的消息，蒋介石半信半疑。二渡赤水后的遵义大捷，是第五次反"围剿"和红军长征以来最大的一次胜利。在大捷之前，蒋介石不知道毛泽东又回到了领导岗位，他觉得对手还是按照苏联模式武装起来的。第四次反"围剿"时召开的宁都会议上，毛泽东已被解除了在红军中的领导职务。蒋介石不相信毛泽东现在又回来了。一直到中央军在遵义大败，垮掉了十几个团，他拍电报大骂这是"国军追击以来的奇耻大辱"，内心却也明白，这一失败恰恰证明了薛岳提供情报的准确。

1935年3月2日，蒋介石带着陈诚亲自飞往重庆。他到达后立即发出一道公开命令、一封私人信函。

公开命令给各部队首领："凡我驻川、黔各军，概由本委员长统一指挥，如无本委员长命令，不得擅自进退，务期共同一致完成使命。"他知道，现在跟红军作战不太容易，怕地方保存实力，进进退退，不听调动。

心里话只能跟中央军说。私人信函则写给薛岳："毛既已当权，今后对共军作战，务加谨慎从事，处处立于不败之地；勤修碉堡，稳扎稳打，以对付飘忽无定的流寇，至为重要。"

他还把这封信空投给了前方的吴奇伟。

从抵贵阳之日起，蒋介石便如同战场指挥官，实际代替了薛岳的指挥。

失败使蒋介石再一次清醒了。

清醒归清醒，对红军下一步往哪里走却判断不清，仍然是个谜。

对红军走向的猜测与判断，成了国民党高级将领的智力竞技。

因为朱德、刘伯承都是四川人，与川军有渊源，刘湘就最担心红军入川。

薛岳与刘湘相反。他率十万大军入黔后就任贵州绥靖公署主任，已经把贵州看作自己的地盘。王家烈的黔军最后失败了，蒋介石准备把王家烈撤职，把贵州地方交给薛岳经营。薛岳最害怕红军久留贵州，但又认为红军在贵州久据的可能性最小。

龙云与薛岳一样，怕红军入云南，便认为红军在云南生根很难。云南民风强悍，组织严密，红军过路是上策，久据是下策。云南地处偏僻，多民族聚居，排外心理非常强，各民族都有武装力量。红军要进来，和各民族协调关系非常难。因此，他既担心红军进入云南，又认为红军进入云南的可能性不大。

陈诚则完全代表蒋介石。蒋介石最怕红军向东威胁其中枢，陈诚便估计红军有极大的可能向东。中央红军如向东与贺龙、萧克会合，"追剿"不易，影响也较大。

陈诚、薛岳、刘湘、龙云，都在打自己的算盘，各怀鬼胎，把红军入川、入滇、回湘的可能性都估计到了，都认为红军图黔的可能性极小。

红军却偏偏要图黔。当时红军主要进军方向恰恰就是要经营贵州。扎西会议之后红军已经把赤化四川修改为建立川滇黔边区。

黎平会议上就看中了以遵义为中心的黔北。除了遵义会议后到一渡赤水前短暂地把注意力放到了四川，红军领导人一直没有放松对贵州的注视。

二渡赤水取得遵义大捷后，图黔决心更加坚定。

为实现以遵义为中心的川、滇、黔边区根据地设想，中共中央决定与追击军主力**周浑元**①纵队决战。于是继土城之战后，再次出现"决战"这一字眼。

一说"决战"就要出问题，即出现轻敌的倾向。

为加强作战指挥，中革军委 3 月 4 日成立以朱德为司令员、以毛泽东为政委的前敌司令部。毛泽东以政委的身份，担任实际的总指挥。在红军中，政委有最后的决定权。

同一天，《红星报》提出口号："为赤化贵州而战！"

3 月 8 日发表《党中央为粉碎敌人新的围攻赤化全贵州告全党同志书》：

> 同志们！粉碎敌人新的围攻的决战就开始了，我们当前的中心口号是，打大胜仗来赤化全贵州！……中央主力红军的胜利将不仅赤化全贵州，且将配合红四方面军与二、六军团的胜利，赤化整个云贵川三省以至湖南地域的广大地区！

"打大胜仗"，"赤化全贵州"，"赤化整个云贵川三省"，二渡赤水的胜利，使红军领导层再一次急于求成。

一渡赤水前打败了黔敌就轻视川敌；三渡赤水前打败了吴奇伟就轻视周浑元。历史在反复演示：失败包含着胜利，胜利也包含着失败。

3 月 5 日，前敌总指挥毛泽东决定"突击周敌"，集中主力一、三、五军团及军委干部团于遵义以西的鸭溪，寻歼周浑元，未果。

---

① 周浑元（1895—1938），江西金溪人。河北保定军校第八期步兵科毕业。1926 年参加北伐战争。1933 年任陆军第三十六军军长兼第五师师长。同年在金溪与红军拼杀，与红军将领周建屏对阵。曾先后兼任第八纵队、第二路军第二纵队指挥官，由赣历湘、桂、黔、滇、川、甘等省，率部"围剿"红军，转战万里。其部是蒋介石的嫡系，也是蒋镇压红军的主力部队之一。

3月6日，毛泽东又准备在白腊坎以西迎击周浑元。他决定以林彪的一军团由北向南抄后路，彭德怀的三军团由南向北打迎头，先以猛烈动作解决周浑元部第九十六师和第五师，再解决第十三师。

毛泽东对打好这一仗踌躇满志，亲率前敌司令部至白腊坎，要求各军团用无线电随时报告战况，还特别规定了烟火信号：大胜利烧三堆火，小胜利烧二堆火，相持或不利烧一堆火。

结果一堆火也烧不起来。周浑元根本就没有进入我预伏地域。

两次诱敌决战未果，林彪按捺不住了。

3月10日，林彪、聂荣臻联名向中革军委主席朱德发出一封"万急"电报，建议各主力军团向打谷新场前进。电报凌晨1时拍发，可见林彪思考一夜。电文很长，对各部队行程、途经地域、到达位置，均有缜密算计，一如林彪以往的指挥风格。看得出来，这一建议不是草率思索的结果。

林彪这一作战计划的核心是不想打周敌，想打黔敌；所以仅以"干部团佯攻敌周浑元部"。但成立前敌司令部就是为了打周浑元。林彪突然站出来说不打周敌而转攻黔敌，给毛泽东带来了遵义会议以来最大的领导危机。

很多人认为，遵义会议之后毛泽东获得了红军的指挥权。这不太确切。遵义会议从3月15号开到17号，最后的结果是毛泽东进入军事指挥小组，周恩来仍然是军事指挥上下最后决心的人。

毛泽东真正具有指挥权是在二渡赤水后，当时成立了前敌指挥部，毛泽东任政委。这时，毛泽东第一次全部掌握了红军的指挥权。

当天中央政治局在鸭溪召开扩大会议，讨论林彪提出的打谷新场战斗。会议由张闻天主持。毛泽东认为红军两天后才能赶到打谷新场，届时滇军将赶到与黔军汇合，旁边还有川军和中央军周浑元部的侧击，于我不利。但大多数人支持林彪的意见，都主张打。

那时没有人说毛泽东的话一句顶一万句。他苦口婆心阐述不能打的理由，却未能说服众人。最后毛泽东也着急了，提出如果要打，他就辞去前敌总指挥职务。未料想坚持打的人也针锋相对："少数服从多数，不干就不干。"

现场一表决，毛泽东是少数。会议通过了攻打打谷新场的决定。毛泽东刚刚担任六天的前敌总指挥职务被撤销，由彭德怀暂代。

这实在是个连会议主持者张闻天也觉得尴尬的局面。作为中共中央负总责的书记，六天前他刚刚提议毛泽东任前敌总指挥，六天后不得不在自己主持的会议上认可毛泽东的去职。

遵义会议成果眼看将毁于一旦。挽救局面的是周恩来，更是毛泽东自己。

天黑了，失去总指挥职务的毛泽东找周恩来。周恩来仍是军事上下最后决心的负责者。从程序上把毛泽东的职务给否掉了，而这个"最后决心"还没有下。

毛泽东是提着一盏马灯来到周恩来住地的。周恩来后来回忆说，毛主席要求攻打打谷新场的命令晚一点发，再想一想。毛、周二人在屋里作了一番讨论。周恩来采纳了毛泽东的意见，当晚 21 时即以军委名义发电要部队集中，以便寻求新的机动。第二天一早又开会讨论，把大家说服。

取消打谷新场战斗，毛泽东的前敌总指挥地位便自然恢复。

毛泽东后来常常说，真理往往在少数人手里。这句话他有深刻的体会。井冈山"八月失败"前，就是少数服从多数，举手通过返回湘南，损失了二十九团。**红四军"七大"**①上，也是少数服从多数，举手表决选掉了毛泽东的前委书记。遵义会议以后，又是举手表决，几乎使毛泽东刚刚担任的前敌总指挥职务被撤销。

这回争论后，为不再出现会议讨论行动方针、争论不休以致举手表决局面，毛泽东向张闻天提议成立"三人军事领导小组"，全权指挥军事，成员为周恩来、毛泽东、王稼祥。

张闻天也觉得军事指挥通过会议实施明显不行，自己对打仗又不熟悉，便完全赞同。在 3 月 12 日的政治局会议上，"三人军事领导小组"的提议被通过。以后军事行动方针由三人军事领导小组决定，而不是由政治局会议多数决议。这是指挥体制上非常大的变革。

这便是与博古、李德、周恩来"老三人团"相对应的周恩来、毛泽东、王稼祥"新三人团"。团长是周恩来。

遵义会议后毛泽东从"周恩来军事指挥上的帮助者"，到二渡赤水后前敌司令部总指挥、3 月 12 日的新三人团的实际负责者，用了将近两个月时间，终于

---

① 1929 年 6 月 22 日，中共红四军第七次代表大会在龙岩城内召开。会前毛泽东建议，通过采取总结过去斗争经验的办法达到统一认识、解决红军建设中主要问题的目的。此建议未被采纳。大会由陈毅主持。会议认为，毛泽东是前委书记，对争论应多负些责任，给予党内"严重警告"处分。大会改选了红四军党的前敌委员会，由中央指定的前委书记毛泽东落选，陈毅被选为前委书记。林彪等人表示不能认同这样的结果。会后，毛泽东被迫离开了红四军，到闽西特委指导地方工作。

进入最高军事决策机构并掌握了决策权。中共中央的军事领导变换最终完成。

掌握了决策权的毛泽东，还是要打周浑元。新三人团发布"我野战军决心以全部力量，于明十五号绝不动摇地消灭鲁班场之敌"。鲁班场之敌即周浑元。

其实，毛泽东决定消灭周敌以扭转整个局势，考虑是不周的。

首先，周敌非运动中之敌。其三个师先后进至鲁班场，在伐木砍树、挖战壕、筑碉堡，已获得四整天修工事时间，从运动转为固守。

其次，新战略方针要求在消灭黔军的同时调动周、吴纵队加以歼灭，而实际上周敌并没有被调动。

第三，鲁班场地形险要，易守难攻。

面对这些不利条件，红军指挥员中有人提出不同意见。

彭德怀、杨尚昆向前敌司令部提出：时间局促，地形不利，敌人工事坚固，无攻破周敌的可能；建议迅速脱离当面之敌，控制仁怀、茅台西渡，以吸引滇、川两敌向西，来寻求机动。

以上所列，正是后来红军攻击失败的原因，而"控制仁怀、茅台西渡，以吸引滇、川两敌向西，来寻求机动"，也恰是后来采取的方针。

但当时这个建议未被毛泽东采纳。

3月15日拂晓，毛泽东以林彪、聂荣臻指挥一军团及三军团一部，以董振堂、李卓然指挥五军团及三军团另一部，向周敌阵地全面进攻。双方鏖战至中午1时，敌机向红军阵地狂轰滥炸，压得红军抬不起头，伤亡不断增加。黄昏，红军以密集队形实施连续冲击，仍不能得手。战至天黑，因敌占据有利地势，只得停止攻击，与敌对峙。晚上7时，周敌开始向红军右侧迂回。周浑元是想稳住当面的红军，向侧背迂回，以包围红军，进而吃掉红军。黔军两个团也尾追至鲁班场东南永安寺附近。为避免腹背受敌，红军撤出战斗，于15日夜转移到茅台、仁怀地域。鲁班场战斗失利。

对中国革命来说，每一次失败，都蕴涵着成功；每一次成功，又都潜伏着失败。遵义会议后刚刚进入领导核心，毛泽东就碰到土城战役的失败；二渡赤水后成立新三人团刚刚确立毛泽东的实际领导地位，又来了一个鲁班场失利。

"文化大革命"中，人们常念这段毛主席语录："错误和挫折教育了我们，使我们变得比较地聪明了起来。"犯错误的、没犯错误的，都爱念这一段。念给别人听，念给自己听，没有人敢念给毛主席听。觉得能够说出这种话的毛主席，是从来不犯错误的。

这不是空话，毛泽东也不仅仅是在教训别人。毛主席的话，首先正是他自己在中国革命中的切身体验。

土城战斗的失败，不得不放弃赤化四川的战略方针；鲁班场战斗的失败，又不得不放弃赤化贵州的战略方针。

正是这些个失败，这些个"不得不"，使作为中国革命领导人的毛泽东越来越踩实脚下的土地，使自己的思想接近于实际，越来越趋近只有脚踏实地者才可企望的胜利。伟大人物、领袖人物就是这样产生的。

3月16日晚，红军放弃在黔北建立根据地的计划，于茅台县三渡赤水，向古蔺、叙永方向前进，一副北渡长江的姿态。

很多书籍都认为，三渡赤水使蒋介石十分恐慌，以为红军又要北渡长江，所以急令川军防堵于西，黔军防堵于东与南；滇军向赤水河靠近；中央军周浑元、吴奇伟实行尾追。

其实，蒋介石没有那么惊慌。

他当时虽然摸不清红军战略动向，但鲁班场战斗红军啃不动周浑元部，他感到红军已经没有很强的战斗力了。

一渡赤水时，红军丢光了重武器，火力不行，攻击能力就不行。二渡赤水时，遵义大捷，红军取得了长征以来空前的胜利，但实际上兵力受到非常大的损耗。彭德怀向中央报告，三军团一般只有主力连队能达到五六十人，非主力的连队只有四五十人。

红军战斗力大大下降，蒋介石很高兴。

从国民党的资料看，红军突然间三渡赤水，蒋介石想的是红军很可能要分散游击，化整为零了。

这个时候，他已经不相信红军还有北渡长江的实力了。所以在重庆电示薛岳："共军已成强弩之末，势将化整为零，在乌江北岸，长江南岸，横江东岸打游击，冒险渡长江公算不大；应令各纵队实施江西围剿时之碉堡战术和先求稳定、次求变化的方针，分路自得截堵，逐次缩小，加以包围。"

在蒋介石一系列命令下，湘军东开，在遵义城周围修筑碉堡；中央军在桐梓、遵义间修碉筑路；川军进至长江以南叙永、赤水城、土城、古蔺一带修碉封锁；滇军进至毕节以东修筑碉堡。蒋介石声称："如许大兵，包围该匪于狭小地区，此乃聚歼匪之良机"，若再不消灭红军，"何颜再立于斯世"！

红军再次面临千钧一发的时刻。

三渡赤水预定进至的古蔺、叙永地区已三面受敌，回旋余地十分狭小，难以发展；若敌人碉堡封锁线形成，势必又将出现第五次反"围剿"局面，红军再打破将十分困难。

紧急关头，以毛泽东为首的前敌司令部当机立断，决定四渡赤水，在赤水河东岸寻求机动。四渡赤水，成为红军脱离险境关键的一着。3 月 16 日晚三渡赤水，到 20 日晚决定四渡，仅仅间隔四天。若是今天，这点时间连行动草案都难拿出来，更谈不上完成战略方针的转变了。

危机对人的压迫，使决策机构超高速运转。可以看看四渡赤水前党中央、总政治部致各军团首长的电报："这是野战军此后行动发展的严重紧急关头"；"派高级首长亲自鼓动与指挥架桥，打破任何困难"；"渡河迟缓或阻碍渡河的困难不能克服，都会给野战军最大危险"。

四渡赤水前语气如此严重急迫，与二渡赤水后取得遵义大捷的《告全党同志书》"彻底粉碎了敌人的追剿计划"，"给了我们进行部队休息、训练、整理、扩大的可能"，"我们当前的中心口号是：打大胜仗来赤化全贵州"形成鲜明对照。

这是突破湘江封锁线后，红军最高指挥机关下达命令时的最严重用语。令人想起在湘江战役的危重关头，林彪发出的那封"军委须星夜兼程过河"的电报。

虽然有了二渡赤水的遵义大捷，但三渡赤水前后出现的严重局面，不是我们今天只凭看《中央红军四渡赤水战役经过要图》便感叹毛泽东神机妙算英明伟大、我军声东击西出其不意招招制敌、敌军处处防不胜防疲于奔命那样简单的；几十年后纪念馆内的沙盘演习，亦绝非当时当地红军的真实处境。

四渡赤水不是一个出神入化的、闲庭信步的、游刃有余的行动，而是一次次面临绝境，陷入困境、危境，一次次从危境中解脱，获得新胜利的过程。

连最富忍耐力的周恩来后来也说："从那个时候一直到渡金沙江，从一月、二月出发，到了五月，这是相当艰难困苦的一个时期。走'之'字路，四渡赤水河。"

连以宽容大度著称的总司令朱德，在四渡赤水期间也两次大发其火。

一次是一渡赤水前的土城战斗，朱德亲上前线督战，见部队疲惫不堪的样子，对躺在担架上指挥的三军团四师政委黄克诚发了火。

另一次是四渡赤水后南渡乌江，干部团奉命拆掉浮桥，但九军团还未过江，朱德知道后对干部团的陈赓、宋任穷发了很大的火。宋任穷回忆说："我从来没有见过总司令发脾气，这次发怒是我见到的唯一的一次。"

那的确是一段非常时期。川、黔、滇边区回旋余地如此狭小，蒋介石又调集川军、黔军、滇军、桂军、湘军，加上中央军，重兵云集，围追堵截；敌我之间常常是你来我往，互相穿插；部队与部队间空隙相当有限；生死之交，胜败之别，常常决定于一瞬之间。红军一着不慎，确实有满盘皆输的可能。

而且红军来到川、滇、黔以后，在江西苏区与敌军相比明显占优的山地机动能力也不明显了。川军、黔军和滇军长期征战于云贵高原，皆具很强的山地行军能力。红军这方面与他们相比，不占有明显优势。就是最弱的黔军也有极强的山地行军能力，使其同样具有行动飘忽的特点，并非不堪一击。一渡赤水前部队向土城行进时，三军团五师就突遭黔军袭击，部队颇有损失，五师师长李天佑因此被撤职。黄克诚率四师实施反击，虽然将敌击溃，但黔军爬山本领极高，跑得飞快，红军追击了好一阵子也没有追上。

二渡赤水的遵义大捷也使红军付出了很大代价。打了王家烈的老根，黔军也拼了命。这种时候黔军的战斗力并不弱于蒋介石的中央军。红三军团伤亡严重。军团参谋长邓萍阵亡，张宗逊、钟赤兵等多名师团领导受伤。遵义战役后彭德怀给军委的报告中说：红三军团现在只有一个团能维持原编制，每连也只有五六十人，其余三个团，每连只能编四五个班。可见部队损失之大。

而且红军作战，人生地不熟，没有根据地，没有老百姓给提供消息，提供粮食。在赤水河连续四次走"之"字型路线，大家的耐受力都达到了极限。

新的方向在哪里？

新的根据地在哪里？

所以从来不发火的朱总司令两次发火，从来不叫困难的周恩来说"相当艰难困苦"，就没有什么奇怪了。中国工农红军的胜利，绝不是历史用托盘端上来的一份幸运礼物。把四渡赤水看成是一场出神入化的神机妙算和从容不迫的巧妙行军，糟踏的是我们自己那部艰难曲折的奋斗历史。

3月21日，中央红军分别经二郎滩、九溪口、太平渡四渡赤水河。

3月24日，蒋介石自重庆飞抵贵阳。

他满以为红军将在川、黔、滇一带分散游击，所以要"先求稳定"，用碉堡将红军封死。毛泽东偏不求"稳定"。碉堡封锁来不及形成，红军又东渡赤水，以古蔺地区为核心、用碉堡围死红军的设想遂不能实现。

蒋介石也转得快。见红军未化整为零，便觉得围歼红军的机会仍然存在。贵州西北地瘠民贫，大军行动不仅米粮困难，柴草也不易，蒋介石认为红军反复徘徊于此绝地，乃系大方针未定的表现。他遂立即改碉堡封锁战法为碉堡封锁与重点进攻相结合，严令各路军队向遵义地区开进，南北夹击，迫红军于遵义地区决战，围歼红军于遵义、鸭溪地区。在给薛岳部连以上军官的训令中，蒋介石说："残匪西窜是我军围歼唯一良机，如再不能剿灭，则再无革命军人之资格。"

不光是敌变我变，也有我变敌变。蒋介石并非是一再上当的草包。四渡赤水是国共之间力量的碰撞。双方都挖空心思，寻求消灭对方、保存己方的最佳战法。

对于红军来说，对方实力强大，以逸待劳。红军也在进行紧张的调整变化。

3月25日，毛泽东、周恩来、王稼祥三人团以中革军委主席朱德名义致电各军团负责人，提出首先钳制周浑元、吴奇伟部，消灭王家烈部，扩大机动区域转向西南，然后在运动战中消灭追敌一部或大部，扭转战局。

此方针还是胃口太大。红军当时连续奔波，已相当疲惫，粮食等给养又十分困难。一渡赤水在扎西、二渡赤水在遵义一带扩大的兵员逃亡严重。消灭王家烈再消灭其余敌人，已无可能。

接到这封电报后，当晚三军团彭德怀、杨尚昆回电，认为目前向西南机动很困难，建议转向东南之乌江流域比较有利。彭、杨提出根据调查所得情况，只要有充分准备，4至6个小时即可在三军团原来渡乌江处架起浮桥。

关键时刻，彭、杨再次提出重要建议。虽然未明说要南渡乌江，但意思已经很明显。

26日，毛泽东迅速接受彭、杨建议，决定中央红军主力集结南下。

毛泽东表现得非常清醒，方针变化非常快。

27日敌情发生又变化。薛岳指挥九十二师与九军团激战，原定的南下路线受阻。毛泽东决定，以红九军团伪装主力引敌北上，一、三、五军团及军委纵队穿过敌人封锁线向南急进，抢渡乌江。

抢渡乌江，要点在"抢渡"二字，关键不能让敌人察觉企图。

但前线敌军发现了红军的企图。28日，薛岳接部下电报：红军停止西进，一部有回转模样。

薛岳未加重视，认为遵义以西封锁线已完成，红军向何处回转，不足为虑。

30 日，周浑元急电薛岳：红军已经南移，有偷渡乌江模样。薛岳这才大惊，急忙请示蒋介石。

这回轮到蒋介石不以为然了。他认为是红军的战术行动，不要上当。

此时红军主力到达乌江边。

真正的领袖是什么？不在于能提出百分之百正确的作战方案，而在于能够及时准确地采纳部下符合实际的作战方案。毛泽东做到了这一点，而蒋介石却失误在这一点。

同是主帅，毛泽东对红军将领的意见极其重视。哪怕意见不合自己主观设想，只要符合客观实际，也采纳实行。蒋介石、薛岳则不愿意重视不合己意的消息；被证明是真实的了，还千方百计做出解释，完成自我开脱。例如，后来把不知道红军南渡乌江归结于连日阴雨连绵，乌云密布，飞机无法临空侦察。先前部下一封封火急电报被揉丢进废纸篓里，却无人出来承认了。

3 月 31 日，除九军团继续伪装主力在乌江北岸迷惑敌人外，中央红军全部南渡乌江，跳出敌人包围圈，把蒋介石几十万追兵和一大群碉堡封锁线甩在身后。

追兵依然在乌江以北大筑碉堡。蒋介石依然在做他那"浩浩长江俨如天堑，环山碉堡星罗棋布，末弩红军走投无路"的美梦。

4 月 1 日，蒋介石才知道红军渡过乌江的消息。

至此中央红军完成了其战史中极其艰苦也极其辉煌的四渡赤水。

南渡乌江，给四渡赤水打了一个结，红军真正完成了最艰苦卓绝的一次作战。

从 1 月 20 日下达渡江作战计划，到 3 月 31 日红军主力南渡乌江，70 天时间红军在黔北川南徘徊不去。一渡赤水前土城失利，被迫放弃赤化四川。三渡赤水前鲁班场失利，又被迫放弃赤化贵州，最后南渡乌江。一次次寻找，又一次次失去，就因为失去根据地的红军，迫切需要找到新的落脚点。

赤化四川、赤化贵州皆未能实现，不仅在敌我力量悬殊，更在蒋介石对西南早就志在必得。经营四川，与刘湘的战略底线发生了强烈的冲撞；经营贵州，也与蒋介石和薛岳的战略底线发生了强烈的冲撞。蒋介石要通过"追剿"红军进入西南，完成对西南的彻底统一，绝不允许他人再占据西南。

蒋介石一直视半独立的西南为巨大隐患，常思拔除。在南昌行营部署对红军的"追剿"时，他就在安排统一西南的全盘计划："川、滇、黔三省各自为政，共军入黔我们就可以跟进去，比我们专为图黔用兵还好。川滇为追求自救也不能不欢迎我们去，更无借口阻止我们去，此政治上最好的机会。今后只要我们军事、政治、人事、经济调配适宜，必可造成统一局面。"

可见对蒋来说，入黔"追剿"红军无疑是"一石两鸟"。贵州的王家烈被收拾了，不仅如此，还可进一步形成既可扼桂、又可图滇的态势。红军到哪里，蒋介石就跟到哪里，他要把地方军阀全部消灭。所以不惜使用重兵，大筑碉堡，长期据守，与红军反复较量，他是绝不允许红军在贵州立足的。

中央红军中不论是"老三人团"还是"新三人团"，对这些情况基本不清楚。长征前中共上海局被破坏，中央红军失去与共产国际的联系，在一定程度上影响了红军领导人的战略视野。

凡事都应一分为二。虽然共产国际一些不当的指挥，给中国革命带来很大损失，但它提供了大量信息，也使红军领导人、中共中央领导人获得了战略视野。在一个更大的盘子上看小盘子，在更大的局面看自己面临的局面，才能把小局面经营好。当失掉了外界的联系之后，就在一定程度上影响了当时红军领导者的视野，以致徘徊 70 天，而没有找到新的立足点。

对蒋介石的整体战略意图和西南军阀各自的算盘不甚了解，便连续出现决策与实际不符的情况。后来红二、六军团长征，仍然想建立川滇黔边根据地，最后不能保住，原因也正在此。

虽然预定目标未能实现，但四渡赤水作战的光辉地位永存。在这个过程中，红军找到了作战方法。毛泽东灵活机动的战略战术又回到了红军。灵活机动的战略战术，调敌于各个方向，反复跳出敌人的包围，反复寻找新的生机，一次一次转危为安、转败为胜。

毛泽东说，四渡赤水作战是他一生中得意之笔。得意在哪里？不在神机妙算，也没有神机妙算。根据实际情况对决策做出及时修订，方能一次次化险为夷。

四渡赤水期间，红军战略决策的演变令人眼花缭乱。没有一句顶一万句。没有句句是真理。只有脚踏实地实事求是。随时准备坚持真理，随时准备修正错误。决策变化的灵活与快速，令我们今天叹为观止。所有变化目的都是一个，为了打破敌人的围追堵截，有效地寻找到新的立足点。

毛泽东在红军中领导地位的恢复，由遵义会议开始，由四渡赤水完成。

红军也正是在一次次转危为安、转败为胜、转坎坷为通途的艰辛奋斗中，熔炼出了最顽强不息与最光彩夺目的生命力。蒋介石判断红军战斗力不行了，衰竭到了极点，但是通过四渡赤水，红军一次一次由失败走向胜利，再失败再争取胜利，一次一次地爆发出最顽强的生命力。

纵观四渡赤水之战，最令人惊叹的不但是领袖人物的领导艺术和指挥技巧，更是中国工农红军空前顽强的战胜死亡的决心和寻求胜利的意志。毛、周、朱统帅的中国工农红军是不死鸟，是火中凤凰，任何力量也无法将其消灭。

红军在四渡赤水之后，如何寻找新的方向，最后确立新的根据地、最终的走向，所有的方法，领导方法、指挥方法和争取胜利的方法，在四渡赤水中已经磨练得炉火纯青。

第二十讲　抢渡金沙江：危局中的大智大勇

1935年3月31日，红军南渡乌江，为整个四渡赤水作战打了一个结。北返已很困难，往南，往东，抑或往西，这几个方向成为红军的未来战略选择。

4月1日，通过空中侦查，蒋介石发现红军已南渡乌江。

3月31日南渡乌江的红军，将指向哪里？从4月1日至10日，这个问题让蒋介石扎扎实实难受了十天。

这十天，蒋介石一直在判断红军的战略方向。他在贵阳同陈诚、薛岳等人商谈，判断红军有两个走向：南进袭击贵阳；或东进与湘西红军会师。两者之中，后者可能性为大。蒋介石最担心红军往东发展，这样会接近其统治的核心区域。但两者都威胁贵阳的安全，此时红军南进的趋势比较强，蒋介石为此又增加一个担心。因为他正在贵阳，红军突然渡过乌江，向南对他的威胁最大，关系他的安全。确保贵阳成为当务之急。

蒋介石上当了。此时红军一部兵力佯攻息烽，沿途张贴"拿下贵阳，活捉蒋介石"的标语，前锋直逼贵阳。贵阳附近只有四个团兵力，大部担任外围守备，城防兵力包括宪兵在内不足两个团。蒋介石令各部队衔尾疾追红军，另急调驻防大定的滇军**孙渡**①纵队火速增援贵阳。

薛岳用电报和电话传达蒋介石的命令，声嘶力竭。

---

① 孙渡（1898—1969），云南陆良人。云南陆军讲堂毕业。1935年任"剿匪"第二路军第三纵队司令，防堵"追剿"红军。1936年，蒋介石委任龙云为黔滇绥靖公署主任，龙云仍派孙渡率第三纵队开到贵州威宁、云南昭通、彝良一带尾追过滇的红二、六军团。3月下旬，红二、六军团挺进滇北，孙渡纵队尾追红军至宣威。红六军团团长萧克曾写信给孙渡，建议双方缔结停战协定。孙渡不予理睬，继续尾追，在宣威来宾铺一带向红军发起猛烈攻击。经过两天激战，孙渡纵队败退。4月，红二、六军团突破滇军防线向西挺进。红军渡过金沙江后，孙渡纵队才停止追击。

4月4日,湘军电告:在息烽县黑神庙与红军遭遇,红军前锋距贵阳仅百余里。贵阳城陷入极度紧张之中。

幕僚们判断,红军在重兵尾追下顿兵攻坚可能性不大。即使红军向南攻击贵阳也没有关系,因为追兵很近,后面有中央军、川军、湘军,侧翼还有滇军的配合,贵阳只要坚守一天,援军即可赶到。

但这些判断安不了蒋介石的心。他不能掉以轻心,绝不下"这一天"的赌注,万一这一天顶不住呢?他想力保的已不是贵阳城,而是飞机场。如果红军靠得很近,他可以坐飞机跑。只要贵阳机场安全,蒋介石也就安全。机场安全成为大事。

4月5日夜,郊外响起枪声,谣传飞机场被红军占领,贵阳全城人心惶惶。滇军孙渡纵队赶上来后,蒋介石亲自打电话给孙纵第七旅旅长龚顺璧,要他抽兵保卫飞机场。龚顺璧听不懂蒋的浙江话,不断反问,蒋介石大为光火,几乎摔掉话筒。

性命攸关之时,蒋介石从来非常认真。他早做好了多种准备。仅"走"的工具就备有飞机、轿子和马匹。同时劝说传教士及外国人,到安顺暂避。

滇军孙渡纵队在救援蒋介石中,表现出了很强的行军能力。大定距贵阳400多里,普通行程需7天,孙渡硬是以三天三夜急行军赶到。蒋特电龙云:"滇军忠勇诚朴,足为军人模范。"

就因为蒋介石的嘉奖和犒赏,孙渡又见疑于龙云,以为他被蒋介石挖过去,几乎为此丢掉指挥职务。

各派矛盾错综复杂,各方情况也一片混乱。

正当贵阳城内张皇失措之际,红军主力于4月3日出其不意地改为东进。

4月4日,蒋介石以飞机侦察发现红军在清水江上架设的浮桥。4月5日,红军以少数兵力东渡清水江。蒋介石又判断红军要向东与贺龙、萧克会合,急令湘军三个师及桂军一个师立即堵截;令吴奇伟纵队和刚刚赶到贵阳的孙渡纵队与五十三师分三路向东追击,防止红军北渡乌江返回黔北,想围歼红军于黔东。

红军的意图却既不是东进,也不是北返。

4月7日,中革军委致电各军团首长:决以佯攻贵阳姿势,从贵阳、龙里中间向南急进,迅速占领定番。

红军真实的意图是南下。

4月8日起,乘敌全部精力用于防止红军东进之机,红军主力以日行60公里的速度迅速南进。4月9日，红军主力穿过贵阳、龙里间20公里地段的湘黔公路，在蒋介石的眼皮之下飘逸而去。

情况变化非常剧烈。就像下棋，双方都下快子。红军一下就穿过去了，没有时间做深远考虑。

红军以为蒋介石仍在贵阳。其实他在7日下午已秘密飞往昆明躲避。待10日贵阳解除戒严后，他才飞回来督战，令吴奇伟纵队和孙渡纵队立即转入尾追。

红军南渡乌江，然后穿过贵州，暂时又摆脱了敌人的尾追堵截，但是目标在哪里？

这时红军又开始新一轮选择落脚点的紧张阶段。

从江西出发就开始的对西征目标的选择，至今尚未完成。

博古、李德选定的湘西，被湘江之战的沉重损失否定了。

黎平会议提出新根据地是以遵义为中心的川黔边区。

遵义会议又提出了川西北，赤化四川，土城战役失利后放弃。

一渡赤水扎西会议后提出川黔滇边。因川军、滇军夹击也放弃。

二渡赤水后提出赤化贵州，首先是黔北。鲁班场战斗失利后放弃。

四渡赤水后，眼光放在了黔西南。又因滇军先到而不可得。

不断地在选择，又因现实不断地放弃。但仍要选择，必须选择。红军自建立始，生存、战斗与发展，全赖根据地。

不仅蒋介石捉摸不清红军的方向，红军当时也没有明确的方向。

国民党军与红军的态势，非常像京戏里的一出武打戏，两个人在黑夜里你打我一拳，我踢你一脚，但看不清对方。

当时领导人急切的心情，紧迫的思绪，非我们今日所能想象。

此关键时期，一、三军团领导人发挥了重大作用。

黔西南无法获得后，三军团领导人彭德怀、杨尚昆最先提出入滇作战。

4月13日，彭德怀、杨尚昆提出建议：迅速西渡北盘江，在滇黔边与敌作战。电文说：目前只有争取到时间，才能有空间。我军往西，甚至入滇，只要给滇敌一个较大的打击，使我机动区域更大，则更能多得时间和空间，争取群众，巩固和扩大红军，在黔边打开局面。

此电的关键，在"甚至入滇"四字。彭、杨用十分谨慎的话语，提出了一个十分重要的建议。

入滇，对中央红军领导人来说，心情是沉重的。从江西出发那天起，红军队伍一直在争取北上，尽量到达中国革命中心区域或者靠近世界上第一个社会主义国家苏联的区域，而极力避免被敌人压向经济落后、消息闭塞、少数民族聚居的边陲。红军规划根据地，包括黎平会议确定的黔北，遵义会议确定的川西北，最后是陕北，都离不了一个"北"字，方向很明确，即力图往北边走。去湘西无法实现，便提出川西北。川西北不可行，又是川、滇、黔。虽然此时开始提到云南，但心中想的一直是黔北。从 1 月 20 日中革军委下达渡江作战计划，到 3 月 31 日南渡乌江的四渡赤水作战期间，在敌人重兵夹击之中，中央红军徘徊于黔北川南 70 天不去，一直争取创建川、滇、黔新根据地，就是以免被压向更偏更远的地区。

两个月来，种种计划都未能实现。即使是黔北，离中国的心脏地带已经远了。若再入滇，下一步目标是哪里？如何东返？

所以中共中央内部一直存在不愿入滇的情绪，毫不奇怪。虽然提过"川、滇、黔"，却无人提出入滇作战。这次彭、杨首次提出入滇，也只有用"甚至入滇"、"在黔边打开局面"等这些十分谨慎的字眼。实际上，当时除了入滇，红军也没有更好的出路。

但问题毕竟提出了。想要提出，就要勇气。真理在大多数时候，并不是一轮光芒四射的红日。更多的时候，它可能只是黑夜中一道电闪，甚至是遥远的前方一缕若明若暗的微光。

发现真理，需要智慧。跟随真理，则需要勇气。

彭德怀提出"甚至入滇"，其中蕴涵着眼光与勇气。

中共中央，包括军事上的主要指挥者毛泽东，下最后决心，同意彭德怀的提议，也表现出很大的勇气。

克劳塞维茨在《战争论》中讲过，在黑暗中发现微光的能力和敢于跟随这线微光前进的勇气，这是一个真正的军事统帅所具备的核心素质。

彭德怀、杨尚昆"甚至入滇"的建议，就不失为在黑暗之中发现微光。只有云南方向有一线微光，我们要到那里去寻求生机；毛泽东的决定即在敢于跟随这线微光前进的勇气。

这就是发现真理和实践真理。事实很明白，只有入滇，才能获取更大的机动。但承认事实也是需要勇气的。

三军团彭、杨的建议，对于红军摆脱敌人重兵包围、迅速西渡北盘江入滇作战以争取更大机动，特别是对后来实现北渡金沙江的战略意图，有着重要意义。

但所有意义，都是行动之后才能显现的。执行之前，一切仍然扑朔迷离。

毛泽东再次表现出可贵的历史自觉。他迅速接受彭、杨建议，命令中央红军17日完成北盘江架设浮桥任务，分左、右两路纵队渡江入滇。

4月18日，中央红军主力全部渡过北盘江，连克数座县城，打开入滇通路。

4月24日，红军一、三、五军团进入云南。

前程似乎日益渺茫。处境似乎日益恶化，全军上下情绪大幅度波动。

4月25日，中共中央对前线指挥员发出指示：

"最近时期将是我野战军同敌人决战争取胜利以转变战局的紧急关头"；

"中央相信你们对于中央与军委所提出的意见，决不会妨害我们内部的团结一致与保障军委命令的坚决执行"；

"中央坚信在目前的紧急关头，你们必须充分发扬你们的果敢机动与布尔什维克的坚定性，领导全体红色指战员奋勇杀敌，并纠正部队中一切不正确的倾向来完成中央与军委所给予你们的神圣的任务"。

指示中三次提到"决战"，两次提到"坚决执行"，两次提到"紧急关头"，即要统一思想，统一行动，统一意志，贯彻中央的意志。

从这份不为我们今天重视的指示中，可以看出当时围绕立足点问题，红军领导层内部出现的分歧和争论，可以感觉出全军上下对长期找不到立足点、无根据地作战的焦灼。

红军四渡赤水，紧接着入滇，越走越偏，越走越远离中国革命的中心。部队越走越累，损失越来越大。在遵义一带通过二渡赤水那个大胜仗补充的新兵和在云南一带补充的新兵，跑的人很多，队伍越走越小。大家议论纷纷。

在当时条件下，追击重兵尾随而来，立足未稳的红军要在滇东与敌人决战、扭转战局，实际上是不可能的。入滇在滇东创建新根据地不可能，回黔西之路又被堵住，哪里是红军的落脚点呢？

4月25日晚，林彪、聂荣臻致电中革军委：

目前战略上已起重大变化。川、滇、黔、湘各敌及中央军正分路向昆明东北前进，阻我折回黔西，企图歼灭我军于昆明东北之窄狭地域内。在目前形势下，我军已失去回黔北可能，且无法在滇东开展局面。野战军应立即变更原定战略，而应迅速脱离此不利形势，先敌占领东川，应经东川渡过金沙江入川，向川西北前进，准备与四方面军汇合。

这是一封非常重要、也相当大胆的电报。中央刚发出指示要指挥员不争论，坚决执行军委命令，林、聂就来电讲"已失去回黔北可能，且无法在滇东开展局面"，与中央的设想唱对台戏；"应立即变更原定战略"、"应迅速脱离此不利形势"、"应经东川渡过金沙江入川"，一句话之内三个"应"，颇有不敬之感。公文行文，下级对上级一般不能用"应"字。可见，当时党内、军内气氛非常好，大家畅所欲言。

电报没有立即发生作用。中央把这封电报压了下来，既没有回电，也没有采纳所提的方针。

林、聂在电报中首先提出"渡过金沙江入川，向川西北前进，准备与四方面军汇合"这条红军后来实际采取的路线。电报用语虽然尖锐，却提出了极其重要的战略方向，实具慧眼。林、聂看出了敌人的缝隙，应该从中穿过去。

晚一天，4月26日红三军团彭、杨呈军委电报也道："争取滇黔边各个击破敌人可能极少，因我军行动错失争取平彝、盘县的良机，使战略已陷于不利地区。"因而建议："明日应继续向西北前进渡过东洪江，争取几天休息，解决一切刻不容缓的事件。"彭德怀、杨尚昆也感到了在滇东作战的问题。

彭、杨的电报虽不像林、聂的电报那么明确，但表明红军当时已陷入战略困境。

中革军委还在考虑。新三人团还在考虑。毛泽东还在考虑。

4月26日，红一军团、五军团刚进至白水以西地区，三军团在白水以东就遭敌机轰炸，伤亡300多人；27日，追敌与三军团十一团在白水激战；当日下午3时，被迫放弃白水。红军在滇东与追敌决战、扭转局面的设想就此搁浅。

不要说决战，连足也未能立稳。

4月28日晚，中共中央、中革军委在宿营地开会，研究的问题不再是决战滇东或返回黔西，而是北渡金沙江的行动部署了。

毛泽东在会上说，云南境内的地形条件，不像湖南、贵州有良好的山区可以利用，我军不宜在昆明东北平川地带同敌人进行大的战斗。应趁沿江敌军空虚，尾追敌人距我尚有三四天的行程，迅速抢渡金沙江，以争取生机。

毛泽东通过实践，采纳了林彪、聂荣臻的建议。4月29日，中革军委发出万万火急电报《关于我军速渡金沙江，在川西建立苏区的指示》：

（甲）……敌已集中七十团以上兵力向我追击，在现在地区我已不便进行较大的作战机动；另方面金沙江两岸空虚，中央过去决定野战军转入川西创立苏维埃根据地的根本方针，现在已有实现的可能了。

（乙）因此政治局决定，我野战军应利用目前有利时机，争取迅速渡过金沙江，转入川西，消灭敌人，建立起苏区根据地。

红军的战略方针再次出现重大转变。

自江西出发就不断在寻找北上途径。一直走到西南边陲，终于出现了向北的契机，找到北上之途。

虽然中革军委在电报中强调这是"中央过去决定……的根本方针"，即遵义会议后提出的建立川西北根据地、争取赤化四川的方针，似乎不认为是采纳林、聂建议的结果，但林、聂建议的重要性，并不因中央过去有入川方针而被盖过。因为此时的北上入川，与彼时的北上入川，已有了重大区别，不是对遵义会议的简单回归。过去的方针是不成熟的方针。由于轻敌，选定的渡江地点即庐州、宜宾一带恰是川敌兵力雄厚处；现在的建议则是时机成熟时提出的成熟的建议，选定的渡江处即金沙江是川敌兵力最薄弱之处。

林彪提出自己的观点是大胆的。虽然 3 月 10 日攻击打谷新场的建议给毛泽东带来很大麻烦，几乎丢掉前敌总指挥职务，但 4 月 25 日的建议却成为中革军委战略决策的重要基础。

彭、杨、林、聂的先后建议，对中共中央的战略选择产生了重大影响。

邓小平同志后来说，毛泽东思想是全党集体智慧的结晶。这并不是一句空话。毛泽东每每在危急关头，采纳了领导集体中最深思熟虑和最成熟的建议。

按照 4 月 29 日中革军委的万万火急电报《关于我军速渡金沙江，在川西建立苏区的指示》，中央红军以一军团为左纵队、三军团为右纵队、军委纵队和五军团为中央纵队，三路大军向金沙江南岸疾进。

蒋介石迅速发现了红军意图。

红军到达昆明东北部时，龙云非常着急。昆明是龙云的老窝，他连续向蒋介石呼救、告急。蒋介石命令薛岳带领中央军迅速向昆明靠拢，以救龙云之急。在贵阳得知红军刚抵近昆明又转向西北，蒋介石就判定红军要北渡金沙江，即令薛岳率各纵队跟踪北追，又电刘文辉派兵扼守金沙江各渡口，将船只悉送北岸，同时命令空军派飞机在金沙江各渡口侦察，力图消灭红军于金沙江以南。

意图已经被蒋介石发现。若不能掌握渡口，则前无去路，后有追兵，又入险境。

金沙江成为中央红军北上的一大险关。

5月2日，中革军委主席朱德命令：左纵队第一军团从龙街渡方向渡江；右纵队第三军团从洪门渡方向渡江；中央纵队和第五军团从皎平渡方向渡江。

龙街渡、洪门渡、皎平渡，成为决定红军未来命运的三个关键的渡口。

大军奔驰，风驰电掣。各军团都在创造自己急行军的速度。

一军团完成佯攻昆明任务后调头北上，5月4日赶到龙街渡。

三军团以昼夜80公里的速度疾进，5月4日抵达洪门渡。

中央纵队由刘伯承率先遣队昼夜行军100公里，5月4日占领皎平渡。

虽然及时赶到，却先后受挫。一军团首先受挫，龙街渡的渡船已被敌人烧掉，直接架桥又没有器材。弄来一些门板，用绳拴住从上游一块挨一块往水里放，由于水流太急，架到江面的三分之一便无法进行。又用骡子拉着铁丝过河，也因江水急，骡子游到一半，转个圈又回来了。整整两天，毫无进展。

一军团最先向军委建议过江，结果自己却过不了江。林彪火急火燎打来电话。一师师长李聚奎开口刚想汇报，被他一下打断，说：“你不要讲情况了，干脆回答什么时候能过江？”

一师在渡口折腾了两天没有结果，李聚奎正着急，见上级根本不听他讲情况，顿时也火冒三丈，也不管什么军团长不军团长了，大声说：“要是干脆回答的话，那桥架不起来，什么时候也过不了江！”

师政委急得在旁边直拉李聚奎衣角也拉不住。

林彪大怒，在电话中妈的娘的骂起来。

林彪在长征中急过两次。一次是抢渡湘江，半夜向中革军委发出“须星夜兼程过河”的紧急电报；一次是抢渡金沙江，大骂一师师长李聚奎。

都知道彭德怀发起脾气来爱骂人。1959年庐山会议后，有人揭发说，三军团干部几乎都挨过彭德怀的骂。黄克诚、杨勇、张爱萍、彭少辉、李天佑……都不例外，很难找出没有挨过他骂的干部。战争年代军情如火，军令如山。胜败瞬间，性命关天。人们能够容忍指挥员发火骂人。

1971年九一三事件后，人们都在揭发林彪的阴谋诡计，但很少有人揭发林彪骂人。

遥远的记忆中，人们只记得林彪 1929 年骂过政工人员是"政治小鬼"。

金沙江骂李聚奎是第二次。

第三次是在东北骂李作鹏。1946 年四平大撤退时，指挥部撤到舒兰后电台未能首先架设起来，身材瘦弱的林彪竟一把掀翻了参谋处长李作鹏的酒饭桌。

骂爹骂娘，掀翻酒桌，都是大动作。强渡金沙江与四平大撤退，都是千钧一发的关键时刻。平日深藏不露的林彪，对其深藏不露的感情也失去了控制。

一个从不发火、非常内敛、性格静如止水的人，已经火冒三丈。可见当时的窘境。

一军团龙街渡受阻的时候，三军团在洪门渡刚渡过彭雪枫团，浮桥便被激流冲垮，也无法再渡。

中央红军三路大军，两路受阻，全军的眼光都转到中央纵队的皎平渡。

关键时刻，刘伯承立了大功。他带领先遣队化装成国民党军，在守敌毫无防备中占领渡口，控制了两只船。首批部队过江后又找到四只船。刘伯承喜出望外，一面在江边设置渡河司令部，制定《渡河守则》，一面向朱总司令发电：

> 皎平渡有船六只，每日夜能渡一万人。军委纵队五日可渡完。

中国工农红军的战史中，作战电文浩如烟海。有几封关键性电报，战史专家们会逐字逐句地背诵下来。例如彭德怀、杨尚昆 4 月 13 日建议入滇作战的电报；林彪、聂荣臻 4 月 25 日建议北渡金沙江入川与四方面军会合的电报。刘伯承这封看似平无波澜的电报，也是其中之一。

"每日夜能渡一万人。"对追兵逼近、主力于龙街渡、洪门渡连续受挫的红军部队来说，是天大的喜讯和天大的生路！

朱德立即下令全军都从皎平渡过江。三军团"必须六号拂晓前赶到河边开始渡河，限六号夜渡完"；"七、八两日为第一、第五军团赶来渡河时间"。

刘伯承没有想到全军都要从他这里过江。唯恐渡口有失，他立即命令宋任穷率干部团三营翻山 20 公里抢占通安镇，以保渡口安全。

三营连夜出发，在通安北面与增援之敌遭遇。来敌是刘文辉的胞侄、川康边防第一旅旅长刘元塘。闻江防有失，亲率两个营赶来增援。

干部团是红军精锐，第三营又是军、政皆强。宋任穷命令吹冲锋号，三营以锐不可当之势，一气将敌人冲垮。

几步之差。如果敌人先一步占领通安，居高临下压下来，红军将不知要多付出多少代价。胜败往往一瞬之间,兵机从来稍纵即逝。刘伯承连续抓住了兵机。

一支队伍的生命力不仅在于领导人英明的指示,也在于千千万万指战员积极、主动的行动。

一军团由往常的先锋变成了殿后。5月5日,朱德电令林、聂:"我一军团务必不顾疲劳,于七号兼程赶到皎平渡,八号黄昏前渡江完毕,否则有被隔断的危险。"

敌人已经围追上来。动作稍慢会被隔断。一军团立即放弃龙街渡,向皎平渡方向挺进。5日黄昏至6日清晨,一夜之间翻山越岭,48次越过急流,急行军120里,终于赶到皎平渡。

毛泽东、朱德、周恩来一直站在江北的崖洞里,等待有被隔断危险的一军团。

5月4日至9日,除三军团彭雪枫团从洪门渡、一军团的野战医院从鲁车渡江外,全军就靠刘伯承掌握的那六只小船,从皎平渡渡过金沙江。

李德也跟在这支惊险迭出的队伍里。突破乌江以来,刘伯承一系列令人惊叹的作战成效,使一贯目中无人的李德也佩服不已。他后来撰写的回忆录《中国纪事》中多处攻击中共领导人,说到这一段历史时也对刘伯承赞不绝口:"刘伯承是四川人,辛亥革命后在四川服役多年,对当地的情况十分了解";"刘伯承让先遣营的红军战士戴上蓝白两色国民党帽徽,他自己穿着一套国民党高级军官的军服";"刘乘船渡江,与敌军指挥官交涉,使敌人又派了几条船过来。这样骗过了对岸敌军,我军几乎一枪未放就解决战斗";"刘成功地从国民党的监狱中释放了几个彝族首领,在他们的帮助下双方签订了一项红军和平通过和购买粮食的协定"。

李德一遍遍夸赞刘伯承时,可能忘记了第五次反"围剿"时,他在红军总参谋部训斥刘伯承:"你还不如一个普通的参谋,白在苏联学习了几年!"忘记了一次去红军总参谋部,几个机要员在路边做饭挡住了他的路,他飞起一脚把饭锅踢翻。刘伯承与他大吵,指责他这是帝国主义行为,刘伯承因此被撤销了总参谋长的职务。

他跟随红军长征,亲眼目睹了他做指挥者时红军的失败和损失,与中国自己的领导者指挥时红军取得的胜利和进展。

走在刘伯承开辟的通路上,李德的感叹是由衷的。

苦了川军的刘文辉。他刚接到蒋介石要其派重兵扼守金沙江各渡口的急电，侄子刘元塘就丢失了渡口。溃兵满山遍野。刘元塘急得放声大哭。

中国台湾"国防部"编纂的战史这样写道：

> 共军人枪虽少，但行动极为灵活，一路向西窜进，国军既拦截不到，亦尾追不及，迄5月9日，于武定以北地区渡过金沙江，其先头部队已到达西康之会理，追剿军正分途向金沙江南岸推进。黔滇地区之追剿作战，于焉结束。

薛岳的"追剿"大军于5月16日才赶到金沙江边，"于焉结束"，望江兴叹。

红军摆脱了几十万敌军的围追堵截，赢得了战略转移中的主动权。

哀叹的更应该是蒋介石：工农红军为何每每绝处逢生？

朱德在延安

林彪在延安

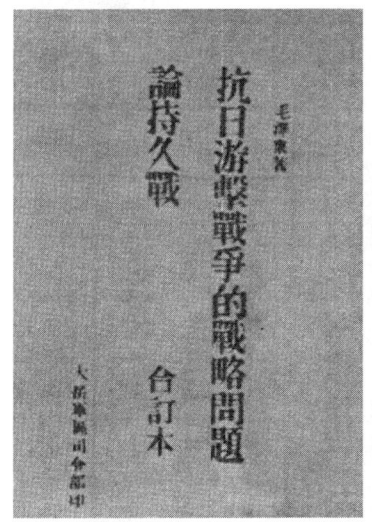

1938年在延安出版的《论持久战》

张国焘与毛泽东在延安的合影

西安事变前夕，张学良与蒋介石合影

抗日根据地内张贴的拥军宣传画

日军张贴的侵华海报

八路军缴获的日军枪械

第二十一讲　大渡桥横铁索寒

红军长征期间，蒋介石兴奋过三次。

第一次是红军突围西征，他腾出手来精心布置"湘江追堵"。当此战役最紧张时刻，蒋介石在南昌行营搓手摩拳，捏着一封封电报，对照钉在四壁的地图，核实各路大军到达位置，一分分削减红军实力。最后认为红军牺牲很大，但地方实力派追堵不完全尽力，意犹未尽。

蒋介石甚至发电报指责白崇禧说："中正之外，其谁信兄等与匪无私交耶？"除了我之外，谁相信你与共军没有联系呢？你这么放红军过去了，谁相信你？指责非常厉害。他认为各路军阀行动不力，把红军放跑了。湘江之战即由一扇堵上的门变成虚掩的门，最后成为打开的门。

第二次是在红军三渡赤水到四渡赤水之间，鲁班场战斗失利。他判断红军举棋不定是大政方针未定的表现，已无处立足。于是调集川、滇、黔、湘军及中央军，在川南黔北一带大修碉堡，以为用江西的老办法，就能在川黔边一举围歼红军。

第三次便是在红军抢渡金沙江、大渡河期间。

当时红一军团前锋直指昆明，而滇军主力全部调入川黔，昆明城只有一些团防及警卫部队，龙云十分恐慌。蒋介石通过空军侦察发现红军在昆明附近又调头北上，与幕僚研究后，判定红军是声东击西，真正企图是强渡金沙江，便令增援昆明的薛岳调头向北，在电令中有"同仇敌忾，灭此朝食"之语。

蒋介石令刘文辉把金沙江封锁住，但是刘文辉没有堵住，红军渡过了金沙江。不过，蒋介石认为没关系，前面还有大渡河。金沙江和大渡河之间，这是围堵红军最佳的时机。金沙江已出现失误，大渡河绝对不能再有闪失。

当时蒋介石飞到昆明，在五华山龙云安排的房子里一住20多天，布置大渡河会战。此时薛岳一部已渡过金沙江，蒋电令川军杨森部两个军火速进至大渡河北岸防堵，刘文辉部六个旅掩护薛岳部北进、一个军布防大渡河北岸严密封锁，并责令杨森、刘文辉靠前指挥。

蒋在电令中特别强调："大渡河乃太平天国石达开大军覆灭之地，今共军入此汉彝杂处、一线中通、江河阻隔、地形险峻、给养困难的绝地，必步石达开覆辙，希各军师鼓励所部建立殊勋。"

红军再一次陷入危险局面。

红军长征路上遇到江河即险情迭出。西南一带地形复杂，江河落差很大，水流湍急，渡过很困难。这给红军行动带来很大危险。

湘江之战，损失非常大；四渡赤水，在赤水河间"之"字形回还往复，虽然取得了胜利但损失也不小；接下来是乌江、金沙江，前者可以说是巧渡，后者则是抢渡。现在到了大渡河。

1935 年 3 月 31 日红军南渡乌江跳出敌人的包围圈，曾把蒋介石几十万追兵甩在身后。但在滇东，敌人又围了上来。

5 月 9 日红军过金沙江后曾将追敌甩掉一周之遥，但从 9 日到 14 日夜以整整 6 天时间强攻会理城，其间**会理会议**①也消耗了两三天，待 15 日决定放弃对会理的围攻挥师北进时，时间优势基本耗光。

军事上讲"兵贵神速"。就军事力量而言，兵力、火力是力量，机动力也是力量；人数多、火力强是力量，机动速度快也是力量。

速度包含着时间因素。战机稍纵即逝。

从来没有不包含时间因素的胜利。在时间的消耗中，胜利也会变为不利。眼前的现实是：再不抓紧时间抢渡大渡河，红军就真的要成为"石达开第二"了。

说不清是第几次，红军又陷入了危机。一次次脱离险区，又一次次面临险境。

大渡河是岷江的一大支流，河面宽 200 米，落差大，礁石林立，浪能溅起

---

① 1935 年 5 月 12 日，中央政治局在会理县城郊的铁厂村举行了扩大会议。毛泽东总结了红军四渡赤水、抢渡金沙江的胜利，阐明了运动战略的正确思想。对林彪所谓"走了弓背"的意见和他给中央三人小组要彭德怀任前敌指挥的信做了批评。针对当时部队的思想情绪，进一步阐明了党中央和中央军委机动作战才能摆脱敌人重兵包围的作战方针。会议决定立即北进，抢渡大渡河，向红四方面军靠拢。此次会议维护了党和红军的团结，巩固了毛泽东在党和红军中的领导地位。会后，中央红军组成以刘伯承为司令员、聂荣臻为政委的先遣队，为北上开路。

几丈高，河水沿着险要的石壁向下奔泻，数十里路也不易找到一个渡口，大部队通过极为困难。蒋介石就想凭借大渡河天险，布置重兵南攻北堵，一举消灭红军，让红军成为"石达开第二"。

太平天国有个"永安封王"。太平军到达永安，洪秀全分封了东西南北四个王，即东王杨秀清、西王萧朝贵、南王冯云山、北王韦昌辉，还有一个翼王，翼王就是石达开，并规定西王以下各王俱受东王节制。后来，杨秀清的权力达到非常高的地步，洪秀全对他起了疑心，于是让北王韦昌辉把杨秀清杀掉。韦昌辉的势力在天京坐大。洪秀全又调翼王石达开清除了韦昌辉。之后，洪秀全又猜忌石达开，最后迫使石达开出走。

这是太平天国历史上最为悲壮的一段。大好局面因为内部互相残杀，顿时逆转。

作为太平天国的翼王，石达开出走的时候带走了太平天国最为精锐的力量，也是曾国藩最为畏惧的力量。石达开率军往西走，到了大渡河之前，陷入绝境，最后全军覆没，石达开则被俘处死。

红军把希望放在了安顺场。先遣司令刘伯承率红一师再次走在最前面。

刘伯承在突破乌江、金沙江上有杰出贡献，都是首功。突破大渡河最主要的希望，就放到了刘伯承的身上。

在向安顺场进发的路上，刘伯承骑着马，喃喃自语了一路："有船我就有办法！有船我就有办法！"警卫员说夜里做梦他翻来覆去也是这句话。

刘伯承在川军中服役时间很长，在工农红军中服役时间也不短，而且在苏联学习过。这样一位久经沙场的将领，其心理负担竟如此之重——他知道全军的重担压在了他身上。

皎平渡给他留下的印象太深了。就是凭刘伯承手中掌握的六条船，中央红军化险为夷，全部渡过了金沙江。

安顺场有没有船？没有怎么办？不光刘伯承，很多人想都不敢想。

5月24日夜，红一师一团一营占领安顺场渡口。还好，搞到一条船。

根据渡金沙江的经验，刘伯承寄希望于对岸。

强渡开始了。以二连连长**熊尚林**①为首的十七勇士登船，在火力掩护下向对岸进发。军团政治部组织部长肖华亲自吹起冲锋号。刘伯承、聂荣臻都走出了工事，紧紧盯着那条维系千军万马命运的小船。

强渡成功，但对岸再没有发现船。

历史不能重复，成功不能重复。

渡金沙江总共搞到六条船，刘伯承可以向军委报告"每日夜能渡一万人"。大渡河却仅有一条船，最多坐 40 人。往返一次一个多小时，每日夜最多也只能渡过五六百人。这样计算，全军渡河要一个多月。

刘伯承精于计算，他在苏联军队中学过很多这方面的知识。苏军作战指挥计算能力非常强，每个正面火炮多少、近程火炮、远距离火炮射程多少，每分钟发射弹药量多少，都计算得很精确。

杨得志的红一团渡河完毕后，追敌中央军薛岳纵队和川军杨森第二十军离安顺场只有几天路程了。焦虑万分的刘伯承发出了两个"千方百计"命令：工兵连要千方百计地架桥；各部队要千方百计地找船。

工兵连用八根二号铁丝缉缆，系上三个竹排，放入水中即被激流冲断。同时沿河两岸搜寻，再也没有发现一条船。

桥没有架成，船也没有找着。两个"千方百计"一个也没有实现。

这非常像毛泽东在二渡赤水成功之后，准备在白腊坎合围周浑元军时的情形。当时，毛泽东给部队规定了三个信号：如果作战成功，大胜利烧三堆火；小胜利烧两堆火；如果打成胶着状态或失利，烧一堆火。结果，敌人根本就没有出来，计划全部落空，一堆火也没烧成。

消息报来，刘伯承说了一句"看来架桥不可能了……"，便再也无语。

这位首先突破乌江、首先突破金沙江的"军神"，在大渡河陷入困境。

夺取安顺场前，聂荣臻曾问主攻营营长："孙继先，你知道石达开吗？"

孙继先回答："管他十达开九达开，我们一定能过河！"

---

① 熊尚林（1913—1942），江西高安人。1930 年 7 月参加红军，历经五次反"围剿"战斗。长征时，任红一方面军一军团一师一团一营二连连长。1935 年 5 月 24 日红一团到达大渡河安顺场，按中央军委命令，强渡大渡河，挑选以熊尚林为首的 17 名勇士组成渡河奋勇队。25 日晨熊尚林先率 8 名勇士登船渡河。一上岸，勇士们的手榴弹在敌方阵地上猛烈开花。第二批勇士渡河上岸后，17 名勇士与敌军展开肉搏战，击溃敌人，占领渡口。

刘伯承接着说："我们会不会成为石达开，这就看你们的了。"

孙继先营以坚决的行动完成了任务。但成为石达开的可能性依然还在。

渡金沙江时，红军本是分三路过江。刘伯承在船到手之后，方知道全军都要集中到皎平渡过江。这回却大不一样。行动之初，全军就预定要从安顺场渡过。先遣司令刘伯承深知责任重大。渡河成败关系全军命运。红军会不会成为石达开第二，现在军委就盯着他刘伯承了。

军情十万火急。蒋军的飞机在空中撒传单：前有大渡河，后有金沙江，朱毛红军插翅难逃。

5月26日中午，毛泽东、朱德、周恩来到安顺场。刘伯承急着向军委领导汇报，毛泽东却一边喝着缴获的米酒，一边若无其事地谈笑风生。

他问刘伯承："诸葛亮七擒七纵才使孟获心服，你怎么一下子就说服了小叶丹呢？"小叶丹当时是彝族的首领。刘伯承为了迅速到达大渡河，要通过彝族地区，就和小叶丹结拜，成了兄弟。这是长征史上的一段佳话。刘伯承心里正为大渡河着急，回答说，主要是严格执行党的民族政策。

毛泽东又问："你跟小叶丹结拜真的跪在地上起誓吗？"刘伯承答，确是如此，彝人最重义气，看诚心诚意，才信任我们。

毛泽东不容刘伯承插进别的话，再问："那彝人下跪是先跪左腿呢，还是先跪右腿呢？"这下刘伯承被问住了。

越是危险境地越要扯轻松事，是毛泽东一贯的风格。

毛泽东不是不知道危险。越是危险的时候，越是旁若无人，谈笑风生，这就叫领袖气质。在关键之时，到艰险之处，真正的领袖指挥若定，胜似闲庭信步。

1929年4月，脱离井冈山的红四军在赣南立足未稳，前途未卜，毛泽东在河边突然问陈毅、谭震林、江华：鱼在水中睡不睡觉啊？一下把众人问住了。

解放战争在城南庄遭空袭，敌机都到头顶上了，江青钻了防空洞，其他领导同志也进去了。毛泽东正在屋里睡觉，警卫员把他从床上拉起来，他首先想到的不是进洞，是抽一支烟。

城南庄之事还有后话。

"文化大革命"中，陈伯达被关进秦城监狱。进监狱之前，陈伯达曾经说："我救过主席的命。"陈伯达所讲"救过主席的命"指的就是敌军空袭城南庄时，他跑过去在院子里大喊："主席赶紧走，危险来了。"

毛泽东就是毛泽东。即使面临生死存亡，也颇有一股拿得起、抛得开的气概，一股偏不信邪、偏不从命的气概。共产党人赞为领袖气概，国民党人骂为帝王气概。赞也好，骂也好，毛泽东就是如此。不如此，便也不是毛泽东了。

泰山崩于前而色不变，不是不知道泰山会崩于前。与刘伯承说笑归说笑，最坏的准备却在谈笑风生中做好了。

全军集中安顺场渡江已不可能，决定将一军团分为两半：一师和干部团在安顺场渡河，编为右纵队，由刘伯承、聂荣臻指挥，沿大渡河左岸前进；二师和五军团编为左纵队，由林彪指挥，循大渡河右岸前进；两路纵队沿大渡河夹岸突进，火速抢占泸定桥。大队红军随左纵队前进，从泸定桥过河。

谈话之间，红军的过河地点做出了迅速的改变。

若泸定桥也不能过河呢？毛泽东用并非轻松的口吻说道："假如两路不能会合，被分割了，刘、聂就率部队单独走，到四川去搞个局面。"

在此严峻时刻，众人皆无异议。

刘伯承、聂荣臻二人，正是遵义会议建议渡江入川、建立川西北根据地的人。当时三万红军想从川南渡江尚不可得，现在以红一师单独"到四川去搞个局面"，谈何容易！大家又都明白这是完全无法之时的办法！

毛泽东后来写道：大渡桥横铁索寒。5月底的铁索寒到什么程度？恐怕今日你到列入国家文物保护重点单位的泸定铁桥上去亲手摸一摸，也体会不出来。

这就是为什么我们后来那么多文学作品、美术作品、戏剧、舞蹈、诗歌，要不厌其烦地再现那13根冰凉铁索上发生的故事。为什么攀援那13根铁索前进的英勇战斗，成为波澜壮阔的中国革命史中最为惊心动魄的战斗。

13这个数字在西方，是个要回避的不吉利数字。中国工农红军却无从回避，只有迎头而上。13根铁索上，寄托着红军将士多少希望！

两岸行军，抢占泸定桥。一个"抢"字，抢在时间的前面，抢在敌人破坏泸定桥的前面。怎么抢？全靠时间。

刘伯承、聂荣臻率右纵队于5月27日出发，向320里外的泸定城疾进。连打带冲，一路摧枯拉朽，所向披靡。平均每天行军100余里，还要加上打掉了瓦坝驻防的刘文辉一个团，龙八布驻防的刘文辉的另一个团加旅部。这三天是怎么一路江风一路战火一路艰险一路曲折冲杀过来的，承受了多么巨大的精神压力与肉体消耗，刘伯承已经完全没有合适的语言表达了。

30 日凌晨两点，刘、聂的右纵队赶到泸定城。

林彪的左纵队已经在 9 个小时前夺占了泸定桥。

林彪速度更快。《星火燎原》用一句令人震惊的语言描述左纵队的行军速度：昼夜兼程二百四。

28 日清晨，一军团二师四团接到军团通讯员传送的命令：

王（开湘）、杨（成武）：

　　军委来电限左路军于明天夺取泸定桥。你们要用最高速度的行军力和坚决机动的手段，去完成这一光荣伟大的任务。你们要在此次战斗中突破过去夺取道州和五团夺鸭溪一天跑一百六十里的记录。你们是火线上的英雄，红军中的模范，相信你们一定能够完成此一任务的。我们准备祝贺你们的胜利！

林（彪）、聂（荣臻）

林彪率领的红一军团，向来以运动神速著名。但是在大渡河面前，以过去一天 160 里的速度已经不能完成任务了。现在需要昼夜兼程 240 里。而且赶到后要立即发起战斗，夺取天险泸定桥。

世间除了中国工农红军，谁人能靠两只脚板使这种不可能为可能？！

每每在关键时刻，军团的领导者不仅仅是作战指挥者，同时又是政治动员者。林彪、聂荣臻给王开湘、杨成武的电报就是非常好的战斗动员。林彪不但是一个像样的军事指挥员，也是一个像样的政治鼓动者。限期夺占泸定桥的电报，平型关战斗前连以上干部战斗动员大会上的演说，都是在交代艰巨任务的同时，给部队以坚强有力的鼓舞。

一军团二师四团，前身是北伐战争中的叶挺独立团，南昌暴动的二十五师七十三团，井冈山时期的红四军二十八团，是红军作战中的头等主力。林彪就在这个部队中成长起来的。他从北伐战争的排长、南昌起义的连长、井冈山时期的营长、团长，到纵队司令、军长、军团长，就是靠这支部队打出了威名。现任团长王开湘，更是红军中一员猛将。

强行军开始了。口号是："和红一团比赛，坚决拿下泸定桥！""红四团有光荣的战斗历史，坚决完成这一光荣任务，保持光荣传统！"

一个口号内三个"光荣"，胸中燃烧着怎样的激情。

团政委杨成武回忆：

在行军纵队中，忽然一簇人凑拢在一起。这群人刚散开，接着出现更多的人群，他们一面跑，一面在激动地说着什么。这是连队的党支部委员会和党小组在一边行军，一边开会啊！时间逼得我们不可能停下来开会，必须在急行军中来讨论怎样完成党的任务了。

……

天黑了，下起倾盆大雨，部队一天未吃饭，号召每人准备一个拐杖，拄拐杖，嚼生米，喝凉水前进。羊肠小道被雨水冲洗得像浇上一层油，三步一滑，五步一跌，队伍简直是在滚进。

5月29日清晨6时，红四团赶到泸定桥。

刚刚接近大渡河，轰轰隆隆的河水咆哮声便鼓荡人们的耳膜。到河边一看，红褐色的流水像瀑布一样从上游山峡间倾泻下来，冲击着河底参差耸立的恶石，溅起一丈多高的白色浪花。杨成武回忆说："泸定桥真是个险要所在。就连我们这些逢山开路、遇水搭桥、见关夺关的人，都不禁要倒吸一口凉气。"

王开湘向干部们交代任务，指定一营二连担任突击队。这个连队湘南起义时的连长是林彪。朱毛会师后的连长为龚楷。第三任连长是萧克。这是红军著名的英雄连队，主力中的主力，尖刀上的刀尖。连长廖大珠任突击队长。参加突击队的共有22名共产党员和积极分子。

英雄连队在泸定桥头更加英雄。下午4点总攻开始。在全团司号员集合吹响的冲锋号声中，廖大珠带领二十二勇士背挎马刀，腰缠手榴弹，攀桥栏、踏铁索向对岸冲去。历史在这里浓缩了，凝结了，令他们成为中国革命史中一尊尊永恒的青铜雕像。

一师一团出了安顺场十七勇士。

二师四团出了泸定桥二十二勇士。

他们之中绝大多数人没有活到胜利，更无一人成为党、国家和军队的领导人。

我们更应该世世代代记住他们，这些有名的和无名的中国革命的开路先锋和沙场英雄。

安顺场十七勇士是：红一军团一师一团一营二连连长熊尚林，二排长罗会明，三班长刘长发，副班长张表克，战士张桂成、肖汉尧、王华亮、廖洪山、赖秋发、曾先吉，四班长郭世苍，副班长张成球，战士肖桂兰、朱祥云、谢良明、丁流民、陈万清。

泸定桥二十二勇士只留下三人姓名：红一军团二师四团一营二连连长廖大珠，三连支部书记刘金山，红小鬼刘梓华。

"文化大革命"中流传过一则传说：毛泽东给十八勇士发了免死牌。不管今后犯多大错误，可免于一死。这十八勇士，指冲过泸定桥后活下来的那18个人。

这是一个美好的传说。运动太多了。前前后后被打倒的人太多了。善良的人们开始想象：大渡河十八勇士那样在关键时刻拼了死力的人，总该免死。

后来才明白，免死牌的说法既古老又久远。

对安顺场十七勇士的奖励，是《红星报》和《战士报》报道了他们的姓名。所以我们今天能够逐一记下这些名字。

对泸定桥幸存的十八勇士的奖励，是每人一套列宁装、一个笔记本、一支钢笔、一个搪瓷碗、一个搪瓷盘和一双筷子。

虽然没有免死牌，但也是红军战士能得到的最高奖赏。

今天我们回过头来看，给他们树立什么样的丰碑都不为过。

刘伯承率领的右纵队午夜赶到泸定桥。这场他未见的夺桥战斗令他激动万分，虽然已经凌晨两点，也不愿休息，非要去看桥。

二师四团政委杨成武提盏马灯，陪着刘伯承、聂荣臻踏上桥面。

刘伯承从桥东走到桥西，又从桥西折向桥东。自1912年进重庆将校学堂起，他从军已经23年。其间经无数胜败，见无数兴衰，从未有一回像大渡河这样令他感情澎湃。1916年参加护国军讨袁，丰都一战，他头部连中两弹。其中一弹从右太阳穴射入，透右眼穿出。德国医生实施手术，70余刀，3个多小时时间，他端坐不动，被医生叹为"军神"。右眼已经是假眼了，视力不好，他还是对泸定桥上每根铁索、每个铁环看了又看。泸定桥不能夺占，必然出现毛泽东说的那种局面："假如两路不能会合，被分割了，刘、聂就率部队单独走，到四川去搞个局面。"中国革命要徒增多少牺牲、多少艰难！

现在两路终于汇合了！

刘伯承最后在桥中央停下了脚步。他扶着冰凉的铁索护栏，看脚下奔腾汹涌的河水，使劲在桥板上跺了三脚，感慨万千地说："泸定桥！泸定桥！我们为你花了多少精力，费了多少心血！现在，我们胜利了！我们胜利了！"

此时此刻，"军神"的左眼一定渗出了泪水。

34 岁的王开湘，遵义会议前后接替耿飚为一军团二师四团团长，作风泼辣，行动快速，决心果断，指挥部队勇夺泸定桥、翻越夹金山、突破腊子口，一路先锋一路烈火，使红四团威上加威。

1935 年 9 月 17 日攻占天险腊子口，打开红军北上门户，是王开湘革命战争生涯的顶点。

腊子口是一个 30 多米宽的山口，两边是悬崖陡壁，周围则全是崇山峻岭，无路可通。山口下面的两座山峰之间为一段深不见底的急流，一座木桥将两座山峰连在一起。过腊子口必过此桥，再无别路。

如果红军打不下腊子口，北进的队伍只有回头。

红军没有回头。一军团主力二师王开湘的四团担任主攻。战斗最激烈时，林彪亲自到四团指挥，团长王开湘则亲自率两个连从腊子口右侧攀登悬崖陡壁，摸向敌后。黑夜中正面拼杀正酣，一颗白色信号弹腾空而起：王开湘迂回成功！三颗信号弹又腾空而起，林彪命令总攻！

冲锋号声、重机枪声、迫击炮声和呐喊声随着历史远去了，唯王开湘在拂晓晨曦中的呼唤像洪钟一样回响："同志们，天险腊子口被我们砸开了！"

彭德怀第二天经过时，连声感叹："不知昨天我第一军团这些英雄怎样爬上这些悬崖峭壁，投掷手榴弹的。"50 米一段的崖路上，手榴弹的弹片铺满一层，有的地方还厚厚地堆了起来。

能闯过这样天险的，怎能不是真老虎！

此时离王开湘告别这个世界只剩下两个月。

1935 年 10 月，中央红军长征到达吴起镇，他突患伤寒。11 月上旬在罗汉川红军医院，因不堪忍受病痛，这位长征先锋用手枪结束了自己的生命。

真正的英雄播种，但不参加收获。

王开湘就是这样的勇士。很多倒下来的先烈，他们没有赶上评功授奖，肩膀上没有佩戴军衔，胸前没有挂满勋章，他们在革命成功之前已经早早地牺牲了。但是，革命胜利的果实是他们播下来的种子。他们是真正的英雄，是真正的民族脊梁。

红军为什么没有成为石达开第二？

不需再讲述多么复杂高深的理论。

看看毛泽东、周恩来、朱德这样的领袖。

看看彭德怀、林彪、刘伯承这样的战将。

看看王开湘、熊尚林、廖大珠这样的猛士。

再看看安顺场十七勇士、泸定桥二十二勇士……

一场革命运动中，有这样一个领袖集团，有这样一个战将集团，有这样一个勇士集团，当这些力量结合在一起时，它就成为一支队伍真正的生命力，凤凰涅槃的生命力，任何力量也压不倒，无坚不摧、无往不胜！

毛泽东说："这个军队具有一往无前的精神，它要压倒一切敌人，而决不被敌人所屈服。不论在任何艰难困苦的场合，只要还有一个人，这个人就要继续战斗下去。"

随着时间推移，他们的名字逐渐被遗忘，他们披着硝烟创造的事业却长存。

第二十二讲　主力会师：张国焘是个实力派

1935 年 6 月 2 日，中革军委给夺占泸定桥勇士颁奖的同一天，张国焘、陈昌浩、徐向前来电：已派李先念率红四方面军一部进占懋功，与中央联系。

从江西苏区出发以来，中央红军八个月时间英勇奋战，先期望与二、六军团会合而不可得，遵义会议后将与四方面军会合作为战略目标，用了近五个月时间，终使这一目标得以实现。中央红军上上下下心情之振奋是可以想见的。

6 月 8 日，中革军委发出《关于一、四方面军会师以开展新局面的战略任务的指示》，提出今后的基本任务，是用一切努力，不顾一切困难，取得与四方面军的直接会合，开展新局面。

两个"一切"，迫切之情溢于言表。6 月 12 日，博古在《前进报》第一期发表《前进！与红四方面军会合去！》，连标题都能感觉到那颗兴奋搏动的心。

中央红军与红四方面军长期在各自根据地的战场作战，互相之间有电报联系，但主要指挥人员之间基本没有见过面。就是在四方面军干部战士中名字也如雷贯耳的朱德总司令，见过他的四方面军干部也不多。像中央红军干部团团长陈赓这样在红四方面军和中央红军中都任过高级职务的指挥员，实在是寥寥无几。

中国革命的特色是在边区发展苏区。长征以来，红一方面军脱离了中央苏区，红四方面军脱离了鄂豫皖苏区，都在寻找新的根据地和新的战略发展方向。这两支队伍的结合无疑会对红军产生相当大的鼓舞。

没见过面，不曾相识，并不妨碍红军阶级兄弟之间火热的感情。他们都用自己独特的方式，向来自远方的阶级兄弟表达他们千言万语的亲情。

两位开路先锋——中央红军一军团二师四团团长王开湘和红四方面军三十军八十八师师长熊厚发，用枪声和号声开始了他们的联络；两位总指挥——中央红军三军团总指挥彭德怀和四方面军总指挥徐向前，用石块和箩筐完成了他们的相识。

6月12日，中央红军先头部队一军团二师四团翻越夹金山。快下到山脚，突然响起枪声。团长王开湘从望远镜中发现前面村庄周围有部队。试着用号音联络，对方回答了，但仍然听不出敌我，王开湘命令部队以战斗姿态向前推进。

四团政委杨成武回忆当时情景说：

> 忽然，山风前来了一阵很微弱的呼声，我们屏息细听，还是听不清楚字句，于是我们加快速度前进。渐渐地，这声音越来越大了，仿佛听见是"我们是红军！"红军？真的是红军？我正在半信半疑，一个侦察员飞奔回来，他边跑边喊："是红四方面军的同志呀！""红四方面军的同志来了呀！"

八个月征战，万余里行程，中央红军前面不是险峻的高山大河，就是重重堵击的敌人。这回终于在前面出现了自己人！两支部队发出山谷共鸣的欢呼，加上这些钢铁汉子夺眶而出的热泪，其中所含意之切，情之深，非我们今天所能想象。

那位当年飞奔报信的侦察员早已不在了，发自肺腑的真诚呼喊却被岁月像年轮一样铭刻下来。当你翻到1961年版的《星火燎原》第三集第165页之时，那扑面而来的纵情欢呼声，仍是山谷间永不消逝的共鸣，一波一波在你心头震荡。

一军团是中央红军的主力部队，二师四团则是主力中的主力。三十军也是四方面军主力部队，八十八师也是主力中的主力。工农红军两支头等主力部队热情相聚，四团团长王开湘与八十八师师长熊厚发的手紧紧握在一起！

王开湘当年34岁，是中央红军中一员猛将。飞夺泸定桥、强攻腊子口，一路先锋一路烈火，使红四团威上加威。

熊厚发刚刚21岁，也是四方面军中的一员猛将。他17岁任营长，19岁当团长，20岁就是主力师的师长了。四方面军中的历次主要战斗无役不与，年纪轻轻就成为四方面军中的著名将领。

晚上会师部队联欢，篝火映红了天空。战士们互相拉着对方的手就不想松开，四川民歌与兴国山歌响在一起。大家一点隔阂也没有，完全觉得红军就是一家人。

这一夜环境的舒适对中央红军来说是长征以来未有过的。躺在四方面军战友准备的床铺上，王开湘失眠了。他与政委杨成武谈了一夜。谈走过来的千难万险，谈将来的美好远景……

王开湘没能看到将来。四个月后，1935年10月，中央红军长征到达吴起镇，他突患伤寒，高烧不退。当时没有特效药，发高烧很难受。11月上旬在罗汉川红军医院，因不堪忍受病痛，这位长征先锋在半昏迷的状况下用手枪结束了自己的生命。

熊厚发也没能看到。1937 年 3 月在西路军最后的战斗中，他负伤被俘，被马步芳用大炮轰死在青海西宁。

王开湘与熊厚发是两支红军部队的一线战将，彭德怀与徐向前则是这两支红军部队的主要指挥。

彭德怀很早就知道红四方面军的总指挥徐向前。徐向前是黄埔一期，名声很大。徐向前也早就知道彭德怀。当时称"朱毛红军"，朱、毛、彭、黄（公略）齐名。

7 月 6 日，徐向前率十余个团沿黑水河岸蜿蜒前进。途中接到彭德怀一份电报，说三军团已进抵黑水迎接四方面军。徐向前异常高兴，立即发报约彭德怀到维古河渡口会面。

维古河宽约二三十米，是岷江的支流之一，水深流急，水寒刺骨，虽七月也难以徒涉。平素人来人往，就靠铁索桥。

徐向前走到渡口才知道，铁索桥已被破坏，渡河已不可能。

这时河对岸出现了一支蜿蜒而来的小队伍。走在最前面的一个人体魄健壮，中等身材，穿一身灰布军装，戴一顶斗笠，走到岸边后直向徐向前等人挥手呼喊；徐向前也挥动八角帽答话，但因水声太大，谁也听不清对方说什么。谁也不敢断定对方就是自己要会见的人。

过了一会儿，徐向前见对岸戴斗笠的人朝他打了打手势，接着扔过一块小石头来。石头上用小绳拴着一张纸条，上面写着："我带三军团之一部，在此迎接你们！——彭德怀。"徐向前高兴极了，马上从记事本上撕下一页纸，工工整整写上："我是徐向前，很想见到您！"也拴在石头上甩过河去。彭德怀得知是徐向前在对岸，高兴地挥动大斗笠，向他亲切致意。

当天，通讯部队在河面拉起一条电话线，徐向前和彭德怀第一次通了话，互相问候，约定次日在维古河上游一个叫亦念的地点相见。次日，徐向前带人翻过两座大山，到达亦念，彭德怀也同时到达。但这里的铁索桥也遭破坏，双方仍然是隔河相望。随从人员找到另一种渡河工具——溜索。一条绳索横贯河岸，上面悬着个用竹条编的筐子，里面坐着一个老乡，正向对岸滑来。徐向前因急于同彭德怀会面，等那老乡过河来，自己也像老乡那样坐进筐子，用脚向岩石上猛力一蹬，借劲向对岸滑去。等他到达终点跳出筐子，彭德怀快步迎上，两双手紧握在一起。彭德怀风趣地说："徐总指挥，还不知道你有这种本领呢！"徐向前说："我这是大姑娘上轿头一回呀！"逗得周围的人哈哈大笑。

这两位威震敌胆的红军将领，用石块和箩筐完成了情真意切的首次会见。

除了王开湘与熊厚发的热情拥抱、彭德怀与徐向前的紧紧握手，中央红军与红四方面军这两支主力红军的会师，最主要也是最重要的，还是毛泽东与张国焘的会见。

为两军汇合，毛泽东亲自拟定了三条标语：

一、四方面军是一家人！

会师的胜利证明我们的红军是不可战胜的！

欢迎张主席！

张国焘是鄂豫皖苏区的主席，其权威也相当高。

毛主席欢迎张主席，张主席也给毛主席发来热情洋溢的电报："懋功会合的捷电传来，全军欢跃。你们胜利的转战千余里，横扫西南，为反帝的苏维埃运动与神圣的民族革命战争历尽艰苦卓绝的长期奋斗，造成了今日主力红军的会合，定下了赤化西北的最有利的基础的条件。我们与你们今后在中国共产党统一指挥下，共同去争取西北革命的胜利，直到苏维埃新中国胜利。"

红一、四方面军原来均有自己发展的战略方向，一旦会合，完全被隔绝的两股力量合在一起，往哪个战略方向发展就成为讨论的重点，双方在这一点上最后产生很大分歧。"赤化西北"、"争取西北革命的胜利"，张国焘头脑中红军未来的发展方向，与后来的实际走向基本一致，却与他自己后来确定的方向截然相反。

毛泽东、张国焘，都是著名红军领导人，都在蒋介石通缉的共产党要人名单中名列前茅。毛泽东在红一方面军中享有无可置疑的权威。张国焘在红四方面军中也享有无可置疑的权威。对来自共产国际的指示，两人都敢于表现出自己的独立性，都是具有领袖才能的人物。

张国焘虽犯有肃反扩大化的错误，但总体来说，他对红四方面军的贡献不小，鄂豫皖苏区发展迅猛。张国焘在红四方面军有一整套领导方法。1931年，他到红四方面军，不长时间便迅速取得了领导权威。在第四次反"围剿"中，红四方面军坚持不下去，就在中央红军长征之前脱离鄂豫皖苏区，转移到川北、川东北、川西，张国焘又搞了个通南巴（即通江、南江、巴中地区）根据地，获得很大的发展，红四方面军达到 8 万人。

1935 年 6 月 25 日，张国焘从茂县经汶川、理县，到达两河口。毛泽东、张闻天、周恩来、朱德等几十人赶到三里路外的欢迎会场远迎。张国焘回忆说："在离抚边约三里路的地方，毛泽东率领着中共中央政治局委员们和一些高级军政干部四五十人，立在路旁迎接我们。"

有回忆说那天还下着雨。那么，毛泽东和政治局诸委员就都是立在雨中，迎候在四方面军中享有最高权威的张主席了。这是毛泽东成为中国共产党的实际领袖后，第一次也是最后一次走出如此之远，去欢迎党内另一位领导人物。

1948 年，解放战争处于关键时刻。毛泽东设想让粟裕带领一个兵团把敌人主力引到长江以南，但是粟裕不同意这个作战方略，认为应该集中主力于长江以北，最后毛泽东接受了粟裕的意见，歼敌主力于长江以北，完成了解放战争中规模最大的战役——淮海战役。据有关同志回忆，在城南庄迎接粟裕的时候，毛泽东走出门口，下台阶抢出几步与粟裕握手。此后，毛泽东欢迎党内同志从来没有出过门。

张国焘好不风光。与中央红军领导人坐担架的习惯不同，他骑着一匹白色高头大马，在十余名骑兵卫士簇拥下，由远而近疾驰而来。

见政治局全体站在路边肃立迎候，他立即下马，跑上前去拥抱握手。几十年后，张国焘还清晰记得那一幕。他回忆说："久经患难，至此重逢，情绪之欢欣是难以形容的。毛泽东站到预先布置好的一张桌子上，向我致欢迎词，接着我致答词，向中央致敬，并对一方面军的艰苦奋斗，表示深切的慰问。"

我们能想象出当时红一、四方面军相会时融洽的场面。两支力量交汇在一起，艰苦奋战，寻找发展方向。所谓 1+1 大于 2，团结就是力量。

张国焘与毛泽东早就相识。他说："我以兴奋的心情由茂县赶往懋功，与久别的毛泽东等同志会晤。"

1918 年 8 月，毛泽东首次到北京。经杨昌济介绍给李大钊，被安排在北大图书馆当助理员，基本是个临时工的角色。1936 年毛泽东对斯诺说："我在北大图书馆工作时，还遇见了现任苏维埃副主席的张国焘。"

毛泽东与张国焘的北大相遇并不是平等的。毛泽东当时正在争取旁听生的地位，张国焘不但是北大理工预科三年级学生，而且是学生中的风云人物，后来还成为北大学生会主席，正在发起组织"国民杂志社"①。每天晚上，他的房间都是左翼同学的聚集中心。

这时候，毛泽东只能在众人下班后的图书馆内打扫房间、整理书架，归拢报纸期刊。

毛泽东对每一位在登记本上签名的读者都仔细辨认过。那些来去匆匆的读者，却几乎无一人在脑海中留下这个管期刊的临时工的姓名和面容。

他后来对斯诺说："由于我的职位低下，人们都不愿同我来往。我的职责中有一项是登记来图书馆的读报的人的姓名，可是他们大多数都不把我当人看待。在那些来看报的人当中，我认出了一些新文化运动的著名领导者的名字，如傅斯年、罗家伦等等，我对他们抱有强烈的兴趣。我曾经试图同他们交谈政治和文化问题，可是他们都是些大忙人，没有时间听一个图书馆助理员讲南方土话。"

张国焘也是无时间与这个期刊管理员交谈的人之一。他对毛泽东的最早记忆不是来自北大图书馆，而是来自毛泽东从北大返回长沙后创办的《湘江评论》②。

当时这份刊物在南方影响很大。政治上极其敏锐的张国焘虽然感觉到了几千里之外一个叫毛泽东的人所显示的思想能量，却错过了在安静的北大图书馆与毛泽东会面与交谈。

毛泽东与张国焘的第二次相遇是 1921 年 7 月在上海召开的中共"一大"。

这一次张国焘同样优势很大。"南陈北李"都没有来，张国焘成了中国共产党第一次代表大会的实际主持人——大会执行主席。他回忆："我被推为会议主席，首先宣布中国共产党的正式成立"；"我向大会说明关于草拟党纲政纲草案的经过情形"；"我建议大会，由各代表先行报告各地区工作状况"；"经过几天的讨论，

---

① 五四时期的社团之一。1918 年 10 月 20 日，由当时的全国学生团体学生救国会创建于北京大学。其宗旨是："增进国民人格，灌输国民常识，研究学术，提倡国货。"1919 年 1 月，该社组织出版《国民》杂志，进行反帝爱国宣传。张国焘是杂志社的活跃分子，担任首届总务股干事，负责募集经费、编辑出版、组织发行等事务。

② 五四时期著名的刊物。1919 年 7 月 14 日，在长沙创刊，周刊，毛泽东任主编，"以宣传最新思潮为主旨"。创刊号刊登了毛泽东的《创刊宣言》。在宣言中，毛泽东指出："世界什么问题最大？吃饭问题最大。什么力量最强？民众联合的力量最强。"创刊号寄到北京后，李大钊认为这是全国最有分量、见解最深的刊物。共出版 5 期。1919 年 8 月被军阀张敬尧查封。

后来由我归纳到会者的意见，提出几点结论"等等。四个"我"字，把他在中共"一大"上的风头表露无遗。

毛泽东在中共"一大"上担任会议记录。他原来就在北大图书馆一个一个记下读者姓名，现在又一个一个记下每人的发言。

张国焘在那里指手画脚。

后来成立中国劳动组合书记部，主任张国焘。下设北方、湖南、武汉、广东、山东共五个分部。毛泽东在湖南分部当主任。

从中国共产党成立之日起，张国焘长期居于中共中央的核心领导地位。

1921年7月中共"一大"，他是中共中央局三成员之一。

1922年7月中共"二大"，他是中央执行委员会五名委员之一。

1923年6月中共"三大"，他因为反对共产党人加入国民党，失去中执委资格。

1925年1月中共"四大"，又再当选为中执委，并成为中央局五人成员之一。

1927年5月中共"五大"，当选为政治局七委员、政治局常委三委员之一。

1928年7月中共"六大"，当选政治局七委员之一。

1931年1月六届四中全会后，是政治局三位常委之一。

1934年1月六届五中全会，是政治局十二位委员之一。

如此比较，毛泽东与他的差距是明显的。仅仅在张国焘失去中执委资格的中共"三大"上，毛泽东当选为中执委。时间也很短。一年半以后召开中共"四大"，张国焘复又当选中央执行委员。毛泽东则落选，失去中执委资格。

1927年5月中共"五大"后，张国焘与陈独秀、蔡和森成为政治局三名常委，毛泽东仅被选为候补中央委员。

毛泽东1956年9月10日在八大预备会议第二次全体会议上回顾说：

> 我在第五次代表大会上只有发言权，没有选举权。我这个人也是犯错误不少，但是当时他们又不讲我的错误在哪个地方，只让当个候补代表。第一次代表大会我到了。第二次代表大会没有到。第三次代表大会（是在广州开的）又到了，被选为中央委员。第四次代表大会又没有到，丢了中央委员。大概我这个人逢双不吉利。第五次代表大会到了，当候补代表，也很好，被选为候补中央委员。

只有在1927年8月"八七"紧急会议上，毛泽东与张国焘的地位才算拉平了一些。张国焘因八一南昌起义牵连，被降为政治局候补委员；毛泽东则因筹划秋收起义，被升为政治局候补委员。

平衡维持的时间极短。秋收起义队伍没有攻打长沙而上了井冈山，共产国际驻中国代表罗明那兹提议：开除犯有"逃跑主义"错误的毛泽东的政治局候补委员资格。中共中央实际负责人、毛泽东的好友和支持者瞿秋白只有同意。消息传到井冈山，成了毛泽东被开除了党籍。

毛泽东后来说：

> 井冈山时期一个误传消息来了，说中央开除了我的党籍，这就不能过党的生活了，只能当师长，开支部会我也不能去。后头又说这是谣传，是开除出政治局，不是开除党籍。啊呀，我这才松了一口气！

短暂的平衡又迅速失去了。毛泽东被开除了政治局候补委员，张国焘则在中共"六大"上，又当选为政治局七委员之一。

这是一个在中共党内资格极老的人物。项英因斯大林赠送一支小手枪自豪不已，把手枪别在腰上随身不离；张国焘则面对面与列宁谈过话，当面聆听过列宁教诲。其资格1927年以前只有陈独秀能与之相比；1927年以后则只有周恩来能与之相比。

资格如此之老，却又比毛泽东年轻四岁，内心的优越感即使不说出来，也是巨大的。

其实在两河口握手拥抱以前，张国焘与毛泽东等人的分歧已经出现。

6月16日毛泽东致电张国焘，提出会合后的战略方针：占领川、陕、甘三省，建立三省苏维埃政权，并于适当时期以一部组织远征军占领新疆。目前则在岷江以东，向着岷、嘉两江之间发展。

第二天张国焘回电，同意向川陕甘发展，但不同意"目前计划"。他认为中央来电提的岷、嘉两江之间地形、给养均不利大部队行动，眼前暂时利于向南进攻。

毛泽东要向北，张国焘要向南。还未会面，分歧就显露出来了。

有分歧是正常的。一方长途跋涉，一方长期据守，各自对形势的判断、对本身的估量都不一样，出现分歧可以理解。通过进一步讨论和反复比较也不难解决分歧。问题是不能加入其他因素。后来有人说张国焘不愿北上，提出组织远征军占领青海、新疆，并不合事实。首先提出远征新疆的不是张国焘，而是毛泽东。但张国焘第一个把实力因素加入到争论中来，使原本单纯的问题被大大复杂化、严重化和激烈化了。

最初大家面对争论，还是按照党内通常的方法去寻求解决。

张国焘与毛泽东等人会面第二天，政治局在两河口一个喇嘛庙里召开扩大会议。以三天时间，专门讨论两军会合后的战略方针。

周恩来作目前战略方针的报告。

选择周恩来代表中共中央作报告，此时最合适不过。1927 年 7 月 12 日陈独秀下台后，周恩来进入中共中央核心。1928 年"六大"以后相当一段时间内，周恩来实际是中共中央主要领导人。除他外，没有任何人的资格能够压住张国焘。

周恩来抓住了一个很好的楔入点。中央红军与四方面军都脱离了原有根据地。在这种情况下，方向问题，便成为在什么地方创造新苏区的问题。

他提出未来苏区应具备的三个条件：一、地域宽大，便于机动；二、人口较多，便于扩红；三、经济条件。周恩来的结论是，四方面军控制的懋、松、理地区地域虽大，却没有后两个条件；陷于此地区就没有前途。回头向南更不可能。东过岷江，敌人在东岸有 130 个团。向西北，是一片广漠的草原。可走的路只有一条，就是北向甘肃，去川陕甘。那里道路多，人口多，山少。必定会遇到敌人，但可用运动战消灭敌人。

周恩来报告后，毛泽东、张国焘、朱德、博古、张闻天等 13 人相继发言。

张国焘在会议上也同意了周恩来的意见。

周恩来作结论。提出口号：赤化川甘陕。

会计记录在最后写道："全体通过恩来的战略方针。"

会后，周恩来根据两河口会议决定，立即制定《松潘战役计划》，准备一举击败胡宗南，控制松潘地区作为北上通道。

同意北进的张国焘却很快改变了观点。

两军会合前互相隔离，张国焘并不了解一方面军的人数。当时，四方面军有 8 万人。据他了解，一方面军长征时有 10 万人，途中损失较大，但不清楚具体到什么程度，一方面军也没有向他通报。6 月 25 日会师大会后，张国焘似乎并不特别经意地问周恩来，一方面军有多少人。周恩来坦率地告诉他，遵义会议时有 3 万多人，现在可能不到了。实际上，当时一方面军只剩下 1 万多人。周恩来说得很委婉，没有告诉张国焘真实的数字。

1972 年 6 月周恩来回忆这一幕时，依然印象深刻。他说，张国焘一听，脸色就变了。张国焘太懂得数字里面的含义了。这就意味着两个方面军会合后总兵力 10 万人内，百分之八十以上都是四方面军的人。

旧中国的军阀，谁人多枪多，他的势力就大。但是，红军不应该把实力带进争论中，不管是军事上的、还是政治上的争论。

红一方面军行走一万多公里，四渡赤水，强渡乌江、大渡河，翻越夹金山，连续征战，重装备全部扔光，最大的火力是迫击炮。而红四方面军以逸待劳。对于一方面军的到来，四方面军组织了盛大的欢迎仪式，队伍站在两边，轻重机枪一式排开，一方面军从中间经过。一方面军的队伍衣衫褴褛，装备也差，人数也不多。四方面军感到很吃惊：一方面军怎么搞成了这个样子。

那一刻，张国焘开始了自己的打算。

张国焘开始思考如何把这个比例带进中革军委，然后再带入政治局。其个人野心就这样膨胀了起来。

实力开始潜移默化地进入刚刚开始的关于前进方向的争论。

中央红军的实力在一、三军团。林彪、彭德怀成了张国焘工作的重点对象。

他派秘书黄超看望彭德怀，送去几斤牛肉和几升大米，还有二三百块银洋。黄超坐下就问会理会议情况。因为彭德怀在会理会议上受到了批评，这种询问实际上是一种挑拨离间。黄超还对彭德怀说：张主席很知道你。

对林彪，估计也送去了同样的东西，说了同样的话。聂荣臻回忆，一次在右路军总指挥部吃完饭，四方面军政委陈昌浩说林彪同志可以先走，聂荣臻留下来谈一谈。一谈就是对遵义会议的态度，对会理会议的态度。

毛泽东在遵义会议上增选为政治局常委。张国焘不同意这个会议，实质是不承认毛泽东有比他高的党内地位。

会理会议批评了林彪和彭德怀。张国焘不同意这个会议，实质是拉拢林、彭，对毛泽东釜底抽薪。

表面一致下，张国焘的工作暗中开始了。

这些情况，毛泽东是知晓的。毛泽东照顾到了会合后四方面军的强大实力。6 月 29 日，政治局召开常委会议，决定让张国焘做中革军委副主席，徐向前、陈昌浩为中革军委委员。同日，根据两河口会议决定，中革军委下达北进的《松潘战役计划》。

对于这种调整，张国焘不满意，他认为调整得太少。

6月30日，中共中央派李富春、刘伯承、林伯渠、李维汉等组成中央慰问团，到红四方面军驻地杂谷脑慰问。慰问团7月3日到达杂谷脑。

张国焘在杂谷脑向李富春表示对中央的不满，四方面军的实力没有在中央领导层中反映出来，中央委员包括红军指挥机构中四方面军人数太少，要求"充实红军总司令部"。李富春鉴于事情重大，于7月6日致电中央报告张国焘的要求，请中央考虑。

当时毛泽东也同意考虑张国焘的要求，因为其要求反映了事实的一个方面。恰恰此时出了一个问题，这为张国焘提供了一个由头。

7月8日，张国焘在杂谷脑召开红四方面军高级干部会议，抓住《前进报》批评"西北联邦政府"这件事，攻击中共中央。

此前的5月30日两军会合之前，张国焘在茂县宣布成立"西北联邦政府"，认为从此"树立了西北革命的中心，统一了西北各民族解放斗争的领导，从此南取成都、重庆，北定陕、甘，西通青、新，进一步与中央红军西征大军打成一片"。

张闻天、博古、凯丰等留俄的这批中央领导人，对西北联邦政府颇以为然。两军会合后，凯丰在《前进报》上发表《列宁论联邦》，批评张国焘成立"西北联邦政府"。凯丰与张国焘同是江西萍乡同乡，不同的是他资格甚浅。大革命失败后去莫斯科中山大学学习，1930年底回国才转为中共党员。这是一个脾气性格都很冲的人。遵义会议上坚决不承认错误，遵义会议后鼓动博古不要交权。但又很年轻，当时刚刚29岁，斗争起来热情极高，缺乏策略。《前进报》上发表的那篇文章，从时机看不好，从效果看更不好。张国焘以此为口实，一下子就挑起了四方面军干部与中央的对立情绪。

张国焘讲话很注意时机，很注意效果，很注意他的听众。在这方面他有基础，更有经验。

他在北大上学时就担任讲演部部长。五四运动中一次街头演讲，听众一百多人，张国焘和同学喊得声嘶力竭、满头大汗。有位老牧师站在一旁一直耐心听到最后，约他们去其住处传授演讲技术。他单刀直入地告诉这些疲惫不堪的学生，他们的讲词不够通俗，没有从大众的切身问题说起，也没有将人民受痛苦的根源和爱国运动联在一起；因此卖力不小，听众却不一定完全领悟。

老牧师的话不顺耳，却耐听，令人长久回想。此前张国焘耳边一直是鼓掌声和欢呼声。就是这位老牧师使张国焘第一次明白，演讲不仅要靠激情，还要靠技巧。他深深记住了老牧师讲过的话，受益匪浅。

他就是用这种方法来对付所谓的"留苏帮"。

凯丰以《列宁论联邦》来反驳张国焘，大段引用革命导师冗长难懂的话语。张国焘一句"他们是洋鬼子，修洋头，穿西装，戴眼镜，提着菜盒子，看不起我们四方面军这些'老土'，不想要我们"，就在土生土长的四方面军中把他们孤立了。一、四方面军之间正常的争论成了土与洋之间的争论，即留俄派与根据地派间的争论。张国焘不提政治口号、政治宣言，但是一下子就把四方面军很多文化程度不高的基层干部、战士的情绪挑唆了起来。这方面，张国焘确实是老手。用莫斯科学到的理论与张国焘斗争，从张闻天、博古到凯丰，便都显得太幼嫩。张国焘的这种煽动性、语言动员能力，不是张闻天、博古、凯丰这些留俄的人发表几篇社论所能达到的。

敢于把自己归于"老土"一类，张国焘是颇有几分手腕与自信的。他讲这些话的时候，眼前是否晃动过那个老牧师的身影？

能压住他这一套的，只有毛泽东。

在党内任职资格方面无法与张国焘相比的毛泽东，在工农武装割据、开辟红色根据地方面，却是党内无可匹敌。张国焘1931年进入鄂豫皖苏区的时候，毛泽东军事思想已经在中央苏区四年多的严酷斗争中逐渐成熟了。对此，张国焘也服气。

但张国焘的势头很猛，毛泽东此时正在后退。

自7月6日李富春转报张国焘"充实红军总司令部"的要求后，7月9日，张国焘控制的川陕省委又向中央提出改组中革军委和红军总司令部的人员名单，要陈昌浩出任总政委，敦促政治局"速决速行"。

7月10日，毛、周、朱致电张国焘，切盼红四方面军各部速调速进，分路迅速北上，"勿再延迟，坐令敌占先机"，并望他速到芦花集中指挥。同日张国焘电中共中央，亲自提出"宜速决统一指挥的组织问题"。

这实际上就是一种半摊牌的表示，不解决组织问题，一、四方面军便很难联合行动。张国焘利用其在四方面军中举足轻重的权威，要求进行组织调整，要求在领导集体中处于主导地位。

一方急着北进，一方毫不着急，"王顾左右而言他"。

情况越来越紧急。

7月16日，中央红军攻下毛儿盖。张国焘不仅不执行计划，按兵不动，并再次提议四方面军政委陈昌浩担任红军总政委。

陈昌浩是留苏的"二十八个布尔什维克"之一，回国后为鄂豫皖根据地的建设也做出了很大贡献。

7月18日，陈昌浩致电中共中央，提出由张国焘任中革军委主席，朱德任前敌总指挥，周恩来兼参谋长，"中政局决大方针后，给军委独断专行"；不这样"集中军事领导"，便"无法顺利灭敌"。

在这种情况下，毛泽东也准备做些组织调整。

这段时间毛泽东很少说话，很少表态，分外谨慎。他面对的不是红军长征前博古、李德这样对中国革命规律毫不知晓、对中国社会基本不太了解的人物。毛泽东与他们斗争，游刃有余。张国焘通晓中国社会的情况，而且对根据地建设做出很大贡献，还领导一支强大的武装力量。这种情况与毛泽东当时在担架上与王稼祥、张闻天商量怎么开一个会议，改变博古和李德的错误领导而积极进行活动的形势完全相反。

张闻天的夫人刘英1986年回忆说：

> 毛主席说："张国焘是个实力派，他有野心，我看不给他一个相当的职位，一、四方面军很难合成一股绳。"毛主席分析，张国焘想当军委主席，这个职务现在由朱总司令担任，他没法取代。但只当副主席，同恩来、稼祥平起平坐，他不甘心。闻天跟毛主席说："我这个总书记的位子让给他好了。"毛主席说："不行。他要抓军权，你给他做总书记，他说不定还不满意，但真让他坐上这个宝座，可又麻烦了。"考虑来考虑去，毛主席说："让他当总政委吧。"毛主席的意思是尽量考虑他的要求，但军权又不能让他全抓去。同担任总政委的恩来商量，恩来一点也不计较个人地位，觉得这么安排好，表示赞同。

总政委是一个非常关键的位置，权力很大。在红军领导体制中，总政委具有最后决定权。方面军的总指挥拟订了作战方案，总政委最后予以核准，也可以推翻，重新制订方案。毛泽东曾长期担任红一方面军的总政委，其权威非常大。

周恩来再一次为大局负重。既然四方面军人多枪多，既然张国焘认为不做人事调整无法顺利灭敌，无法北进，为顾全大局，周恩来让出了红军总政委一职。

7月18日，中共中央在芦花召开政治局常委会议，解决组织问题。张闻天主持会议，代表中央提出人事安排意见：

> 军委设总司令，国焘同志担任总政治委员，军委的总负责者。军委下设小军委（军委常委），过去是四人，现增为五人，陈昌浩同志参加进来，主要负责还是国焘同志。恩来同志调到中央常委工作，但国焘同志尚未熟悉前，恩来暂帮助之。这是军委的分工。

让步是很大的。遵义会议后、鲁班场战斗前成立的"三人军事领导小组"即毛、周、王三人团至此终结。

芦花会议是一个新的分歧点。

张国焘在会上表情严肃。"国焘同志担任总政治委员，军委的总负责者"；他清清楚楚地知道：实力正在发挥作用。张国焘在会上提出要提拔新干部，中央委员会还要增加新人；毛泽东说提拔干部是需要的，但不需要这么多人集中在中央，下面也需要人；张国焘便不再坚持自己的要求。

张国焘不用坚持。他相信实力继续会发生作用。

对实力的依赖，会把他带向哪里呢？

第二十三讲　毛泽东的三个九月九

两大主力红军刚刚会师的时候，红军总兵力达十余万，士气高昂。《红星报》以《伟大的会合》发表社论，称两军会师"是历史上空前伟大的事件，是决定中国苏维埃运动今后发展的事件"，"是五次战役以来最大的胜利"，"是中国苏维埃运动新的大开展的基点"。

谁能想到前面等待的，竟然是一个前所未有的分裂局面？

暴风雨到来之前是平静的。然而暗流已经开始涌动。1935 年 7 月 21 日至 22 日，中央政治局在芦花开会，讨论对红四方面军放弃鄂豫皖、通南巴根据地问题的看法。

毛泽东认为，退出鄂豫皖苏区是正确的，但退出通南巴则是不对的。

周恩来则认为撤出鄂豫皖不对；撤出通南巴是为了迎接中央红军，是正确的。

张闻天则认为两次退出都有问题：退出鄂豫皖开始是"左"，后来是右；退出通南巴则缺乏明确的战略方针；建立西北联邦政府也未弄清怎样才算"联邦"。

从会议记录中可以看出，当时党内民主讨论的气氛是浓的，不同意见在会议上可自由发表，完全不存在张国焘后来所说芦花会议就是为了处理四方面军的趋向的问题。会议总目的是团结张国焘。毛泽东说：从鄂豫皖到现在，国焘领导是没有问题的，路线是正确的，其他个别问题不正确。这充分肯定了张国焘和红四方面军的功绩。

但会议的视野过于偏向了过去，说中央红军放弃中央苏区正确、四方面军放弃鄂豫皖苏区或放弃通南巴就不正确。其实，澄清这些复杂的问题还需要时日。从今天看来，当时中共中央很多领导人对这些问题的认识并非很清楚。毛泽东在遵义会议的成功之处，就在于先解决燃眉之急的军事问题，不急于对历史作总的清算。芦花政治局会议过于拘泥于这些问题，过于单方面以理论和原则去观照对方，容易伤害四方面军同志的感情。

两支主力红军都失去了自己原来的根据地，被蒋介石压向川西北一隅，也都失去了与外界的联系。当大家都不知晓外界变化、集中于评判过去谁是谁非的时候，某些原本不必要的纷争就变得非常必要起来。

后来张国焘就是钻了这个空子，芦花会议上的争论对他在四方面军普通干部中进行挑拨起了很大的作用。否则仅仅一个张国焘，纵有再大野心而无人响应，能给中共中央造成后来那样大的危机么？

表面看起来，北上的问题好像解决了。

7月21日，中革军委决定以四方面军总指挥部兼红军前敌总指挥部，徐向前兼任总指挥，陈昌浩兼任政治委员，叶剑英任参谋长；中央红军第一、三、五、九军团番号依次改为第一、第三、第五、第三十二军。四方面军番号不变，仍是第四、第九、第三十、第三十一、第三十三军。

同日，中革军委下达《松潘战役第二步计划》，将红军混编为五个纵队北上。

第一纵队司令员林彪，政委聂荣臻，率第一军两个师及第三十军两个师共12个团；

第二纵队司令员兼政委王树声，率第三十一军一部、第四军一部、第九军一部共8个团；

第三纵队司令员彭德怀，政委杨尚昆，率第三军和第三十军一部、第四军一部共9个团；

第四纵队司令员倪志亮，政委周纯全，率第五军、第三十二军、第九军一部共9个团；

第五纵队司令员兼政委詹才芳，率第三十三军及第三十一军一部，共6个团。

另以第四军4个团编为右支队，许世友为司令员，王建安为政委。

这样混合编组，是为了尽量弥合一、四方面军之间的分歧，以利于共同执行作战行动。

大军刚到毛儿盖，张国焘就拿出了他对政治局芦花会议的不满。

他召集紧急干部会议，宣布中央执行的是机会主义路线，要求将四方面军的十几个干部分别批准为中央委员、政治局委员及书记处书记；同时指责遵义会议是调和主义，要求博古退出书记处与政治局，周恩来退出军委，不达目的不进兵。

矛盾空前尖锐化，张国焘想摊牌了。

为应付这一局面，8月4日至6日，中央政治局在毛儿盖以南四十里的沙窝召开会议。毛泽东再次退让。会议决定：徐向前、陈昌浩、周纯全为中央委员；其中陈昌浩、周纯全二人为政治局委员；何畏、李先念、傅钟为候补中央委员；陈昌浩为红军总政治部主任，周纯全为总政治部副主任。

张国焘还是不满意，说："在坚决提拔工农干部上还可以多提几个人嘛！"毛泽东说："四方面军中有很多好的干部，我们现在提出这六位同志，是很慎重的。照党章规定，本来政治局不能决定中委，现在是在特殊情况下才这样做的。"

周恩来在会上发言：现在我们最高的原则是作战胜利，只有这样才能得到一致，所以我们要将问题尽量提到最高原则上来解决。

周恩来讲这番话的时候，清楚地知道因为芦花政治局会议上他讲四方面军退出鄂豫皖苏区不对，张国焘的主要矛头便对准了他，一定要他退出军委工作。

精神压力是巨大的。沙窝会议后中央决定恢复一方面军番号，周恩来任一方面军司令员兼政治委员，中央红军改称为红一方面军。但周恩来刚刚执掌一方面军大印，就病倒了。

为了避开张国焘的锋芒，博古在很多中央会议上尽量地往后靠。

毛泽东在苦撑危局。

由于时间的耽搁，胡宗南部主力已集结松潘，堡垒封锁基本完成。中共中央被迫放弃松潘战役计划，决定改经草地北上。据此，红军总部制定了《夏洮战役计划》：

以集中在卓克基地区的红四方面军第九、第三十一、第三十三军，和红一方面军第五、第三十二军编为左路军，由朱德、张国焘率领，北出阿坝，争取先机进占夏河洮河流域；以集中在毛儿盖地区的红一方面军第一、第三军和红四方面军第四、第三十军编为右路军，由徐向前、陈昌浩率领，北出班佑、阿西。中共中央随右路军行动。

8月10日，红军前敌总指挥部下达《右路军行动计划》，规定右路军先行北进，掩护左路军主力北上。13日，前敌总指挥徐向前将这一计划电告张国焘。但张国焘按兵不动。

这时国民党军薛岳部正在向胡宗南部靠拢，川军已进占岷江东岸地区，各路敌人逐步合围过来，企图把红军歼灭于岷江以西、懋功以北地区。

此时张国焘又想北出阿坝占领青海、甘肃，又想南击抚边、理番，举棋不定。

8月15日，中共中央致电张国焘："不论从地形、气候、敌情、粮食任何方面计算，均须即以主力从班佑向夏河急进""目前应专力向北，万不宜抽兵回击抚边、理番之敌"，否则军粮"难乎为继"。

张国焘接电后终于从卓克基出发。20日，先头部队占领阿坝。

8月20日，中共中央在毛儿盖召开政治局会议，讨论战略方针。会议通过了由毛泽东起草的《关于目前战略方针之补充决定》，严厉指出："政治局认为在目前将我们的主力西渡黄河，深入青、宁、新僻地，是不适当的，是极不利的。""目前采取这种方针是错误的，是一个危险的退却方针。"号召全体党员、指战员团结在中央的路线之下，为实现赤化川陕甘，为苏维埃中国而战。

8月21日，右路军开始过草地。

过草地是红军长征中最艰苦的一个阶段。茫茫草地，多沼泽、毒气，条件很艰苦，粮食消耗得也差不多了。

周恩来的身体基本上垮了。开始以为患的是疟疾，后来才发现是肝脓肿。当时的条件根本不能开刀或穿刺，只能用治痢疾的易米丁，警卫战士从六十里外的高山上取冰块在肝区上方冷敷。但过草地怎么办呢？

彭德怀咬牙一句："抬！"决定从迫击炮连抽人组成担架队，宁可装备丢掉一些，也要把重病的周恩来、王稼祥等人抬出草地！这真是空前艰巨的任务。高山峻岭，磨烂鞋底，磨破脚掌，因为地面的坚硬。草地却是湿软的地表，有弥漫的水雾、无底的沼泽，无向导带路，便很容易陷入泥沼而不能自拔，更何况还要抬人！

陈赓站出来担任担架队队长。兵站部部长兼政委杨立三也站出来给周恩来抬担架，别人怎么劝也劝不住。人人都经过了长途跋涉，人人都缺吃少穿，冻饿交加。抬担架的人，比睡担架的人已经强不了太多。杨立三和战士们一起抬着担架，迈过脚下的野草、泥沼和腐臭的黑色污水。任风吹在身上，雨淋在身上，雪落在身上，冰雹砸在身上，硬是把周恩来等人抬出了草地。

过草地欠下的情谊，周恩来终身难忘。

1954年杨立三去世。担任国务院总理的周恩来，亲自抬棺送葬。怎么劝也劝不住。

这是周恩来第一次，当然也是最后一次，为我们党去世的一个高级干部亲自抬棺。

1974年彭德怀去世。戴着"里通外国、阴谋夺权"的帽子,骨灰被送到成都。存放前,传来周恩来指示:要精心保管,时常检查,不准换盒,也不准转移地方,以免查找时弄错。

当时已身患癌症且处境险恶的周恩来,没有忘记雪山草地。他用心良苦!

1978年彭德怀平反,中央军委指示查找彭德怀同志的骨灰。骨灰顺利找到了。似乎预感到将来而提出"以免查找弄错"的周恩来,已经去世近三年。

1935年8月29日,右路军第三十军和第四军一部,向包座地区之敌发起进攻。经三天激战,毙伤俘敌第四十九师5000余人。包座之战显示四方面军确实具有坚强的战斗力。四十九师是胡宗南的主力,被刚刚走过草地的程世才、李先念指挥三十军一下打垮;北上之门由此完全打开。

跟随右路军前进的中共中央,站在敞开的门边焦急地等待左路军的张国焘。

张国焘左顾右盼,一门心思想着南下。在张国焘的指挥下,左路军拖拖拉拉,行动很慢。

9月1日,张国焘率左路军一部从阿坝出发,向中央所在的班佑、巴西地区开进。

9月2日,张国焘到达噶曲河附近,致电中共中央"噶曲河水涨大,上下三十里均无徒涉点";停止东进。

9月3日,张国焘电称"茫茫草地,前进不能,坐以待毙";公开反对北上方针,要中共中央和右路军南下。同时令左路军先头部队三日内全部返回阿坝。

危机到了总爆发的时刻。

大多数人都有过这种体验:越到关键时刻,各种相关回忆越呈现一片互相矛盾的混乱。就像那些记录重大历史事件的真实镜头,观众除了从慌乱捕捉、无序跳动的镜头中感觉到拍摄者激烈跳动的心脏和不住颤动的手臂外,其他便很难看清楚到底发生什么了。

1935年9月发生在阿坝、班佑、巴西地区的事件,也是如此。

从9月8日开始,空气中充满了火药味。张国焘电令四方面军三十一军军长詹才芳:"令军委纵队蔡树藩将所率人员转移到马尔康待命,如其(不)听则将其扣留,电令处置。"

同一天徐向前、陈昌浩电张国焘："中政局正考虑是否南进。毛、张皆言只有南进便有利，可以交换意见；周意北进便有出路；我们意以不分散主力为原则，左路速来北进为上策，右路南去南进为下策，万一左路若无法北进，只有实行下策。"

张国焘回电徐、陈："一、三军暂停向罗达进，右路军即准备南下，立即设法解（决）南下的问题，右路皮衣已备否。即复。"

徐向前、陈昌浩接电后，经研究由陈昌浩报告了党中央。

毛泽东得知张国焘来电"右路军即准备南下,立即设法解（决）南下的问题"后，发现情况严重，到陈昌浩住处对陈说：军队即要行动，中央是否召开一次会议，作些部署？陈昌浩同意。毛泽东又以病中的周恩来、王稼祥均在三军团为由，约陈到三军团司令部开会。

这是非常时期毛泽东能够掌握的唯一武力了。

右路军北进时，林彪率一军团为前锋，距离中央队甚远。三军团走在右路军的最后，与中央队很近。当时身经百战的彭德怀已经从空气中感觉出事态严重。他觉得张国焘有野心，中央没有看出来。林彪已进至俄界地区。身边的兵力只有三军团的几个团。中央领导人又都住在前敌总指挥部，一旦有变，安全没有保证。所以每到宿营地，彭德怀都要去看毛泽东，还秘密派三军团十一团隐蔽在毛泽东住处不远，以备万一。

在周恩来处开会前，彭德怀问毛泽东："如果四方面军用武力解散我们，或挟中央南进，怎么办？我们可不可以扣押人质，以避免武装冲突？"

彭德怀所说的人质，指将要到会的四方面军政委陈昌浩。

毛泽东深思片刻说："不可。"

但彭德怀的主意，为中央领导人脱离前敌总指挥部提供了借口。

当晚在周恩来住处的会议，一致通过了向张国焘发出如下电报：

目前红军行动是处在最严重关头，须要我们慎重而又迅速的考虑与决定这个问题。弟等仔细考虑结果认为：

（一）左路军如果向南行动，则前途将极端不利，因为：

（甲）地形利于敌封锁，而不利于我攻击……

（乙）经济条件，绝不能供养大军……

（丙）阿坝南至晃宁，均少数民族，我军处此区域，有消耗无补充……

（丁）北面被敌封锁，无战略退路。

（二）因此务望兄等熟思深虑，立下决心，在阿坝、卓克基补充粮食后，改道北进，行军中即有较大之减员，然甘南富庶之区，补充有望。在地形上、经济上、居民上、战略上，均有胜利前途。即以往青、宁、新说，亦远胜西康地区。……

以上所陈，纯从大局前途及利害关系上着想，万望兄等当机立断，则革命之福。

恩来、洛甫、博古、向前、昌浩、泽东、稼祥
九月八日二十二时

会议开完，电报发出，毛泽东再没有回前敌总指挥部，而是留在了三军团。

《毛泽东年谱》记载，9 月 9 日，张国焘从阿坝致电徐向前、陈昌浩并转中共中央，再次表示反对北进，坚持南下，并称"左右两路决不可分开行动"。

叶剑英说："那个时候，中央要赶快离开，否则会出危险。到哪里去呢？离开四方面军到三军团去，依靠彭德怀。"

叶剑英说出一个重要情况：依靠彭德怀。

中央红军与四方面军会合后，军委参谋部将各军团互通情报的密电本收缴了，一、三军团和毛泽东通报的密电本也收缴了。从此以后，只能与前敌总指挥部通报。彭德怀忧心忡忡地说："与中央隔绝了，与一军团也隔绝了。"

粗中有细的彭德怀多了个心眼。他当时叫人另编了密码本，派武亭带着指北针沿一军团走过的路径去找林彪、聂荣臻。武亭是朝鲜人，长期在三军团作战。他刚把密码本送到，事情就发作了。

事实证明，彭德怀的主动作为，将密码本送给林、聂，使一、三军团重新联络成一个首尾相应、交替掩护的战斗整体，是事变发生前极为关键的一着棋。林彪、聂荣臻在前方接到彭德怀电报后，立即做好了接应中央和三军团的所有准备。

到了中共中央将要与张国焘在战略行动上分离的 9 月 9 日。中国工农红军从 1927 年八一南昌起义以来，第一次出现大分裂的 9 月 9 日。

9 月 9 日，中央再电张国焘：

陈谈右路军南下电令，中央认为完全不适宜的。中央现恳切地

目前方针只有向北是出路，向南则敌情、地形、居民、给养都对我极端不利，将要使红军受空前未有之困难环境。中央认为：北上方针绝对不应改变，左路军应速即北上，在东出不利时，可以西渡黄河占领甘、青交通（界）新地区，再行向东发展。

但一切都难以挽回了。该日 24 时，张国焘复电徐、陈并转中央，坚持南下："南下又为真正进攻，决不会做瓮中之鳖。"

分裂已成定局。

9 月 9 日晚离开前，毛泽东思来想去，北上队伍不到八千，人数太少，想把四军和三十军也拉过来，于是下决心到徐向前住处："向前同志，你的意见怎么样？"

对徐向前来说，一方面军要北上，四方面军要南下，中央政治局解决不了，他只能深感无奈："我是四方面军的人，我不能让四方面军因为中央领导意见不一致而肢解。"

徐向前认为如果他率领四军、三十军跟着中央走，四方面军肯定会陷入分裂。另外，四方面军的最后决定权在陈昌浩手里。陈昌浩是四方面军的总政委，四军、三十军跟着中央北上必须经过他的批准；而陈昌浩是张国焘在鄂豫皖苏区最坚定的支持者，是张国焘骨干中的骨干，徐向前即使同意，陈昌浩也难以同意。

谈话未达预期成果，毛泽东回来，对等待消息的周恩来和博古说：张国焘的山头好硬。又说：我们得快走，免得夜长梦多，发生变故，今晚就走。

9 月 10 日凌晨 2 时，万籁俱寂。毛泽东等人率三军团、红军大学出发，与四方面军分离，紧急北上。前敌总指挥部作战室的一张地图，也被叶剑英悄悄放在自己的背包里。

叶剑英回忆说：

> 我预先曾派了一个小参谋叫吕继熙，把甘肃全图拿来。我把它藏在我床底下的藤箱子里。我起来后，把大衣一穿，从床底下把地图拿出来，就往外走。我先到萧向荣那里，他也刚起来。我告诉他，赶紧把地图藏起来，并说，这张地图你可千万要保管好，不要丢了，这可是要命的东西。当时，全军只有一份甘肃地图。我交地图给他的时候，离两点还有五分钟。

前敌总指挥部得知一方面军单独北进，急电张国焘。张国焘于凌晨4时致电中央，称已得悉中央率三军团单独北上，表示"不以为然"，仍坚持南下，拒绝北上。

徐向前在《历史的回顾》中回忆说：

> 那天早晨，我刚刚起床，底下就来报告，说叶剑英同志不见了，指挥部的军用地图也不见了。我和陈昌浩大吃一惊。接着，前面的部队打来电话，说中央红军已经连夜出走，还放了警戒哨。何畏当时在红军大学，他跑来问：是不是有命令叫走？陈昌浩说：我们没下命令，赶紧叫他们回来！发生了如此重大的事件，使我愣了愣神，坐在床板上，半个钟头说不出话来。心想这是怎么搞的呀，走也不告诉我们一声呀，我们毫无思想准备呀，感到心情沉重，很受刺激，脑袋麻木得很。前面有人不明真相，打电话来请示：中央红军走了，还对我们警戒，打不打？陈昌浩拿着电话筒，问我怎么办？我说：哪有红军打红军的道理！叫他们听指挥，无论如何不能打！陈昌浩不错，当时完全同意我的意见，作了答复，避免了事态的进一步恶化。他是政治委员，有最后决定权，假如他感情用事，下决心打，我是很难阻止的。在这点上，不能否认陈昌浩同志维护团结的作用。那天上午，前敌指挥部开了锅，人来人往，乱哄哄的。我心情极坏，躺在床板上，蒙起头来，不想说一句话。陈昌浩十分激动，说了些难听的话。中央派人送来指令，要我们率队北进；陈昌浩写了复信，还给张国焘写了报告。

打电话来请示的是第四军军长许世友。

同样不赞成红军打红军的陈昌浩致信彭德怀："胡为乎几个人作恶，分散革命力量，有益于敌"，"吾兄在红军久经战斗，当挥臂一呼，揭此黑幕"，"立即率队返回阿西"。

彭德怀把陈昌浩的信报告了毛泽东。毛泽东说，打个收条给他，后会有期。

彭德怀问毛泽东："如果他们扣留我们怎么办？"

"那就只好一起跟他们南进吧！我想他们总会觉悟的。"

毛泽东的意思也是不要打，红军绝对不能和红军发生冲突，一、四方面军有分歧，有分裂，那是中央领导层的问题，而红军官兵是一体的。

北进中再次出现险情。险情出自陈昌浩要何畏①把红军大学的学生追回来。

何畏是红军大学政委，后来是张国焘的铁杆。红大的学员主要来自四方面军，接到命令便停了下来。毛泽东等人走在红大前面，见他们停下来了，便也停下来，想问个究竟。

来传达命令的是红大教育长李特②。李特当过四方面军司令部副参谋长，带人追赶上来，见毛泽东就问：张总政委命令南下，你们为什么还要北上？

跟随李特的几个警卫员，手提驳壳枪指头按着扳机，气氛十分紧张。

毛泽东冷静地回答：这件事可以商量，大家分析一下形势，看是北上好，还是南下好；南边集中了国民党的主要兵力，北面敌人则较薄弱，这是一。第二，北上我们可以树起抗日的旗帜。

说到这里，毛泽东话锋一转，对李特说："彭德怀同志率领三军团就走在后面，彭德怀是主张北上、坚决反对南下的，他对张国焘同志要南下，火气大得很哩！你们考虑考虑吧！大家要团结，不要红军打红军嘛！"

在此两军对峙、千钧一发之时，毛泽东再次抬出了彭德怀。

李特脾气暴，彭德怀脾气更暴。彭德怀在红军中有猛将之威，这一点连李特都十分清楚。毛泽东这些话使他不能不有所顾忌。

李特没有轻举妄动。他只是带回了红大中四方面军的学员。

毛泽东对这些又将南返的学员说："你们将来一定要北上的。现在回去不要紧，将来还要回来的，你们现在回去，我们欢送，将来回来，我们欢迎。"

南下的红大学员，在毛泽东的视野中远去了。

北上的毛泽东，在红大学员视野中远去了。

会师刚刚三个月的两支主力红军，在北上大门之前分道扬镳。

历史并不是像很多人想象和很多书上描绘的那样，毛泽东带领着这支队伍

---

① 何畏（1900—1960），生于海南。毕业于黄埔军校第五期。参加了省港大罢工、广州起义、百色起义等，参加创建川陕、豫鄂皖革命根据地。曾任中国工农红军第九军军长，中共中央候补委员，中国工农红军大学、中国工农红军第四方面军红军大学政治委员，抗日军政大学副校长等职务。后脱离革命。

② 李特（1902—1938），安徽霍邱人。1924年被选派到苏联学习。1930年秋回国。土地革命战争时期，李特为鄂豫皖、川陕革命根据地的创建和发展，为红四方面军的发展壮大，做出了重要贡献。红军长征时，他任红四方面军副参谋长、红军大学教育长，随右路军行动。

很快就奔向了光明的未来。

毛泽东只带出了七八千人，大量兵力留在了后面。这七八千人能干多少事情？空间有多大？力量弱小，容易被敌人消灭。胡宗南的中央军，杨虎城的西北军，张学良的东北军，再加上一些地方部队，包括川军，这给北上的红军带来很大的威胁。

9月12日，中共中央在俄界召开政治局扩大会议。毛泽东说，一、四方面军会合后，是应该在川、陕、甘创建苏区。但现在只有一方面军主力北上，所以，当前的基本方针，是要经过游击战争，打通同国际的联系，整顿和休养兵力，扩大红军队伍，首先在与苏联接近的地方创造一个根据地，将来向东发展。

6月26日两河口会议决定的北上川陕甘方针，被迫做出修正。

会议还一致通过《关于张国焘同志的错误的决定》，决定将红一方面军主力和中央军委纵队改编为中国工农红军陕甘支队，彭德怀任司令员，毛泽东任政治委员，林彪任副司令员，王稼祥任政治部主任，杨尚昆任政治部副主任；并成立了彭德怀、林彪、毛泽东、王稼祥、周恩来五人团指挥军事；设立了编制委员会，主任李德，叶剑英、邓发、王稼祥、蔡树藩、罗迈为委员。

这是一个非常时期团结所有力量的班子。毛泽东已经做了最坏打算：即使给敌人打散，我们也可以做白区工作。

9月17日，红军陕甘支队攻占天险腊子口，打开北上门户。

9月18日，红军陕甘支队攻占甘肃岷县哈达铺，缴获大批军粮和食盐。鉴于该地区敌军兵力薄弱、群众条件好、物资比较丰富，中共中央决定部队就地休整。

休整期间却获得一个重大发现。毛泽东召见侦察连连长梁兴初、指导员曹德连，要他们到哈达铺找些"精神粮食"，只要是近期和比较近期的报纸杂志都找来。

侦察连从当地邮局搞到了7、8月间的天津《大公报》，上面有阎锡山的讲话：

全陕北二十三县几无一县不赤化，完全赤化者八县，半赤化者十余县。

现在共党力量已有不用武力即能扩大区域威势。

报纸还进一步披露了红二十五、二十六军的一些情况：刘志丹的红二十六军控制了大块陕北苏区根据地，徐海东的红二十五军已北出终南山口，威逼西安。

阎锡山为共产党做了一回好的情报员。毛泽东、张闻天、博古读到后，那种"山重水复疑无路，柳暗花明又一村"的兴奋心情，无法用言语形容。陕北不但有红军、有游击队，而且发展迅速，颇似1931年的江西苏区。毛泽东在俄界会议做出的被敌人打散的最坏设想不但可以避免，而且中国革命有望依托这块新的根据地获得更大发展！

9月27日，政治局在榜罗镇召开常委会议，决定改变俄界会议确定的"首先在与苏联接近的地方创造一个根据地，将来向东发展"的方针，到陕北去，在陕北保卫与扩大革命根据地，以陕北苏区来领导全国革命。

艰难困苦，玉汝于成。从1934年10月10日长征开始，战略目标由最初的湘西、到黎平会议的川黔边、遵义会议的川西北、扎西会议的云贵边、两河口会议的川陕甘、俄界会议的"与苏联接近的地方"，一直到榜罗镇会议，终于确定为陕北。一年来无数牺牲和奋斗，不尽实践与探索，战略目标的选择最终完成。

脱离根据地一年、长途跋涉两万余里的中央红军，终于找到了落脚点。

这个过程可以用邓小平所讲"摸着石头过河"来形容。

10月，陕甘支队过岷山，毛泽东心情豁然开朗，作《七律·长征》诗：

> 红军不怕远征难，万水千山只等闲。
>
> 五岭逶迤腾细浪，乌蒙磅礴走泥丸。
>
> 金沙水拍云崖暖，大渡桥横铁索寒。
>
> 更喜岷山千里雪，三军过后尽开颜。

最黑暗的时候过去，前面是中国革命的崭新局面了。

毛泽东一生中，三个9月9日深深嵌入他的生命。

第一个是1927年9月9日，湘赣边界秋收起义爆发，毛泽东第一次实践"枪杆子里面出政权"。就在这天，与潘心源途经浏阳张家坊时，毛泽东被清乡队抓住，押送团防局处死。他从未暴露身份的潘心源那里借了几十块钱，打算贿赂押送的人。他对斯诺回忆说：

> 普通的士兵都是雇佣兵，枪毙我对他们并没有特别的好处，他们同意释放我，可是负责的队长却不允许。因此我决定设法逃跑。但是，直到离民团总部大约不到二百米的地方，我才找到机会。我一下子挣脱出来，往田野里跑。
>
> 我跑到一个高地，下面是一个水塘，周围长了很高的草，我在那里躲到日落。士兵们在追踪我，还强迫一些农民帮助他们搜寻。有好多次他们走得很近，有一两次我几乎可以用手接触到他们。尽管有五、六次我已经

放弃任何希望，认为自己一定会再次被抓住，可是不知怎么地我没有被他们发现。最后，天近黄昏了，他们放弃了搜寻。我马上翻山越岭，彻夜赶路。我没有穿鞋，脚底擦伤得很厉害。路上我遇到一个友善的农民，他给我住处，后来又带领我到了邻县。我身边有七块钱，用这钱买了一双鞋、一把伞和一些食物。当我最后安全到达农民武装那里的时候，我的口袋里只剩下两个铜板了。

集建党、建军、建国之誉于一身的毛泽东，竟然差点就让民团的清乡队给解决了。

秋收起义部队在浏阳县文家市会师后，第一师师部副官杨立三看见毛泽东脚趾溃烂，问缘由，毛泽东回答是从安源到铜鼓的路上爬山扎烂的。

第二个是 1935 年 9 月 9 日，红一、四方面军分离的日子，毛泽东说这是他一生中最黑暗的日子。

1927 年的 9 月 9 日是个人生命的危险时刻。1935 年的 9 月 9 日则是丢失苏区之后、长征走到最艰难的时刻，中共中央和工农红军不是因敌人包围、而是因内部分裂面临覆灭可能的日子。在左路军红军总部的朱德后来也回忆道，革命生涯中经历过多少坎坷，多少困难，但从来没有像这次那样心情沉重。

毛泽东的三个九月九，第一个是秋收起义当天从清乡队手中死里逃生。第二个是与四方面军分离，紧急北上。第三个九月九，是 1976 年 9 月 9 日。中央人民广播电台在这天下午 4 时向全世界沉痛宣告：中国人民的伟大领袖和导师毛泽东主席去世。

最后一个 9 月 9 日是自然规律，任何人都不可抗拒。前两个 9 月 9 日是毛泽东一生中非常艰难的日子，最后都反败为胜，从困境中解脱出来。

命运关注具有极强奋斗精神的人，天无绝人之路。

中国革命的历程也是如此。毛泽东的三个九月九折射出中国革命的艰难历程，在最困难的时候，中国革命一次又一次反败为胜。

"文革"后期，国民经济到了崩溃的边缘。紧接着，十一届三中全会召开，中国迎来改革开放的局面，也是新一轮腾飞的开始。

中国工农红军、中国革命就像一只不死的凤凰，屡屡几乎化为灰烬，然后再生，一个新的辉煌出现。

第二十四讲　弥合：长征胜利大结局

张国焘搞的分裂，是中国共产党历史上前所未有的分裂。中国共产党和工农红军面临因内部分裂而覆亡的危险。

朱德曾经回忆说，从来没有像那次那样心情沉重。毛泽东甚至做了给敌人打散、最后到白区做工作的打算。

由张国焘掌握控制的实力有：红四方面军第四军、第九军、第三十军、第三十一军、第三十三军；中央红军五军团改编的第五军、九军团改编的第三十二军；共计 7 个军，8 万余人。

毛泽东率领北上的，只有原中央红军一、三军团 7000 余人。到陕北与徐海东的十五军团会合后，也只有 13000 余人。论实力，完全无法与张国焘相比。

还有一个问题。十五军团主力徐海东的原红二十五军，也是四方面军留在鄂豫皖根据地的老部队，原来一直受张国焘指挥。张国焘在这支部队里的影响到底怎样，这支部队对中共中央的态度如何，在中共中央和毛泽东对徐海东真正了解以前，心中并无太大把握。

中国共产党的命运，中国工农红军的命运极有可能发生逆转。

现在不少人以为张国焘的分裂纯系飞蛾扑火，自取灭亡，一开始就是孤家寡人。那是把历史做出的结论和当时面临的现实搞混了。

由于张国焘掌握强大的实力，再加上当时很多情况并不清楚，连一方面军留在四方面军的很多同志都对事情的发生感到突然和混乱，四方面军同志更是情绪激动。态势非常严重。

在阿坝一个喇嘛寺召开了川康省委扩大会议。会场外挂着横幅："反对毛、周、张、博北上逃跑"。张国焘先讲话，攻击中央率军北上是逃跑主义。然后他对朱德说："总司令，你可以讲讲嘛，你对这个问题的认识怎样？是南下，是北上？"

朱德不紧不慢地说，我在政治局会议上是举过手的，我不能出尔反尔。于是有人冲着朱德喊：既然你拥护北上，那你现在就走、快走！

刘伯承站起来说：现在不是开党的会议吗？你们怎么能这样对待朱总司令！于是攻击的矛头又转到刘伯承身上。

可以想见，当时很多人是不明真相的，不知道高层发生分歧的实质原因是什么，所以一经煽动起来，影响很大。

张国焘办事历来不乏决心。这回他更是决心把事情做到底。

10月5日，在四川松岗卓木碉召开高级干部会议。张国焘宣布另立"临时中央"、"中央委员会"、"中央政治局"、"中央书记处"、"中央军事委员会"和"常务委员会"，自封为"主席"，并通过了"组织决议"，决定"毛泽东、周恩来、博古、洛甫应撤销工作，开除中央委员及党籍，并下令通缉。杨尚昆、叶剑英应免职查办"。

"撤销"、"开除"、"通缉"、"查办"，张国焘的自信和气焰由此可见一斑了。

张国焘要朱德表态。朱德心平气和，语重心长。他说：大敌当前，要讲团结嘛！天下红军是一家。大家都知道"朱毛"在一起好多年，全国世界都闻名。要我这个"朱"去反"毛"，我可做不到呀！不论发生多大的事，都是红军内部的问题，大家要冷静，要找出解决办法来，可不能叫蒋介石看我们的热闹！

朱德这些话讲的是很有分量的。陈毅说过，朱德在南昌起义余部天心圩整顿中讲的"革命须自愿"、"共产主义一定胜利"两条，奠定了我军政治工作的基础；现在朱德在卓木碉讲"都是红军内部的问题"，"不能叫蒋介石看我们的热闹"这两条，既是后来解决这一问题的理论基础，又是后来解决这一问题的感情基础。

四方面军总指挥徐向前也对张国焘的做法不以为然。他回忆说："另立'中央'的事，来得这么突然，人人都傻了眼。""会后，张国焘找我谈话，我明确表示，不赞成这种做法。我说：党内有分歧，谁是谁非，可以慢慢地谈，总会谈通的。把中央骂得一钱不值，开除这个，通缉那个，只能使亲者痛，仇者快，即便是中央有些做法欠妥，我们也不能这样搞。现在弄成两个中央，如被敌人知道有什么好处嘛！"

毛泽东多次被蒋介石通缉，已经习以为常了。如今居然被党内自己人通缉，真是破天荒第一次。

即使被通缉，毛泽东也不忘对这支红军部队的争取。

11月12日，毛泽东到达瓦窑堡后致电四方面军："我一、三军团已同

二十五、二十六、二十七军在陕北会合"，"正与白区党及国际取得联系"；并指出，现在国民党、日本关东军司令部和何应钦都在污蔑我党中央是逃跑主义，托派分子也在这样攻击我们党中央，"请你们严重注意"。

同日，张国焘电毛泽东等人，称南下红军已"打开了川西门户，奠定了川康苏区胜利的基础"，"证明了向南不利的胡说，达到配合长江一带的苏区红军发展的战略任务，这是进攻路线的胜利"；并以命令的口吻说"甚望你们在现地区坚决灭敌，立即巩固扩大苏区和红军，并将详情电告"。

双方都在让对方知道自己的优势，都要求对方改变做法。

很显然，中共中央不取得绝对优势，张国焘不会回心转意。

12月5日，张国焘干脆以"党团中央"名义致电中共中央，声称："此间已用党中央、少共中央、中央政府、中革军委、总司令部等名义对外发表文件，并和你们发生关系"；今后，"你们应以党的北方局、陕甘政府和北路军，不得再冒用党中央名义"。张并宣布"一、四方面军名义已取消"；"你们应将北方局、北路军和政权组织状况报告前来，以便批准"。

分裂达到了顶点。

这一分裂的最终解决赖于三个因素。

第一是张国焘南下路线的破产。这也是最关键的因素。

张国焘为南下所做的准备是精心的。口号也实惠诱人："大举南下，打到天全芦山吃大米。"这仍然是五四运动中跟那位牧师学到的技巧：从大众切身问题入手。张国焘又实惠到庸俗的地步了。搞革命仅仅为了吃大米么？

但南下最初确实颇为顺利。10月份，四方面军攻占绥靖、占领崇化、攻克丹巴、袭占达维、攻克懋功，击溃刘文辉和杨森部，接着又在日隆关、巴郎关、火烧坪等地大获全胜，共击溃川军6个旅，歼敌3000余人。

张国焘乘胜提出以主力向天全、芦山、名山出动，彻底消灭杨森、刘文辉，并迎击主要敌人刘湘、邓锡侯部。

四方面军随即发起猛攻，连下宝兴、天全、芦山、五家口等城镇，击溃杨森、刘湘、刘文辉、邓锡侯部共17个旅，毙伤俘敌1万多人，控制了懋功以南、青龙江以北、大渡河以东、邛崃山以西的川康边广大地区。

南下计划几近成功，打到天全芦山吃大米的许诺也基本兑现。

南下成功，张国焘另立"中央"就有可能成功。实践是检验真理的唯一标准，对张国焘也不例外。他几乎眼见着就要通过了实践的检验，却还是在节骨眼上碰到了挫折。

四川军阀方面，刘湘等人最初确实被张国焘的突然南下搞了个措手不及。他们已经做出了红军主力将北上出川的判断。中共中央主张北上的企图和部署，使敌人相信红军必将出川，给张国焘南下的最初成功创造了条件。

待四川军阀清醒过来，胜利就没有那么容易了。

四方面军击破杨森主力和刘文辉两个旅后分路南下，一路向芦山推进，一路指向天全。天全、芦山两处战略地位重要，倘若有失，将直接威胁川西平原。刘湘立即调整部署，全力防堵。11月初，四方面军攻势凌厉，川军的天全、芦山相继失守。刘湘再次后退。但此时的刘湘已经不是原来对红军"礼送出境"的刘湘，而是要拼命一搏的刘湘了。

四川军阀当初商定的作战原则是：红军只要不危及其地盘，就虚与周旋，保住实力，绝不对消；如果真要深入四川腹地，就不惜忍受蒋介石控制，硬拼到底，在同归于尽中去求生存。

现在面对张国焘的大举南下，刘湘当然要不惜同归于尽了。

蒋介石不知道红军发生分裂，也唯恐川西平原有失，成都难保，急令中央军薛岳部的周浑元、吴奇伟两个军迅速参战。川军的增援部队与中央军陆续到达，兵力迅速增加到80多个团20余万人，摆出一副决战的架势。

张国焘南下计划最大的问题暴露出来了：对川军死保川西平原的决心和作战能力估计不足。

11月16日，关键的一场战斗在邛崃、名山之间的重镇百丈展开。川军以优势兵力围攻百丈，以整营、整团甚至整旅的兵力轮番发起攻势。中央军薛岳部又从南面压将上来。四方面军在此血战七天七夜，毙伤敌军15000多人，自身也付出了近万人的伤亡，被迫退出百丈地带。

百丈战役失利，成为南下的四方面军由攻转防的转折点。

最初是我方得胜不想停止，现在是敌方得手不想停止了。川军主力和薛岳、周浑元、吴奇伟等部从东北、东南和东面几个方向步步压来。红军指战员虽然顽强抵抗，防线仍不断被突破，处境日趋艰难。严冬到来，部队棉衣无着，口粮不继，而激战却不停息。四方面军由南下时的8万人，锐减到4万余人。

实践是检验真理的唯一标准。挫折和失败在证明南下政策的错误。

解决一、四方面军分裂的第二个因素，是借用了共产国际的威望和影响。

张国焘以"党团中央"名义致电中共中央时，张浩受命从莫斯科回国传达共产国际"七大"文件和中共代表团的"八一宣言"①，已经来到瓦窑堡。

张浩原名林育英，林彪的堂兄，1922 年 2 月加入共产党，长期从事工人运动。在东北坐了一年多日本人监狱，受尽严刑拷打，始终不屈，有"钢人"之称。后赴莫斯科担任中华全国总工会驻赤色职工国际代表。

情况很明显，仅仅靠党中央的教育和劝导，难以解决问题，必须借助共产国际的权威。毛泽东、张闻天与张浩商量，让张浩以"共产国际代表"的特殊身份出面，帮助、教育张国焘，让他放弃另立中央。

当时中国共产党仍然是共产国际的一个支部，如果张浩以"共产国际代表"这一既权威又超脱的身份出现调解争端，作用无疑是巨大的。

张浩最初对这一新使命犹豫不决。他的任务是传达文件和传授密码。共产国际根本不知道一、四方面军已经发生分裂。但他回国还有一项重要使命：传达共产国际对张闻天任命的批准，即对遵义会议决议的追认。而张国焘一直是不承认遵义会议的合法性的。

毛泽东抓住后一点，对张浩说：现在国际已批准对张闻天为中共中央负责人，说明张国焘的中央是非法的，张国焘自封总书记也是非法的。

1935 年 12 月 16 日，张浩以国际代表身份对张国焘发出第一封电报，开宗明义："共产国际派我来解决一、四方面军问题。"

22 日张浩又电："党内争论，目前不应弄得太尖锐。""可以组织中共中央北方局、上海局、广州局、满洲局、西北局、西南局等，根据各种关系，有的直属中央，有的可由驻莫（斯科）中央代表团代管，此或为目前使党统一的一种方法。此项意见望兄熟思，见复。"

────────────

① 即《为抗日救国告全体同胞书》，中共中央为建立抗日民族统一战线而发表的宣言。1935 年 7 月 14 日，中共驻共产国际代表团会议，根据共产国际"七大"关于建立反法西斯统一战线的策略方针，起草此宣言。8 月 1 日，以中华苏维埃中央政府和中共中央的名义公开发表，被称为"八一宣言"。宣言呼吁和号召各党派、各界同胞、各军队"停止内战，以便集中一切国力（人力、物力、财力、武力等）去为抗日救国的神圣事业而奋斗"，组织全中国统一的国防政府和抗日联军，实行全体同胞总动员，以战胜日本帝国主义。

"有的直属中央，有的可由驻莫中央代表团代管"，这是毛泽东、张闻天、张浩商量好的变通办法。

俗话说"名不正则言不顺"。中共中央当时是共产国际的一个支部，任何组织变更都要经过共产国际的批准。张国焘成立伪"中央"，显然没有经过共产国际的批准。

张浩的电报对张国焘真是当头一棒，因为他深知共产国际这块招牌的权威。接电时刻，又恰逢他本人亲自主持的南下路线严重碰壁。否则在当时条件下，以毛泽东为首的中共中央无论是让步还是警告，哪怕借用共产国际的权威，都不足以扭转张国焘。

思考一段时间后，他致电张浩，表示"一切服从共产国际的指示"；但又说中共中央北上行动是"反党的机会主义路线"，"放弃向南发展，惧怕反攻敌人"，"向北逃跑"，是"一贯机会主义路线"的表现。

张国焘依然照称自己是"中央"；毛、周、张、博是"假冒党中央"。但他内心已经有些慌乱，态度没有那么坚定了。

中共中央立即做出《关于张国焘同志成立第二"中央"的决定》，指出"张国焘同志这种成立第二党的倾向，无异于自绝于党，自绝于中国革命"。张闻天致电张国焘，望其停止分裂活动，否则"不但全党不以为然，即国际亦必不以为然。尚祈三思为幸"。

南下的碰壁，加上张浩的突然出现，朱德说："事情向好的方向转了。"

1936 年 1 月 23 日，朱德致电张闻天，"现处革命新的高涨，党急宜得统一，以争取胜利"。当时中央与张国焘交涉，南方来电全部由张国焘签署。朱德发电报首先要经过张国焘的同意，因此这封电报的内容带有张国焘默许的性质。

1 月 24 日，张浩电张国焘："共产国际完全同意于中国党中央的政治路线，并认为中国党在共产国际队伍中，除联共外是属于第一位。中国革命已成为世界革命伟大因素，中国红军在世界上有很高的地位，中央红军的万里长征是胜利了"；"兄处即成立西南局，直属代表团。兄等对中央的原则上争论可提交国际解决"。

对于长期偏于西南一隅、消息不灵的张国焘来说，张浩这封电报的影响是重大的。共产国际至高无上的权威、万里长征胜利后中共中央巩固的地位、自己主张的南下政策面临的困境，都使他从来不缺乏的自信发生雪崩般的崩塌。

1 月 27 日，张国焘致电张浩、张闻天，同意"急谋党内统一"。条件是双方同时改为西北局和西南局；中央领导机构"最好在白区"；条件不允许则"由国际代表团暂代中央"。他说："强迫此间承认兄处中央和正统，不过在党中央留下一个不良痕迹，一方让步，必是种下派别痕迹的恶根。"

张国焘往后退了很大一步。在军事受挫和政治受挫的情况下，他不得不做出调整。他现在的坚持是思虑怎样安全地从原来立场撤退了。

张国焘并非表面上看上去那么强大和自信。从自立"中央"那一天起，他心里就在打鼓。所以虽然挂起了伪"中央"招牌，却一直没有对外公开宣布；他后来在香港写回忆录时说，"顾到朱德所说留下转圜余地的意见"，所以不敢把事情做绝。

但他还存有最后一点自信，因为他还没有被川军彻底挤出去。

这点最后的自信也很快被蒋介石和刘湘拿走了。

蒋介石方面，1935年11月下旬，重庆行营主任顾祝同及参谋长贺国光来到邛崃，二人向刘湘提出一个在最短时间完全歼灭四方面军部队的"进剿方略"。

刘湘不采纳倾尽全力、一口将红军吞掉的"方略"。他仍然奉行自己的方针：摆开阵势，扎稳阵脚，既要用硬打把红军送走，又不作围歼打算，以避免过度对消。红军一日不走，则持久一日，但决不强求所谓"最短期间"的速战速决。

所以刘湘的总攻令下达后，虽然展开了主力，但当四方面军主力开始向西北山区转移后，就未继续再进。1936年2月战局重开，形势对四方面军更加不利。刘湘还算客气，仍然只是一线平推，作驱赶式前进。这种情况下，张国焘不得不承认长期停留在川康地区是不利的。

至此，南下方针宣告失败。四方面军兵力也由8万多人减至4万余人。

恰在此时接中央来电，就四方面军的战略行动提出三个方案：

一、北上陕甘；二、就地发展；三、南下，甚至转向云贵川。

来电指出：第一案为上策。朱德、刘伯承、徐向前、陈昌浩皆赞成第一案。

张国焘第一次处于孤立状态。特别是电报中有"育弟（指张浩）动身时，曾得斯大林同志同意，主力红军可向西北及北方发展，并不反对靠近苏联"语句，也只得同意了北上方案。

应该特别说说陈昌浩。

陈昌浩作为四方面军政治委员，是张国焘在四方面军的主要支柱，张国焘对他的信任远远超过对徐向前。陈昌浩虽是知识分子出身，对指挥作战却颇为热衷。虽然军事素养并非很强，却果断勇猛，作战指挥中主动性、进取性皆佳。参与军事工作时间不久，也练就了颇为像样的领导能力。

陈昌浩也是留学莫斯科中山大学的"二十八个布尔什维克"之一，脾气急躁。在张国焘与中共中央的对立与分歧中，他是最激动、也是说过头话最多的人之一。

在南下政策受挫的事实面前，他开始动摇。特别是张浩以国际代表身份出现，一封接一封发电，在莫斯科学习过的陈昌浩开始表示，要服从共产国际的决定。

一、四方面军的从分裂到弥合，共产国际的影响与权威起了很大的作用。

张浩对陈昌浩的影响力如此之大，连毛泽东等人都没有想到。毛泽东当时主要想通过张浩影响张国焘。结果，张浩对张国焘釜底抽薪。陈昌浩态度发生动摇，最令张国焘不安。他觉得自己的基础在瓦解。

3月15日，张国焘在四方面军团以上干部会议作报告，"反对毛、周、张、博的机会主义逃跑路线与主力红军毅然南下是完全正确的"，"任何暗中三五成群议论党的决议而发生破坏作用的现象，都要受到铁锤的打击"。

但连陈昌浩都开始动摇了，张国焘想象中的铁锤还能成其为铁锤么？

在迫使张国焘取消所谓的"中央"，弥合一、四方面军的分裂方面，张浩功不可没。1942年3月6日，张浩因病逝世。毛泽东亲自为他治丧，仪式极为隆重。这是毛泽东一生中唯一的一次，亲自抬着灵柩送殡，感谢张浩为中国革命做出的重大贡献。

迫使张国焘放弃所谓"中央"的第三个重要因素，是二、六军团北上。

1935年11月4日，二、六军团17000余人，在任弼时、贺龙、关向应率领下，从湘西出发，开始长征。他们占领黔滇交界的山区后就停留下来，准备在南北盘江间创建新根据地。

朱德与张国焘联名致电二、六军团，要求他们渡过金沙江同四方面军会合，共同北进。朱德后来回忆说："他（指张国焘）没有决定北上前，是想叫二方面军在江南配合他，他好在甘孜呆下来保存实力，他的中央就搞成了。他想北上时，才希望二方面军渡江北上。"

当时的实际情况是，一、四方面军的分裂尚未弥合，二、六军团加入上来，态度将怎样、立场会如何，成为一个最大的疑问。

对天平上这个举足轻重的砝码将放到哪一边，哪一边都没有太大把握。

张国焘想让二、六军团北上，但又怕二、六军团和他作对，搞不到一起。

中共中央最初也不想让二、六军团北上，与四方面军会合。所以有党史中很少提到的张浩 1936 年 4 月 1 日电："二、六军团在云贵之间创立根据地，是完全正确的"，"将二、六军团引入西康的计划，坚决不能同意"。

显而易见，这不仅仅是张浩的个人意见。如果二、六军团被张国焘拉过去，后果的确难以设想。

因为与二、六军团联系的密码掌握在张国焘手里，中共中央为得到这一密码，也费尽了力气。几次要求张国焘将密码告知，均被拒绝。

1936 年 1 月 21 日，周恩来致电张国焘："请将与二、六军团密码速告知，以便直接通报。"张国焘 2 月 9 日回电："我们对二、六军团之各种情况甚为明了，可以完全帮助他，勿念。""对二、六军团大的行动方向上有何指示，请直发我处转去。"

5 月 18 日，张浩、周恩来再次提出"请将其通电密码……告我，以便联络通电，免误时间"；张国焘干脆不予理睬。

中央长期与二、六军团失去联系、这一联系又被张国焘独自把持，中央既不了解二、六军团现状，又不知道张国焘对二、六军团都说了些什么，所以曾担心两支部队会合后，会不会又增强了张国焘的力量。

情况再次变得复杂。就二、六军团先与四方面军会师这个问题来说，唯朱德显出比张国焘和毛泽东心里都更有底。朱德此时表现出绝大的自信。

他后来对二方面军同志说："过江不是中央指示，是我们从中抓的，抓过来好，团结就搞起来了。这里阴错阳差，把团结搞起来了"；"我和刘伯承同志的意思，想把你们那方面的力量拉过来，不然我们很孤立"；"二方面军过江，我们气壮了，北上就有把握了"。

朱德确实言中了。在这个问题上，总司令是十分自信的。他相信能够通过做工作，把二、六军团这股力量拉过来。

张浩那封"坚决不能同意"二、六军团北上与四方面军会合的电报，最大之不足，便是没有考虑到或没有充分考虑到朱德、刘伯承对二、六军团的影响。

因为的确要充分考虑到张国焘的煽动能量。当初凯丰大段引用导师话语、以一篇《列宁论联邦》反驳张国焘时，张国焘一句"他们是洋鬼子，修洋头，穿西装，戴眼镜，提着菜盒子，看不起我们四方面军这些'老土'，不想要我们"，就在土生土长的四方面军中，把几个莫斯科毕业的中央领导者划出去了。这方面，张国焘确实是老手。与二、六军团会合后，他会不会也用同样的手段？会不会把他与中共中央的分歧简化为中国革命中"土"与"洋"的分歧呢？

应该承认，在当时条件下，这是一发分量不轻的炮弹。

果然，两军前锋刚刚会合，张国焘就派出"工作团"，向二、六军团散发小册子，散布党中央有错误、单独北上是逃跑等舆论。

当时的情况今天已经难知其详。从一些人的回忆中，仍能看出斗争的复杂与尖锐。

六军团总指挥萧克回忆说，与四方面军接应部队会合后，曾盲目相信张国焘追随者制造的舆论，"但当我见到朱总司令，他诚恳地向我说明了事件发生的经过后，就改变了态度"。

萧克参加过南昌起义、参加过湘南起义，是参与朱毛红军和井冈山根据地创建的老资格人物之一。这样的同志对张国焘追随者的宣传尚一时不能分清，可见那种宣传的煽动性还是相当强的。

不仅萧克，中央红军与四方面军会合后，长期跟随毛泽东、支持毛泽东的林彪，听到旁边有人说张国焘路线不对时，也反驳说：你说他路线不对吗？那他们为什么有那么多人哪？我们才几个人哪？林彪说话时还拍了桌子，把桌上的盘子也打翻了。

张国焘的影响能力与煽动能力，绝非我们今天想象的那么低能。所以更可见朱德苦口婆心工作的可贵。

红二、六军团和四方面军会师后，问题不会迎刃而解，和张国焘的斗争需要一个过程。

为澄清事实真相，朱德又同六军团政委王震整整谈了一个晚上。王震回忆说："在甘孜休息时，张（国焘）一个一个把我们召去谈话，送给我四匹马，给我们戴高帽子，说我们勇敢、能打"；"张认为我们是娃娃，想把我和萧克及六军团买过去，反对毛、周、张、博"。与朱德谈完话后，王震明白了要向张国焘斗争。

二军团上来后，朱德、刘伯承又与任弼时、贺龙、关向应秉烛长谈，告之一年来党中央与张国焘斗争的经过。朱德回忆说："任、贺来了，我和他们背后说，如何想办法会合中央，如何将部队分开，不让他指挥。贺老总很聪明，向他要人要东西，把三十二军带过来了，虽然人数少，但搞了他一部分。"

如果没有在红军中影响巨大的朱德和刘伯承，张浩的担心、中共中央的担心，就有了道理。各路红军达成统一就需要更多时间、遭受更大损失、走更长的弯路。

毛泽东并非对二、六军团不了解，尤其是对贺龙。通过两把菜刀闹革命，毛泽东很早就知道大名鼎鼎的贺龙。

1927 年 9 月，毛泽东领导的秋收起义 8000 余人编为一个师，但不足 20 天，部队就垮了一大片，师长余洒度也跑掉了。只剩下几百号人编为一个团，团长陈浩又要逃。不仅仅团长，还有副团长徐恕，参谋长韩昌剑，都要逃。

一支四面受敌的起义军，内无粮草、外无救兵，领导干部又带头叛逃，拿什么来鼓舞士气呢？毛泽东想起了贺龙。9 月 29 日**三湾改编**①，毛泽东说，敌人在我们后面放冷枪，这个有什么了不起？贺龙同志两把菜刀闹革命，现在当了军长，带了一军人。我们现在还不止两把菜刀，我们有两营人马，几百条枪，还怕干不起来吗？你们都是起义出来的，一个可以顶敌人十个，十个可以当一百个。我们有几百人的队伍，还怕什么呢？

毛泽东在最困难时刻的讲话中，为人们树立的榜样是贺龙。

毛泽东知道贺龙，张国焘更知道。贺龙 1961 年回忆说："张国焘这个人，我还是有所了解的。南昌起义前两天，他作为中央代表来到南昌阻止起义，我还和张国焘发了脾气。后来，在瑞金我入了党，又和他编在一个党小组里，整天走在一起，直到潮汕失败才分手。"

当年与贺龙吵过架的张国焘，担心与二、六军团搞不到一起，主要就是担心贺龙和任弼时。

张国焘是个实力派，看问题历来从实力出发。他看到中共中央掌握了与共产国际的联系，掌握了与东北军张学良、西北军杨虎城的关系，不论抗战问题还是统战问题，皆掌握了主动权；而他手中只掌握着与二、六军团的联系，正在向

---

① 1927 年 9 月，毛泽东率领秋收起义部队向井冈山进发。当时部队只剩 800 余人，而且人心浮动，思想混乱。29 日，部队到达江西永新县三湾村，毛泽东主持召开了前委会议，决定对部队进行改编。部队由原来的一个师改编为一个团，番号为"工农革命军第一军第一师第一团"；确立党对军队的绝对领导原则，建立各级党的组织，"把支部建在连上"；成立士兵委员会，实行政治民主、经济公开，官兵平等，建立新型的官兵关系。

四方面军靠拢的任弼时、贺龙等人，态度到底怎样还很难说。里算外算优势太小，加上张浩以国际代表身份施加的影响、四方面军南下作战失利、二、六军团北上后的压力，只有痛下决心，于1936年6月6日取消第二"中央"。

红军从分裂到弥合是多方合力的结果。如果没有朱德、刘伯承等在四方面军内部做的大量工作，贺龙、任弼时、萧克、王震等人的坚定态度，红军最后达成统一也是不可能的。这些合力加起来，张国焘的伪"中央"就搞不下去了。

做出取消伪"中央"这一决定前他颇不放心，于5月30日电张浩，机关枪一般设问：

"兄是否确与国际经常通电？国际代表团如何代表中央职权？有何指示？对白区党如何领导及发展情况如何？对军事和政权机关各种名义，军委、总司令部、总政由何人负责？如何行使职权？对二方面军如何领导？"

对取消第二"中央"之后的处境，满腹狐疑。

真实情况是，此时包括张浩在内，中共中央还未和共产国际联系上。第一次联系在6月16日方才沟通。

在宣布取消第二"中央"的会议上，张国焘掰着指头计算："在陕北方面，现在有八个中央委员，七个候补委员，我们这边有七个中央委员，三个候补委员，国际代表团大约有二十多个同志。这样陕北方面设中央的北方局，指挥陕北方面的党和红军工作。此外当然还有白区的上海局、东北局，我们则成立西北局，统统受国际代表团的指挥"；"我们的军事上依旧一、四方面军会合时的编制来划归军事上的统一。军委主席兼总司令是朱德同志，军委副主席兼总政委张国焘同志，政治部主任陈昌浩同志"。

政治上重新分野，军事上仍旧归张国焘指挥，算盘打得还算不错。

他想主导，但已经无法主导。

历史发展有其必然趋势，逆趋势而动，空间会越来越小。此时他的意愿已经不能够左右一切了。

7月1日，二、六军团齐集甘孜，同四方面军胜利会师。

贺龙回忆说："开庆祝会师大会，张国焘是红军总政治委员，自然要讲话。在主席台上，我坐在他身旁。他刚刚站起身要讲话，我半开玩笑半认真地给了他一句悄悄话，我说：'国焘啊，只讲团结，莫讲分裂，不然，小心老子打你的黑枪！'"

朱德后来也讲过："张国焘对弼时、贺龙都有些害怕呢！一起北上会合中央，贺老总是有大功的！"

7月5日，按照中革军委命令，红二、红六军团组成中国工农红军第二方面军。按照中共中央意图，两个方面军终于携手北进。

7月27日，中共中央批准西北局成立，由张国焘任书记，任弼时任副书记，统一领导红二、红四方面军的北上行动。

8月1日，得知两个方面军经过艰苦跋涉，通过了茫茫草地，毛泽东、周恩来、彭德怀致电朱德、张国焘、任弼时：接占包座捷电，无比欣慰。

越向北，张国焘感到越来越不能掌握控制四方面军部队了。

中共中央要四方面军北上，共同执行夺取宁夏的战略计划，张国焘却想西渡黄河，说："河西走廊将是未来西北抗日局面的交通要道，正是我们可以大显身手的地方，而且因此也不致与一方面军挤在一块，再发生摩擦。"

但此时陈昌浩已被朱德说服，争论中基本站在朱德一边，反对张国焘。

9月16日在岷州三十里铺召开的西北局会议上，陈昌浩面对面与张国焘争论到深夜。张国焘突然宣布辞职，带着警卫员和骑兵住到了岷江对岸。结果当天黄昏又不放心，派人通知继续开会。在会上张国焘被迫说："党的组织原则是民主集中制，是少数服从多数，既然你们大家都赞成北上，那我就放弃我的意见嘛。"

岷州会议后，张国焘带着他的警卫部队先行北上，连夜骑马赶到漳县，进门就说："我这个主席干不了啦，让昌浩干吧！"未参加岷州会议的徐向前、周纯全、李先念等不知发生了什么事，张国焘的眼泪已经掉下来了："我是不行了，到陕北准备坐监狱，开除党籍，四方面军的事情，中央会交给陈昌浩搞的。"

哭过之后，张国焘已经感觉出身边那谁也抵挡不住的洪流了。

中央讲南下没有出路，张国焘偏要南下；中央讲出路在于北上，张国焘不愿北上，到最后不得不北上。

9月26日，就发展的战略方向问题张国焘向中央连发四电，中午12时那封电报中已经有"我们提议洛甫同志即以中央名义指导我们"等语。这是他第一次表示放弃同陕北党中央保持"横的关系"，接受中央领导。

中共中央与中国工农红军这次持续一年之久的分裂危机，经过多方努力，终于基本解决。

红军长征历经千难万险，不仅要战胜外部的敌人，包括蒋介石的中央军，以及桂军、湘军、川军、黔军、滇军等各种地方势力，还要克服内部的分裂危险。

所谓凤凰涅槃，不仅仅是外部火焰的烤灼，还有内部的考验。

10月9日，朱德率红军总部抵会宁，与一方面军部队会合。这个辛亥革命时期的老军人如此激动，与红一师师长陈赓谈话时，禁不住热泪盈眶。

同日，中共中央、中华苏维埃中央政府、中革军委致电朱德总司令和全体指战员，热烈祝贺一、二、四方面军在甘肃境内大会合。

10月22日，红二方面军到达会宁以东的兴隆镇、将台堡，与一方面军接应部队会师。

至此，全体红军完成了震惊世界的二万五千里长征。

第二十五讲　尾声：狂飙为我从天落

红军三大主力会师，蒋介石大受震动。"剿共"近十年不但未能剿灭，反将红色力量都剿到了一起。

他立即开始布置杨虎城的西北军、张学良的东北军和调往西北的中央军相互配合的新一轮"围剿"行动。

但历史给他的时间已经不够了。

一位学者曾说，整个中国近代史给了国民党很多机会，给共产党的机会很少，但是国民党把机会几乎都丢掉了，共产党则抓住了非常有限的机会。共产党从最边远的、最荒僻的、最穷困的、交通最不发达的区域，发展自己的力量。长征三大主力会师后，紧接着红军与东北军、西北军结合。

西安事变之前，蒋介石也感觉到了抗日大局的逼迫。九一八事变，东北丢了；华北眼看又要丢失，当时日本人策划了所谓**"华北五省自治运动"**①，搞得很厉害。

在抗日大局的压迫下，西安事变之前，国共的秘密谈判已经开始。1936 年 9 月 8 日，毛泽东致函邵力子、朱绍良等人："从井冈山就同先生打起，打了十年了，也可以休息了！"

当时国共谈判有三四条渠道进行接触，最主要的是陈立夫与潘汉年的谈判。

---

① 华北五省指河北、山西、山东、察哈尔、绥远。日本侵略者在迫使国民党中央的势力退出华北后随即积极策动华北五省脱离国民政府，实行"自治"。1935 年 9 月，日本新任华北驻屯军司令官多田骏公开声称华北五省要在日本指导下"联合自治"。10 月，日本内阁会议正式通过了"鼓励华北自主案"。接着，河北香河县汉奸在日军掩护下，占领县城，实行"自治"。随后，河北数十县相继"自治"。11 月 25 日，日寇指使汉奸殷汝耕成立"冀东防共自治政府"，冀东 20 多个县脱离国民政府的统辖。南京国民政府继续坚持不抵抗政策，决定于 12 月成立"冀察政务委员会"，指派宋哲元为委员长，以适应日本"华北政权特殊化"的要求。

与共产党人的态度相反，国民党谈判代表陈立夫对中共谈判代表潘汉年转达蒋介石的意见：

一、对立的政权和军队必须取消；

二、中共军队最多编3000至5000人，师以上干部一律解职出洋，半年后召回，量才录用，适当分配到南京政府各机关服务；

三、如果军队能按此解决，政治方面各点就好考虑了。

潘汉年说，这是蒋先生的收编条件，不是抗日合作的谈判条件；蒋先生目前有此设想的原因，大概是误认为红军到了无能为力的地步。

陈立夫回答：谈判一时难成，蒋的中心意旨是必须先解决军事，其他一切都好办。

山雨欲来风满楼，蒋介石却决心"围剿"到底。从1935年冬开始，到1936年冬持续一年的国共两党秘密接触，终于落下帷幕。

但历史的决心从来不属于个人。

大敌当前，中华民族必须团结起来，结为一个整体，共同对付侵略者。历史已经下了这样的决心。蒋介石个人的愿望已不属于他了。

1936年12月12日，西安事变爆发。蕴集了足够能量的中国历史，突然之间来到一个重大转折点。其后，中国国民党与中国共产党达成第二次合作，形成第二次统一战线。

西安事变是中国历史的转折点。量变堆积历史，质变分割历史。西安事变爆发之前的诸多变化都是量变，红军长征也是对量变的一种堆积。西安事变是中国近代史上的一个质变点。这个质变点最终是由历史所证明的，国共新的局面由此形成，后来抗日战争胜利，共产党最终通过解放战争夺取全国政权。

没有红军两万五千里长征，不会有红军与东北军、西北军组成的"三位一体"。

没有红军与东北军、西北军组成"三位一体"，不会有西安事变。

从江西围追堵截红军一直到陕西的蒋介石，明白这个道理么？

历史有时像一个连环套，一个个环节被串了起来。长征改变了中国的命运，改变了中华民族的命运。

1935年12月27日，毛泽东在《论反对日本帝国主义的策略》一文中，写下这样一段话：

讲到长征，请问有什么意义呢？我们说，长征是历史纪录上的第一次，长征是宣言书，长征是宣传队，长征是播种机。自从盘古开天地，三皇五帝到于今，历史上曾经有过我们这样的长征吗？十二个月光阴中间，天上每日几十架飞机侦察轰炸，地下几十万大军围追堵截，路上遇着了说不尽的艰难险阻，我们却开动了每人的两只脚，长驱二万余里，纵横十一个省。请问历史上曾有过我们这样的长征吗？没有，从来没有的。长征又是宣言书。它向全世界宣告，红军是英雄好汉，帝国主义者和他们的走狗蒋介石等辈则是完全无用的。长征宣告了帝国主义和蒋介石围追堵截的破产。长征又是宣传队。它向十一个省内大约两万万人民宣布，只有红军的道路，才是解放他们的道路。不因此一举，那么广大的民众怎会如此迅速地知道世界上还有红军这样一篇大道理呢？长征又是播种机。它散布了许多种子在十一个省内，发芽、长叶、开花、结果，将来是会有收获的。总而言之，长征是以我们胜利，敌人失败的结果而告结束。

历史巨人已逝去多年，回音壁上轰隆之声，仍然如雷贯耳。

毛泽东后来回忆一生做了两件大事，第一件就是把蒋介石赶到海岛上去了。

1975 年 4 月 5 日，农历清明节。当晚 11 时 50 分，蒋介石在台北市郊草山脚下的士林官邸内去世，年 89 岁。

蒋介石去世当晚，蒋经国与宋美龄商定蒋治丧事宜，"暂厝蒋介石灵柩于台北市南六十公里处的慈湖湖畔"。慈湖背依草岑山，湖水终年碧绿清澈，宛如江南蒋之故乡浙江奉化溪口。蒋生前在这里修建一座中国四合院式的"行宫"，常来此小住，并嘱咐死后灵柩暂厝此地，以待将来归葬大陆故乡。

蒋在台湾终其一生，一直在眺望故国山河。他在台湾的行馆，多是和故乡类似的景色。如他最爱去的角板山，以及"暂厝灵柩"的大溪慈湖湖畔，都是他心目中的江浙风情；木妻兰森林区因为面对兰阳、多望、田古尔三溪汇流，每当台风过境，山洪汇集于溪谷，从木妻兰高处往下望，很像气势磅礴的钱塘江潮，蒋介石在此也设有行馆，作为乡愁的延伸。

今生不能，他便寄希望于来世了。

国民党"围剿"苏区的急先锋、曾经给红军造成重大损失的陈诚，作为国民党方面"比较高明的战术家"（周恩来的评价），他到台湾后大搞起土地改革。

之所以如此，他认定抓住了国民党兵败大陆的主因。打土豪分田地，成为共产党夺取政权最有力的口号，把民众号召起来。斯诺曾说：中国的问题就是农民问题，谁抓住了农民，谁就能赢得中国。因此陈诚认为，蒋介石把城市全抓住了，但失去了农民，结果丢了中国。他说，台湾实施土地改革是"一种客观需要，虽有万难，不能顾及"；事实很明显，不进行土改，连在台湾的统治都无法维持。

陈诚将土改分为三步。第一步是三七五减租，即最高地租不得超过主要农作物全年收获量的 37.5%；第二步是公地放领，将台湾当局掌握的耕地所有权有条件地转给农民；第三步是耕者有其田，以实物和股票形式征收地主的超额土地，转放于现耕农民。

陈诚通过请吃饭、恳谈和走访等办法，向地主说明："三七五减租，一方面固然为佃农解除痛苦，减轻负担，实际上实为保护地主，帮助地主。"他说："实行三七五减租，可以避免共产主义的流血斗争，温和地调和地主和农民之间的关系，逐渐达到民生主义的目的。"这充分表现了陈诚对大陆失败的反思。

陈诚的土改使台湾政局基本稳定下来。封建租佃关系基本被摧毁，大量无地农民成为自耕农，粮食产量大大提高，阶级矛盾相对缓和，稳定了国民党的统治。

陈诚说，在台湾实行的土改是一种温和的土改，不像共产党在大陆实行的暴力性的土改。"围剿"工农红军的悍将陈诚，最后竟以土改专家闻名于世。其所著《台湾土地改革纲要》一书被译成英、法、德、西班牙及阿拉伯等多种文字，风行全球，成为很多国家实行土地改革时之重要参考资料。

陈诚 1965 年 3 月 5 日去世。去世前两天已不能进食，他屏退医生护士，召长子陈履安带纸笔至其身边，口授遗言：

一、希望同志们一心一德，在总裁领导之下，完成国民革命大业。

二、不要消极，地不分东西南北，人不分男女老幼，全国军民，共此患难。

三、党存俱存，务求内部团结，前途大有可为。

这份遗言耐人寻味。既不提"反攻"，也不提"反共"。一些国民党人想在其遗言中，加上"反共反攻"内容，陈诚夫人不同意；找到蒋介石，蒋介石同意不修改。

1918 年离开浙江青田投考保定军校的陈诚，1965 年 8 月葬于台北县泰山乡同荣村一块海拔 400 米的山腰平台上。

还有那个曾给中国革命以巨大影响的鲍罗廷。

鲍罗廷最后离开中国的时候，八一南昌起义的消息传来。领导这场起义的，是他的学生和崇拜者周恩来。鲍罗廷什么也没有说。大革命失败后，蒋介石通缉他。他最大的精力花在国民党身上，花在蒋介石身上，结果以最大精力培植的这个力量反而觉得他最厉害，要通缉他。他患上疟疾，臂上打着石膏。他的身体已经垮了，精神也基本垮了。8月3日，当八一南昌起义部队开始南下的时候，鲍罗廷乘车悄悄离开了郑州。

就如斯大林后来对毛泽东讲"胜利者是不受指责的"一样，在斯大林那里失败者是必受谴责的，不论斯大林原来怎样信任你、或你多么忠实于斯大林。"广州的列宁"鲍罗廷回国后失去了信任，受到了共产国际、联共（布）中央的严厉指责，最后他的职务也被解除，在造纸和木材联合公司当副经理。对这项新业务他一窍不通。木材和造纸与操纵国民党和共产党、指挥一场大革命完全是风马牛不相及。他极不适应，也干不好。不久被解职，去做工厂厂长。还是不称职，又一次遭到批评。

已经十分低调的鲍罗廷内心的火焰并没有熄灭。他相信有伟大的革命在等待着他。他开始研究印度，研究在印度开展革命的可能性。但他名气太大了，不可能再去印度担当革命的代理人。后来有人形容，鲍罗廷就像"被废弃的火车头锈在了叉道上"。

他的确像一辆锈在叉道上的旧蒸汽机车头。中国大革命对他就像消散的蒸汽，成为一场遥远的梦幻。外国记者问他的过去，他总是守口如瓶。

他后来诸事不顺。他担任《莫斯科每日新闻》主编后，第二次世界大战爆发，战争夺去了他大儿子弗雷德的生命。

鲍罗廷日益变得淡泊，看破一切，与世无争。

但他最后还是争了一次。

1948年底，美国记者安娜·路易斯·斯特朗告诉他，他从前的中国伙伴们马上要掌握政权了。毛泽东与安娜·路易斯·斯特朗关于帝国主义及一切反对派都是纸老虎的谈话，使她在中国成为家喻户晓的人物。她还带来了一本介绍中国共产主义和毛泽东的书稿。那是她在延安走访了毛泽东，在解放区待了很长时间后写出来的。书中未提苏联对毛泽东的理论发展有何贡献，却批判了那些"曾在外国学习，特别是在莫斯科，他们能够整段背诵引用马克思、列宁和斯大林的话，对中国的实际问题则无知到了极点"的教条主义者。

这本书因此在苏联禁止出版。最后一次激动的鲍罗廷打破了对中国问题长达20年的痛苦沉默："中国人不是在节节胜利吗？他们的理论不可能都是错的！"这是别人听到他留下来的最后一句话。

这一态度给他带来了更大的麻烦。为毛泽东反教条主义叫好，自己又是犹太人，鲍罗廷被扣上"民族主义者"、"同外国民族主义者有牵连"的帽子。1949年2月4日，鲍罗廷在莫斯科被捕入狱，被认定为苏维埃政权的敌人。

此时中国人民解放军已经结束三大战役，全国胜利指日可待。

1951年5月29日，67岁的鲍罗廷死在伊尔库茨克附近一个集中营里。他在集中营仅活了两年。美国迈阿密大学政治学教授丹尼尔·雅各布斯说："这颗曾在中国上空闪烁得如此光亮而短促的明星，燃为难以寻觅的灰烬，融合在西伯利亚劳改营外冰冷的土地之中。"

1957年1月，周恩来总理访问苏联，专门抽时间拜访鲍罗廷的夫人法尼亚·谢苗诺夫娜。20年代在中国，人们习惯称她为"范娅"。憔悴的谢苗诺夫娜拿出一张鲍罗廷身穿中国丝绸衬衫的照片和一条她用俄文绣的"永恒的友谊和纪念"的丝巾递给周恩来。端详着泛黄照片上三十多年前的鲍罗廷和渗透着衷心祝愿的丝巾，周恩来千言万语一时难以启口。他很感慨。早年在广东区委工作时，周恩来很崇拜鲍罗廷。鲍罗廷纵横捭阖的协调能力，把诸方面的各种矛盾全能摆平，这对周恩来的影响很大。他紧紧握住谢苗诺夫娜的手，说："请多多保重。凡是帮助过中国革命的外国友人，中国人民都不会忘记。中国共产党和中国人民会永远记住鲍罗廷。"

1964年6月30日，鲍罗廷八十诞辰。当年广州的同伴切列潘诺夫将军在《莫斯科真理报》发表文章：《一个列宁主义的革命者》，旁边附有一张鲍罗廷在中国拍的照片，代表苏共为他恢复名誉。

当时，中、苏已经交恶，两党关系破裂，两国关系变得非常紧张。苏联之所以给鲍罗廷平反，是为了展示苏联对中国革命给予的巨大帮助。于是，苏联大力宣扬鲍罗廷的事迹。

因为中国，他失掉了名誉。又因为中国，他恢复了名誉。

鲍罗廷曾经有过许多头衔，许多化名，参加过许多组织，经历过许多风浪。活着的时候有人请他讲讲传奇经历，他说过这样一句话："我是在冰天雪地里出生的……在阳光下长大，不是么？还有什么好说的？”

　　当鲍罗廷回国去搞木材和造纸的时候，陈独秀在国内成了托派领袖。他1932年10月在上海被捕，国民党江苏省高等法院审讯他，名律师章士钊自告奋勇为他辩护。为不致入罪，章士钊说陈独秀是三民主义的信徒，议会政治的政客，组织托派也为反共等等；章士钊辩护词未完，陈独秀拍案而起：“章律师之辩护，全系个人之意见，至本人之政治主张，应以本人文件为根据。”

　　他所说的“本人文件”，即审讯前两个月写好的《陈独秀自撰辩诉状》：

　　　　予行年五十有五矣，弱冠以来，反抗清帝，反抗北洋军阀，反抗封建思想，反抗帝国主义，奔走呼号，以谋改造中国者，于今三十余年。前半期，即“五四”以前的运动，专在知识分子方面；后半期，乃转向工农劳苦人民方面。盖以大战后，世界革命大势及国内状况所昭示，使予不得不有此转变也。

　　　　……惟有最受压迫最革命的工农劳苦人民与全世界反帝国主义反军阀官僚的无产阶级势力，联合一气，以革命怒潮，对外排除帝国主义之宰制，对内扫荡军阀官僚之压迫；然后中国的民族解放，国家独立与统一，发展经济，提高一般人民的生活，始可得而期。工农劳苦人民解放斗争，与中国民族解放斗争，势已合流并进，而不可分离。此即予“五四”运动以后开始组织中国共产党之原因也。

　　陈独秀的老朋友、国民党元老柏烈武后来对陈独秀最小的儿子陈松年说：“你父亲老了还是那个脾气，想当英雄豪杰，好多朋友想在法庭上帮他忙也帮不上。给他改供词，他还要改正过来。”

　　1942年5月，陈独秀病逝于四川江津。

　　死前贫病交加，但风骨不改。已是国民党官僚的当年北大学人罗家伦、傅斯年亲自上门给他送钱，他不要，说：“你们做你们的大官，发你们的大财，我不要你们救济。”弄得二人十分尴尬。国民党交通部长、当年在北大教德文的朱家骅赠他五千元支票一张，他拒之；朱托张国焘转赠，又拒之；张国焘再托郑学稼寄赠，还是不收。他在江津住两间厢房，上无天花板，下是潮湿的泥地；遇大雨满屋是水。屋内仅有两架木床，一张书桌，几条凳子和几个装满书籍的箱子。

　　唯一的装饰，是墙上挂着一幅岳飞写的四个大字的拓片：“还我河山”。

　　中国有句老话，叫做“盖棺论定”。一个人死了，装进棺材钉住，他的历史便完结了。既不会爬出来为将来增添什么，也不可能把过去再减少一点，可以对其一生功过是非作评定了。

这也是理想。凡在历史上发生过重大影响的人物，往往在"盖棺"很久之后，人们仍在对他争论不休。陈独秀就是这样的人。他最先鼓吹革命，后来又走上另一条道路。中国的大革命为什么失败，他犯了什么错误，负有怎样的责任，中国社会究竟是怎样的性质，中国革命究竟是怎样的性质，中国革命到底应该怎样革法……他以不惑的气概迎面这个世界，又带着一个又一个不解之思索，离开了这个世界。

1979年开始重新评价陈独秀。中共中央批准安庆市政府拨款重修陈独秀墓地。简朴的碑石正面只有五个大字：陈独秀之墓。这位中国一代青年学子的思想启蒙者、向旧营垒冲锋陷阵的英勇斗士，随着"大江东去，浪淘尽、千古风流人物"的滔滔江流，最终回归到了自己的出生地。

另外一个人是王明，他跟陈独秀完全不同。陈独秀坚持自己的主意，直到最后；而王明则始终以别人的利益为核心。

延安整风后期，刚从苏联回国不久的师哲，觉得延安的同志们批判王明的那些东西哪里是王明自己的，分明是共产国际和斯大林的。他百思不解地问毛泽东：我们与王明的真正分歧到底在哪里？

毛泽东沉默片刻，说了这样一句：他为别人考虑得太多了，为我们自己考虑得太少了。

师哲豁然醒悟。王明以苏联革命为核心，要求中国革命配合苏联革命；中国共产党人从来是以中国革命为核心的，以中华民族利益为根本。

1956年1月，王明以治病为由启程赴莫斯科，从此再未回国。行前曾写信给中共中央，要求解除他的中央委员职务，"等我的病好到可以工作时，再由组织另行分配工作"。

他的病再也未好，所以再也不需组织另行分配。

他死前写有一篇《非不为也，是不能！》："我而今只剩下个有翅难展的多病之身；但还留有腾空奋斗的战士之心。不过，我只能：在好长的时间里，吟咏出若干首述怀诗句；在好长的岁月里，倾吐出几篇反毛论文。而且这我还只能躺在床上口讲，写和译还要靠全家人。知我者说，我确是在战斗到最后的呼吸。不知我者说，我真是个天下少见的懒人。"这个人至死不服。

1974 年 3 月，王明在莫斯科去世，年 70 岁。其妻孟庆树说，王明本来还打算写一本批判毛泽东思想的书，未来得及完成这一计划就去世了。

王明去世第二天，《真理报》刊登文章，称其为"国际共运的老战士"，"苏联的老朋友"，他的"形象将铭记在苏联人民的心中"。

他的形象却不会铭记在中国人民心中。

一个中国人，长期以别国的利益为中心利益，以别国的目标为中心目标，以别国的指示为最高指示，这样的"共产主义战士"，中国还是少几个为好。

1938 年 4 月 4 日清明节，张国焘代表边区政府祭轩辕黄帝。他到黄帝陵所在的中部县（今黄陵县）时，国民党陕西省政府主席蒋鼎文也到了，双方站在一起同时祭陵。张国焘悄声对蒋鼎文说了一句："我想和你多谈谈。"蒋会意，当即吩咐自己的随从将张国焘的警卫隔开。张国焘上了蒋鼎文的座车又说了一句："我想见见蒋委员长。"就这样去了西安。在西安，林伯渠赶来对张国焘说，党内有什么问题都好商量，要张先回延安，张坚决不从。在汉口，李克农率人把他从火车站劫走，他逃掉；又派人追踪他，把他"请"到八路军办事处，他又逃掉；来来回回三"请"三逃。其中一次李克农架着张国焘上车，周恩来挽着张另一支臂膊，张大叫："绑架啊！"国民党人士上来询问，幸亏周恩来有国民政府军事委员会政治部副主任的身份，同样高声回答："没有你们的事，我们要带这个人去看病！"顺手把张国焘推进汽车，才脱险而去。但不论周恩来如何煞费苦心地劝说，张国焘依然一意孤行，最后甚至说："你们要杀我或者枪毙我，就在这个旅馆行事吧！"脱党意志如此决绝，不知当初入党时是否也像这样顽强坚定？

1938 年 4 月 18 日，中共中央宣布开除张国焘党籍。

张国焘后来加入了戴笠的军统，主持"特种政治问题研究室"、"特种政治工作人员训练班"。堂堂中国共产党第一次代表大会的执行主席、中华苏维埃共和国临时中央政府副主席、中国工农红军总政治委员，竟然扛着蒋介石给的中将军衔开始从事起下作的特务活动。

1948 年 11 月，在人民解放军与蒋军展开战略决战的轰轰炮声之中，张国焘悄悄去了台湾。1949 年又悄悄离开台湾，移居香港。1968 年，大陆"文化大革命"波及香港，他又悄悄离开香港，移居加拿大多伦多。与狂飙突进的中国历史相较，他似乎成了一道多余的阴影。

其妻杨子烈晚年说，张国焘"以近七旬之年，安贫乐道，昔日恩怨得失，早已无意计较。他常说：'在中国舞台上，我以往是个演员，现在仅是个观众，总希望能少看到些悲剧才好。'"

张国焘晚年贫病交加。1973年圣诞节前夕突然中风，右手右脚麻痹，被从儿子家中送入养老院。1978年在养老院中皈依基督教。为其施洗的章力生博士十分感慨："一生为其信仰奋斗牺牲的唯物无神主义者竟能谦卑顺服，真切悔悟，在其八十余岁的晚年，做了神的儿女。"

1979年12月一个鹅毛大雪的严寒之天，张国焘被冻死于多伦多那所他住了6年的养老院。据说死前因病痛折磨，从床上翻滚掉下来，竟然一夜无人发现。

晚年的张国焘经常以中共元老、工农红军重要领导人的身份和口气写回忆录，而没有以戴笠手下"特种政治问题研究室"主任、特务头子的身份来写。我们从中可以体会出他内心的感受。

最后的神志之中，他可记得44年前的1935年6月25日骑一匹白色骏马、由十余骑警卫簇拥飞驰两河口，毛泽东率领政治局全体委员走出三里、立于雨中恭候的情景？

张国焘由红四方面军领导者变成了国民党的将军，张学良则由东北军领导人变成了国民党的囚徒。

1989年，蒋经国去世。对张学良的软禁变得很宽松，基本上恢复了他的人身自由。

1989年6月1日，张学良在台湾对远道从美国来看他的王冀教授，谈起他平时最讳言的西安事变："我是不是有私心在里头？我是不是为我自己利益？我是不是问心无愧？好了，没有，我问心无愧，我没有私心。我敢给你说，我做那件事（西安事变）没有私人利益在里头。我没做过与我私人地位、利益有关系的东西，我没有。假使我自个有地位利益就没有西安事变。我跟你说，我大权在握，富贵在手，我什么我都不要。所以，蒋先生也能原谅我。我跟蒋先生是要钱？我是管他要地盘？我没有。我牺牲我自己。牺牲我自己为什么？我第一个问题就是：不要打了。我说我们与共产党打什么呢？都是中国人，打什么呢？都是政治问题，不是不可谈的嘛，所以后来谈是我的主张。而且我对介公讲，我说共产党你也剿不了。他说为什么？我说共产党有人心，我们没人心。"

这一天是张学良的 89 岁寿辰。

2001 年 10 月 14 日，张学良在檀香山去世，享年 101 岁。

在夏威夷瓦胡岛一处叫做"庙谷"的青山绿地之间，成为张学良和夫人赵一获的合葬之地。简朴的墓碑上没有任何头衔，没有任何称谓，只写有：

张学良　1901—2001

赵一获　1912—2000

连两人的生卒年代也如此简练，仅四个阿拉伯数字："0"、"1"、"2"、"9"，多一个都毫无所用。

文字难以穷尽张学良的作为。

还需要什么呢？上面的姓名，下面的年代，已经在诉说那个天翻地覆时代所发生的一切。

2006 年，我随海军舰艇编队参加了第一次中美联合军事演习。海军编队从青岛港出发，横跨太平洋，抵达夏威夷，完成第一阶段的演习，然后又在美国西海岸的圣迭戈进行第二阶段演习。第一阶段联合军演结束后，我曾到了张学良的墓地，感慨良多。

墓园旁边低矮的一段石墙上，录有《约翰福音》第十一章第二十五节：

复活在我

生命也在我

信我的人虽然死了

亦必复活

张学良与张国焘一样，晚年皈依了基督教。他们二人都被认为是本阵营的叛将。二人最终都葬在了异国他乡。他们二人的根本差别在于孙中山那句话："历史潮流浩浩荡荡，顺之则昌，逆之则亡。"张国焘逆历史潮流而行，只能被大潮卷走，无声无息。张学良顺应了历史潮流，他会长久活在所有中国人和全世界所有华人的记忆中。

"复活在我，生命也在我"也包含这样的意思在其中？

在张学良的公祭仪式上，宋美龄送的十字花架分外醒目。这位 19 世纪末出生、生命横跨三个世纪的蒋介石夫人，得知张学良过世的消息后，把自己关在房间里，连续数日沉默不语。很难找到另外一个人像宋美龄这样，一生中目睹如此之多的风雨烟云：眼看国民党 1949 年丢掉了大陆、2000 年丢掉了台湾，她丈夫和她终生为之奋斗的东西，一件又一件在眼前灰飞烟灭。

国民党丢失台湾政权后，她不再让身边任何人提台湾岛内情况。

定居纽约的宋美龄晚年头脑十分清楚，但寂寞、封闭，变得愈来愈沉默。她很少说话，多数时候静坐在轮椅上沉思、祷告，或一个人静静欣赏自己以前画的国画，一幅一幅慢慢回味，沉思往事。她经常独自发问：为什么上帝让我活得这么久？周围无人能够问答。也无人敢于回答。于是她自问自答：也许这是上帝对我的惩罚。

宋美龄临终前嘱咐，死后葬在纽约，不回台湾。

浙江奉化蒋家丰镐房的院落里，有当年宋美龄亲手栽种的金桂银桂各一棵，多年来一直长势旺盛。2003 年春夏，奉化大旱，丰镐房内的银桂树 9 月枯病而死。10 月 23 日，作为"宋氏三姐妹"中的最后一人，宋美龄走完了生命的最后旅程，在纽约辞世，终年 106 岁。

人类的历史何其漫长，个人的生命又何其短暂。

不是每个人，都能以短暂的生命辉映漫长的历史。

20 世纪在世界东方，最激动人心的话题，莫过于救国与革命。这个世纪狂飙突进。没有哪个世纪像 20 世纪这样战争与革命风起云涌，金石掺瓦砾大浪淘沙。没有哪个世纪像 20 世纪这样以如此丰厚的精神财富砥柱于奔腾不息的历史长河中流。

俄国爆发了推翻罗曼诺夫王朝的二月革命和实现无产阶级专政的十月革命；

中国爆发了推翻爱新觉罗王朝的辛亥革命和实现人民民主专政的新民主主义革命；

日本也爆发了一场将国家和民族引入法西斯道路的"昭和革命"。

中国国民党、中国共产党、联共（布）与共产国际、日本昭和军阀，这四股力量在世界东方大舞台互相交叉，互相影响，互相矛盾，互相冲撞，导演出一幕又一幕威武雄壮的活剧。

那是一个非凡的革命年代，也是一个颠倒的革命年代。布尔什维克党人、中国国民党人、中国共产党人、昭和军阀集团成员，都在谈论社会主义、共产主义。北一辉第一部著作即是《国体论及纯正社会主义》。孙中山想加入第二国际。蒋介石说："直接是为总理的三民主义而死，间接即为国际的共产主义而死。"唐生智可以一天九十九次谈阶级革命。大革命时期，连武汉的富商们也在街头高喊："世界革命万岁！"

泥沙俱下，鱼龙混杂。

常说殊途同归。说说而已。殊途永远无法同归。

殊途远去了四伙年轻人。

列宁去世时不到 54 岁。斯大林 42 岁当上总书记。蒋介石 39 岁出任国民革命军总司令。中国共产党创始人、北大教授李大钊 1927 年就义时，才 38 岁。毛泽东 34 岁上井冈山。周恩来 29 岁主持南昌暴动。米夫 25 岁在共产国际提出中国民族资产阶级的软弱性，指出中国革命的资产阶级民主革命性质。博古 24 岁成为中共临时中央负总责的人。日本法西斯鼻祖北一辉，1906 年自费出版第一部著作《国体论及纯正社会主义》时，也才 23 岁。

聂耳为《义勇军进行曲》谱曲时，还不到 23 岁。今天每一位中华人民共和国公民，从幼稚的学生到白发苍苍的老者，都要直立聆听这位年轻人对中华民族血脉的感受和呼唤。与此同时，不也感受到了这一民族血脉在危机与苦难中迸发出来的辉煌精神？！

那是一个年纪轻轻就干大事、年纪轻轻就丢性命的时代。无一人老态龙钟，无一人德高望重。无一人切磋长寿、研究保养。

那是一个狂飙突进的时代。

需要热血的时代，便只能是年轻人的时代。

最需要热血的，就是长征。

长征浓缩了时代精神。

就像一幅油画，不论这幅画多么精美，它必然有个高光点，即视距的聚焦点，其他则是模糊的。

如果把 20 世纪的中国革命比作油画，其高光点就是长征。

最先报道鲍罗廷死讯的美国记者哈里森·索尔兹伯里后来到了中国，他怀揣心脏起搏器、带着打字机、以 76 岁高龄跋涉一万多公里，完成了对中国工农红军两万五千里长征的寻访，并于 1986 年出版了 *The Long March:The untold story*，翻译为《长征——前所未闻的故事》，在中国与美国同时出版，成为继斯诺《红星照耀的中国》之后，又一部介绍中国工农红军长征的书籍。索尔兹伯里在序言里的最后一句话是："阅读长征的故事将使人们再次认识到，人类的精神一旦唤起，其威力是无穷无尽的。"

所言极是。

你可以忘记工农红军纵横十一省区，行程两万五千里，一路硝烟，一路战火；可以忘记不尽的高山大河，狭道天险；可以忘记国民党数十万大军左跟右随，围追堵截；可以忘记革命队伍内部争论与妥协，弥合与分裂；但这一点你将很难忘怀：长征所展示的足以照射千秋万代的不死精神与非凡气概。

不屈不挠的工农红军。

不屈不挠的共产党人。

不屈不挠的解放事业。

不屈不挠的中华民族。

很多人讲"告别革命"，如果戊戌维新成功，中国可能获得更大的发展，而否定辛亥革命、共产党领导的革命，没有这些革命，中国同样能够走上现代化道路。历史没有假设。不过，如果戊戌维新成功，中国即使走上现代化道路，但也挺不直自己的民族脊梁，永远是别人的附庸。戊戌维新的旗手康有为曾说："若不跪拜，留此膝何用？"

有许多时候我想，如果没有艰苦卓绝的五次反"围剿"，如果没有惊天动地的二万五千里长征，我们的今天又是什么样的？中华民族是否可能探测到这样的时代宽度和历史深度？中华民族的伟大复兴能否获得今天这样的世界性号音？

你或许可以抱怨，如今鲜见这样的共产党员了。但你不得不惊叹：我们拥有过如此一批义无反顾、舍生忘死的共产党人。

我们也办了蠢事。一遍一遍把历史朝这面颠过来，又一遍一遍把历史朝那面倒过去。颠倒的次数多了，连自己也分不清正反。

于是很多人便不屑于分清。

这不是不屑于分清者的责任。是颠倒者的责任。历史有其自身规律。

最容易被忘掉的，就是人人都在论断历史，而人人又都被历史论断。

我们图解了历史，而历史是最不能被图解的。它的色彩，不可能用三色、六色、十二色或哪怕二十四色概括出来。再丰富多彩的颜料，也难描尽历史的真面。

其实面对如此众多的历史财富，无须刻意加工或粉饰，把它活生生摆上来让大家看，就足令世人深深感动。

我们的世纪狂飙突进。

狂飙中充满了英雄。但伽利略说，需要英雄的国家是可悲的。

狂飙中遍布着色彩。但孟德斯鸠说，历史苍白的国家是幸福的。

他们的话内涵极大，够我们安静下来，思索品味一生。

在世界东方中国国民党、中国共产党、苏俄及共产国际、日本昭和军阀集团这四大板块激烈碰撞的场所，谁都可以站出来高声宣称他的光荣与梦想，他的热血与献身，他的拼搏与奋斗，但谁能够站出来高声宣称他的幸福？

幸福是安宁。这块什么也不缺的土地，恰恰缺安宁。

安宁又是苍白，思想的苍白，语言的苍白，笔下内容的苍白。

这部动荡不已的历史，你可以说它不富足，不充裕，不美满，不宽容，不开放，不安宁；但你必定惊叹它的光荣与梦想，它的热血与献身；即使这里面同样淤集了丑恶与悲哀，隐藏着没落与衰败。

20 世纪不是一泓平滑光洁的缓流，而是一段跌宕起伏得惊天动地的激流。奔腾不息的咆哮声至今回响在我们耳畔，如中国古代诗歌中博大苍凉的唱和：

> 前不见古人，后不见来者；念天地之悠悠，独怆然而涕下。

《白鹿原》的作者陈忠实说："20 世纪中国的一百年历史，其剧烈演变的复杂过程，在世界上是没有哪个国家所能比拟的。"但是为什么中国没有像《百年孤独》、《静静的顿河》这样史诗性的作品？"主要在于思想的软弱，缺乏穿透历史和现实纷繁烟云的力度。"

怎样才能获得认识过去和探索未来的思想力度，从而表现中国的百年历史，这值得每个人思索。

1910 年秋，毛泽东在《盛世危言》的影响下，决定外出求学。毛泽东早年跟父亲关系不是太好，父亲让他记账，而他对经营家里这点东西不感兴趣。临行前，他抄写了日本"维新三杰"之一西乡隆盛的一首诗，悄悄夹在账簿里，留给父亲：

> 孩儿立志出乡关，
> 学不成名誓不还。
> 埋骨何须桑梓地，

人生无处不青山。

西乡隆盛的原诗被改了两处："孩儿"在原诗中是"男儿"；"誓不还"在原诗中是"死不还"。两处改动，可看出毛泽东当时细腻的心境。

1976年9月9日，毛泽东去世。

他走向了天安门中央那方坚固雄伟的纪念堂。

周恩来1913年考入南开学校后，写过一篇作文《一生之计在于勤论》：

"欲筹一生之计划，舍求学其无从。然学而不勤，则又何贵乎学。是故求学贵勤，勤则一生之计定矣。人人能勤，则一国之事定矣。"

教师对这篇作文的批阅是："选词甚当，惟用笔稍平。"

1976年1月，事无巨细操心之致的周恩来把自己化为粉碎的细末，向祖国的江河和土地飞扬飘落。

彭德怀晚年在囚室中回忆起自己的入党介绍人段德昌时，感慨万千："感谢段德昌同志，种了我这一颗不大好的种子。他如今早已到马克思那里去了，我呢，还留在人间。"

1926年，彭德怀率湘军一部进占玉泉山截击吴佩孚残部，与段德昌同在山上一座苍松古柏环抱的关帝庙里铺草就宿。段德昌问彭德怀，对关云长有何感想？彭德怀说："关是封建统治者的工具，现在还被统治阶级利用作工具，没有意思。"

段又问："你要怎样才有意思呢？"

彭答："为工人农民服务才有意思。"

1959年，彭德怀走向乱云飞渡的庐山。

1929年6月，林彪在**白砂会议**①5小时前（一说3小时前）奋笔写信给毛泽东：

现在四军里实有少数同志的领袖欲望非常高涨，虚荣心极端发展。这

---

① 1929年6月8日，红四军前委在福建上杭县白砂召开前委扩大会议。会议就红四军党内的思想分歧进行讨论，争论的焦点是要不要设军委的问题。毛泽东等人主张撤销，刘安恭等人主张保留。结果以36票赞同5票反对表决取消临时军委。毛泽东的正确意见占了上风。刘安恭的临时军委书记兼政治部主任被免除，调任红二纵队司令员。军政治部主任改由陈毅担任。白砂会议前，林彪给毛泽东送来一封信，劝毛不要辞职，要和党内错误思想奋斗等。

些同志又比较在群众中是有地位的。因此，他们利用各种封建形式成一无形结合(派)，专门吹牛皮的攻击别的同志。这种现象是破坏党的团结一致的，是不利于革命的，但是许多党员还不能看出这种错误现象起而纠正，并且被这些少数有领袖欲望的同志所蒙蔽阴谋，和这些少数有领袖欲望的同志的意见，这是一个可叹息的现象。

他在对极端困难中的毛泽东给予坚决支持的同时，又使用了超出红四军党内政治生活常态的耸人听闻的语言。

1971 年 9 月 13 日，林彪走向苍寂荒凉的温都尔汗。

斯大林 1953 年 3 月 5 日去世于莫斯科郊外的孔策沃别墅。遗体先入水晶棺进列宁墓供人瞻仰，后又被取出火化下葬克里姆林宫墙；画像、雕像都被拿光。将其骨灰从克里姆林宫墙取出的流言，也年年在莫斯科风传。唯有其家乡格鲁吉亚，仍然张开双臂，等待这个 1902 年流放西伯利亚便离开家乡的游子。

一位苏联作家写道："人的一生像北方的夏季一样迅速地把热度耗尽。对于伟大和不伟大的人来说，或迟或早都有死亡在等待着他。这一真理对所有的人都同样残酷。具体人的思想是一个巨大的神秘世界，它随着这个人的死亡而一同消失。我们永远也无法了解每一个正赴幽冥的人的一切，而对这种了解的希望却没有止境。"

还有那个孤岛台湾。

1985 年 9 月 20 日，邓小平说了一段话："我们担心蒋经国不在了，台湾走向混乱。不管怎样，现在台湾和我们还有共同点，都认为只有一个中国。但如蒋经国不在了，就可能真正出现两个中国。"

说完上述话两年零四个月，蒋经国在台湾黯然去世。"台独"势力像一台接通电源的引擎，开始加速运转。形势发展被邓小平言中。海峡两岸风起云涌。

1920 年夏，邓小平赴法国勤工俭学，刚满 16 岁，是同学中最年轻的。

1925 年底，蒋经国赴莫斯科留学，刚满 15 岁，也是同学中最年轻的。

两人在莫斯科中山大学相遇，成为同学。两人个子都不高，排队时经常站在一起。

60 年后，两人各自一方，主持海峡两岸的大局。邓小平对对岸的老同学，充满希望。

但历史留给他们的时间太短了。

中国统一的使命，留给了后人。

已经垮掉的苏联。

今天在追求"东亚共同体"的日本。

日益繁荣富强、却仍然有待统一的中国。

无终结的历史。

一位文学家说，无终结便是一切的终结。

叱咤风云的人物纷纷消失之后，历史便成为一笔巨大遗产，完整无缺地留给了我们。

雷锋说："一滴水只有放进大海里才永远不会干涸，一个人只有当他把自己和集体事业融合在一起的时候才能最有力量。"

毛泽东、周恩来、彭德怀、张学良，等等，他们顺应历史潮流，把有限的生命融入历史前进的洪流里。生命是有限的，但事业无止境。

苏东坡说：大江东去，浪淘尽、千古风流人物。

毛泽东说：国际悲歌歌一曲，狂飙为我从天落。

在 20 世纪狂飙突进的过程中，中华民族命运实现转变。

一个民族，就这样开始了其伟大的复兴。

本书大事年表

1901年9月，俄国、英国、美国、日本、德国、法国和意大利等11国胁迫清廷签订《辛丑条约》。清廷表示要"量中华之物力，结与国之欢心"，沦为"洋人的朝廷"，苟延残喘。

1905年8月，中国同盟会在东京正式召开成立大会，选举孙中山为总理，通过了"驱除鞑虏，恢复中华，创立民国，平均地权"的纲领。9月，清廷下令自次年起废止科举考试。10月，清廷派载泽、端方、戴鸿慈等五大臣出洋考察宪政。11月，同盟会机关报《民报》在东京创刊。在《〈民报〉发刊词》中，孙中山把同盟会十六字纲领概括为民族、民权、民生三大主义，简称"三民主义"。

1906年8月，五大臣回国，密陈立宪可有永固皇位、减轻外患、平定内乱之功效。9月，清廷宣布"预备仿行宪政"。

1911年5月，清摄政王载沣颁布新内阁官制，由13名国务大臣组成所谓的"责任内阁"。13人中，满族占9人，其中又有5人为皇族，这届内阁遂被称为"皇族内阁"。清廷立宪骗局至此破产，革命风暴即将到来。10月10日，革命党人发动武昌起义，各地纷纷响应，清廷统治土崩瓦解。

1912年1月1日，孙中山在南京宣告中华民国临时政府成立，就任临时大总统。2月，清帝宣布退位；袁世凯声明赞成"共和"，南京临时参议院选举袁为临时大总统。4月，临时参议院决议将临时政府迁往北京。

1913年3月，准备北上组阁的宋教仁在上海车站遭暗杀身亡。7月，李烈钧、黄兴等国民党人在江西湖口、江苏南京等地宣布独立，组织讨袁军，"二次革命"爆发。9月，南方独立各省的国民党军队被袁世凯军打垮，"二次革命"失败，孙中山、黄兴等被迫再度流亡海外。

1915年5月，袁世凯接受日本提出的"二十一条"，以换取其对复辟帝制的支持。

9月，梁启超拒绝袁世凯收买，发表《异哉所谓国体问题者》，坚持共和，反对恢复帝制，引起全国震动；陈独秀主编的《青年杂志》（后改名《新青年》）在上海创刊，新文化运动兴起。12月，袁世凯接受参政院"劝进"，承受帝位，以明年为"中华帝国洪宪元年"；蔡锷宣布云南独立，组成讨袁"护国军"。

1916年 1月，云南军政府成立，发布讨袁檄文，出兵四川和两广。3月，袁世凯众叛亲离，被迫取消帝制，恢复内阁制，由段祺瑞组成责任内阁。6月，袁世凯病死。

1917年 6月，张勋进京，拥溥仪复辟，仅12天即告破产。重新垄断北京政府的段祺瑞拒绝恢复《临时约法》和国会，大肆出卖主权以换取帝国主义的借款、实现其"武力统一"之迷梦。7月，孙中山抵达广州，举起"护法"旗帜。

1918年 5月，由于西南军阀的排挤，孙中山被迫通电辞去中华民国军政府大元帅一职，护法运动宣告失败。

1919年 5月，五四运动爆发。李大钊在《新青年》上发表《我的马克思主义观》，系统介绍了马克思主义。

1920年 3月，李大钊等人在北京大学秘密成立马克思学说研究会。5月，陈独秀等人在上海成立马克思主义研究会。此后一段时间，上海、北京、武汉、长沙等地陆续成立了共产党早期组织。8月，《共产党宣言》第一个中文全译本（陈望道译）在上海出版。

1921年 7月23日—8月初（1日或2日），中国共产党第一次全国代表大会在上海召开，因受暗探和法租界巡捕骚扰，最后一天的会议转移到浙江嘉兴南湖的一艘游船上举行。大会通过了中国共产党党纲，宣告中国共产党正式成立；还通过了《关于当前实际工作的决议》，确定党的中心任务是组织工人阶级，领导工人运动。8月，中国劳动组合书记部在上海成立，在北京、武汉等地设立分部，作为党公开领导工人运动的机关。

1922年 5月，中国社会主义青年团第一次代表大会在广州举行。8月，中国劳动组合书记部发布《劳动法大纲》，确立劳动立法四项原则：保障政治自由，改良经济生活，参加劳动管理，劳动补习教育。

1923年 1月，孙中山与苏俄代表越飞发表《孙文越飞联合宣言》，确立了国民党的联俄政策。2月，京汉铁路工人大罢工，军阀吴佩孚镇压，造成二七惨案；中国劳动组合书记部发表告全国工人书，号召工人阶级联合农民商界学界，打倒军阀，"建设真正的民主共和政治"。6月，中国共产党第三次全国代表大会在广州举行，讨论全体共产党员加入国民党的问题；中国共产党理论刊物《新青年》季刊在广州创刊，《国际歌》中文歌词（瞿秋白译）第一次在该刊发表。8月，俄共（布）中央政治局任命鲍罗廷为孙中山的政治顾问。10月，国民党改组特别会议召开，讨论国民党改组计划。

1924 年 1 月，中国国民党第一次全国代表大会在广州召开，通过了有共产党人参加起草的、以反帝反封建为主要内容的宣言，确立了联俄、联共、扶助农工三大政策。5月，黄埔军校第一期学员入学。

1925 年 3 月 12 日，孙中山在北京逝世。5 月 30 日，上海学生及群众代表举行反帝游行、讲演，遭租界巡捕镇压，酿成五卅惨案。

1926 年 3 月 18 日，在中共北方区委和国民党北京执行部领导下，北京群众在天安门前举行反帝示威大会。会后，请愿团在段祺瑞执政府门前遭段的卫队射击，酿成三一八惨案。3 月，蒋介石制造中山舰事件；5 月，蒋介石在国民党二届二中全会上提出"整理党务案"，排挤共产党，当上了国民党中央组织部长兼军人部长。随后，蒋介石又担任国民革命军总司令和国民党中央常务委员会主席，掌握了党政军大权。7 月，国民革命军誓师北伐，北伐战争正式开始。9 月，毛泽东发表《国民革命与农民运动》，指出"农民问题乃国民革命的中心问题"。

1927 年 3 月，毛泽东发表《湖南农民运动考察报告》，总结了湖南农民运动的丰富经验。4 月 12 日，蒋介石在上海发动四一二政变，捕杀工人和共产党员。18 日，南京国民政府成立，对内发布"秘字第一号令"，宣布"清党"，通缉共产党人和国民党左派人士等 190 余人。7 月 15 日，汪精卫在武汉召开"分共"会议，国共合作破裂。8 月，南昌起义打响了武装反抗国民党反动派的第一枪；中共中央在湖北汉口召开八七会议，毛泽东提出"要非常注意军事，须知政权是由枪杆子中取得的"。9 月，毛泽东和湖南省委领导湘赣边界秋收起义；起义余部撤退到江西永新县三湾村进行改编，将党支部建在连上，从组织上确立了党对军队的领导。

1928 年 4 月，朱德、陈毅率领南昌起义军余部到达井冈山，与毛泽东领导的秋收起义部队会师，合编为中国工农革命军第四军（后改称中国工农红军第四军）。12 月，彭德怀、滕代远率领平江起义后改编的红五军主力抵达井冈山。

1929 年 12 月，中共红军第四军第九次代表大会在福建上杭古田召开，总结了红军建设的经验。

1930 年 1 月，毛泽东致信红四军第一纵队司令员林彪（即《星星之火，可以燎原》），批评其右倾悲观思想，开始形成农村包围城市、最后夺取全国政权的"工农武装割据"革命理论。3 月，中国左翼作家联盟在上海成立，后又成立了左翼文化界总同盟，对反对国民党文化专制主义起到了重要作用。11 月，蒋介石军队对中央苏区进行第一次军事"围剿"。次年 1 月，红军胜利粉碎了这次"围剿"。

1931 年 2 月，国民党政府在上海杀害左联作家柔石、胡也频等五人。3 月，蒋介石组织第二次"围剿"。5 月，红军连战皆捷，打破"围剿"。7 月，蒋介石发动第三次"围剿"。9 月，蒋军被红军击败；九一八事变爆发，日本侵占沈阳，激起全国人民的抗日怒潮。12 月，经地下党策动，国民党第二十六路军在宁都起义，加入红军。

1932 年 1 月，日军发动一·二八事变，进攻上海。3 月，在日本侵略者的扶持下，伪满洲国成立。6 月，蒋介石坚持"攘外必先安内"的反动方针，在庐山召开湘、鄂、豫、皖、赣五省"剿匪"会议，继续在全国范围内对苏区发动新的进攻。7 月，蒋介石调集 50 万大军进攻鄂豫皖、湘鄂西根据地。10 月，因战略指导错误，红四方面军和红三军未能打破此次"围剿"，被迫实行战略转移；中共苏区中央局在宁都召开会议，贯彻执行临时中央的"左"倾冒险主义进攻路线，排挤了毛泽东对红军的领导。

1933 年 2 月，蒋介石军队在结束对鄂豫皖、湘鄂西根据地的"围剿"后，分兵进攻中央苏区，是为对中央苏区的第四次"围剿"。3 月，红一方面军在朱德、周恩来的正确指挥下，粉碎了此次"围剿"。6 月，中央革命军事委员会决定以南昌起义的 8 月 1 日为中国工农红军成立纪念日。9 月，蒋介石调集 100 万兵力对革命根据地进行第五次大规模的"围剿"，其中 50 万人围攻中央苏区。红军在博古和李德的错误指挥下，节节失利。

1934 年 10 月，由于无法打破国民党军第五次"围剿"，中共中央率中央红军主力及后方机关被迫实施战略转移，向湘西进军，举世闻名的长征开始。12 月，中共中央政治局在贵州黎平举行会议，接受了毛泽东转进贵州遵义的主张。

1935 年 1 月，遵义会议召开，通过《中央关于反对敌人五次"围剿"的总结决议》，推选毛泽东为政治局常委，取消博古和李德的最高军事指挥权，开始确立毛泽东在党和红军中的领导地位。3 月，红四方面军退出川陕苏区，向川西转移。6 月，中央红军与红四方面军在四川懋功会师；中共中央确定北上建立川陕甘根据地的战略方针。9月，张国焘拒绝中央北上方针，率左路军及右路军中原红四方面军一部南下。10月，张国焘在四川卓木碉另立"中共中央"，公然分裂党和红军；红军陕甘支队抵达陕北吴起镇，红一方面军长征胜利结束。11月，中共中央发表宣言，号召全国人民一致抗日反蒋；日本策动汉奸殷汝耕在河北通县成立"冀东防共自治政府"，宣布"独立"。12月，南京国民政府决定成立"冀察政务委员会"，由宋哲元任委员长，以适应日本关于"华北政权特殊化"的要求。

1936年2月，东北抗日联军宣告成立。5月，红军发表《停战议和一致抗日通电》，公开放弃反蒋口号，呼吁"一致抗日"。6月，美国记者埃德加·斯诺访问陕北革命根据地，其后发表《红星照耀中国》（中译本为《西行漫记》），第一次向外界详细介绍了中共和红军的事迹，产生重大影响。10月，红一、四方面军在甘肃会宁会师，红一、二方面军在将台堡会师；至此，红军长征胜利结束。12月，张学良、杨虎城扣押前来部署"剿共"的蒋介石，西安事变发生，蒋介石被迫接受联共抗日。西安事变的和平解决，成为时局转换的枢纽。

1937年2月，中共中央致电国民党五届三中全会，提出五项要求：停止内战，集中国力，一致对外；保障言论、集会、结社之自由，释放一切政治犯；召集各党各派各界各军的代表会议，集中全国人才，共同救国；迅速完成对日作战的一切准备工作；改善人民生活。该电文在国民党五届三中全会上得到宋庆龄、何香凝、冯玉祥等人的响应，提出"恢复孙中山先生手订联俄、联共、扶助农工三大政策团结御侮案"，标志着国民党开始接受中共提出的国共合作抗日的政策。7月7日，日军挑起震惊中外的卢沟桥事变，全面侵华；次日，中共中央通电指出：只有全民族实行抗战，才是中国的出路！毛泽东、朱德等致电蒋介石，要求全国总动员进行抗日斗争。9月，国民党中央通讯社发表《中共中央为公布国共合作宣言》；蒋介石发表谈话，承认中共合法地位；第二次国共合作实现，标志着抗日民族统一战线正式形成。

本大事记由阑干根据李侃等著《中国近代史》（第四版）、中共中央党史研究室编《中国共产党历史大事记》、唐培吉主编《中国历史大事年表》等资料编成。